本著系国家哲学社会科学后期资助项目成果

国家社科基金
guojia sheke jijin houqi zizhu xiangmu
后期资助项目

中国博弈文化史

A History of Game Culture in China

宋会群　苗雪兰/著

社会科学文献出版社
SOCIAL SCIENCES ACADEMIC PRESS (CHINA)

目 录
CONTENTS

前　言——博弈的本质与文化底蕴 ………………………………………… 001

一　博局之"象"——六博的起源与博法钩沉 ……………………………… 001

　（一）博塞以游——博弈名辨 ……………………………………………… 003

　（二）象天则地——博局博法中的文化之谜 …………………………… 008

　（三）以"冲"相食——枭棋和散棋的着法 …………………………… 025

　（四）博悬于投——箸、茕、琼的数色神秘组合 …………………… 030

　（五）千年古谜——六博棋制钩沉 ……………………………………… 034

　（六）方畔揭道张——两千年的博戏口诀揭秘 ……………………… 039

　（七）古墓的启示——星占盘与六博的起源 ………………………… 056

二　源远流长——博戏的种类及其流变 …………………………………… 062

　（一）废箸投茕——塞戏和格五 ………………………………………… 062

　（二）仙家之戏——丰腹敛边的弹棋 ………………………………… 064

　（三）一掷百万——樗蒲和五木 ………………………………………… 075

　（四）中西合璧——双陆、握槊、长行及波罗塞戏 ……………… 086

　（五）骰子安红豆，入骨相思情——骰戏的大千世界 …………… 099

　（六）黄粱美梦——采选的精神追求 ………………………………… 103

　（七）闺房雅戏——李清照的"命辞打马" ………………………… 107

　（八）扑掩和摊钱——诡秘的"猜""摊"博戏 ………………… 111

　（九）天地人牌——骨牌中的术数文化 …………………………… 124

（十）　纸牌谶语——马吊叶子和亡国之兆 ……………… 129

（十一）　方城大战——从默和、碰和到麻将 …………… 138

三　巧设象数——博戏设计思维与文化底蕴 ……………… 143

（一）　因象明义——象数逻辑思维和博戏设计 ……… 143

（二）　游思于文——博戏的伦理和教化功能 ………… 147

（三）　樗蒲有神——博戏的"神性"与占卜功能 …… 149

（四）　喝雉呼卢——博戏之赌与历代禁赌 …………… 152

四　橘中仙弈——易学与唐代八八象棋 …………………… 161

（一）　众说纷纭——现代象棋起源之争 ……………… 162

（二）　恰图兰格——象棋的印度起源论 ……………… 165

（三）　中西交流——立体象棋子和六十四卦棋的起源 … 169

（四）　中西合璧——八八象棋在中国的诞生 ………… 183

五　河图洛书——中国象棋的起源、定型、发展 ………… 194

（一）　象棋之象——《周易》思维在象棋设计中的作用 … 194

（二）　河界九宫——中国象棋的改革与定型 ………… 197

（三）　穷变通久——中国象棋的理论与实践 ………… 216

六　机变万千——围棋的起源与发展 ……………………… 235

（一）　据极而运——围棋的起源 ……………………… 235

（二）　高品名贤——历代围棋的发展 ………………… 252

七　博大精深——博弈文化的本质与博弈的异同 ………… 285

（一）　变中求衡、求胜——博弈的本质 ……………… 285

（二）　同源异流——博弈的区别与联系 ……………… 292

八　理参河洛——博弈与中国文化 ………………………… 294

（一）　依乎天理——博弈与古代哲理 ………………… 294

（二）棋局都数——博弈与古代科学 ……………………… 299

（三）烂柯传说——博弈中的仙境 …………………………… 301

（四）弈中巾帼——博弈和妇女 ……………………………… 307

（五）治国方略——博弈中的君王政治 ……………………… 310

九　大众博彩——现代博弈的发展与博彩业 ……………………… 316

（一）从赌博到公开博彩——澳门博彩的历程 …………… 316

（二）幸运博彩——现代博彩业的内涵及形式 …………… 318

（三）博彩的价值——颇具争议的博弈价值观 …………… 321

十　百家争鸣——中国博弈研究现状概说 ………………………… 327

（一）博局占和六博口诀揭秘——六博研究综述 ………… 328

（二）樗蒲双陆扑掩马吊——其他博戏研究 ……………… 332

（三）从博戏到象棋——象棋起源发展研究 ……………… 338

（四）坐隐忘忧——围棋的溯源与演变研究 ……………… 346

主要参考文献 …………………………………………………………… 352

前　言
——博弈的本质与文化底蕴

　　把博弈作为中国传统文化的一个重要部分来研究，揭示它在文化史、思想史、学术史、民俗史发展中所起的广泛作用，进而探讨它对自古代以来的政治、军事、思想、习俗的深刻影响，这在当前的中国学界还是一个新的课题。

　　博弈在世人的心目中，一直被视作游戏而已，因而显得无足轻重。古人有将其抬高者，说它"大裨圣教"，但抬到巅峰，也不过是茶余饭后、百无聊赖时所行的一种"小道"而已，与孔孟的"大道"不能比拟。也有将其贬低者，说它是"奇技淫巧"、"牧猪奴"之戏，嗜之则荒废时日、消磨志向、耽误大事。这些抑扬、褒贬都有一定道理。但是，当我们把博弈放在传统文化的大背景下进行仔细审视后，就会发现问题并不是那么简单。

　　博弈不是一种简单幼稚的游戏，而是一种非常复杂的逻辑思维游戏。这是因为，无论是博戏还是弈棋，都在其设计思想中以及发展、演变的过程中，多次汲取了传统文化的精华，蕴涵了《易》学的太极整体论、阴阳辩证论、八卦生成论、河图洛书等象数逻辑思想。从而创造了以"变"为核心的各种博弈形式，导致了"弈者无常局"、变化"日日新"的结果，使博弈的局子、着法、棋理中充满了古代哲理、伦理和朴素辩证法思想。元代虞集在《玄玄棋经·序》中的一段话，可以代表古人对棋之设计的认识：

　　　　夫棋之制也，有天地方圆之象，有阴阳动静之理，有星辰分布之序，有风雷变化之机，有《春秋》生杀之权，有山河表里之势。世道之升降，人事之盛衰，莫不寓是。①

---

　　①　（元）严德甫、晏天章：《玄玄棋经》，（元）虞集序，明万历汪廷讷重刻本。

这种设计，实际上是一种"象数"逻辑思维的比拟。也正是这种设计思想，使博弈中充满了变化的玄机。不管是先秦的博棋、汉代的围棋、唐宋的八八象棋与中国象棋，在设计与后来的完善中，都无一例外地以不同形式蕴涵了上述各种理念和象数。不仅巧妙地把这种理念和象数寓于棋局、棋子及着法规则之中，而且把《易》中"一阴一阳之谓道"的易变思维成功地寓于行棋变化之中，使棋中充满了哲理、伦理，充满了辩证、变化。如宋张拟的《棋经十三篇》，有《得算》、《权舆》、《虚实》、《自知》、《度情》、《斜正》、《洞微》等，光看篇名，就知其中有不少哲理底蕴。再看其论述，更是如此：

> 局方而静，棋圆而动。自古及今，弈者无同局，《传》曰日日新，故宜用意深而存虑精，以求其胜负之由，则至其所未至矣。①

这是说变化的棋在不变的局中有无尽的局面，这种设计导致了日日见新，变化无穷。《弈理指归·序》也称："弈之为道，理参河洛"，"按五行而布局，循八卦以分门"，揭示了棋与《易》学象数之间的关系。所以，博弈这种思维游戏，又不同于一般的思维游戏，它是蕴涵了许多古代辩证法及象数、伦理的思维游戏。正因为博弈有这样的本质特征，使它有非常丰富的文化内涵，游戏起来趣味无穷；也使它有丰富的外延，对中国文化产生了深刻的影响。

博弈文化的内涵非常丰富。自先秦以来，它总是不失时宜地把各时代先进的思想学术成果和科学技术成果寓于其中，兼取包容，越滚越大，以致使自然的"世道之升降"和社会的"人事之兴衰"莫不寓于其中。比如，先秦人发明了四分历、盖天说，掌握了天体运行及四季变化的一些规律，而这些所谓的"阴阳消息"，都被以棋圆局方、棋子运行于十二辰八卦九宫的简单形式，寓于六博棋之中；秦汉的兵学理论发展，就被寓于"略观围棋，法于用兵，三尺之局，为战斗场，陈聚士卒，两敌相当，先据四道，守角依傍"。②魏晋以后，玄学兴起，围棋于是被称为"坐隐"、"手谈"，又蕴涵了老庄的"玄道"、"顿悟"、"空明"等诸多棋道；至唐宋，阴阳五行学说

---

① （元）陶宗仪编撰《说郛》卷一百二张拟《棋经》，文渊阁四库本。
② （宋）祝穆辑《古今事文类聚·前集》卷四十二引（汉）马融《围棋赋》，文渊阁四库本。

和图书之学大盛，于是周武帝创象天则地法人伦的象戏，在不断的演变中，加进了《周易》六十四卦的阴阳变化，形成了唐代的八八象棋，以后传至域外，演化为国际象棋；至北宋，八八象棋中又加了河图洛书之说，演变为具有河界、九宫变化的中国象棋。而博棋、围棋、象棋中的伦理，依据儒家之说，在局子及行棋中比比皆是，历代学者论之颇详，毋庸列举。所以，博弈文化之所以有这么丰富的内涵，其根本原因在于它总是不失时机地吸收各时代最先进的学术思想和科学成果，以寓象的方式来无限地扩充自己。虽然是"小道"，但在一枰之中，却涵盖了天地变化、万物生成、四季消息、世道升降、人事兴衰等多种寓意。

博弈内在蕴涵的丰富，导致其外在功能的多样化。博弈在两千多年的发展中，产生的文化影响及社会影响是显而易见的。这种影响可分为两个方面，一方面是它的积极意义。要点如下。

有锻炼思维、培养智力、启迪智慧的开发功能。在长期的对弈实践中，人们的感受力、想象力、思考力等各种思维能力都会得到潜移默化的磨炼。

有忘忧清乐、怡悦身心、颇添情趣的愉悦功能。博弈有诱人的趣味性，古今嗜棋如命者大有人在。棋中的千变万化，可使人排忧解闷，驱除寂寞，在劳作之余可解疲劳、得机趣，在烦躁之时可消解郁结、开阔心胸，乐以忘忧。古人称博弈作"仙弈"、"雅戏"，说明其与养生之道有共通之处。

有催人奋进、涵茹情性、砥砺品格的陶冶功能。这种功能在历史上是非常突出的，如唐代李讷性急，但下棋时"安详极于宽缓"。每逢发怒时，家人只要把"弈具陈于前"，就"欣然改容，以取其子布弄"。这虽是一桩趣闻，但人的自制力和坚毅的意志力，都可以通过棋家之静慢慢培养出来，谢玄折屐的定力，即源于此。

有交流切磋、广交朋友、社交礼仪的社会功能。博弈是社交场合最常用的一种形式，"棋逢对手"会给人无尽的亲切感，它像一条无形的纽带，连接着生客熟友的感情，是民族间交往的工具。在楸枰之上，可得棋趣、得好友、得人和、得友谊。

有因物设教的教育功能。博弈的诸种形式，都在以它内在的文化意蕴影响着游戏者。明代的马吊，画宋江等水浒好汉，客观上宣扬了农民的反封建精神，对明末的农民起义有一定启迪；清代的麻将，以东、西、南、北王为风，或多或少地宣传了太平天国的农民运动。北魏游肇的儒棋、北周武帝的象戏都大量地寓进了仁、义、礼、智、信的儒家说教，其目的正是要"因物设教"而在棋局中教化世人。这种功能即使在当代也未消失，它对世人的文化熏陶是长期存在的。

另一方面是博弈的消极作用。要点如下。

因嗜博弈而"废事弃业"甚至倾家荡产。博弈毕竟只是一种游戏，如果嗜之极端，则会失去其积极意义，而导致一系列的家庭、社会问题。古今这种例子举不胜举，范西屏的父亲嗜棋而无家可归，"栖之破庙"；汉文帝因博争道而杀吴太子，最后导致七国之乱等等，都是惨痛的历史教训。

以棋为卜而盲从盲信。博弈之戏源于中国的术数文化，其中包含了不少封建迷信成分，占卜就是其中典型的一种。慕容宝以樗蒲占卜而得国，韦妃以象棋占卜而康王登大宝，汉代以"博具"祭祀西王母，以六博盘来占问婚丧嫁娶、出行吉凶、病恙狱讼等。这些都说明博弈曾被用来作占卜、巫术工具。即使在当代，利用麻将、扑克"过关"以卜者也大有人在。博弈文化的这种迷信传统必须认真批判。

以博弈为赌。博戏种类众多，但都"悬于投"，无论哪一种，历史上都是赌博的一种得力形式。弈包括围棋与象棋，本来都是以"巧思"为胜的游戏，但宋明以后，赌胜押采的形式非常盛行，在一定程度上也成为一种赌博的工具。笔者曾在现代民间的不少棋社中发现"赌采"依然盛行，令人惊叹。要禁止博弈文化先天俱来的这种赌性，自然不是易事，它本身是一个牵扯面很广的社会问题，但有识之士必须从理论到思想方面口诛笔伐，深入分析其中利害，把博弈文化的发展引导到健康、积极的轨道上来，这是历史责任。

总而言之，博弈的积极意义是主要方面，它对历史文化发展所起的积极作用以及在现代文化建设中的积极作用是任何人也抹杀不了的。其中的关键，在于我们怎样认识它、利用它、把握它。古人于博弈的赌性就有一个"度"的掌握。《颜氏家训·杂艺》说：

（博）数术浅短，不足可玩；围棋有手谈、坐隐之目，颇为雅戏，但令人耽愦，废丧实多，不可常也。[1]

---

[1] （隋）颜之推撰《颜氏家训》卷下，文渊阁四库本。

　　这里否定了博的赌性，凡赌都"不足可玩"，于弈则否定了它的极端性，耽耽于弈，也会玩物丧志，因此"不可常也"。古人有很多嗜棋败家、嗜赌亡身、牧猪奴戏的古训，除开不可救药的赌徒不论，这些古训对于大多数人来讲，还是奉为座右、深入人心的。至于年节喜庆、公众宴乐，博弈自有其用武之地，偶一为之，宣泄积郁，也有疏导之用。分寸的把握在于伦理道德的修养及社会的教育引导并辅之以必要的法律强制，这样可以减除博弈的消极作用。只要善于引导，博弈就是一份珍贵的历史文化遗产，像其他文化形式一样，虽然有消极的一面，但瑕不掩瑜。博弈文化将在培养智力、启迪智慧、促进交往团结等方面发挥巨大潜力，为人类服务。

一 博局之"象"
——六博的起源与博法钩沉

　　博弈作为一种棋戏，历来被视为"巧诈"之类的"小道"，其实它是传统文化乃至现代文化的组成部分。从哲学思想角度而言，博弈局、子及着法或规则中蕴涵着古人对自然界和人类社会的基本看法——天人合一的有机整体论、阴阳辨证论、象数逻辑论等。从伦理道德角度而言，棋理中提倡"正"与"仁"，所谓"正而不谲"（《棋经十三篇》），"道必正直，神明德也"，"成败否臧，为仁由己"（班固《弈旨》）等，讲的都是棋德问题，博弈可培养高尚的道德情操。从实际的社会文化功能而言，博弈具有怡悦身心、频添乐趣的愉悦性，"棋中无限兴，唯怕俗人知"（唐元稹），观其中千变万化，可化解胸中郁结、开阔心胸而乐以忘忧；还具有涵茹情性、砥砺品格的陶冶性，博弈不仅是斗智，更是心理的较量，勇者与定力乃取胜之关键，而这种心理素质是一切成功者的共同特征；博弈还具有创新思维、启迪智慧的开发性，特别是中国的博弈形式，深刻地体现了传统文化擅长整体把握、阴阳辨证、象数逻辑、直接顿悟等思维特征，蕴涵有丰富的感受力、想象力、思考力和创造力。弈棋取胜绝不是单凭经验或计算能力，更重要的是顿悟式的感觉能力和判断能力。现代的中外学者把直接顿悟的思维方式，看做是最具创造性的思维模式，并非偶然，因为中国过去的重大发明并非在实验中搞出来的，而是在长期经验积累基础上的顿悟式的质突破（如造纸、指南针、火药等）。因此，中国博弈文化并非"小道"。

　　再者，传统的博弈文化发展至高度文明的现代，出现了博和弈的进一步分化。以弈为代表的靠思维水平论输赢的游戏朝着培养智力、有益于社会的全民体育方向发展，其载体为象棋、围棋、国际象棋等等，成为国际交流、人际交往、青少年教育的体育项目。同时，国际学界以其思维方法、思维模式、博弈策略等与经济学结合，创造了现代博弈论，解决主体行为发生直接作用时的决策问题以及决策的均衡问题，寻找竞争活动中制胜对方的最优策略。以博为代表的靠运气论输赢的游戏朝着现代型的赌博——娱乐博彩业发展，其载体除了传统的麻将、牌九、骰宝之外，与现代科技电子光学等技术结合，创出轮盘、老虎机、富贵三公、二十一点、百家乐等西式电子机械赌具和项目。这个畸形经济性的文化产业发展迅速，"1988年博彩业合法化的国家有77个，到了2001年，这个数目增加到了109个。世界上83%的岛屿存在不同形式的博彩"。① 中国大陆现有体彩、残彩；澳门GDP的一半以上源于博彩业。从文化角度讲，博与弈的分化，是它们文化层次、品位发展的必然结果。但在现代社会的经济大潮中，它们同时都深刻地影响了经济理论和市场经济的实践，影响着人们的价值观念和文化行为。博弈不再是游戏中的"小术"，而是在现代社会经济理论中起重大作用的对策论的思想基础和现代社会经济发展中不可忽视的娱乐博彩行业。因此，博弈还是现代文化的重要组成部分，在社会的经济、文化活动中越来越起着重要作用。

总之，博弈文化是中国文化不可忽视的重要组成部分，无论在古于今，它都是社会各阶层人们的共同行为。种种博弈形式不仅深深地参与了人类生活机制的调节，而且与不少的重大政治、军事、文化、习俗、信仰等事件或文化行为相联系，有力地影响了人们的道德观念、行为准则、审美情趣。特别是博弈把寓于其中的中国传统哲学——天人合一的整体论、天圆地方的宇宙论、象数比拟的逻辑论、禅定坐忘的直接顿悟论、居安思危的忧患论、自知者明的人生论、正而不谲的伦理论、"不战而屈人之兵"的谋略论等，以一种俗文化形式普及于民间，形成了具有深厚基础的东方特有的传统思维模式和文化行为方式，陶冶了我们民族的坚毅精神与不屈性格，其文化作用功不可没。正因为如此，中国的博弈文化有别于其他的专供消遣的游戏，以其丰富的文化内涵，历经沧桑而不衰，时至今日而仍有异彩。

博弈这种文化形式，由于易懂易学、老少皆宜、雅俗共赏，因而具有广泛的渗透性、普遍性和持久性，和其他的文化形态有千丝万缕的联系。对它的深入剖析和研究，可从一个侧面反映整个中国文化的内涵所在，很有研究和总结的必要。但古今学界，大多采取"无益世教，则圣人不书，学者不览"② 的态度，这不仅使许多博弈品种散失亡佚，也使博弈史中的许多重大

① 邹小山：《国际博彩业发展的新趋势及其监管》，《国际贸易探索》2004年第3期，第43~46页。
② （唐）李翰：《通典·原序》，文渊阁四库本。

学术问题成了千古之谜，如博塞着法，象棋、围棋起源等。史缺有间和研究上的滞后无疑给拙著带来许多困难，但是，1980 年代以来，不少学者开始跻身于博弈的研究，取得了一批成果。特别是新出土的一些相关考古资料，使有些问题得以澄清。拙著将在前人研究的基础上，利用最新的资料，对博弈史上的重要问题提出自己的看法。并从文化史学的角度，审视博弈在中国传统文化建构中的作用与影响，研究它在向现代文化转轨过程中所具有的理论意义和实践意义。

（一）博塞以游——博弈名辨

弄清博弈概念的内涵和外延，不仅对我们下面的论述非常重要，而且对探讨博弈的起源、流变以及如何发展到现在的形式也至关重要。事实上，自先秦以来，无论对博或对弈，人们都有不同的看法，博弈本身也有众多的不同名称。如博可称棋、六博、塞、象棋、蔽、六箸、究、博毒、劯、专、璇等；弈也可称棋、围棋、掩、坐隐、手谈等。魏晋以后，六博逐渐消亡，而博戏的赌博成分日益扩大，并演变为五木、格五、樗蒲、采选、双陆、骰戏、骨牌、马吊、麻将等诸多形式。弈，学界一般认为是指围棋，在先秦时就出现了。但先秦的"弈"没有直接证据表明是指围棋，倒有不少资料表明它泛指一种棋戏或博塞；入汉以后，"弈"才专指围棋。魏晋以后，象戏、中国象棋、国际象棋先后被发明，弈也成了这些棋戏的一般代称。

以上看法是我们根据大量的文献资料，特别是考古出土资料得出的，其中某些看法与流行的观点有较大差异。故不惜笔墨，详论如下。

1. 昆蔽象棋——博的诸名

博戏在先秦文献中就出现了，最早见于《论语·阳货》：

> 饱食终日，无所用心，难矣哉！不有博弈者乎？为之，犹贤乎已。[①]

孔老夫子的意思是说，如果吃饱了心没地方用，也是一件令人难受的事

---

① （宋）陈祥道撰《论语全解·阳货第十七》，文渊阁四库本。

情，倒不如去玩玩六博棋戏，会玩博戏，也像是贤人。稍晚一点的孟子却不这样认为，《孟子·离娄下》说：

> 世俗所谓不孝者五……博弈好饮酒，不顾父母之养，二不孝也。①

孟子把博弈与懒惰、好财、好打架、好声色等无所事事、惹是生非的行径并列，斥之为五大不孝，可说是对博弈深恶痛绝了。孔、孟对博弈的不同态度，导致了以后两千余年人们对博弈社会作用的不同看法，或以为"精其理者，足以大裨圣教"②，或以为"圣人不用博弈为教"③。到底博弈的社会作用如何，我们以后还要详细讨论，不管怎样，是孔孟最早提到博戏。

在《庄子》中，博戏又称博塞。《庄子·骈拇》云：

> 臧与谷二人，相与牧羊而俱亡其半。问臧奚事，则挟策读书；问谷奚事，则博塞以游。④

庄子善于以寓言来比喻深奥的道理。这则寓言讽刺死读书和嗜博塞的人，说他们因嗜好而亡羊废业。《管子·四称》也有博塞名称：

> 昔者无道之君……流于博塞，戏其工瞽。⑤

什么是博塞？唐西华法师成玄英《庄子·骈拇》疏："行五道而投琼（即骰子）曰博，不投琼曰塞。"清王先谦注云："塞，博之类也。"⑥ 可见塞是博的一种，其局、子、筹等应大体相似。至于唐人不投骰曰塞之说，未必可信。因为"行五道"的博与秦汉行"十二道"的博明显不是一回事，拿

---

① （宋）蔡模疏《孟子集疏》卷八《离娄章句下》，文渊阁四库本。
② （汉）刘歆撰，（晋）葛洪辑《西京杂记》卷二，文渊阁四库本。
③ （隋）颜之推撰《颜氏家训》卷下，文渊阁四库本。
④ （清）郭庆藩辑《庄子集释·骈拇第八》，《诸子集成》（3），中华书局，1954，第146页。
⑤ （唐）房玄龄注《管子》卷十一，文渊阁四库本。
⑥ （清）郭庆藩辑《庄子集释·骈拇第八》，《诸子集成》（3），中华书局，1954，第146页。

五道的不投骰子的博来解释塞，缺乏证据。我们以为，称塞或因博法，如《尹文子》曰："博者尽开塞之宜，得周通之路"①。《说文·簺》曰："行棋相塞，谓之簺"②，这里，"开塞"是博者绞尽脑汁要思考的事，可见博戏常被塞，所以就因经常被塞的特征，名博为塞。

博在先秦还称为"六博"。如《战国策·齐策一》：

> 临淄甚富而实，其民无不吹竽鼓瑟、击筑、弹琴，斗鸡、走犬、六博。③

称六博，是因为博戏中的一种掷具——箸而得名。王逸注《文选·招魂》说："投六箸，行六棋，故为六博也。"箸一般有六根，由竹、木制成，两头略尖，长如箭形，分为上下两面，以颜色或符号别之。据投出的颜色和符号组合以行棋。由于有六根箸，所以称为六博。

博在先秦又可称为"象棋"。如《楚辞·招魂》有一段专门叙述六博的诗句："菎蔽象棋，有六博些。"象棋与六博对举，显然是指六博。但为什么称象棋呢？汉王逸注曰："象牙为棋，妙且好也。"④ 朱熹集注也说："六博以菎蔽作箸，象牙为棋也。"⑤ 这是说博的棋子是象牙做的，故称博戏为象棋。特别是1973年发现的长沙马王堆三号西汉墓的遣册中记有"象其十二"、"象直食其廿"⑥，墓内全套博具中也确有大象牙棋12枚、小象牙棋20枚。这至少说明，西汉的长沙国确实把象牙做的棋子称作"象棋"。但目前发现最早的秦墓六博棋子是骨头作的，并非象牙，汉墓中虽出有象牙棋子，但同时有铜质的、玉石质的、陶质的、骨质的和木质的。如果因象牙质的称象棋，那么铜、石、骨、木、陶质的是否要称铜棋、石棋、骨棋、木棋、陶棋了呢？显然，王逸以后直至现代学者的看法可能有偏颇。我们认为，象棋的得名与发明，可能是《周易》取象思维方式及其象数的影响所致。因为，博局不仅和战国秦汉的包罗万象的式盘如出一辙，而且按汉边

---

①　（战国齐）尹文：《尹文子·逸文》，《诸子集成》（6），中华书局，1954，第16页。

②　（南唐）徐锴撰《说文系传》卷九《簺》，文渊阁四库本。

③　（汉）高诱注《战国策》卷八《齐策一》，文渊阁四库本。

④　（汉）王逸注《楚辞》卷九《招魂章句第九》，文渊阁四库本。

⑤　（宋）朱熹集注《楚辞集注》卷七《招魂第九》，文渊阁四库本。

⑥　湖南省博物馆等编《长沙马王堆二、三号汉墓发掘简报》，《文物》1974年第7期。

韶《塞赋》的说法，博的本身就有天象、地则、四时、阴阳、刚柔等"大象"，由于它上象天，下则地，又可象征人间的战争、人伦等，故称"象棋"。①

博还有其他的名称，西汉杨雄《方言》：

> 簿谓之蔽，或谓之箘。秦晋之间谓之簿，吴楚之间或谓之蔽，或谓之箭裹，或谓之簿毒，或谓之夗专，或谓之匴璇，或谓之棋。②

上述博的名称，除匴璇、棋是因骰子、棋子得名外，其他的都与"投箸"有关系。释如下：

蔽，王逸注《招魂》"箟蔽象棋"云："箟，玉也。蔽，簿箸，以玉饰之也，或言箟簬，今之箭囊也。"朱熹集注："以蔽簬作箸。"可见，楚语称箸为蔽、为箟簬。

箘，即簬。《说文·竹部·箘》："箘，簬竹也。从竹，困声。一曰簿棋也。"③ 可知箘、簬都是簿箸，因箸可代表博棋。

箭、箭裹、箭囊都可作箸，因而也是博棋的代称。郭氏《方言》注："簿箸一名箭。"按语又引《广雅》云："博箸谓之箭。"④

簿毒，即博箭。《方言》笺注说："毒之言督也。《释诂》云：'督，正也。'簿箭谓之簿毒，以正直得名也。"毒有督导、正直义，簿箭也正而不曲，故把博箭也称为簿毒，又是因为可作博箸，成为博的代称。

夗专，也指博。《方言》笺注："《说文》：'专，六寸簿也。'《广雅》云：'夗专，簿也。'……竹为之箭，亦谓之箘。竹箭谓之箘簬，亦谓之宛簬。簿箭谓之箘，亦谓之夗专，义并同也。"

"究"也是与箸有关的另一博戏名。《西京杂记·陆博术》记载西汉人许博昌："善陆博……法用六箸，或谓之究，以竹为之。"

匴璇，即掷采用的茕或琼，也即后来的骰子。匴璇是博戏中重要的博具，《颜氏家训·杂艺篇》说："古为大博，则六箸；小博，则二茕。

---

① 宋会群：《论象棋之"象"——象棋的起源演变与术数文化的关系》，《体育文史》1993 年第 1、2 期。
② （汉）杨雄撰《方言·簿》卷五，文渊阁四库本。
③ （汉）许慎撰，（宋）徐铉增释《说文解字》卷五上，文渊阁四库本。
④ （汉）杨雄撰，（晋）郭璞注《方言·簿》卷五，文渊阁四库本。

比世所行，一茕十二棋，数术浅陋，不足可玩。"古时大博六箸，小博二茕，明箸、茕的作用都是掷采或数骰子之数以行棋的。《方言》笺注解释说："《说文》：'琼，赤玉也，或从省作璇。'茕音渠营切，璇、茕古同声。……投琼盖以玉为之，璇即琼之假借字，合言之，则曰匼璇，亦以圆转得名也。"考古发现的西汉茕，近圆形而作 18 面体，掷出可旋转，停后可读数，应即匼璇。博戏称匼璇，是因有茕、璇的博具而得名。

博又可称为棋，这是以棋子而得名，如六博称象棋即是。棋字在先秦屡见，有些人认为是指围棋，显然是臆测。据目前的资料，棋在先秦专指博棋或棋子，没有一例专称围棋的。[①] 如《战国策·秦策四》："物至而反，冬夏是也。致之而危，累碁是也。"累碁即垒棋，刘向《说苑》"臣能垒十二棋子，加九卵于上"，即是这种垒棋法。博棋的 12 子垒起来，甚高而危，故用其比喻危险。棋在这里指博棋。睡虎地秦墓竹简《为吏之道》："凡治事……画局陈棋以为耤。"此处棋字也指博棋，因为该墓出土的棋正是博棋，而非围棋。

2. 先秦"弈棋"非指围棋

《左传·襄公二十五年》最早出现"弈棋"一词，到底指围棋还是博棋，颇有争论。原文是这样的：

> "今宁子视君不如弈棋，其何以免乎？弈者举棋不定，不胜其耦。而况置君而弗定乎？必不免矣。"晋代杜预注："弈，围棋也。"[②]

《中华大字典·弈》引此文，把弈字解作动词，义为下棋，甚对。杜预把弈解作围棋，是受了汉代杨雄《方言》和许慎《说文》的影响。《方言》卷五说："围棋谓之弈，自关而东，齐鲁之间皆谓之弈。"《说文》也说："弈，围棋也。"但《左传》的弈字显然作动词，指下棋的行为，非指围棋的名称。棋字当指棋子，义也显明。但这棋子是围棋子，还是博棋子，现在还无法断定，根据考古所见材料，先秦未见一点围棋的实物资料，反而频频发现博棋实物，所以《左传》的弈棋，很可能下的是博棋。因为汉代人称

---

① 宋会群：《围棋起源于西汉说》，《体育文化导刊》2003 年第 1 期。
② 《春秋左传集解》第十七《襄公四》，上海人民出版社，1977。

博棋也为"弈"。如《孟子·告子上》：

> "今夫弈之为数，小数也。不专心致志，则不得也。弈秋，通国之善弈者也。使弈秋诲二人弈，其一人专心致志，惟弈秋之为听；一人虽听之，一心以为有鸿鹄将至，思援弓缴而射之。虽与之俱学，弗若之也。"汉赵岐注："弈，博也，至不得也。"焦循正义曰："按《阳货》《论语》第十七之篇云：'不有博弈者乎'，而解弈为博也。《说文》云作'博，局戏也。六箸十二棋也。'古者尧曾作博。"①

看来，汉人不仅称围棋为弈，称博也为弈。如果结合考古发现，我们认为，与其把《左传》中的"弈棋"看做是下围棋，从而作为围棋史上的最早史料，不如看做是下博棋，而作为博棋出现的较早资料。

（二）象天则地——博局博法中的文化之谜

博，大概盛行于先秦和两汉，至魏晋时，人们对古博已是不甚了了。当时的颜之推精通杂艺、数术，但在《颜氏家训·杂艺》中却说："古为大博则六箸，小博则二茕，今无晓此者。"② 说明古博法在魏晋时已失传。至清代考据大家段玉裁，撰《说文解字注》时也说："簿，古戏，今不得其实。"另一考据大家冯云鹏撰《金石索》，竟把山东武梁祠汉画像石刻的"六博图"说成是"乐舞图"，连六博的棋盘也不认识了！直到20世纪六七十年代，学者们依旧不识六博之戏，把大量两汉铜镜背面的六博局视作"规矩纹"，并称为"规矩纹镜"。1973年发掘了长沙马王堆3号西汉墓，墓中遣册明白告诉人们墓中随葬了"博一具"（一套完整的博），包括"博局一、象其（象棋）十二、象直食其（棋）廿、象箸三十、象割刀一、象削一、象□□□"。③ 即实际出土有木博局1，大象牙棋12，小象牙棋20，长箸12，短箸30，象牙削、象牙割刀各1件，另有木茕1件，球形18面体。遣册与实物对照基本符合，博戏的形制之谜才被

---

① （汉）赵岐注，（宋）孙奭疏《孟子注疏》卷十一下《告子章句上》，文渊阁四库本。
② （隋）颜之推撰《颜氏家训》卷下《杂艺篇》，文渊阁四库本。
③ 湖南省博物馆等编《长沙马王堆二、三号汉墓发掘简报》，《文物》1974年第7期。

逐渐揭开。

到目前为止，博具的实物已发现近20具，其中战国、秦的3具，两汉的十数具，再加之铜镜、画像石、画像砖、陶模型中的博戏图像，资料已相当丰富。根据这些资料，可知博戏的要素是局、棋子、箸、茕等，下面对其形制与作用略作说明，并对秦汉博法的演变进行一些推测。

1. 太岁冲破——占盘十二辰与博局十二道的秘密

局即棋盘。《说文·竹部》："簙，局戏也。"又说："局，博所以行棋。"说明棋盘在博戏中是不可少的。目前发现的博局是博具中数量最多的，有木局、铜局和各种画像砖、石、铜镜上的博局。主要有：

（1）云梦睡虎地11号、13号墓出土了秦代的木博局、骨棋子、竹箸。① 11号墓的博局长32、宽29、高2厘米。棋子12颗，髹黑漆，其中6颗为长方形，长1.4、宽1、高2.4厘米；另6颗为方形，边长1.4、高2.4厘米。博箸6根，长23.5厘米，用半边竹管填以金属粉制成。13号墓博局、竹箸与11号墓相同，只是棋子为6颗，骨质，一大五小。见图1、图2。

（2）铜山台上村汉画像石上的博局图②，见图3（1）。

（3）广州4013号东汉墓的木博局③，见图3（2）。

（4）广西西林西汉墓的铜博局④，见图3（3）。

（5）云梦大坟头1号西汉墓的木博局⑤，见图3（4）。

（6）长沙马王堆3号墓的木博局⑥，见图3（5）。

上述诸博局大多呈方形，个别的呈长方形。《晋书·天文志》称古周髀家的宇宙学说是："天圆如张盖，地方如棋局。"⑦ 汉边韶《塞赋》也说："局平以正，坤德顺也。""取则于地，刚柔分焉。"⑧ 看来方形棋局是方形大地的象征。

---

① 图1、图2均见《云梦睡虎地秦墓》图版四二，文物出版社，1981，第55、56页。据11号墓年代是秦始皇三十年（前217年），13号墓与其年代相当。

② 傅举有：《论秦汉时期的博具、博戏兼及博局纹镜》，《考古学报》1996年第1期。

③ 广州文物管理委员会：《广州汉墓·上》，文物出版社，1956，第335页。

④ 广西壮族自治区文物工作队：《广西西林县普驮铜鼓墓葬》，《文物》1978年第9期。

⑤ 湖北省博物馆：《云梦大坟头一号汉墓》，《文物资料丛刊》（4），图3（7），图版贰，2，第9、11页。

⑥ 《长沙马王堆二、三号汉墓发掘简报》，《文物》1974年第7期。

⑦ 《晋书》卷十一《天体》，文渊阁四库本。

⑧ （唐）欧阳询等编《艺文类聚》卷七十四《塞》，文渊阁四库本。

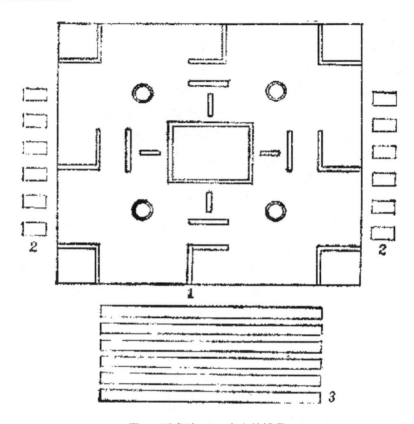

图 1　睡虎地 M11 出土的博具

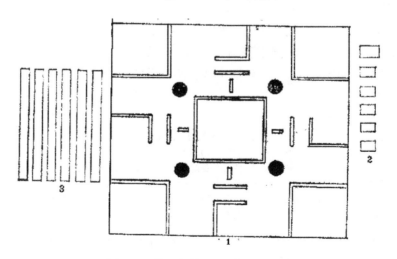

图 2　云梦睡虎地 M13 出土的博具

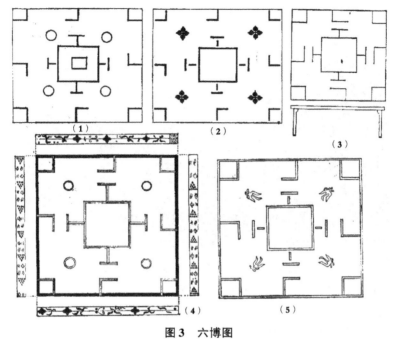

图 3 六博图

（1）铜山台上村汉画像石上的博局图 （2）广州 4013 号东汉墓的木博局
（3）广西西林西汉墓的铜博局 （4）云梦大坟头 1 号西汉墓的木博局
（5）长沙马王堆 3 号墓的木博局

这 7 个博局是我们从众多出土博局中精选出来的具有代表性的博局。最常见的是图 1，图 2 和图 3（1）、（2）、（4）、（5），它们共同的特征是四正方向的 L 形拐尺状钩识都向右，表明了行棋时的方向都是自左向右（逆时针）旋转，可称为"右旋局"。

图 3（3）的 L 钩识左指，表明其行棋方向与常见者不一，当为博戏的另一类型，或者为一种特例，可称"左旋局"。这种局目前仅发现两例，除图 3（3）外，另一例见于河南新野出土的仙人六博图像。①

博局中还有一种类型，如图 4。

图 4 的特征是用四条斜线把中央方框与四角曲道相连，有人认为是博的变种——格五的棋局②，我们将在下一节讨论。现在着重对"右旋局"中线道、钩识、大小方形的含义及其和行棋的关系作一探讨。

---

① 河南省博物馆：《南阳汉画像石概述》，《文物》1973 年第 6 期，第 29 页。
② 傅举有：《论秦汉时期的博具、博戏兼及博局纹镜》，《考古学报》1996 年第 1 期。

图 4 武威磨嘴子 48 号出土的木博局

资料来源：甘肃省博物馆编《武威磨嘴子三座汉墓发掘简报》，《文物》1972 年第 12 期。

（1）太岁巡行——式盘与博局的相似性。

我们认为，弄清博局的真正含义，是揭开古代博法之谜的关键，在这里不能凭臆想揣测，而要凭资料论证。而最好的论证资料是与博同时盛行的式占资料。因为古人认为，博棋是因式局而制造的，二者在形制、盘道、方法上有许多共通之处。如《方言》卷五笺注云：

> 《毛传》云："局，曲也。"《广雅》："曲道，栻局也。（见《广雅·释器》）"旧本自簿谓之蔽，或谓之曲道。

此说博又称"曲道"，可与云梦西汉墓出土的博局称为"画曲"互相印证。博局称曲道，乃因局中的拐尺形钩识线道而得名。关键是博局的"曲道"等同"栻局"，"栻"或称"式"，是先秦以来占断时日或人事吉凶的一种占卜工具；"栻局"即是式占用的天盘、地盘等占盘。

除《广雅》外，汉人边韶《塞赋》论及博塞原本形制时说：

> 本其规模，制作有式。①

———————————

① （唐）欧阳询等编《艺文类聚》卷七十四《塞》，文渊阁四库本。

这是说追溯博塞原本的形制，是以式盘而制作的。"有"，古代作"使用"、"以"讲，如《商君书·弱民》："各必有力，则农不偷。"高亨注："有，犹以也。《古书虚字集释》有此例。"[1] "制作有式"即"制作以式"，表明了博塞以式盘而制作。与《广雅》"曲道，栻局也"可互相印证。

其实，即使没有文献记载，只要我们对照一下出土的博局和式盘，也会得出二者相同或相似的结论。目前所见这种占盘有8件，其中安徽阜阳双古堆西汉早期墓（年代在公元前165年后不久）发现的两件最早，其形制如图5、图6[2]：

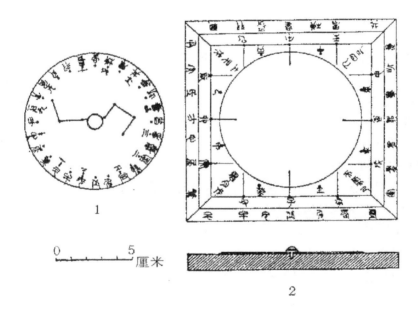

图5 阜阳双古堆西汉早期墓出土"六壬式"占盘（1天盘，2地盘）

如果对照博局和式盘可知，二者在多方面是很相似的。首先，式盘分天盘、地盘（见图6），而博局也明显可分为内单元、外单元两部分。

外单元与地盘对应，可称为博棋的行地之道，简称"地道"。内容包括与外方形内缘相连的在四维方向的4个"V"形钩识；在四正方向的4个"L"形拐尺状钩识。

---

① 高亨：《商君书注译·弱民第二十》，中华书局，1974。
② 《阜阳双古堆西汉汝阴侯墓发掘简报》，《文物》1978年第8期。

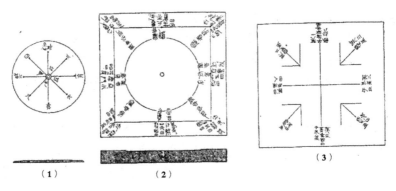

图6　阜阳双古堆西汉早期墓出土"九宫式"占盘

（1）天盘，（2）地盘，（3）地盘背面

内单元与天盘对应，可称为博棋的行天之道，简称为"天道"。内容包括内方；与内方外缘相连的四正方向的4个"T"字形钩识；四维方向的4个圆圈（或4个三角、4个方块、4个小鸟、4个花瓣来代替，如广州4013号汉墓木博局。或4条直线把内方角与"V"角连起，如图4）。

外单元和内单元无论在四正还是四维都有隔断，四维方向一般用圆圈隔断（四隔连线乃特例，下面详细谈），四正方向是在"L"、"T"形钩识间割断。这种隔断正是模仿式占天盘、地盘的结果。内单元模仿天盘的九宫和十二次，外单元模仿地盘的十二辰。

所谓九宫，是太一式占的术语，宋陈旸撰《乐书》云："太一九宫法，有飞棋立成图，岁一移兼推九宫灾害……东南曰招摇，正东曰轩辕，东北曰太阴，正南曰太一，中央曰天符，正北曰天一，西南曰摄提，正西曰咸池，西北曰青龙。五数中，戴九履一，左三右七，二四为上，六八为下，符于遁甲。此则九宫定位，每岁祭以四孟，随岁（指太岁）改位，行棋谓之飞位焉。"①

阜阳双古堆西汉早期墓的九宫式"天盘"，正是"戴九履一，左三右七，二四为上，六八为下"，显然是表示的四正、四维和中五（天符）等九宫。而博局的内单元，用内方表示中宫；用"T"表示四正，用圆圈等表示四维，显然是九宫设计。

所谓"九宫定位，每岁祭以四孟，随岁（指太岁）改位，行棋谓之飞位焉"，指的是每年的孟春正月、孟夏四月、孟秋七月、孟冬十月时按太一

---

① （宋）陈旸撰《乐书》卷一百九十六《乐图论·祀九宫》，文渊阁四库本。

法祭祀天地。由于每年、每月所行位置不同,所以要随其所躔位置方向来祭祀。太一神所在方向由占盘上的"棋子"位置表示,而棋子在九宫中先逆(右转)后顺(左旋),凭空飞来飞去,故曰"行棋谓之飞位焉"。而博戏中成枭的棋子,也可在天道上飞来飞去,进退自如,所谓"欲食则食欲握则握"(《战国策》卷七),也是拟太一行九宫法而来。

阜阳双古堆西汉早期墓的式盘"地盘",四角也有4个"V"形钩识,四正方向则用直线表示,而其基本内容是子、丑、寅、卯等十二辰(图5)。十二辰所在位置与博盘外方与"V"、"L"形钩识的交叉点一一对应,连钩曲的形状也大致一样!而博局内层的小正方形及4个"T"形钩识、4个圆圈形,分别对应着式盘天盘上的九宫中的中宫和四正八方或分至八节。

李零先生也认为外缘8个钩识与内层"T"形钩识意义不一样。认为前者"象征十二度",后者"4个T形钩识分布在四正,4个圆圈(或作鸟形或花形)分布在四隅,象征四方八位",这种看法比较接近实际。①

以上我们把博局分作博棋的行天之道、行地之道两部分,除了式占盘和博盘在形式上的相似性证据之外,最有力的证据是古人的记载:

《太平御览》卷754引薛孝通《谱》曰:

> 乌曹作博,其所由来尚矣。双箭(行棋用的箸,作者注)以象日月之照临,十二棋以象十二辰之躔次。则天地之运动,法阴阳之消息,表人事之穷达,穷变化之机微……②

薛孝通,北周人,作有《乌曹谱序》,《御览》引作《谱》。十二棋即博的12个棋子,"十二辰之躔次",有着复杂的文化学意义:古代人把木星绕赤道一周的天区分作12个区域,按顺时针方向运行,即左旋,用玄枵、星纪、大梁、鹑火等12个名称表示,也称子(玄枵)、丑(星纪)、酉(大梁)十二地支名,总称"十二次"。木星运行一周天,要11.86年,古人约为12年,这样木星每年会在一个"次"停留一年,称为"躔次"。同时,又假想了一个神秘的虚拟天体"太岁",又称"反木星",运行与木星方向相反,即按逆时针方向依次运行于地上的12个方位,也用十二地支表示,称为"十二辰"。

---

① 李零:《中国方术考》,人民中国出版社,1993,第160页。
② 《太平御览》卷七百五十四引薛孝通博《谱》,中华书局影印本,1960。

这个反木星"太岁"每年行一辰，所到之处要停留，就称为"躔辰"。

博局的设计，正是基于这种文化背景。所谓"十二棋以象十二辰之躔次"，显然是说十二博棋既像木星一样在天上的十二次运行而"躔次"，也像太岁一样在地上的十二辰运行而"躔辰"。故把博局的内单元像天，十二棋像木星一样在一定条件下在"天道"上运行停留；外单元像地，十二棋在像太岁一定条件下在"地道"上运行停留。因此，博局中的棋位必然可分作天地两大部分，而博棋的运行法则和博法法则必然和木星运行、太岁运行有密切关系。对此下面将作详细探讨。

（2）局分十二道——博局行棋棋位和线路。

首先，要解决博局中的棋位问题。有关知识文献记载极少，杨雄《方言》卷五说："（博）所以行棋谓之局，或谓之曲道。"[①] 这说明博棋行走在"曲道"上。宋洪兴祖在《楚辞·招魂》注引《古博经》中说："博法，二人相对坐，向局，局分十二道。"[②] 这个十二道在已发现的众多博局上到底指哪些线段，学界进行了长期的研究，1952 年，杨联陞先生首先援引《西京杂记·六博术》口诀和出土博局，来探讨博局十二道。他认为博局上 V、T、L 线段（一边 3 个，四边 12 个）对应口诀的方、张、屈，这三者才是棋位和行棋的十二道。[③] 以后，傅举有先生、崔乐泉先生等都认为博局上四边各有一组的"T"、"V"、"L"线段，即宋洪兴祖在《楚辞·招魂》注引《古博经》中的"局分十二道"，至今学界未有异议。[④] 但博局除 12 个 V、L、T 线段外，还有外方框、内方框和四维方向圆圈等被排除在十二道之外，局中没用的线段众多，显然不符合十二道的原意。

我们认为，博局行棋的"十二道"，当有摆棋、走棋两层含义，摆棋即薛孝通博《谱》的"十二棋以象十二辰之躔"，即把每方 6 个博棋子分别摆在外方的"十二辰"位置上，使双方散棋棋子两两相对，像布阵一样。这种推测除上述根据外，还有一佐证，《荀子·大略篇》："六贰之博。"唐杨倞注云："六贰之博，则六博也……今之博局亦二六相对也。"[⑤] "二六相

---

① （汉）杨雄撰，（晋）郭璞注《方言》卷五《簙》，文渊阁四库本。
② （宋）洪兴祖撰《楚辞补注》卷九《招魂》，文渊阁四库本。
③ Lien-sheng Yang, "An Additional Note on the Ancient Game Liu-bo," *Harvard Journal of Asiatic Studies 15*, No. 1/2（1952）：124 - 139.
④ 傅举有：《论秦汉时期的博具、博戏兼及博局纹镜》，《考古学报》1986 年第 1 期。崔乐泉：《中国古代六博研究（上）》，《体育文化导刊》2006 年第 4 期，第 85 ~ 87 页。
⑤ （唐）杨倞注《荀子》卷十九《大略篇》，文渊阁四库本。

对"及双方棋子各个相对。我们知道,六博是靠掷点行棋的,每掷一个点,只能行一个棋。如果不摆棋,开局时局中双方只能有一颗棋,即使到中盘和残局时双方6个子都在局上,也不可能走出整齐的"二六相对"局面。因此必须在开局前双方棋子都入局,才能出现12个棋子相对的局面,这与象棋摆棋是一样的。不一样的是,象棋中摆棋的位置同样也是行棋的位置,而博棋靠掷点行棋,一次行一棋,选择运行的某子一旦出了所在的"子""丑"等位,就无法再回到原位置,只能在12钩识和内方中的棋位运行。因此,外方的"十二辰之躔",也是棋位,也是"十二道",只不过是专供摆成棋阵而用的。我们推测在棋阵中,如果某子未出阵,也有被对方枭棋以"相冲"的方式吃掉(下面详证),这种博法会促使双方掷点行棋时充分考虑双方局势,选择最好的"躔位"棋子投入战斗。

《古博经》的"局分十二道"的另一层含义指的是"所以行棋"的走棋路线棋位,也称"曲道"。不过这"十二道"并非像学界认为的由4个"V"、4个"L"、4个"T"曲折钩识符号组成的12个棋位。我们根据江苏东海县尹湾汉墓6号墓的博戏占卜材料与《西京杂记》所载许博昌的"六博术"口诀对博棋棋位、博棋运行线路详细研究后认为(见下第六节):行棋的"十二道"当指高、玄、屈、究、张、道、揭、畔等八道,加上内方中的北方、西方、南方、东方等四道。其中高是"V"形钩识左边线,玄是"V"形钩识右边线(自各方向内看,下同),屈是四维隔断天地的"圆圈(或斜线)",究是"L"形钩识左边线,张是"L"形钩识右边线,道是"T"形钩识下横线,揭是"T"形钩识上竖线,畔是内方四角附近的边线。方既指博局内方,也指东西南北四方。如图7所示。这样,外方内缘以内的所有线段上都有棋位,即所谓的"十二曲道"。高玄屈(屈位连接天地,故在博法中既属天也属地)究张在地盘上,是地上供散棋行走的棋位;道揭畔和四方在天盘上,是天上供枭棋行走的棋位。如图7所示。

图7用虚线表示地盘,用实线表示天盘。用小黑方块表示地盘上的"十二道",它处在外方外缘,是摆棋的棋位;用小黑点表示行棋棋位,行棋棋位都在外方内缘之中,也分为十二道(局面上不重复的口诀名称)。其中东方、西方、南方、北方四道各只有一个棋位,是行棋线路的瓶颈,统领四方;其他"高、玄、屈、究、张、道、揭、畔"等八道,分属四方之道,每道都各有2个棋位,这样一方统领17个棋位,故博局上四方共有68个棋位。

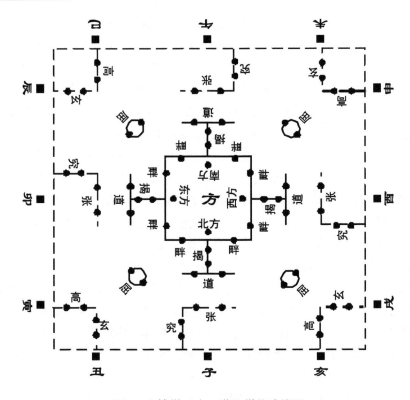

图7 六博棋"十二道"棋位路线图

（3）在子取未至震取兑——卜法与博法的相似性。

博棋棋位既定，就可以探讨六博的博法了。

博局的"局分十二道"即摆棋的十二道和行棋的十二道。双方棋子先摆在子丑……戌亥等十二地支上，然后掷筹（或掷茕、琼、骰），选择某辰位的某棋在十二曲道上行走，像太岁躔次一样。当某棋子的棋位固定时（或在摆棋位，或在十二曲道上），就会有一定的着法规则相互拼杀。如棋位相冲即可取对方之子等。关于这一点，无论在太岁禁忌习俗中、式盘占法中和博戏原则中古人都有论述。先说太岁禁忌，汉代王充《论衡·难岁》载：

《移徙法》曰："徙抵太岁凶，负太岁亦凶。"抵太岁名曰岁下，负太岁名曰岁破，故皆凶也。假令太岁在甲子，天下之人皆不得南北徙，起宅嫁娶亦皆避之；其移东西，若徙四维，相之如者皆吉。何者？不与太岁相触，亦不抵太岁之冲也。①

《淮南子》曰：

> 岁星之所居，五谷丰昌。其对为冲，岁乃有殃。②

"岁下"即到太岁所躔之方位，"岁破"即到与太岁直线相对的方位，也即"冲"。太岁每年一徙（过一辰次），12年一周，当居正北甲子方位时，此年大忌。朝北迁徙即遇"太岁抵触之辰"，曰岁下，有大凶；朝南迁徙即遇"太岁所冲之辰"，曰岁破，"其地不可兴造、移徙、嫁娶、远行。犯者主损财物及害家长。惟战伐向之吉。"（《协纪辨方书·义例·岁破》引《广圣历》）这种太岁禁忌"传世不灭"，曾广泛地影响了人们的思想和行为，当然也影响了棋局博法的设计。

式占中的太岁也不可向，《遁甲经》云：

> 天一亭游，六行亭亭。天一之贵神也，战斗、博戏、渔猎，但可皆，不可向也。③

《遁甲经》是专门描述奇门遁甲式占的一部古书。已佚。天一即太一、太乙，实际上乃是古人虚拟的岁星之神——太岁。④ 其在天神中最尊贵，故曰贵神。太岁游九宫时，在一定的时间内（如月、年或数年）会停留在某宫〔图6（1）天盘的数字即是九宫〕，与某宫相冲的方位（即直线相对的方位，也即"六行"过后所对的方位）即冲位，在冲位的时间中和空间中做事，只能与太岁和谐、顺从，不能向着太岁走或非要在相冲的时间干，否则会有凶咎。此处专门提到博戏对太岁也是"但可皆，不可向"，即己方博棋的位置不能与对方运行着的博棋（枭棋）处在"冲位"，否则就会被吃掉；而只能保持和对方博棋相"皆"（协调）的位置，才能保全自己。说明博法或着法上也是模仿式占的。

---

① （汉）王充撰《论衡》卷二十四《难岁篇》，文渊阁四库本。
② （唐）瞿昙悉达撰《开元占经》卷二十三《岁星占一》引《淮南子》，文渊阁四库本。
③ 《太平御览》卷七百五十四《博》引《遁甲经》，中华书局影印本，1960。
④ 宋会群：《中国术数文化史》第二章，河南大学出版社，1999。

古人论博法也时常论到太岁之"冲"及其和天地、四时、八节的关系，只是从未被学界注意，如前引北魏人薛孝通的博《谱》全文曰：

> 乌曹作博，其所由来尚矣。双箭以象日月之照临，十二博（作者校：《御览》卷七五四"博"作"棋"）以象十二辰之躔次。则天地之运动，法阴阳之消息，表人事之穷达，穷变化之机微。履谦谢，则知冲，退以致福；观杀罚，则知当路而速祸；行其道，则掎鹿有归；保其家，乃瞻乌爰集。隐显藏用，莫不合道；龙潜雀起，率皆趣良。足以谐畅至娱、洽协妙赏者也。①

薛孝通认为行博棋是"则天地之运动，法阴阳之消息"，证明博戏的局、子或着法中有天左行、地右转的运动，以象征和四时、八节更替的消息。在博局中，投箸着棋时棋每着一点，即是"躔次"的象征，会有一辰或一次与之相应，此辰次在诸多术数式占中的吉凶休咎，同样也会作为博棋着法上的原则。如"履谦谢，则知冲，退以致福"，"知当路而速祸"，讲的就是博棋逢"冲"的位置有太岁，就必须退，才能"致福"；博棋在"道"位（图7）停而"当路"，则会引起"争道"，而祸害会迅速降临。

那么，棋位上的博棋是怎样"冲"呢？隋代的术数大家萧吉作《五行大义》，其中有《论冲破》，他说：

> 冲破者，以其气相格对也。冲气为轻，破气为重。支干各自相对，故各有冲破也。……支冲破者：子午冲破，丑未冲破，寅申冲破，卯酉冲破，辰戌冲破，巳亥冲破。此亦取相对，其轻重皆以死生言之。四孟（指子、卯、午、酉，即四正方向或四季的第一月，代表空间和时间）有生而无死，直冲而不破；四季（指寅、巳、申、亥）有死而无生，直破而无冲；四仲（指丑、辰、未、戌）死生俱兴，故并有冲破。②

---

① （清）严可均校辑《全上古三代秦汉三国六朝文·全后魏文》卷三十六《薛孝通》，中华书局，1958。《太平御览》卷七百五十四《博》引《薛孝通博〈谱〉》，中华书局影印本，1960。

② （清）严可均校辑《全上古三代秦汉三国六朝文·全隋文》卷三十《萧吉·五行大义》，中华书局，1958。

这是对包括式占、博棋等在内的各种术数冲破理论的总体解释，但也是较晚的解释，战国秦汉的博棋是否按此原则以论子之生死或取予，还是个未知数。要而言之，博局上外方的十二辰，外方内缘的"十二曲道"都可以用十二地支表示，那么关于十二辰的冲破原则很可能作为博法的原则之一。对此我们还有一条直接的证据：

> 六曰律吕，以宣其气。在（左）子取未，在（右）午取丑是也。七曰八卦，以定其位，至震取兑，至离取坎是也。①

《象经》是周武帝所制，或称《象戏经》，已佚。棋史家一般认为《象戏经》是中国象棋的前身，而与博戏又有联系。② 但明代杨慎《丹铅杂录》却否定它是中国象棋："意者从兵机、孤虚（一种时日占卜的术数）、冲破寓于其间，决非今之象戏车马之类也。"③ 再观《象经序》和庾信的《象戏经赋》与汉边韶的《塞赋》如出一辙，明象戏当是博塞的一种，与后来的中国象棋形制不一样（下章论中国象棋起源时详证）。

《象经序》中所言"六曰律吕，以宣其气"，当指行棋之法。汉边韶《塞赋》："棋有十二，律吕极也。"是说十二棋象征六律六吕。"气"即"冲气"，十二棋能够"以其气相格对也"。格对的原则是相冲，所谓"在子取未"，是说按掷箸（或茕、骰）数棋行到"子"位（正北方）时，南方午位为冲，但子午属"四孟"，"有生而无死，直冲而不破"，故不取对方"午"位子而要取与午紧邻的属"四仲"的"未"位子。"在午取丑"即己方若躐次"午"位，要取下所冲方向对方的"丑"位子。这条史料直接证明了博法中的"冲破"着法的存在。

2. 太一行九宫——四正四维和九宫八卦

博局内层与外层区别很大，可作为一个单元来讨论。外层单元是"则地之运动"，内层单元似应是"则天之运动"的部分。它以小方形为中心，外侧分布着四正、四维，和图6（1）的天盘"九宫图"可一一对应。所

---

① （清）严可均校辑《全上古三代秦汉三国六朝文·全后周文》卷七《王褒〈象经序〉》，中华书局，1958。严校本把"在"字引作"左"、"右"，《艺文类聚》卷七四、《太平御览》卷七五五并引作"在"。

② 李松福：《象棋史话》，人民体育出版社，1981，第32页。

③ （明）杨慎撰《升庵集》卷四十八《象经》，文渊阁四库本。

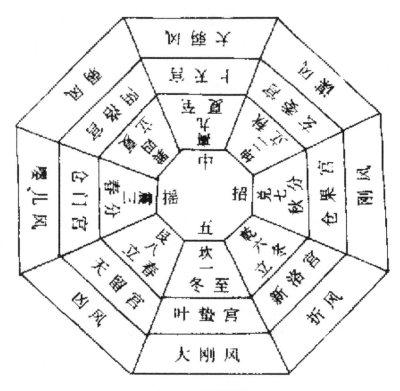

图 8　九宫八风图

以，内层单元应是九宫的象征。

　　所谓"九宫"，源于《尚书·洪范》的九畴之数，后人也认为是洛书之数。该数的正式排列次序最早见于《大戴礼记·盛德》："（明堂月令）二九四，七五三，六一八。"注云："《记》用九室，谓法龟文。故取此数以明其制也。"① 如果把这三组数字横排，即得图 6（1）的"九宫图"。《大戴礼记》是先秦资料的汇编，反映的当是先秦人的概念和认识，把"九宫"用于战国秦汉的博局设计中，不足为奇。

　　九宫在术数领域中可代表诸多意义，但较原始的意义则表示以北极为中心的天象变化反映出的四至八节等时令变化，把它用于占卜和人事，则有八卦、君臣百姓等意义。如《黄帝内经·灵枢·九宫八风》的首图及文字与图 6 九宫盘几乎完全一致，把它们和博局内层单元作比较，就可得出不少启示：

――――――――――

　　① （汉）戴德：《大戴礼记》卷八《盛德》，文渊阁四库本。

启示一：博局中央的小方形，总称为"方"，包括东西南北四方。是"招摇"（北斗七星）的象征，其数五，居中宫。

启示二：四个"T"形钩识各自的象征是四正方向、冬夏至和春秋分、坎离震兑四正卦、一三七九四正宫、君相将百姓等。

启示三：四个圆圈的象征是四维方向、立春立夏立秋立冬四节气、乾坤巽艮四维卦、六二四八四维宫等等。

启示四：四正、四维的运动反映了四季消长的阴阳变化消息。

这些象征意义并非我们的杜撰，除了前举北魏人薛孝通博《谱》的"则天地之运动，法阴阳之消息，表人事之穷达，穷变化之机微"可作注脚外，汉边韶《塞赋》说得更直接：

> 始作塞者，其明哲乎！故其用物者约，其为乐也大。犹土鼓块枹，空桑之瑟，质朴之化。然本其规模，制作有式。四道交正，时之则也；棋有十二，律吕极也；人操其半，六爻列也；赤白色者，分阴阳也；乍亡乍存，象日月也。行必正直，合道中也；趋隅方折，礼之容也；逸往逸来，刚柔通也；周则复始，乾行健也；局平以正，坤德顺也。然则塞之为义，盛矣！大矣！广矣！博矣！质象于天，阴阳在焉；取则于地，刚柔分焉；施之于人，仁义载焉；考之古今，王霸备焉；览其成败，为法式焉。①

边韶认为，博戏所用道具少，质朴无华，但其局、棋、着法中的蕴意盛、大、广、博，故游戏起来，"亦精妙而足美也"。这里多处与局的含义、子的着法有关：

"本其规模，制作有式"，是说追溯博塞原本的形制，是以式盘而制作。

"四道交正，时之则也"，四道，即博局内层的4个"T"形钩识，因其表示四正方向、四正卦、四正宫，所以称"交正"；又因九宫中的四正还表示冬至、春分、夏至、秋分等季节时候的阴阳消息，故曰四道是历时的标准。既然"T"形钩识是四正，位于四维的4个圆圈必然代表"四立"（即立春、立夏、立秋、立冬）、四维卦、四维宫。在这里，博局内层的"T"形钩识和4个圆圈的含义得到了最恰当的解释。

___

① （唐）欧阳询等编《艺文类聚》卷七十四《塞》引《塞赋》，文渊阁四库本。

"六爻列也"、"乾行健也"、"坤德顺也"都表示博局中有八卦的象征。八卦的象征就是通过博局内层的四正、四维来表现的。除了象征意义，可能还有着棋规则的意义。北周王褒《象经序》："七曰八卦，以定其位，至震取兑，至离取坎是也。"其位即棋位，用八卦表示棋位，说明博局中表示八卦的"T"形钩识和圆圈虽不是线道交叉点，但也是特殊的着棋点。我们以为，这8个着棋点，位在天盘上，当是专供对弈双方能够飞行于天空的"枭棋"行走和互相攻杀的，其行棋依次按照八卦的方位行棋，食子原则之一是"至震取兑，至离取坎"，即两棋直线相对时，后到的一方可食对方之棋。

文献上把内层的小方形称为"水"，《列子·说符》张湛注引《古博经》云：

> 博法，二人对坐，向局，局分十二道，两头当中名为水，用棋十二枚，故法六白六黑。又用鱼二枚，置于水中。……二人互掷采行棋，棋行到处即竖之，名曰骄棋，即入水食鱼。[①]

"水"在当中，应指中间的小方形之内的区域。关键是散棋变作骄棋后"即入水食鱼"，说明只有骄棋有资格进入局的中间部位，而一般散棋无此资格，这为我们的推测提供了旁证。

以上的考证，基本上澄清了战国秦汉博局的含义及一些相关的博法，虽然有些仅是推测，但是是在占有大量有关文献与出土资料基础上的合理证明，其中最关键的是博局与式占天地占盘在形制、内涵上相似甚至一致。虽然古博经失传了，但大量的式法和式盘却未失传，这使我们有可能对古博法、博局的含义进行进一步的探讨。总结上述考证，有下列结论：

甲、博局的线道可分作外层单元和内层单元两部分，外层单元钩识右指，象地右转；内层单元象天，运动以北斗方向和四至八节为准，进行左旋。

乙、外层单元象征"十二辰"，供散棋行走。食棋原则之一是"在子取未，在午取丑"。

---

① （晋）张湛注《列子》卷八《说符》注引《古博经》，文渊阁四库本。另（宋）洪兴祖撰《楚辞补注》卷九《招魂》补注引《古博经》，文渊阁四库本。

丙、内层单元象征着分至八节、八卦，中央小四方形象征中宫，"名为水"，加上四正四维，与占盘上的九宫——对应。九宫表示天，因此进入九宫的棋子要"左旋"行棋。九宫供枭棋或变作枭棋的散棋行走，食棋原则之一是"以定其位，至震取兑，至离取坎"，即两枭棋直线相对，先到的一方可食对方枭棋。

（三）以"冲"相食——枭棋和散棋的着法

以上讨论了博局的含义及其显示的着法规则，下面就探讨一下博棋的含义及其着法。目前发现的博棋子有两种，一种 6 个为一套，一大五小，如图 2 所示。另一种 12 个一套，大小一致，每边 6 枚，不分大小，如图 1 所示。

这种分类法与棋史学界一般看法并不一致。如博棋专家傅举有囿于汉代博棋棋制，认为此墓出土的棋子少了 6 颗，"当是一方棋子"[1]，从而否定了 6 颗棋子为一局博戏的可能性。这明显是臆测之词。因为，这 6 颗棋子和局、箸不仅共出于一墓（云梦睡虎地 13 号秦墓，见图 2），而且六箸、六棋是放在一个厚约 10 厘米的博局盘一侧的凹槽中。槽长 24、高 1.8、深 6 厘米，棋大的长 3、宽 1.4、高 2 厘米，小的长 2.5、宽 1.2、高 1.7 厘米，以横长方向摆放在最里侧，占了近 20 厘米的长度空间，而 6 根长 19.5 厘米的用半边细竹管制成的箸，紧贴着凹槽口部分两排并放，再外侧是厚约 2、宽 1.8、长 24 厘米的木片盖板盖着凹槽。[2] 所以此博局的凹槽内不可能再放下一大五小的 6 颗棋子。我们只能说此墓的博局和六棋、六箸是一套完整的博具，而不能臆测其少了 6 颗棋子。其实，仅有 6 颗棋子的博戏可能是战国时期较早流行的一种博法，这种博法特指"枭棋"，突出枭棋在胜负中的作用，与没有明显枭棋的十二子博法当有区别。关于这一点，战国文献经常讲到，如《战国策·楚策三》：

> 夫枭棋之所以能为者，以散棋佐之也。夫一枭之不胜五散，亦明矣。今君何不为天下枭，而令臣等为散乎？[3]

---

[1]　傅举有：《论秦汉时期的博具、博戏兼及博局纹镜》，《考古学报》1986 年第 1 期，第 29 页注。

[2]　《云梦睡虎地秦墓》，文物出版社，1981。

[3]　（宋）鲍彪注《战国策·楚》卷五《考烈王》，文渊阁四库本。

这里所说与 13 号墓出土一大五小的整套棋子正相符合，大棋子是"枭棋"，小棋子是"散棋"，应毫无疑问。枭，本指一种"鹰身猫面，穴土而居"、"食母而飞"的不孝之鸟（见《正字通·木部》），由于其勇猛霸道，在先秦秦汉常用作骁勇、豪雄、魁首之意。枭棋即散棋的首领，散棋辅佐枭棋，使其有所作为；但枭棋在博法中的主导作用十分明显，它可以乘便食散棋，最后赢得己方胜利，所以博者都以枭为贵，形成了贵枭的习惯。如《史记·魏世家》说：

> 王独不见夫博之所以贵枭者，便则食，不便则止矣。①

"便则食"，说明枭棋可食散棋，但必须乘间得便，也即造成一定的形势方可食散。我们以为这种形势应是能够对散棋各个击破的形势。如果有被五散联合围击的危险，即所谓"不便"之势，即使可能食掉个别散棋，也要因势而止，不然其将被众散棋围着杀掉。所谓"一枭之不胜五散"，可能指的就是这种棋势。所以我们推测，在只有 6 个棋子的博戏中，一方为一枭，一方为五散。一枭可以食失去联络的散棋，食掉的对方散棋即变作己方的散棋，以辅佐枭棋吃掉另外的散棋，以取得最后的胜利。而持有五散的一方，要加强五散的联络，步步为营，以困住枭棋，最终杀掉枭棋以取得胜利。双方虽各有取胜的机会，但枭棋在局中的十二辰、八卦各位置都能活动，有较充足的回旋余地，"便则食，不便则止"，这样持枭棋的一方取胜的概率大，所以形成了"贵枭"的博戏习惯。如《韩非子·外储说左下》也讲到贵枭和五散杀枭：

> 齐宣王问匡倩曰："儒者博乎?"曰："不也。"王曰："何也?"匡倩对曰："博者贵枭，胜者必杀枭。杀枭者，是杀所贵也，儒者以为害义。"②

杀枭即杀贵，杀贵即害义，乃儒家酸腐之说，不足为信。重要的是胜者靠什么"杀枭"。我们以为，这胜者只可能是持五散的一方，他靠五散的有

---

① （汉）司马迁撰《史记》卷四十四《魏世家》，文渊阁四库本。
② 《韩非子》卷十二《外储说左下》，文渊阁四库本。

机配合、互相支援而困住对方枭棋所行之道，进而缩围而杀掉枭棋。

6 个棋子一套的博戏可能只流行于战国、秦代，西汉以后很少发现，基本上被 12 个一套的博戏替代。

12 个一套的博戏棋子首先发现于睡虎地第 11 号秦墓，以后在汉代有大量发现。如 11 号秦墓的棋子，6 颗为长 1.4、宽 1、高 2.4 厘米的长方形，另 6 颗为边长 1.4、高 2.4 厘米的正方柱形，均木质，髹黑漆。这种棋子从形制上明显分为两方，每方各 6 子。[①] 江陵凤凰山 8 号西汉墓出土 12 颗大小一致的骨质棋子，6 黑 6 白。[②] 马王堆 3 号墓出土大象牙棋子 12 颗，每颗长 4.2、宽 2.2、高 2.3 厘米，6 黑 6 白，遣策称为"象其十二"；又出土大小相同、色泽一样的灰色小象牙棋 20 颗，长 2.9、宽 1.7、高 1 厘米，遣策称为"象直食其二十"。[③]

据《博谱》讲，十二棋"象征十二辰之躔次"，这只说明其行棋之路在博局的十二曲道上。实际上，十二棋的博戏还有诸多问题需要解决，如棋子形制一样，是否就没有枭棋？直食棋的作用是什么？这种棋戏怎样判断胜负？这些问题我们也不能彻底解决，但可根据有关材料解决一些。

首先说，十二棋的博戏肯定有枭棋：

　　《楚辞·招魂》："菎蔽象棋，有六博些……成枭而牟，呼五白些。"[④]

上述文献都提到"成枭"和"得枭"，证明战国以后的博戏中都有枭棋。但十二棋的博戏 6 黑 6 白，分作双方，从形制上看不到枭棋的存在，显然是一个矛盾。我们以为，每方 6 颗散棋在一定条件下都可转变为枭棋。《楚辞》的"成枭而牟"，汉王逸注说："言己棋已枭。"说明十二棋博戏中的枭棋是由双方散棋转变而来的，散棋变为枭棋，即成枭。成枭后，弈者会不自禁地像牛一样的"牟"呼，其高兴程度可想而知。

那么，在什么条件下散棋可"成枭"呢？根据文献记载，我们以为有三：

一是《古博经》的"二人互掷采行棋，棋行到处，即竖之，名为骄

①　湖南省博物馆等编《长沙马王堆二、三号汉墓发掘简报》，《文物》1974 年第 7 期。

②　《湖北江陵凤凰山西汉墓发掘报告》，《文物》1974 年第 6 期。

③　熊传新：《谈马王堆三号西汉墓出土的陆博》，《文物》1979 年第 4 期。

④　(宋) 洪兴祖撰《楚辞补注》卷九《招魂》，文渊阁四库本。

棋"。"骄"、"枭"古音同，骄棋即枭棋。郑注《周礼·考工记》："博立枭棋。"唐贾公彦疏："博立枭棋者，谓博戏时立一子于中央，谓之枭棋"。[1]《御览》卷九二七引《春秋后语》曰："苏代谓魏王曰：王独不见夫博之所以贵枭乎，便则食，不便则止。"原注曰："博之竖者为枭。"[2] 从形式上讲，平放的是散棋，立放的是枭棋。现在发现的博棋子，都呈长方体或正长方柱体，确实有平放、立放之别。散棋变作枭棋，只要竖起来就行了。关键问题是"棋行到处"才能竖起变枭，也就是说，散棋必须行到某个终点后才能升级变枭，这与现代国际象棋卒行到底线变皇后的规则一样。根据前面考证的散棋依"十二曲道"行走（见图7），我们以为，这个终点当指散棋在局中运行一周后的终点，据尹湾6号墓《博局占》干支棋位顺序所示，当在癸亥位（详本章后文），即图7的北方棋位。如果散棋走到癸亥位还未被对方枭棋食掉，散棋即竖起来，进入博局中间的专供枭棋行走天道行棋，并以八卦方位"至坎取离，至震取兑"的原则和对方枭棋互相攻杀。

二是投箸掷出"五白"。王逸注："五白，博齿也。"所谓"博齿"，魏晋以后指骰子，此处当指博用的六箸，是博戏的采名。开博时，先走一方拿六箸往枰上一投，视六箸变化的组合结果行棋。目前发现的六箸，大多用长20厘米左右的半边细竹管制成，管内用金属或其他物质塞平，投出时有平面、鼓面两种，或者当时两面有黑白之分，出土时已不能辨认。我们以为，6根中有5根面或色相同（或鼓或平），就应是五白，掷出五白者，己方的一个散棋就可变为枭棋。这种推测从下面的"掷茕采"也可得到旁证。

三是投茕掷出"骄"面。茕，即骰子。秦汉的茕多为球形18面体，其中一面刻"骄"。如果投得骄，散棋竖起变为枭棋。

一旦散棋成"枭棋"，不仅趾高气扬地竖起来，而且可在十二曲道上对他方的散棋"便则食，不便则止矣"（《史记·魏世家》）。如果对方也有枭棋在曲道上，则两枭可以互杀，原则是位置相冲，即"至震（正东方）"时可以食取对方在"兑（正西方）"位的枭棋，至离位可以食取坎位的对方枭棋。

其次，马王堆3号墓出土的20枚"直食棋"当与6黑6白的棋子作用不同，熊传新先生推测"可能作为鱼用"[3]，较有道理。《古博经》云：

---

① （汉）郑玄注，（唐）贾公彦疏《周礼注疏》卷三十九《冬官考工记》，文渊阁四库本。
② 《太平御览》卷九二七引《春秋后语》，中华书局影印本，1960。
③ 熊传新：《谈马王堆三号西汉墓出土的陆博》，《文物》1979年第4期。

两头当中名为水，用棋十二枚，故法六白六黑。又用鱼二枚，置于水中。……二人互掷采行棋，棋行到处即竖之，名曰骄棋，即入水食鱼，亦名牵鱼。每牵一鱼，获二筹；翻一鱼，获三筹。若已牵两鱼而不胜者，曰"被翻双鱼"，彼家获六鱼为大胜也。①

这里，博局上除了十二棋之外，又有二鱼放在局中间，能够被骄棋直接吃"食"，故墓中遣策称为"直食棋"，也就是说，骄棋食散棋时要靠掷采行棋后的相对位置，而食鱼时则与行棋无关，只要变作骄棋"即入水食鱼"，从而可获二个筹码，为胜利准备条件。但是，此时牵一鱼的骄棋如果被对方散棋、骄棋围吃，对方就占有此骄棋所牵的一鱼，称作"被翻一鱼"，从而"获三鱼"而小胜，如果已牵二鱼而还未把对方骄棋"杀"掉，反而被对方所杀而胜，则已牵二鱼称作"被翻双鱼"，彼方就可"获六鱼"而大胜，这就像麻将牌中的"杠里开花"，又杠又自摸一样，是一种最大的胜利。

总之，博局中的"直食棋"，可以被成枭的散棋"直食"，故称直食棋，它在西汉以后又称鱼，牵一鱼可获二筹，其性质当与筹码相同。3号墓整套博具中共有42筹和20个直食棋，比例也大致为2：1，说明直食棋的作用与筹码类似。之所以备20棋和42筹，是供多次博赌而用的，如以"小胜"计，可博20局，如以"大胜"计，至少也可博10局以上。10局到20局博赌可能为一次博戏的局限，这样可以避免负者输得太惨而无止境的纠缠，胜者赢得太多而一夜暴富。

直食棋或后来的鱼，其实都是一种"采"的代替物，《列子·说符》：

"设乐陈酒，击博楼上。侠客相随，而行楼上，博者射，明琼张中，反两揃鱼而笑。"东晋张湛注："凡戏争能取中皆曰射，亦曰投。裴骃曰：'报采，获鱼也。'《大博经》或作鰈，比目鱼也。此言报采获中，翻得两鱼，大胜而笑。"②

---

① （晋）张湛注《列子》卷八《说符》注引《古博经》，文渊阁四库本。另（宋）洪兴祖撰《楚辞补注》卷九《招魂》补注引《古博经》"翻一鱼，获三筹"作"翻一鱼，获二筹"。无"彼家获六鱼为大胜也"语，文渊阁四库本。

② （晋）张湛注《列子》卷八《说符》，文渊阁四库本。

（四）博悬于投——箸、茕、琼的数色神秘组合

箸、茕、骰都是博戏中不可少的博具，"夫博悬于投，不专在行，优者有不遇，劣者有侥幸"。[①] 投箸显示的正反面组合、掷茕显示的数字和"骄"、投骰显示的齿彩，都决定了行棋的步数或位置。它们的共同点是在随机的投掷中，都显示出某种可以确定的数、色或其组合，这些数色的组合在当时人看来，具有无比的"天意"和"神性"，反映了一种看似公平的竞争方式。《周易·系辞下》："阴阳不测之谓神"，就是当时博戏之徒信奉的法则。这种投掷后的"不测"性，就是博徒们用以自我安慰和解嘲的"天意"，"神性"，无论输赢，都是冥冥上天的旨意，赢者不以为贪，输者不以为耻。这就是博赌能够在中国盛行两千多年的文化心理原因。

箸、茕、骰虽都是表示数、色的博具，但盛行的时代有先后，数、色的组合搭配差别更大，这决定了古代博法的巨大变化。一般讲，投箸以博出现得最早，盛行于战国和西汉；投茕最早出现于秦代，盛行于两汉；投骰出现较晚，而且脱离了六博局，待以后详论，现主要说说箸、茕。

箸。目前考古实物所见者都为 6 根，《说文·竹部》："博，局戏，六箸十二棋也。" 说明博戏一般都用 6 根箸。还有投二箸、八箸的博戏，仅见于下列记载：

"许博昌，安陵人也。善陆博。……法用六箸，或谓之究，以竹为之，长六分。或用二箸。"[②]

"乌曹作博，其所由来尚矣。双箭以象日月之照临，十二棋以象十二辰之躔次。"[③]

"平原女子迟昭平能说经，博以八投。" 注引服虔曰："博弈经，以八箭投之。"[④]

---

① （宋）章樵注《古文苑》卷十七《杂文》录（汉）班固《弈旨》，文渊阁四库本。

② （晋）刘歆撰，（晋）葛洪辑《西京杂记》卷四，文渊阁四库本。

③ 《太平御览》卷七百五十四《博》引博《谱》，中华书局影印本，1960。

④ （汉）班固编撰《前汉书》卷九十九下《王莽传下》，文渊阁四库本。

箭为箸的别名，“双箭”或“八箭”即二箸或八箸。这些记载虽无考古资料佐证，但也不能断然否定，姑且存疑。

目前发现的博戏六箸，都以竹为之。如睡虎地 11 号秦墓的六箸，用半边细竹管填以金属粉制成，长 23.5 厘米（见图 1）。13 号墓的六箸也用半边细竹管制成，中间填以金属粉，两头分别用半月形的金属堵着金属粉，长 19.5 厘米。江陵凤凰山 8 号西汉墓的六箸，用直径 0.9 厘米的半边细竹管制成，中间填有其他物质，外表上黑漆。长 23.7 厘米。① 看来，秦汉的箸长度大致以 1 尺为限（秦汉 1 尺约合 23.5 厘米），也有长 8 分的、6 分的。箸形制都是一面圆、一面平，如果圆为阳，平为阴，掷出后可得 6 个一组的阴阳组合，共有 64 种，和易卦数相同。然后按每组组合决定行棋。至于什么样的组合（或卦）怎样行棋，当时必然有具体规定，现在无从查考了。

荧。繁体作𤲞，又通榦。《中华大字典·𤲞》：“𤲞，通榦，博之投子也。按《广韵》：榦子，一名投子。”《说文·凡部》：“荧，回疾也。”段注：“回转之疾飞也。”说明荧即一种投子，近球体，可以飞速旋转。荧也称为琼，前引《古博经》：“其掷彩，以琼为之。”荧、琼音近，故通假。

博戏废箸用荧，可以直接读出荧上的数字以行棋，简化了折算的过程，当是一种进步。目前荧已发现多件，大部分为 18 面体，近球形。如秦始皇陵园〔图 9 (1)〕、② 长沙马王堆 3 号墓〔图 10 (2)〕、③ 临淄汉初齐王墓（出土两件）。另《汉金文录》卷四著录两件〔图 9 (2)、图 10 (1)〕④，满城汉墓出土一件（图 11）。⑤

14 面荧上刻“骄”，下刻“𢍮”，围绕“骄”刻一至六，围绕“𢍮”刻七至十二。18 面荧也为上“骄”下“𢍮”或“𩫞”，围绕“骄”刻十三至十六，围绕“𢍮”刻九至十二〔图 9 (2)〕，或四、九至十二〔图 10 (1)〕，或四六八九〔图 10 (2)〕，中间八面刻一至八〔图 9 (2)〕、或一二三五七十、十一、十二〔图 10 (2)〕，或七面刻一二三五六七八〔图 10 (1)〕。看来，除“骄”“𢍮”二字相对、围绕“骄”刻十三至十六外，其他数字所在位置并无成法，因时因人而异。

---

① 《湖北江陵凤凰山西汉墓发掘报告》，《文物》1974 年第 6 期。

② 张文立：《秦陵博琼与秦汉博戏之风》，《文博》1989 年第 5 期，第 58 页。

③ 傅举有：《论秦汉时期的博具、博戏兼及博局纹镜》，《考古学报》1996 年第 1 期。

④ 傅举有：《论秦汉时期的博具、博戏兼及博局纹镜》，《考古学报》1996 年第 1 期。

⑤ 张文立：《秦陵博琼与秦汉博戏之风》，《文博》1989 年第 5 期，第 58 页。

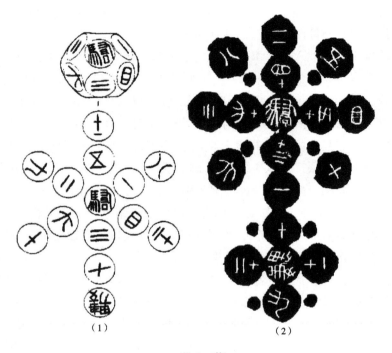

（1）   （2）

图9 茕

（1）秦始皇陵园出土的14面茕 （2）《汉金文录》卷四的18面茕

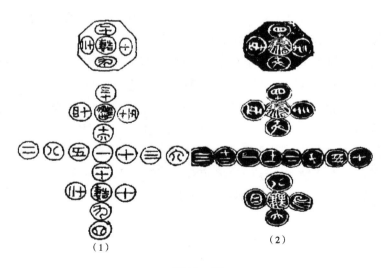

（1）   （2）

图10 茕

（1）《汉金文录》卷四的18面茕 （2）马王堆3号墓出土的18面茕

图 11　满城汉墓的 18 面酒令茕

刻一至十六或一至十四的数字相当于后来骰子上的齿数。一般来讲，似应是掷几点就可把某棋行几步，直到十二为止，与博局外层的十二道相应；十三至十六及"骄""骉"这 6 个面，似都有特殊的行棋规定，如掷出"骄"面，某散棋"即竖之，名曰骄棋，即入水食鱼"，如掷出十三至十六点，散棋可变为骄棋，进入博局内层的八卦区行棋，但不食鱼。"骉"字不见字书，李学勤先生曾试读为"魄"，"认为，骄与魄正好是相反的意思，就如现在常说的赢或输"①，如果释骉为魄正确的话，则其意义相反，在投茕的博法中，掷骄可使散棋变为枭棋，如反之，掷魄的话，应该使枭棋变作散棋，而不是一掷定输赢。

汉代还有一种专门用于行酒的茕，如图 11。形制与博茕一样，18 面体，其中 16 面刻一至十六的数字，余下两面刻"骄"和"酒来"。另在 1984 年西安汉城也出一枚，除一至十六的数字外，字面一刻"骄"，一刻"自饮"。

---

　① 熊传新：《谈马王堆三号墓西汉墓出土的陆博》，《文物》1979 年第 4 期。

这种苨，虽数字、形制和博苨一样，但刻"酒来"、"自饮"，明显与赌酒的酒令有关。

琼。琼的实物在秦汉考古中未被发现，但其形制有明确记载：

> 博法……其掷采，以琼为之。琼方寸三分，长寸五分，锐其头，钻刻琼四面为眼，亦名为齿。二人互掷采行棋……①

> 所掷头谓之琼，琼有五采，刻为一划者谓之塞，刻为两划者谓之白，刻为三画者谓之黑。一边不刻者，五塞之间谓之五塞。②

琼可能是博苨的简化。它长方形六面体，刻四面为眼，眼称为齿，有的齿上还涂有"五采"，称为"齿采"。至于所刻齿数、色彩的搭配关系，今已不可考。但可断言，这种"四面为眼"的琼，当是以后方形六面骰子的原型。

（五）千年古谜——六博棋制钩沉

博戏自战国兴起，经秦汉、魏晋而衰，其间经历了一千余年，有多种博法是必然的。从用六箸，到用多面体的苨、琼，反映了博法变化的复杂性。《颜氏家训·杂艺》曰："古为大博则六箸，小博则二苨，今无晓者。比世所行，一苨十二棋。"③ 颜氏所谈博戏已有大博、小博两种类型，大博用六箸，小博用二苨，至魏晋之时，大、小博法已失传，只流行一苨十二棋的博，当是古小博的变种。其实除这三种博法之外，还应有其他博法，如外层钩识左旋的博局与一般右转者的博法肯定不一，用八箸、二箸的肯定和六箸者也不一。马王堆3号墓有一苨而无六箸，当属小博，但与魏晋时的"一苨十二棋"博也不一样。明确的汉代投二苨的小博，只见两例，一是上海博物馆藏的陶博模型器，"局上有曲道、棋子和两个圆形的骰"④，二是灵宝张家湾汉墓出土的绿釉陶博模型，局上有两圆形物，即骰。⑤ 总之，博戏的形制和博法久

---

① （晋）张湛注《列子》卷八《说符》注引《古博经》，文渊阁四库本。
② （宋）洪兴祖撰《楚辞补注》卷九《招魂》补注引鲍宏《博经》，文渊阁四库本。
③ （隋）颜之推撰《颜氏家训》卷下《杂艺》，文渊阁四库本。
④ 傅举有：《论秦汉时期的博具、博戏兼及博局纹镜》，《考古学报》1996年第1期。
⑤ 《灵宝绿釉陶器》，1973年4月7日《光明日报》，文中把圆形物称为"鱼"。

已失传，流行时间又很长，想要一一尽考，是不可能的。但由于考古出土了较多的实物，结合文献记载，我们还是有条件把博戏的主要点澄清如下：

第一，博具主要由四大因素构成：（甲）博局。（乙）十二棋（或六棋）。（丙）六箸、一茕或二茕。（丁）直食棋、筹码或"鱼"等采利的代表物。

至于算席、博囊、博镇、博盒、博刀、象削等（以上诸物，都见于汉墓遣策或画像上）都是可有可无之物。

第二，置局、枰：2人或4人分双方向局而坐，4人者双方各2人，1人管投箸，1人管行棋。局上置棋12颗或6颗，有的局旁又置投箸的算席，如图12（1）、（2）、（3）。①

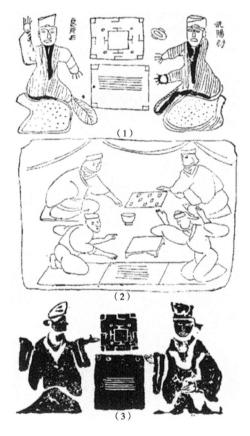

（1）

（2）

（3）

图12　（1）、（2）、（3）六博图

---

① 傅举有：《论秦汉时期的博具、博戏兼及博局纹镜》，《考古学报》1996年第1期，第27页。

凤凰山8号墓遣策上记载有"博席"和"算席"，博席指放置六博（即六箸）的席，算席指放置算筹的席。《方言》云："所以投簿谓之枰，或谓之广平。"① 疑"博席"即这种投博之枰，由于其是一席宽广、平坦的地方，故又谓之"广平"。上面3图中，放六箸的即是博席，图12（1）、（3）四角所画小方框或圆圈，当是镇压席的博镇。②

第三，投箸行棋：双方开博时，必先投箸，视六箸圆面、平面的不同组合，以决定行棋步数或方位。双方散棋首先摆在局外的十二道，投箸后选择某辰位的棋移动到十二曲道的地道上，然后依"在（左）子取未，在（右）午取丑"的原则互相攻杀。若投出"五白"，或"棋行到处"，或掷茕掷出"骄"面，散棋则"成枭"，成枭棋后，可在十二曲道的天道上飞驰，不仅获得进入博局中宫"牵鱼"获筹的权力，还可对另方在曲道上的散棋"便则食"，吃掉对方散棋。当双方在博局内层都有"枭棋"时，则以"至震取兑，至离取坎"（同上）的原则互相攻杀。

第四，取胜原则：博戏取胜的关键在于"杀枭"或"得枭"：

《韩非子·外储说左下篇》：

> 博者贵枭，胜者必杀枭。③

《晋书·张重华传》：

> 夜有二枭鸣于牙中，艾曰："枭，邀也。六博得枭者胜。今枭鸣牙中，克敌之兆。"④

《后汉书·张衡传》：

> 咸以得人为枭，失士为尤。李贤注："枭犹胜也，犹六博得枭则胜。"⑤

---

① （汉）杨雄撰《方言》卷五《簿》，文渊阁四库本。
② 李零：《中国方术考》，人民中国出版社，1993，第159页。
③ 《韩非子》卷十二《外储说左下篇》，文渊阁四库本。
④ 唐太宗御撰《晋书》卷八十六《张重华传》，文渊阁四库本。
⑤ （南朝宋）范晔撰，（唐）李贤注《后汉书》卷八十九《张衡传》，文渊阁四库本。

"杀枭"即杀死对方枭棋，如至震取兑，当意味对方枭棋被杀取。"得枭"似应是以散棋围住俘虏枭棋，所谓"一枭之不胜五散"、"不便则止"指的都是枭棋也有不利的形势，若被对方围困而无处逃生，对方就可"得枭"而胜。

博戏的胜利大概有三种：一是杀枭或得枭，可算一局之小胜。二是所杀俘之枭已牵一鱼，胜利被称作"翻一鱼"，可"获三鱼"，当六筹。这种胜利，较仅杀枭为大，应称中胜。三是对方"已牵两鱼而不胜"，即对方已有两个散棋变为"枭棋"，而己方则靠六散棋围困了俘虏两个枭棋，虽难度极大，但所获胜利也极重，称为"被翻双鱼"，可"获六鱼为大胜"。

第五，赢采：博戏绝不仅仅是一种弈思的棋戏，在很大程度上是一种古代赌博的形式，所以战国初年的李悝《法经·杂律》已明禁博戏，《管子》中五禁有"禁博塞"之事，《墨子·号令》有"无敢有乐器，弊骐军中，有则其罪射"的规定。至西汉，博债甚多，连汉宣帝也不免：

汉荀悦《前汉纪·宣帝纪二》："杜陵陈遂，字长子。上微时，与游戏博弈，数负遂。上即位，稍见进用，至太原太守，乃赐遂玺书曰：'制诏太原太守：官尊禄重，可以偿遂博负矣。'"[1] 陈遂竟以宣帝欠其的"博负"，而捞到了每年有两千石俸禄的太守之官，也算是史中一奇。至东汉，则出现了专门以博赌为生的职业：

《后汉书·王符传》："今人……或以谋奸合任为业，或以游博持掩为事。"唐李贤注："博为六博，掩为意钱也。《前（汉）书·货殖传》曰：'又况掘冢搏掩犯奸成富'也。"[2] "合任为业"，当为多人以"游博持掩"聚赌，当是中国最早的流动性赌场。这种赌场以骗人钱财为能事，以"成富"为目的。可见，博戏自战国流行以来，一直伴随着很大的赌博成分，是赌博的一种有效形式。

博戏之赌靠的是获筹算或鱼等采利的多少，根据马王堆3号墓出土的20枚"直食棋"（鱼）和42枚算筹计算，大概至少10～20局才能算一个博赌阶段。计采方法大致是一鱼当二筹，获鱼越多，赢得越多：

① （汉）荀悦撰《前汉纪》卷十八《孝宣帝纪二》，文渊阁四库本。
② （南朝宋）范晔撰，（唐）李贤注《后汉书》卷七十九《王符传》，文渊阁四库本。

《列子·说符》：

> "设乐陈酒，击博楼上。侠客相随而行楼上博者，射明琼张，中，反两揭鱼而笑。"东晋张湛注："凡戏争能取中皆曰射，亦曰投。裴骃曰：'报采，获鱼也。'《大博经》或作鲽，比目鱼也。此言报采获中，翻得两鱼，大胜而笑。"①

"取中"乃获取对方的枭棋，也是获鱼的关键，故称"报采获中"。这样可"翻得两鱼"，翻一鱼可获三鱼六筹，翻两鱼可获六鱼十二筹，当是一局之中获得采利的极限，故《博经》中一再津津乐道。至于每筹值多少金钱或实物，当视双方事先约定，古无成说，不敢臆测。

第六，获筹为上，局胜为下。博戏一旦以赌为目的，局胜和获筹相比，反显得不重要了，只要能多获筹，就可多赢钱物。《御览》卷七五四引《淮南子》曰：

> 善博者不欲牟（原注曰："博以不伤为牟，牟，大也，进也。"），不恐不胜，平心定意，投得其齐（原注曰："齐，得其适。"），行由其理，虽不必胜，得筹必多。②

"牟"，《说文·牛部》释作"牛鸣也"，《楚辞·招魂》："成枭而牟。"意即已棋成枭，就高兴得牛鸣起来。在这里，"不欲牟"即不愿利用枭棋厮杀获胜，而是要平心静意，掷得适合的茕数，按棋理行棋，虽然不能都得局胜，但得筹必多。很显然，这是一种稳健而不太冒风险又可得多筹的博戏之法，也是善博者的稳赢钱财之法。由此我们可以推测出两点博法规则，除得鱼、翻鱼可获筹外，正常的"行由其理"也必然可获筹；二是已棋变枭后，虽可食散棋，但被对方杀枭而获局胜的可能性也极大，也就是冒的风险也大。所以，高明的博者不欲牟，不轻易地让已棋变枭而冒风险，而要靠稳健的弈思行棋来获多筹赢财物。由此看来，"博者贵枭"的取胜原则不是绝对的，而精思行棋才是取胜的关键。

---

① （晋）张湛注《列子》卷八《说符》，文渊阁四库本。
② 《太平御览》卷七百五十四《博》引《淮南子》，中华书局影印本，1960。

第七,通路为上,争道为下。博局行棋之道仅十二曲道,故经常发生争道。《史记·刺客列传》:"荆轲游于邯郸,鲁勾践与荆轲博,争道,鲁勾践怒而叱之,荆轲嘿而逃去。"① 《汉书·吴王濞传》:"孝文时,吴太子入见,得侍皇太子饮博。……博争道,不恭,皇太子引博局提吴太子,杀之。"② 为博争道,或被杀或窜逃的事件,史不绝书,可见善博者不能以争道为能,否则会招致杀身之祸。《尹文子》曰:

> 博者尽开塞之宜,得周通之路。而不能制齿之大小,在遇者也。③

《说文·簙》曰:

> 行棋相塞,谓之簙。④

"行棋相塞",即双方棋子相遇一道,互不相让,道为之塞。故有争道之举。"开塞",即通路。有两种可能,一是双方各"行由其理",避开棋子相塞;二是双方互相容让,使塞为开。无论哪种可能,都要讲究棋理棋德,各尽所宜,最后得用通之路。故博戏不倡争道,而倡开塞、通路。

(六)方畔揭道张——两千年的博戏口诀揭秘

以上讨论的棋制,主要是根据文献所记的只言片语而作的一些推测。其实,博戏自战国至隋唐,流行几近两千年,博局、博法都变化极大,上述七条到底适用哪种博局、博法,实难确定,因为针对某一博局、博法的系统记载或考古资料至今缺乏。但是,1993 年发掘、1996 年发表的江苏东海县尹湾汉墓 6 号墓的博戏占卜材料,为我们提供了打开王莽前后博局、博道、博法的钥匙。

---

① (汉)司马迁撰《史记》卷八十六《刺客列传》,文渊阁四库本。
② (汉)班固编撰《前汉书》卷三十五《吴王濞传》,文渊阁四库本。
③ 《尹文子·逸文》,《诸子集成》(6),中华书局,1954,第16页。
④ (南唐)徐锴撰《说文系传》卷九《簙》,文渊阁四库本。

1. 尹湾汉墓的时代和博局占资料考证

尹湾汉墓 6 号墓的年代根据出土的《起居记》等"可以确定墓主人下葬时间为元延三年（公元前 10 年）"。[①] 其博戏占卜材料是一片木牍，编号 M6：9 号木牍，长 23、宽 9 厘米。如图 13 所示。

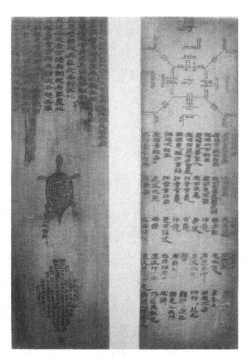

图 13　六甲阴阳书：左正面，神龟占；
右背面，博局占

此片木牍原无标题，简报称为"神龟占卜法"。"据内容，应与六号墓遣策中之'六甲阴阳书'相合"。故题为"六甲阴阳书"。[②] 李学勤先生改称为"博局占"[③]，《尹湾汉墓简牍初探》则把正面称作"神龟占、六甲占雨"，反面称作"博局占"。[④] 我们认为，神龟占、六甲占雨、博局占诸占法

---

① 连云港市博物馆：《江苏东海县尹湾汉墓群发掘简报》，《文物》1996 年第 8 期，第 23 ~ 24 页。
② 滕昭宗：《尹湾汉墓简牍概述》，《文物》1996 年第 8 期，第 34 页。
③ 李学勤：《〈博局占〉与规矩纹》，《文物》1997 年第 1 期。
④ 连云港市博物馆等：《尹湾汉墓简牍初探》，《文物》1996 年第 10 期。

都与运用六甲阴阳有直接关系，遣策中又有"六甲阴阳书"，说明当时随葬时人们就已经这样称呼了，这些占法可能都是"六甲阴阳书"中的内容，所以，九号木牍正面应称为"六甲阴阳书·神龟占"；背面称为"六甲阴阳书·博局占"较为符合古人原意。

现据《尹湾汉墓简牍释文选》把正、背面释文介绍如下：

六甲阴阳书·神龟占（9号正面）

用神龟之法。以月壘，以后左足而右行，至今日之日，止问。

直右胁者可得姓朱氏，名长。正西。

直后右足者易得为王氏，名到。西北。

直尾者自归为庄氏，名余。正北。

直后左足者可得为朝氏，名欧。东北。

直左胁者可得为郑氏，名起。正东。

直前左足者难得为李氏，名［功］。东南。

直头者毋来也，不可得，为张氏。正南。

直前右足者难得为陈氏，名安。正〈西〉南。①

作者注：上为第一排，文共9行，隶书，竖行书写。第9行"正南"当为西南之误。第二排为神龟图形，其后左足有文字标识"以此者行"四字。第三排为按六甲方式组成的六十干支龟形图（菱形），如图14。

上述材料第一排是用文字说明的神龟占法。目的和功能是为解决某事（如丢失财物）要找到某姓氏的某人。第二排是已经艺术化的神龟形状。第三排是六十甲子的龟形图，似为备查的六甲阴阳干支表，目的和功能是"占雨"。

如何用六甲占雨的方法现已无从考证，如何用神龟找某氏某人，版牍上却解释了一句，即"以月壘，以后左足而右行，至今日之日止，问"。由于这种占法也是用"六甲阴阳"法占卜，对我们要讨论的"六甲阴阳博局占法"同属一理，故简单探讨一下：

月壘，是古历法专有名词。有人认为，"壘同潮，即潮水。这是指与潮汐降落有关的日子，即每月的初一、初七、初八、十五、廿二、廿三共

---

① 连云港市博物馆：《江苏东海县尹湾汉墓群发掘简报》，《文物》1996年第8期，第30~31页。

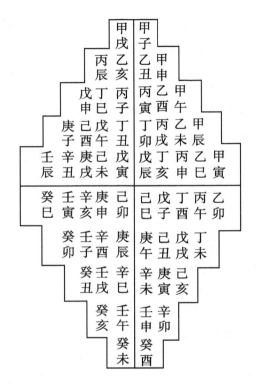

（以上第三排） 占
雨

图14 菱形六十干支图

六天"。① 有人认为是初一。② 二者均未提供根据以证明其观点。我们认为，鼂通朝，如《楚辞·九歌·湘君》："鼂骋骛兮江皋，昔弭节兮北渚。"宋朱熹注："鼂与朝同。"③ 所以月鼂即月朝。月朝指月初，《荀子·礼论》："月朝卜日，月夕卜宅。"唐杨倞注："月朝，月初也；月夕，月末也。"④ 但也常指初一。《太平御览》卷六九九引曹操《魏武遗令》："吾与妓女皆着孔雀台，上施六尺床、练帐，月朝、十五辄向帐作乐。"⑤ 此处月朝非泛指月初，当具指初一。因此，"以月鼂"当释为"以初一"，即占法起算的

---

① 刘洪石：《东海尹湾汉墓术数类简牍试读》，《东南文化》1997 年第 4 期。
② 滕昭宗：《尹湾汉墓简牍概述》，《文物》1996 年第 8 期，第 34 页。
③ （宋）朱熹撰《楚辞集注》卷二《九歌·湘君》，文渊阁四库本。
④ （唐）杨倞注《荀子》卷十三《礼论篇》，文渊阁四库本。
⑤ 《太平御览》卷六九九引《魏武遗令》，中华书局影印本，1960。

日子从当月初一始。起算的方位应在第二单元龟形上,因为龟形后左足标有"以此者行",而且神龟占法中也说"以后左足而右行,至今日之日止"。

关键是怎样算的问题。可能有二:一是算出当月初一至当日的差数,如为十五,则从龟形后左足部位往右依尾、右后足、右胁、右前足、头、左前足的逆时针方向数起(最多数三周零五部位),至占法中所说的"前左足者",按占辞"难得,为李氏,名[功]。东南"去预测所求。此法不用日历干支,只用月初一至占日的差数即可完成占卜。另一种算法是"当结合中排神龟图的四肢两胁头尾,从当月初一的干支数起,从左后足右行,直到丢失财物当天的干支为止,再依此日干支落在神龟的哪个部位"① 而确定占辞。但这种占法在第二单元龟形图上是无法实现的,因为该图无干支。"结合中排神龟图的四肢两胁头尾"的推测不实际。如在第三单元六甲龟形图上则可以实现。条件是要把六甲龟形图的六十干支按一定规律分作四肢、两胁、头尾 8 个部分,每部分各领若干干支。这一步很好做到,可以有不少分法,但在没有其他文献或术数根据的情况下,无论哪种都意义不大,因为都未必是古人做法。

虽然目前我们还说不清神龟占法的具体内容,但可初步确定,神龟占法是运用历数干支和六甲龟形图进行的一种占卜,六甲龟形图的占验目的虽明示是占雨,但从其把六十甲子规范地分布在一个龟形中可知,它应是神龟占中占雨的一种图谱,属于"六甲阴阳"也是明显的。弄清这一点,对我们恢复反面"六甲阴阳博局占"的占法和博棋棋制,当有不少帮助。下面谈谈此牍反面的博局占。

六甲阴阳书·博局占(9 号背面)。处在反面第一排。如图 15 所示。是一个博局和六甲干支的组合。图上共标出 61 个干支,其中壬午(19)、辛巳(18)、庚子(37)、壬戌(59)4 个干支重复,而缺壬辰(29)、辛卯(28)、壬申(9)3 个干支。

对此图学界进行了深入而长期的研究,先是《尹湾汉墓简牍·前言》和李学勤《〈博局占〉与规矩纹》② ,为破解博局占奠定了良好基础,刘乐

---

① 滕昭宗:《尹湾汉墓简牍概述》,《文物》1996 年第 8 期,第 34 页。

② 连云港市博物馆等编《尹湾汉墓简牍·前言》,中华书局,1997;李学勤:《〈博局占〉与规矩纹》,《文物》1997 年第 1 期。

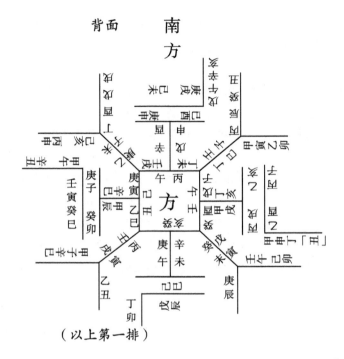

（以上第一排）

图 15　博局占干支位图

贤《尹湾汉墓出土数术文献初探》①、曾蓝莹《尹湾汉墓〈博局占〉木牍试解》则校正干支排列位置，找出规律；② 李解民《尹湾汉墓〈博局占〉木牍试解订补》又把"辛未（8）移至方框的下右位置"。③ 至此，学界的最后订补成果如图16。④ 这个成果不仅把原来错乱的干支顺序一一纠正过来，而且找出了干支在博局盘上的基本规律，即相同棋位上的两个干支差数是相同的。这为解决博局占的占位和博棋的棋位的有机关系奠定了坚实的根据基础。

博局占图为该木牍反面第一排，其下方还有5排，都是文字，竖向对齐，显然应是一个表格，故按表格录如下表1。

① 刘乐贤：《尹湾汉墓出土数术文献初探》，《尹湾汉墓简牍综论》，科学出版社，1999，第175～186页。
② 曾蓝莹：《尹湾汉墓〈博局占〉木牍试解》，《文物》1999年第8期，第62～65页。
③ 李解民：《尹湾汉墓〈博局占〉木牍试解订补》，《文物》2000年第8期，第73～75页。
④ 此图引自李零《跋中山王墓出土的六博棋局——与尹湾〈博局占〉的设计比较》，《中国历史文物》2002年第1期，第11页。

南方

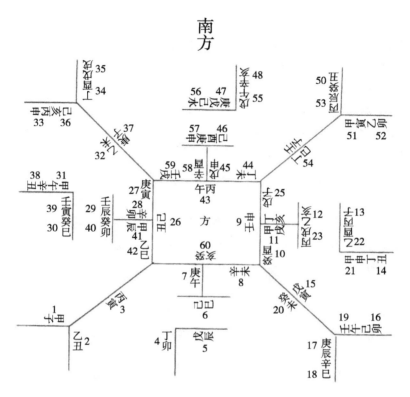

图 16　学界订正的博局占干支位图

表 1　以棋位统领的博局占占辞

	方	廉	楬	道	张	曲	诎	长	高	
·占取妇嫁女	家室终生产	妇有疾,不终生	妇妒,不终生	妇见善室,入	妇强,有子当家	妇惠谨,少言语	妇不终生	妇有储事	妇当家难与	第二排
·问行者	今日宜至	后一日至,过日更期	疾,日夜不留	来雨,未至	行者有意	行者有意	行者有所留	远,反未至	行者留	第三排
·问毄者	疑未可知	轻,易解	治急	事决	有意	治急	见深难决	毋罪	久毋伤,解	第四排
·问病者	曰有瘳	恐不起	病匿幼中	直[大]不死	间	病蔺(右下力)引	外内相引	直[大]什,一生	直久远,[人]口死	第五排
·问亡者	不出,可得	居良,还	日夜不留	何物一件亡	难得=复亡	留,见山必得	不得	欲还,未敢也	难得,人[将]卖之	第六排

博局和下面的五排占辞,明显表示运用博局和六甲阴阳术进行的一种占法,而不是博棋的走法。从占辞中可以看出,其中提纲挈领的是方、廉、

楬、道、张、曲、诎、长、高等 9 字。如果知道这 9 字在博局中的位置，则其必有相应的干支棋位，然后就可按六甲阴阳神龟占的占法进行占卜。换句话说，我们不仅可以知道两千年前非常盛行的博局占卜的内容，也可了解一些博戏的棋制。

2. 方廉楬道张曲诎长高——六博口诀的含义和棋位

庆幸的是，博局占提纲挈领的 9 个字，正好和《西京杂记》所记西汉六博大家许博昌的六博术口诀所用不重复的单字一样。汉刘歆撰晋葛洪辑《西京杂记》卷四原文是：

> 许博昌，安陵人也，善陆博。窦婴好之，常与居处。其术曰：方畔揭道张，张畔揭道方，张究屈玄高，高玄屈究张。又曰：张道揭畔方，方畔揭道张，张究屈玄高，高玄屈究张。三辅儿童皆诵之。①

六博术口诀也被其他文献征引，但小有不同。如宋李昉等编《太平御览》卷七百五十四②、清陈元龙编《格致镜原》卷五十九③、明方以智撰《通雅》卷三十五④、《陕西通志》卷六十四⑤、清蒋骥撰《楚辞余论》卷下等⑥，现列表对比如下，见表 2。

表 2　六博口诀对比表

西京杂记(1)	方畔揭道张	张畔揭道方	张究屈玄高	高玄屈究张
格致镜原引(1)	方畔揭道张	张畔揭道方	张究屈玄高	高玄屈究张
太平御览引(1)	方畔揭道张		玄究屈高	玄屈张
通雅引(1)	方畔揭道张		张究屈玄高	
陕西通志	方畔揭道张	张畔揭道方	张究屈元高	高元屈究张
楚辞余论引	方畔揭道张	张畔揭道方	张究屈元高	高元屈究张
西京杂记(2)	张道揭畔方	方畔揭道张	张究屈玄高	高玄屈究张
太平御览引(2)	张道揭畔方	方畔揭道张	究屈玄高	高屈究张
六博行棋位置要素	方畔揭道张		究屈玄高	
博局占占卜位置要素	方廉揭道张		曲诎长高	

① （汉）刘歆撰，（晋）葛洪辑《西京杂记》卷四《许博昌》，文渊阁四库本。
② （宋）李昉等编《太平御览》卷七百五十四《工艺部·博》，文渊阁四库本。
③ （清）陈元龙编《格致镜原》卷五十九《六博》，文渊阁四库本。
④ （明）方以智撰《通雅》卷三十五《戏具》，文渊阁四库本。
⑤ 《陕西通志》卷六十四《隐逸》，文渊阁四库本。
⑥ （清）蒋骥撰《楚辞余论》卷下《招魂》，文渊阁四库本。

观表 2，除《太平御览》外（《陕西通志》、《楚辞余论》把玄作
"元"，义同），其他文献均与《西京杂记》同。可见《西京杂记》的原文
是可信的。把他和博局占 9 字相比，我们可以发现，博局上占卜位置和行棋
位置的要素都为 9 个，并且可以一一对应。

方：棋位、占位字同。博局占方块中标识有"方"字，明其位置在方
块里面。方块内缘的四正方向各有四个干支占卜位置，如图 17。① 根据占图
上方标有"方"字，可知此四个干支占卜位置表示的是上南方、下北方、
左东方、右西方，这四方既是占位，也是棋位。

畔、廉：棋位畔与占位廉对应，二者位置当相同。且处在顺序的第二
位，应与方位相邻（见图 17）。畔，有疆界、边侧意；廉，原意为侧边，古
算术开方时，称边为廉，因此畔、廉同义，指方形四周之边。当包括原图
（图 15）四周之边上的 6 个干支占位。其实当为 8 个干支占位（见图 18）。

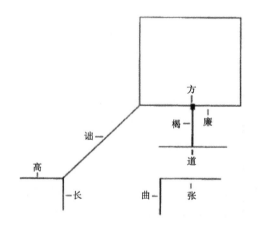

图 17　六博九字口诀位图

揭、楬：棋位揭与占位楬对应，位置当相同。若按口诀顺序，应与畔、
道相邻（见图 17）。楬，本义为路死者作标记用的小木桩。《周礼·春官·
蜡氏》："若有死于道路者，则令埋而置楬焉。"《汉书·酷吏传·尹赏》：
"楬著其姓名。百日后乃令死者家各自发取其尸。"颜师古注："楬，杙也。"
杙，一头尖的短木桩。引申义为标识、标志。揭，原意为高举，引申为高

---

① 此图引自李零《跋中山王墓出土的六博棋局——与尹湾〈博局占〉的设计比较》，《中国历
史文物》2002 年第 1 期，第 11 页。

六、标识等。楬、揭同义。

揭、楬和道在博局上的位置有人认为"是方块外的T形饰"。[1]

道：棋位、占位字同。本义为道路。这里当指占道、棋道。

张：棋位、占位字同。本义为张开、张扬。在局中实指地之棋路（高玄屈究张）自此张开，通向天之棋路（张道揭畔方），因此有起始义。

究、曲：棋位究与占位曲对应，位置当同。究：本义为穷尽，又为博戏专有名词，"法用六箸，或谓之究"。又究可读为"勾"，与曲同义。[2] 曲，弯曲、局部。

张、究（或曲）在博局上的位置有人认为"是方块外的T形饰"[3]，即曲尺形饰。

屈、诎：棋位屈与占位诎对应，位置当同。屈，有弯曲、屈辱义。诎：有弯曲、委屈义。又通黜，有贬下、贬退义。在博局上的位置是"外方四隅与内方四隅的连线"，或圆圈等。

玄（或元）、长：棋位玄（元）与占位长对应，位置当同。玄、元相通。玄，本义赤黑色，有玄妙、幽远义。长：表示距离大，有远义。

高：表示高处、高度。

长、高是V形符号，"长指符号右边的线，高指符号左边的线"。[4]

上述9个占卜位置的确定（见图17），根据有二：一是博局图中有"方"作为起始点，然后依据干支占位的逆顺序推出来的。二是根据字的含义，如廉，本指方形的侧边。至于9个棋位，则是根据与占位字相同或义相近而推定的。这种推定，如果能圆满的解释《西京杂记》的两套六博口诀顺序，则我们会准确地解决六博的棋位问题及行棋顺序问题，也会对摆棋方法、输赢和吃子方法、获筹方法等有一些较合理的推论。

3. 六博棋的棋位和行棋方式

我们认为，博局上的占位是为在博局上占卜而确定的，博局上的棋位则

---

[1] 李零：《跋中山王墓出土的六博棋局——与尹湾〈博局占〉的设计比较》，《中国历史文物》2002年第1期，第10页。

[2] 李零：《跋中山王墓出土的六博棋局——与尹湾〈博局占〉的设计比较》，《中国历史文物》2002年第1期，第10页。

[3] 李零：《跋中山王墓出土的六博棋局——与尹湾〈博局占〉的设计比较》，《中国历史文物》2002年第1期，第10页。

[4] 李零：《跋中山王墓出土的六博棋局——与尹湾〈博局占〉的设计比较》，《中国历史文物》2002年第1期，第11页。

是为行棋而设定的,二者不一致是在情理之中。占位遵循的是九字九位回旋原则,即把博局所有的占位分为四等分,每等分 9 个占位,共 36 个占位。而许博昌的口诀第一套是:"方畔揭道张,张畔揭道方,张究屈玄高,高玄屈究张";第二套是"张道揭畔方,方畔揭道张,张究屈玄高,高玄屈究张"。明显是五字一句,十字一单元。单元的下句是上句的严格倒读。其中"张畔揭道方"中的"畔""道"显然应互换,读作"张道揭畔方"。如果这个口诀是行棋顺序的话,那么靠 9 个占位顺序是无法理解的。

博局占另一种用六十甲子顺序表示的占卜位置(见图 16)是否和六博术的口诀有关系呢?学界还未深入研究。我们认为,不仅有关系,而且关系密切。细审该图,可以发现,9 个位置上的干支一般都是两个,即每位上一般应有两个干支;这两个干支不管相邻与否,都是一奇一偶配合。由此我们想到此墓遗策上把博局图称为六甲阴阳书的问题。六甲阴阳据《太平御览》卷八十二引《黄帝玄女兵法》记载是:"禹问于风后曰:吾闻黄帝有胜负之图、六甲阴阳之道,今安在乎。风后曰:黄帝藏会稽之山下……禹乃开而视之,中有太一经十二卷……禹得中四卷,开而视之。"① 其实就是太一式盘占卜方法。前已述,六博盘源于式盘,此又一证。博局占中的六甲阴阳,也应源于式盘,它是用"神历"(六甲)推算占位然后进行占卜的过程。据上述六甲阴阳神龟占,这个过程是:首先检的占卜月的月初一干支在博局占图上的对应占位,作为起始点,再检占卜日干支,按博棋行走的十二曲道顺序,查到改日干支在博局占图上的对应占位,如果在张位:占娶媳妇的话,是"媳妇强,生儿子,并当家";占逃亡者的话,是"难得回家,即使回家也会再逃亡",以此类推。

博局占每道上都有两个干支,其六甲序数都是一奇一偶(见图 18,图中长方块中数据即博局占原标的六甲干支顺序数。如甲子为 1,癸亥为 60),绝无例外。这反映的是六十甲子的一阴一阳。这种阴阳有双重含义,一是每个占位(或棋位)都有两个干支,都有阴阳之分;二是由一位进下一位的顺序上也是一阴一阳。如甲、丙、戊、庚、壬打头的干支都为阳,乙、丁、己、辛、癸打头的干支都为阴。博局占的干支分阴阳不仅是一个重要的占位规律,其实也应是反映棋位行棋之道(行棋顺序)的重要规律。这种规律如图 18 所示。

---

① (宋)李昉等编《太平御览》卷八十二引《黄帝玄女兵法》,中华书局影印本,1960。

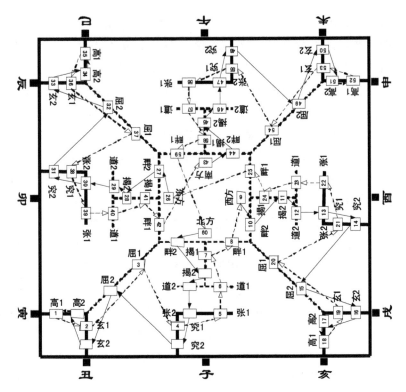

图 18　六博棋制、棋位、运棋顺序复原图

此图是依据 6 号墓博局占图并在前人考证的成果和拙著对博局考证基础上作的。分作外层单元和内层单元两部分，外层单元用粗实线表示，代表地。四正和四隅方向与外方框的交叉点用十二地支标识。内层单元用粗虚线表示，代表天。凡出某方的行棋线路用实线箭头表示，入某方的行棋线路用虚线箭头表示。

首先，根据遗策"六甲阴阳书"的说法把占图上的六十甲子分为阴阳，"奇数阳、偶数阴"。每个棋位（占位）都有阴阳两个干支。其次，根据正南方和东南方完整无误的原干支排列顺序，调换了东方"道"位、"张"位和西方"张"位的阴阳干支位置，即丙戌 23 调到右，乙亥 12 调到左（正方向自外方向内看）；己丑 22 调到右，丙子 13 调到左；癸巳 30 调到左，壬寅 39 调到右。同时，自癸亥 60 以后，应当是进入北方和西北方的阴阳干支棋位，博局占原图未标明，若按"相同棋位上的两个干支差数是相同的"规律，则可填上畔 2（23，表示干支序数）、揭 2（21）、道 2（17）、张 2

（14）、究2（11）、屈2（8）、玄2（5）、高2（2）的干支，但这些干支序数互不相连，而60以内的干支序数又全部相连，这是一个矛盾，需要进一步探讨，故暂以"空白方框"表示。这样，在博局上构成了一个能够无限循环往复的六十甲子运行线路，同时也应当是六博棋子的运行线路。这个线路的行棋规则类似以后的打马、采选，靠掷点行棋，只是局中棋位即不在方格中，也不在局中的交叉点上，而是在方、畔和 V、L、T 等"曲道"构成的横、竖（或斜线）的线条上。现藏加拿大皇家安大略博物馆的东汉六博实物为此提供了佐证，"1992 年，加拿大皇家安大略博物馆收藏一件东汉六博俑，其包括人、案、博局等物。局面上可以看到部分线条，棋子排列在线条上，但并不在线的端点或两线交点上"。① 因此，许博昌口诀中除"方"外（因其不在曲道上）的 8 个棋位是在 V、L、T 等"曲道"构成的横、竖（或斜线）的线条上，每段线条又各有两个棋位，左下位置为入方之路、右上位置为出方之路。而方棋位据干支位置在方中四正位置的点上。

上述博棋运行棋位线路有以下特征：①全局线路分为四大部分，北方、西方、东方、南方四位分别是这四大部分的进入点。这四个位置各统领一方，如"东方"统领东方、东北方各位，只有到"东方"棋位才能进入东、东北的路线，只有到"北方"棋位才可能回到出发位置（甲子1）。②道位、张位是博局图上唯一的断开点，其间像坑堑或像象棋的楚河汉界一样，把棋路分作内外两个单元，也即前边所证的以效法天地运动为设计思想的博局的内外两个单元，道位以上至方位，是内单元，代表天；张以下至高位为外单元，代表地。③天部的大势为左旋，地部的大势是右转。张、道之间为河汉。④校正的博局占图进出各方的线路干支排列非常有序，都是以左廉位、下揭位、左道位、左张位、下究位、下屈位、下长位进（至高位转向）；以上长位、上屈位、上究位、右张位、右道位、上揭位、右廉位出。规律是，左下进、右上出。⑤由右廉位到方，遵循北—东—西—南—北规律。⑥由一位向下一位运行时严格遵循"一阴一阳之谓道"的棋道规律。

用校正后的博局占图所提供的棋位（占位）运行规律再来解释许博昌的六博术口诀和推断六博行棋方法，就可得到不少合理的推断。

先说第一套口诀，"方畔揭道张，张畔揭道方，张究屈玄高，高玄屈究

① 李金梅、路志峻：《中国古代博戏考》，《体育文化导刊》2005 年第 12 期，第 67 页。

张"。李零先生把头两句改作"张道揭畔方，方畔揭道张"①，根据是《博局占》的干支排列。这根据显然不足。因为在未弄清六博棋起始点着法和棋局设计原意之前，占卜干支排列顺序不足以否定古人的记载。根据记载我们知道，博局象天则地，拟法式盘，因此可分为内单元（象天），外单元（象地）两部分。据此观口诀，实际上是如何解决行棋起点和终点的问题。我们认为，根据前述六博棋着法，第一套口诀前两句当指已经成枭的博棋子在内单元行棋的规律。前引《古博经》云：

> 博法……二人互掷采行棋，棋行到处即竖之，名曰骄棋，即入水食鱼。

由此可知，如果棋子在"北方"位，则可断定该棋已"棋行到处即竖之"，成了枭棋，按照"方畔揭道张，张畔揭道方"的顺序行棋。在"方"中除食鱼得筹之外，还可根据所掷采点，向畔揭道张四位运行，吃掉对方在该位尚未成枭的散棋；如果此方无子可吃，枭棋可自由飞向他方，即按方畔揭道张、张畔揭道方的运行规律走到其他三方。但不能越过"张"、"道"之间天堑吃食张究屈玄高曲道上的对方散棋。

第一套口诀后两句"张究屈玄高，高玄屈究张"指尚未成枭的散棋在某方外单元行棋的规律。这些散棋不掷特殊采点（即投出"五白"或掷茕掷出"骄"面）或不"行到处"则不能成枭。不能成枭的散棋只好按"张究屈玄高，高玄屈究张"的行棋顺序在一方中循环往复走棋。如果想要脱离苦海，那就必须越过张位、道位之间的河汉。越河汉的条件可以多种，但根据前证六博掷点行棋的规则和前引关于"争道"、"开塞"、"博者尽开塞之宜，得周通之路。而不能制齿之大小，在遇者也"等记载而推断，还应是掷出刚好停留在道位上的齿点。比如棋在北方张位，则刚好掷出2点，可上道位，按第二套口诀"张道揭畔方，方畔揭道张"的顺序，逐次掷点进棋，到达东方张位。如掷1点，则原地不动。掷3点则按口诀退回究下位。

第二套口诀："张道揭畔方，方畔揭道张，张究屈玄高，高玄屈究张"。此口诀起始点为张位，终点也是张位。虽然越过20个道，但四句首尾相连，显然是要把"棋行到处即竖之"而成枭的一种口诀。

---

① 李零：《跋中山王墓出土的六博棋局——与尹湾〈博局占〉的设计比较》，《中国历史文物》2002年第1期，第12页。

所谓"棋行到处",我们认为是:棋子运行(根据第二套口诀)从北方张位开始,掷点行棋,行至方4位(癸亥)或高1位(甲子)位,就是棋行到处,可竖起成枭。

如从北方右张位开始,经"张道揭畔方"出北方而入东方方1位;从方1位经"方畔揭道张"而入东方左张位;从东方左张位经"张究屈玄高"入东北方,至高位转折,经"高玄屈究张"回到东方右张位。散棋如此三移后,可达方4位(癸亥)成枭;或通过第四移,至西北方高1位(甲子)成枭。

第二套口诀出发在张位,其进道位,也有可能不受掷特殊点的限制,即掷几向前走几,只要不遇对方枭棋或挡道棋,一般可较顺利成枭。这种散棋运行时一般不能停留,要一直前进,尽快成枭。负面效应是不能像其他散棋一样长期停留在道位,作挡道棋以阻挡对方散棋前进(即争道)。因此,第二套口诀可能是为适应目的为"棋行到处即竖之"而成枭的特殊散棋而制定的。这种特殊散棋在考古资料中有发现,如云梦睡虎地秦墓11号墓出土的"棋子12颗,髹黑漆,其中6颗为长方形,长1.4、宽1、高2.4厘米;另6颗为方形,边长1.4、高2.4厘米"。[①] 此墓的12颗棋子,6个长方形,6个方形;如果两人戏,则每方各3个方形、3个长方形的棋子,不然有失公允。方形者无横竖之别,当是一般散棋,不能成枭;3个长方形者有横竖之别,可"棋行到处即竖之"而成枭,当是特殊散棋。这种特殊散棋的着法很可能遵循第二套六博口诀,而3颗方形棋子着法可能遵循第一套六博口诀。

4. 结语——"十二道"新解和六博术棋制

六博棋已失传一千余年,魏晋时的《颜氏家训·杂艺》就说:"古为大博则六箸,小博则二茕,今无晓者"。再就博戏源流来看,至少从战国到魏晋,其间也发展变化有一千余年,棋局设置、棋子数目形状及在局中的摆法、箸茕琼骰等掷点工具、着法规则、取胜原则等等都经历了很大的变化。因此,根据现有资料彻底弄清六博棋制,几乎是不可能的。但是,《六甲阴阳书·博局占》的出土,使我们对六博术的可以确定的知识大大进了一步。表现在:

(1)6号墓遣策把神龟占、博局占都称为六甲阴阳书,六甲阴阳是太一

---

① 《云梦睡虎地秦墓》,文物出版社,1981,第55、56页。

式占的基础理论，因此，再次证明博局在设计上主要来源于式盘，式盘的变化与博局的设计变化当有密切关系，《史记》的"旋式正棋"就是对这种关系的确切表达。这为我们今后彻底揭开六博棋棋制及其变化提供了思维方法基础。

（2）在博局上的 9 字占卜位置，与许博昌六博术口诀中的 9 字（两套口诀字不重复的话）位置完全相同，只是前者功能、目的在于占卜，后者功能、目的在于说明棋位和博棋子着法。

（3）博局占中的六十甲子干支位置，经学术界深入研究后，得到了正确校正。但用于占卜的干支位置对棋子运行顺序的标示功能无人揭示。我们根据六甲阴阳理论，把六十干支位置分为阴阳，揭示了六博局整体四分和能够无限循环往复的博棋运行线路规律，即以四方为纲，统领左下边角，而把博局分成北东西南四等分，博棋按北、东、西、南、北顺序运行，出入某方的规律是"右、上干支棋位"出，"左、下干支棋位"入。整个博局有 68 个干支棋位，分作阴阳 34 对棋位，与许博昌六博术的 9 字口诀有对应和顺序关系。对应者，除 4 个方位对应 4 个干支外，其他"廉楬道张曲诎长高"8 棋位各对应 2 个干支棋位；其中右上干支棋位是出方之道，左下为入方之道，出入两道互不影响，可供多方行棋。顺序关系者，口诀棋位行棋路线和干支棋位行棋路线一致，按北、西、东、南、北顺序运行。

（4）用博局占卜的占位起始点在高 1 位（甲子），终结点在方 4 位（癸亥）。

（5）用博局行棋的起始点，根据六博术口诀分作天道始点和地道始点两个。前已述，博局源于式盘，设计上是"象天则地"，故内层单元象天之九宫，包括内方和四正的"T"形符号、四维的连线；外层单元包括外方和四正的"L"形拐尺符号、四角的"V"形符号。天道始点为枭棋起始位置，它起于北方癸亥，也终于北方癸亥。博棋只能沿口诀第一、二句的棋位在"天"上运行。地道始点为散棋的起始位置，在张 1 位，博棋或遵循第一套口诀第三、四句的棋位在某方反复运行，掷出特殊齿采才能出方；或遵循第二套四句口诀，按"棋行到处"的原则，从一方的张位行至另一方的张位，最后到达方 4 位成枭。

（6）博局中行棋的关键点有两个。一是由张进道，是由地到天的必经之道，无对方棋争道时，需掷出特殊齿采方能通过；有对方棋争道时，需采取特殊手段（如己二棋磊起可过彼一棋等）才能通过；二是屈棋位，它在考古发现的博局上有多种表现形式，本例为四隅连线，是比较正规的形式，如山东临沂、庆云山西汉墓石棺底上的博局图也是这种形式。[1] 秦汉常流行的是用"圆圈"代替连线，或是用"四个三角、或四个方块、或四个小鸟、或四个花瓣来代替"。[2] 按天之九宫来讲，此棋位属于天单元，但按运棋路线，其又属于地单元；在博局中，屈棋位像张位一样是进出四隅的必经之道，我们感觉此棋位当有一些特殊着法。作为占位，诎乃不吉之位（见表），屈、诎且都有弯曲、屈辱义，诎有贬下、贬退、拘系义，因此，我们推测凡被吃被俘的散棋、枭棋可以拘于此处，作为己方的后备力量使用。

（7）根据以上博局占和许博昌的两套口诀所反映的六博棋棋位、运行路线等棋制，来反观博局最大的问题——十二曲道，可能有一些新认识。

第一，根据六甲阴阳的干支棋位，可以肯定博局中所有线道，包括 V、L、T 钩识、四维的斜线（或圆圈等）、内方外方及其四正、廉部线道都是棋位，是棋位就应当全部包括在"局分十二道"之内，而学界普遍认为局中每方 3 个"V"、"L"、"T"钩识就是 12 道，未包含内方、外方和圆圈，与博局占的棋位明显不符。再者，若 12 道单指 V、L、T，则按六博术口诀走的话，"V"、"L"、"T"各包含两道，这样一方有 6 道，四方有 24 道，也不可能是 12 道。

第二，六博术口诀和博局占虽然只提供 9 个道的名称，但博局占图上方明显标有"南方"；内方又标有"方"，可知内方中必然有四方的棋位！巧合的是，而博局占图在内方四正位置恰恰有 4 个干支棋位，且东方、西方、南方、北方 4 个棋位不像其他 8 个棋位有重复，不仅都是唯一的，而且每方都统领一方 17 个棋位，是最关键的棋位。

第三，方、廉、褐、道、张、曲、诎、长、高等六博术口诀由于博局占和六甲干支占位的证明，可以肯定是棋位，即博棋的"曲道"所在，而且，这 9 个字可以涵盖博局内所有的线段，所以，它们各自代表的线段自应是博局的"十二道"。其中廉、褐、道、张、曲、诎、长、高各代表一道，在局中各有重复棋位 8 个；"方"可分为四道，无重复，故 9 字诀其实显示的是北方、南方、西方、东方、廉、褐、道、张、曲、诎、长、高等博局行棋的"十二道"。也就是说，口诀的方字其实含四方，应为四道；口诀的其他 8

---

① 临沂市博物馆：《临沂的西汉瓮棺、砖棺、石棺墓》，《文物》1988 年第 10 期，第 68～75 页。图像见 72 页，图一二。

② 李零：《跋中山王墓出土的六博棋局——与尹湾〈博局占〉的设计比较》，《中国历史文物》2002 年第 1 期，第 12 页。

个字各含一道，共 12 道。这就是《古博经》所说的"博法，二人对坐，向局，局分十二道"。如图 18 所示。

第四，如前所证，博局象天则地，拟式占而来，故行棋的 12 道可分为张、究、诎、玄、高 5 个地道和北方、南方、西方、东方、廉、楬、道等 7 个天道，根据六博术第一套口诀可知，天道主要供枭棋行走，地道主要供散棋行走。根据第二套口诀可知，拟"棋行到处"而成枭的散棋，出发点在张位，靠掷点行棋艰难地走过四方的天道、地道而最后成枭棋。

第五，行棋之前，每方 6 子各摆在十二辰的位置，掷点后可选择某棋行到"曲道"上。如图 18 所示。

（七）古墓的启示——星占盘与六博的起源

博戏起源于何时，还是个争论不休的问题。根据目前资料，可从下列三方面探讨。

1. 最早的实物——战国中山王墓的博局

目前发现的最早的博戏实物出土于战国晚期的中山王陵区的 3 号墓。该陵区的年代约在"公元前四世纪末"[1]，3 号墓是"中山王的同族近属"[2]，因此 3 号墓年代应和 6 号中山王墓相近，在公元前 300 年左右。3 号墓"已被严重盗扰"，但其中出土了两件大型石板，长 45、宽 40.2 厘米，如图 19 所示。

这两件石板四周边缘都刻涡纹，内由饕餮纹、虎纹、蟠虺纹组成繁缛的纹饰，在纹饰之上，刻出了明显的博局。图 19（2）外层四角和东西方位各一钩识，南北方位用一横表示钩识，方向右转，另在西南、东北方位各多出一横。中间则用对称的三横代表四维、四正。与以后博局有较大区别。图 19（1）外层除 8 个钩识外，又在东南、西南、西北、东北方位多出四横，方向右转。内层四正有"T"形，四维则用中心小方形的对角线表示，与以后用圆圈表示四维的博局稍异。

这两件博局的出土，证明了至少在公元前 300 年以前博戏就普及到了北方鲜虞族地区。博戏的发明肯定要早于此年代。但是，如果把它和睡虎地秦

---

① 《中国大百科全书·考古卷》，中国大百科全书出版社，1986，第 366 页。
② 《河北省平山县战国时期中山国墓葬发掘简报》，《文物》1979 年第 1 期。

图 19 平山县战国墓石博局

墓的博局相比，差别很明显，局路、线道、着法都处于一种未定型时期，这说明，它是博戏的一种较原始的形式，距博戏发明时期当不太远。

2. 文献的记载——"三代已有之"

对于文献记载，必须考虑文献本身记载的可靠性。一般来讲，越是晚期的文献，越把博戏的发明提前得越早：

> 《五杂俎·人部二》："博戏自三代已有之，穆天子与井公博，三日而决。"①

三代，指夏商周。东汉以后的古籍都把博的发明归于乌曹，如：

> 《说文·竹部》："古者乌曹作博。"②

> 《文选·韦昭〈博弈论〉李善题注引〈系本〉》："乌曹作博。"③

乌曹多被认为是夏代人物：

---

① （明）谢肇淛撰《五杂俎》卷六《人部二》，世纪出版集团，2001，第一版。
② （汉）许慎撰，（宋）徐铉增释《说文解字》卷五上《博》，文渊阁四库本。
③ （南朝梁）萧统编，（唐）李善注《文选》卷五十二《博弈论》李善题注引《系本》，文渊阁四库本。

宋代高承《事物纪原·陆博》："《说文》曰：'古乌曹氏始作博'，盖夏后之臣也。《事始》曰：'乌曹始置博陆之戏'。"①

　　《物原》："桀臣乌曹作赌博围棋，季咸作胡面子，韩信作纸鸢，汉武作猜拳斗草，刘向作弹棋。"②

　　其实，乌曹乃传说人物，其事迹和时代均不能确考，只能存疑。
　　两汉的古籍多记有博戏或玩博的人物，也是探索博戏起源的重要史料，如：《史记·殷本纪》：

　　帝武乙无道，为偶人，谓之天神，与之博，令人为行，天神不胜，乃僇辱之。③

《穆天子传》：

　　天子北入于邴，与井公博，三日而决……过于灵，〔阙〕井公博。注曰："穆王往返辄从井公博游，明其有道德人也。"④

西汉刘向《说苑》：

　　晋灵公（公元前620～前608年在位）造九层台，废用千亿，谓左右曰：敢有谏者，斩。孙息乃谏曰："臣能垒十三博棋加九鸡子其上。"⑤

　　商代30王，武乙是第27王，大约是公元前12世纪晚期人，如果《史记》条史料可信，则博棋在商代晚期就出现了。《穆天子传》是汉代成书的文献，记西周初期周穆王见西王母事，多神怪寓言，难以为据。刘向所记晋灵公事，或有根据，但也未能确认。以上三条关于博棋的记录，都出自汉代

①　（宋）高承编撰《事物纪原》卷九《陆博》，文渊阁四库本。
②　（明）董斯张撰《广博物志》卷二十二《方伎·棋博诸戏》引《物原》，文渊阁四库本。
③　（汉）司马迁撰《史记》卷三《殷本纪》，文渊阁四库本。
④　（晋）郭璞注《穆天子传》卷五《古文》，文渊阁四库本。
⑤　（唐）欧阳询等编《艺文类聚》卷二十四引《说苑》，文渊阁四库本。

文献，在先秦文献中均无佐证，如果据其下断言，有轻率之嫌。

可靠的先秦文献记博弈之事始自《论语》、《孟子》、《战国策》等：

《论语·阳货》："饱食终日，无所用心，难矣哉！不有博弈者乎？为之，犹贤乎已。"①

《孟子·离娄下》："世俗所谓不孝者五……博弈好饮酒，不顾父母之养，二不孝也。"②

《庄子·骈拇》："臧与谷二人，相与牧羊而俱亡其半。问臧奚事，则挟策读书；问谷奚事，则博塞以游。"③

《管子·四称》也有博塞名称："昔者无道之君……流于博塞，戏其工瞽。"④

《战国策·齐策一》："临淄甚富而实，其民无不吹竽鼓瑟、击筑、弹琴、斗鸡、走犬、六博。"称六博。⑤

据上述可靠的先秦文献可知，博戏在春秋晚期至战国时期已相当流行了。因此，博的发明，不应晚于春秋晚期。

3. 脱胎于式占——博棋发明于春秋时代

如前所述，式占占盘与博局有惊人的相似性，那么，式占占盘出现的时代就对博棋发明时代的探讨有巨大的参考意义。

据李零先生所考，"不仅博具本身是模仿式，而且其游戏方法，从投茕、行棋到记筹似亦脱胎于演式"⑥，这个结论，不仅被我们上边所考所证实，而且和作者发表在《体育文史》1993 年第 1、2 期的《论象棋之

---

① （魏）何晏等注《论语注疏》卷十七《阳货》，文渊阁四库本。
② （汉）赵岐注，（宋）孙奭疏《孟子注疏》卷八下《离娄》，文渊阁四库本。
③ （晋）郭象注《庄子注》卷四《外篇骈拇第八》，文渊阁四库本。
④ （唐）房玄龄注《管子》卷十一《君臣下·四称》，文渊阁四库本。
⑤ （汉）高诱注《战国策》卷八《齐一》，文渊阁四库本。
⑥ 李零：《中国方术考》，人民中国出版社，1993，第 162 页。

"象"》中的博局源于式占占盘的观点不谋而合。李零先生认为式作为实际存在的工具至少在战国时期就已出现，他说："从文献记载看，式作为实际存在的工具至少在战国时期就已出现。如研究者经常引用《周礼·春官·大史》所说的'天时'，就是式的早期名称，式在战国时期的流行，不仅可以从文献记载阴阳五行说的内容结构得到印证，而且也可由出土发现，如湖北随县曾侯乙墓漆箱盖的图式（图二〇）和长沙子弹库楚帛书的图式（图二一）得到印证。"[①] 李零所说的"帛书图式"如图20所示。

曾侯乙墓的年代为前433年或稍后，而作为实际存在的式占工具出现的年代当不晚于这一时代。

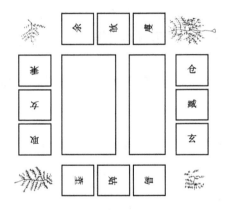

图20　长沙子弹库楚帛书的图式

我们进一步认为，曾侯乙墓的箱盖之所以是式占占盘的证据，是因为其有四象（东青龙、西白虎）、四正、八方及反映天盘运动的二十八宿。其中四正、八方的概念产生甚早，属于新石器时代的安徽含山凌家滩墓地4号墓出土的玉片上，具有明确的四方、八位图案。二十八宿的概念出现也颇早，如《尚书·尧典》和商代甲骨文中都有星、房、昴、鸟等星宿名称，但作为一个完整的表示天体坐标的系统，形成则较晚。而二十八宿完整系统是式盘中必需的因素，因此，二十八宿完整系统的出现时间，可作为式盘出现的上限。早在1993年笔者已指出：

　　式盘的出现，是在中国古代天文历法学初步建立时才有可能出现，

---

① 李零：《中国方术考》，人民中国出版社，1993，第102页。

而这种天文科学的建立，依赖于对二十八宿天体坐标的实际观测和计算。作者根据《尚书》洪范传的二十八宿古宿度记载（西汉夏侯灶墓占盘载有古宿度），推算了适合古宿度冬至点位置的年代为公元前559±100年。也就是古宿度的实测年代为前六世纪中叶的前后100年内。因此二十八宿的创立年代应与之相近，约在前六世纪前后。①

既然博棋"脱胎于演式"，那么式盘出现的上限也可作为博棋出现的上限。这样一来，可以得出结论：博棋一名首见于《论语》，所以其下限不会晚于战国早中期；而其上限不会早于公元前559±100年，也即春秋早中期。这就是我们综合考察可靠文献记载、出土文物及天文学计算所得出的结论。

---

① 宋会群：《论象棋之象——象棋的起源演变与术数文化的关系》，《体育文史》1993年第1、2期。

二　源远流长
——博戏的种类及其流变

宋程大昌《演繁露》云："博之流为樗蒲，为握槊，为呼博，为酒令，体制虽不全同，而行塞胜负取决于投，则一理也。"① 此语道出了博戏的一般本质。凡博戏，都"悬于投"，六博投箸，塞戏投茕，樗蒲投五木，双陆投琼，以后的采选、打马、骨牌、马吊、麻将等等，都离不开投骰。因此，如果我们给博弈文化中的博戏下一个简单定义的话，那就是"凡以箸、茕、琼、骰等投子为行棋、胜负手段的游戏，通称为博戏"。

博戏除六博之外，随着时代的发展，衍生了不少其他种类。如塞戏（格五）、弹棋、儒棋、樗蒲（五木）、双陆（握槊、长行）、钱戏等，这些博戏品种不是与博棋类似，就是博棋的变体，甚至以后的象戏、象棋和博棋也有着多多少少的血缘关系。因此，博棋是我国博弈文化的圭臬，是各类博戏的共同起源。前边我们颇费笔墨地详考了博棋，其目的正在于澄清这个源头的内涵和实质。下面对其流变着重探讨，就会使我们对整个博弈文化有一个较全面的了解。

（一）废箸投茕——塞戏和格五

塞戏又名格五，是博棋的一种。《庄子·骈拇》："博塞以游。"② 《管子》："秋行五政，一曰秋禁，二曰禁博塞。"③ 《穆天子传》："天子北入于邴，与井公博。"④ 这说明塞戏也成于战国，与六博同时流行。奇怪的是，

---

①　（宋）程大昌撰《演繁露》卷六《投五木琼槵玖骰》，文渊阁四库本。
②　（晋）郭象注《庄子》卷四《外篇骈拇》，文渊阁四库本。
③　（唐）房玄龄注《管子》卷十四《水地》，文渊阁四库本。
④　（晋）郭璞注《穆天子传》卷五《古文》，文渊阁四库本。

目前发现了大量的博棋实物，而塞棋却一件未见，究其原因，是目前学界一直以为塞不用箸、茕、琼等各种投，从而导致把本是塞戏的实物误认为是博棋实物。因此，弄清博、塞的区别和联系，不仅是考古实物鉴定的重大问题，也是博弈史中的重大问题。

塞，古人都以为是"博之类"，查汉边韶《塞赋》有"制作有式"、"四道交正"、"趋隅方折"、"棋有十二"、"人操厥半"等语，可知塞的局、棋子与博棋相同，故属博棋一类。但博、塞肯定也有区别，汉边韶《塞赋》又曰："可以代博弈者曰塞。……其用物者约，其为乐者大。"① 这说明塞与博是不同的棋戏，塞比博用具简约，但游戏起来为乐更大。

既然局、子一样，所简约的自应是其他博具，或者着法上有区别。《汉书·吾丘寿王传》云："赵人也，年少，以善格五召待诏。"注引苏林曰："博之类，不用箭，但行枭散。"② 《庄子集释》卷八"博塞以游"语后，唐代成玄英疏曰："行五道而投琼曰博，不投琼曰塞。"③ 苏林，汉末人，博学多才，其说塞戏不用箭箸，当属可信，"但行枭散"，即只行棋而不投箸。唐代高僧成玄英又进一步发挥为"投琼曰博，不投琼曰塞"，现代学界据此认为"塞戏已摆脱了侥幸取胜的成分"④，二者的区别在于投与不投箸、琼。其实，塞戏不投箸箭，不见得没有其他投具，成氏所解，纯系用唐时盛行的骰戏以误解塞戏，实际上，掷采行棋是塞戏关键法则。

《汉书·吾丘寿王传》云："赵人也，年少，以善格五召待诏。"注又引刘德曰："格五，棋行。《簺法》曰：'簺白乘五，至五格，不得行，故云格五。'"李松福引作"汉刘德说：格五行塞法"（见前注）大谬。这里的《塞法》其实是指鲍宏的《簺经》，《后汉书·梁冀传》云：

　　"性嗜酒，能挽满、弹棋、格五、六博。"唐李贤注引鲍宏《簺经》曰："簺有四采，塞、白、乘、五是也。至五即格，不得行，故谓之格五。"又引鲍宏《博经》曰："用十二棋，六棋白，六棋黑。所掷头谓

① （唐）欧阳询等编《艺文类聚》卷七十四《巧艺部·塞》，文渊阁四库本。
② （汉）班固编撰《前汉书》卷六十四上《吾丘寿王传》，文渊阁四库本。
③ （清）郭庆藩辑《庄子集释》外篇《骈拇第八》，《诸子集成》(3)，上海书店影印出版，1986。
④ 李松福：《象棋史话》，人民体育出版社，1981，第17页。

之琼。琼有五采，刻为一画者谓之塞，刻为两画者谓之白，刻为三画者谓之黑，一边不刻者，五塞之间，谓之五塞。"①

观《后汉书》注，可知"塞白乘五"都是塞戏投茕的采名，投得塞、白、乘采，棋各按茕上数字或划刻数行若干道，如投得五，反而不能行棋。《小尔雅·广诂》："格，止也。"《字汇·木部》："格，沮隔不行。"塞戏之所以又称格五，是因为"至五即格"，在茕上掷出"五"采，就停止不行，故以棋法而名为"格五"。由此可知，"不投琼曰塞"，乃成氏臆说。塞局象式，塞子12个，与博棋同。而六博以投六箸为主，塞戏以投茕或琼为主，而且塞戏以"至五即格，不得行"为主要法则。所以，目前考古资料中的所谓博具，凡不用投箸而用投茕、投琼的画像或实物，似乎都应是塞而非博，如马王堆3号墓、江陵凤凰山10号西汉墓、武威磨嘴子48号西汉墓等出土的博具都无箸有茕，当为塞而非博。

塞戏发展到南北朝，每方从六子改用五子。《南齐书·沈文季传》："尤善塞及弹棋，塞用五子。"② 明方以智《通雅》卷三十五《格五》："向谓蹙戏。徐文长谓即撁蒱。宋黄朝英《湘素杂记》曰：……又世俗有蹙戏之戏，谓以一局取一道，人各行五綦，即所谓格五也。"③ 五子之塞的内涵已不可考。

塞戏当源于博棋，但较博棋简约，所以能和博棋并行不悖，在博弈文化的大舞台上，流传了千年之久，对中国传统文化产生了深刻影响。战国时期，塞戏就已流行，以至于被列为"五禁"之一。《管子·四称》用"流于博塞"来形容"无道之君"，《庄子·骈拇》以"博塞以游"来比喻那些因游戏而忘正事之徒。入汉代以后，有专门因"善格五"而设的"待诏"官员。后汉边韶作有《塞赋》，鲍宏作有《簺经》，梁冀则以"格五"著称于世。魏晋南北朝时期博塞都已走下坡路，但也间有善塞戏者，如沈文季等。至隋唐，此戏泯灭，已不为世人所识了。

（二）仙家之戏——丰腹敛边的弹棋

弹棋是古博戏中最高雅的一种，被称作"仙家之戏"，其原因在唐人

---

① （南朝宋）范晔撰《后汉书》卷六十四《梁冀传》李贤注，文渊阁四库本。
② （南朝梁）萧子显撰《南齐书》卷四十四《沈文季传》，文渊阁四库本。
③ （明）方以智撰《通雅》卷三十五《戏具·格五》，文渊阁四库本。

《弹棋经后序》说得甚明：

> 弹棋者，雅戏也，非同乎五白、枭、㯭（原注：枭、㯭，并樗蒲彩。）之数，不游乎纷竞诟欺之间，淡薄自如，固趋名近利之徒不尚焉。盖道家所为，欲习其偃亚导引之法，击博腾掷之妙，自畅耳。①

在汉唐众多博戏中，弹棋不以赌博为事，不以争斗为能，"淡薄自如"，可说是难能可贵。弹棋的这种性质，成了道家导引炼气、修身成仙的工具，故云为"仙家之戏"。同时，恐怕正由于其不为"趋名近利"的赌徒所欣赏，而失去了兴旺发达的基础。在弹棋史上，它数盛数衰，宋代时，沈括有"弹棋今人罕为之"之语②，陆游有"恨其艺之不传"之憾。③

弹棋至少发明于曹魏时期。目前考古中未见有弹棋实物报道，但古代的考古中却见有"魏宫玉石弹棋局"。北宋陆游《老学庵笔记》载：

> 吕进伯作《考古图》云：古弹棋局状如香炉。盖谓其中隆起也。李义山诗云：玉作弹棋局，中心亦不平。今人多不能解。以进伯之说观之，则粗可见……大明龙兴寺佛殿有魏宫玉石弹棋，局上有黄初中（魏文帝曹丕年号，公元 220～226 年）刻字，政和中（宋徽宗年号，1111～1117 年）取入禁中。④

陆游是文人巨匠，这个记载当属可信。它说明两个问题，一是弹棋在曹魏初年或其以前就发明了；二是早期的弹棋形状如香炉，中心隆起。

弹棋到底由谁发明，史载不一：

> 《弹棋经序》云："弹棋者，仙家之戏也。昔汉武帝平西域，得胡人善蹴鞠者，盖炫其便捷跳跃，帝好而为之，群臣不能谏。侍臣东方朔因以此艺进之，帝就舍蹴鞠而上弹棋焉，习之者多在宫禁中，故时人莫

---

① （宋）李昉等编《太平御览》卷七五五引《弹棋经后序》，文渊阁四库本。
② （宋）沈括：《梦溪笔谈》卷十八《技艺》，文渊阁四库本。
③ （宋）陆游：《老学庵笔记》卷十，文渊阁四库本。
④ （宋）陆游：《老学庵笔记》卷十，文渊阁四库本。

得而传。至王莽末，赤眉凌乱，西京倾覆，此艺因宫人所传，故散落人间。及章帝御宇，好诸伎艺，此戏乃盛于当时。"①

《西京杂记》云："成帝好蹴鞠，群臣以蹴鞠劳体，非至尊所宜。帝曰：'朕好之，可择似而不劳者奏之。'家君（指刘向）作弹棋以献，帝大悦。"②

《弹棋经》著录于《宋史·艺文志》，作者著为后汉梁冀，《说郛》收《弹棋经》，作者著为晋徐广。二者孰是，已不可考。《御览》所引《弹棋经序》有人引作晋徐广③，不知何据。但《序》早于《后序》，大概出自唐以前人之手。东方朔，公元前152~前93年间人，当西汉中期。若《弹棋经序》所说不误，则弹棋发明于西汉中期的宫禁中，至王莽时才"散落人间"，东汉章帝时（公元76~88年在位）兴盛。

《西京杂记》旧传为晋葛洪撰，此引西汉末刘歆语，说其父刘向（公元前77~前6年）"作弹棋"献与汉成帝（公元前32~前9年在位）。据《西京杂记》后序说刘歆曾作《汉书》100卷，"刘歆所记，世人稀有"，表明此条所记当有所据，较《弹棋经序》可信。刘向制弹棋还有二证：

晋傅玄《弹棋赋序》说："汉成帝好蹴鞠，刘向以谓劳人体，竭人力，非至尊所宜御。乃因其体作弹棋，今观其道，蹴鞠道也。"④

《东观汉记》曰："安语曰：乐成王居谅暗，衰服在身，弹棋为戏，不肯谒陵。"⑤

以上三条材料相互印证，刘向制弹棋说，距史实为近。
但南朝宋刘义庆所著《世说新语·巧艺》则说："弹棋始自魏宫内用妆

① （宋）李昉等编《太平御览》卷七五五引《弹棋经序》，文渊阁四库本。
② （宋）李昉等编《太平御览》卷七五四引《西京杂记》，文渊阁四库本。
③ 杨荫深：《事物掌故丛谈》，上海书店影印出版，1986，491页。
④ （宋）李昉等编《太平御览》卷七五五引晋傅玄《弹棋赋序》，文渊阁四库本。
⑤ （宋）李昉等编《太平御览》卷七五五引《东观汉记》，文渊阁四库本。

奁器，文帝于此戏特妙，用手巾角拂之，无不中。有客自云能，帝使为之。客著葛巾角，低头拂棋，妙逾于帝。"① 魏文帝即曹丕，公元 220～226 年在位。此说或因刘义庆孤陋寡闻所致，或是弹棋发明之初，限于禁中，至魏时才兴盛的缘故。唐人的《弹棋经后序》就调和了弹棋发明时代的矛盾：

> 自后汉冲质已后，此艺中绝，至献帝建安中，曹公执政，禁阑幽密，至于博弈之具皆不得妄置宫中，宫人因以金钗玉梳戏于妆奁之上，即取类于弹棋也。及魏文帝受禅，宫人所为更习弹棋焉。当时朝臣名士无不争能，故帝与吴季量书曰：弹棋，间设者也。②

《后序》认为，弹棋到了东汉冲帝、质帝时就已绝迹，献帝时，宫人用金钗玉梳在箱子上游戏，其规则取法于弹棋；至文帝时，才"更习弹棋"。这种认识，基于文献记载，也无不可。重要的是，魏文帝曹丕特别喜欢弹棋，不仅作有《弹棋赋》（见《全三国文》卷四），而且棋艺高超，能以手巾角拂之。曹丕在《典论·自叙》中曰："戏弄之事少所喜，唯弹棋略尽其妙，少时常为之赋。昔京师少工有二焉，合乡侯东方世安、张公子，常恨不得与之对也。"③ 以不能与京师二弹棋高手相对，引以为"常恨"，足见曹丕爱弹棋之深。所以"当时朝臣名士无不争能"，弹棋成了常设之具，风靡魏晋。直到唐代，弹棋依然很盛行，杜甫、白居易、李贺、韦应物、王建等都颇爱弹棋，留下了不少美妙诗句。但至宋代，"人罕为之"，宋人对弹棋的局、子、着法等都已模糊，陆游《老学庵笔记》讲：

> 吕进伯作《考古图》云：古弹棋局状如香炉，盖谓其中隆起也。李义山诗云：玉作弹棋局，中心亦不平。今人多不能解。以进伯之说观之，则粗可见，然恨其艺之不传也。④

元明以后至于今，不少人欲复弹棋，但限于资料终未成功。明人谢肇淛

---

① （唐）欧阳询等编《艺文类聚》卷七十四《巧艺部》引《世说》，文渊阁四库本。
② （宋）李昉等编《太平御览》卷七五五引《弹棋经后序》，文渊阁四库本。
③ （清）严可均校辑《全上古三代秦汉三国六朝文》第二册《全三国文》卷八《文帝·典论》，中华书局，1958。
④ （宋）陆游：《老学庵笔记》卷十，文渊阁四库本。

《五杂俎》卷六曰：

> 弹棋之戏，世不传矣，即其局亦无有识之者。吕进伯谓其形似香
> 炉，然中央高，四周低，与香炉全不似也。弘农杨牢，六岁咏弹棋局
> 云：魁形下方天顶突，二十四寸窗中月。想其制方二尺有四寸，其中央
> 高者犹圆耳。今闽中妇人尚有弹子之戏，其法以围棋子五，随手掷几
> 上，敌者用意去其二，而留三，所留必隔远，或相粘一处者，然后弹
> 之，必越中子而击中之，中子不动则胜矣。此即弹棋遗法。魏文帝客以
> 葛巾拂无不中者也，但无中央高之局也。①

谢氏的考证，谓弹棋局方二尺四寸，中央高，四周低，弹法则以越中子
而击中第三子为胜。虽颇具创见，但于古制则未必。下面试对弹棋的局制、
子法讨论之。

弹棋局制，古人记载颇多。最早是汉蔡邕的《弹棋赋》：

> 于是列象棋，雕华丽，丰腹敛边，中隐四企。
> 夫张局陈棋，取法式备，因嬉戏以肆业，托欢娱以讲事，设此文
> 石，其夷如砥，采若锦绩，平若停水，肌理光泽，滑不可履，乘色行
> 巧，据险用智。②

魏丁廙《弹棋赋》：

> 文石为局，金碧齐精，隆中夷外，緻理肌平。卑高得适，即安且
> 贞。（《全后汉文》卷九四、《艺文类聚》卷七四引）③

---

① （明）谢肇淛撰《五杂俎》卷六《人部二》，上海书店出版社，2001（书名《五杂俎》作
　《五杂组》）。
② （清）严可均校辑《全上古三代秦汉三国六朝文》第一册《全后汉文》卷六十九蔡邕《弹
　棋赋》，中华书局，1958。（唐）欧阳询等编《艺文类聚》卷七十四《巧艺部·弹棋·汉蔡
　邕弹棋赋》，文渊阁四库本。（宋）李昉等编《太平御览》卷七五五引（汉）蔡邕《弹棋
　赋》，文渊阁四库本。
③ （清）严可均校辑《全上古三代秦汉三国六朝文》第一册《全后汉文》卷九十四丁廙《弹
　棋赋》，中华书局，1958。（唐）欧阳询等编《艺文类聚》卷七十四《巧艺部·弹棋·丁廙
　弹棋赋》，文渊阁四库本。

曹丕《弹棋赋》：

> 局则荆山妙璞，发藻扬辉，丰腹高隆，庳根四颓，平如砥砺，滑若柔荑。①

魏夏侯惇《弹棋赋》：

> 局则昆山之宝，华阳之石。或烦蜿龙藻，或分带班驳，或发色玄黄，或暾的鳞白，皆鲁匠之精能，倾工心于雕错。形方隆而应矩……洽坐际，隆局施，轻棋列……（《艺文类聚》卷七四引）②

以上四赋，均三国及东汉人撰写，当反映弹棋古制：雕石或玉作局，局"形方隆而应矩"，即局为方矩之形而隆，故称"隆局"。隆起的地方在中腹，或"丰腹"，或"隆中"，或"丰腹高隆"，即方局正中当有近半球形的隆起，就像六博纹镜中球形钮。其余部分则砥砺打磨得非常光滑，所谓"平若流水，肌理光泽，滑不可履"。方局上不仅"雕错"有棋道，而且以龙、蛟等神兽为饰，并且"采若锦绘"，有玄（黑）、黄、白等色别。这就是两汉魏晋弹棋棋局的形制。由此使我们想起了汉代的六博纹和盛行于三国的神兽镜，前者有博局，后者有龙、蛟，且都是妆奁之器，这与《世说新语·巧艺》"弹棋始自魏宫内用妆奁器"的记载不谋而合，所以弹棋形制的定型很可能是在汉魏铜镜的启发下，由魏宫人完成的。

到了唐宋，弹棋局制大体未变，只是出现了木局。

柳宗元《弹棋序》：

> 得木局，隆其中而规焉。其下方以直。③

《梦溪笔谈》：

---

① （唐）欧阳询等编《艺文类聚》卷七十四《巧艺部·弹棋·魏文帝弹棋赋》，文渊阁四库本。
② （唐）欧阳询等编《艺文类聚》卷七十四《巧艺部·弹棋·魏夏侯惇弹棋赋》，文渊阁四库本。
③ 《御定渊鉴类函》卷三百三十《巧艺部·弹棋一》，文渊阁四库本。

弹棋今人罕为之，有谱一卷，盖唐人所为。其局方二尺，中心高起如覆盆，其颠为小壶，四角微隆起。今大名开元寺佛殿上有一石局，亦唐时物也。①

关键的问题是局上有什么样的棋道。观蔡邕的"张局陈棋，取法式备"语，其棋道应与式盘道有关，即弹棋有可能借用了当时流行的博棋棋局形式，有十二辰位和四正、八方之位。晋徐广《弹棋经》曰：

悁闷者，先闷其位，以十二时相从。文曰：同有文章，虎不如龙。豕者何为？来入兔宫。王孙昼卜，乃造黄钟。犬往就马，非类相从，羊奔蛇穴，牛入鸡笼。②

这段话涩如天书，前人无解。笔者以为这是对弹棋棋局和着法的描写。悁闷，据《中华大字典》当为一种游戏器具。我们以为当是弹棋游戏之具。十二时，即十二辰，每辰对应的都有一个生肖，即子鼠、丑牛、寅虎、卯兔、辰龙、巳蛇、午马、未羊、申猴、酉鸡、戌狗、亥猪。我们知道，博局上有十二辰，占盘上的十二辰则直接标在地盘上，同时有对应的"三十六禽"，每个生肖又加二禽，如寅虎加狸、豹，辰龙加鲸、鱼等。六朝铜式就是如此。弹棋棋局以"雕错""华丽"为能事，魏夏侯惇《弹棋赋》说局有"龙藻"、"班驳"、"玄黄"、"鳞白"之语，说明弹棋局中可能以生肖表示棋道，《弹棋经》中的十二生肖，相当于博局的十二钩识（即十二辰），表示的都是棋位。所谓"先布其位"就是此意。

另外，前引晋傅玄《弹棋赋》有"乃因其体作弹棋，今观其道，蹴鞠道也"的说法，故弹棋棋道当与蹴鞠的踢球之道相似。但可惜的是，汉代的蹴鞠道也无从考了。

关于弹棋子和着法，古人有下列说法：

《后汉书·梁冀传》：

---

① （宋）沈括：《梦溪笔谈》卷十八《技艺》，文渊阁四库本。
② （宋）李昉等编《太平御览》卷七五五引《艺经》，文渊阁四库本。（元）陶宗仪编撰《说郛》卷一百二十引晋徐广《弹棋经·悁闷》，文渊阁四库本。

性嗜酒，能挽满、弹棋、格五、六博。注引《艺经》曰："弹棋，两人对局，白黑棋各六枚，先列棋相当，更先弹也。其局以石为之。"①

郝经撰《续后汉书》卷六十六：

原注：《艺经》，棋正弹法：二人对局，白黑棋各六枚，先列棋相当，更先控三弹，不得各去控一棋，先补角。②

《御览》卷七五五引《艺经》作：

二人对局，黑白各六枚，先列棋相当，下呼上击之。③

马端临《文献通考》卷二百二十九：

弹棋经一卷。晁氏曰未详撰人。序称《世说》曰：魏武帝好弹棋，宫中皆效之。难得其局，以妆奁之盖形状相类，就盖而弹之，俗中因谓魏宫妆奁之戏。④

看来，汉魏的弹棋和博棋一样，有子 12 枚，子分黑白，双方各 6 枚。开局时，"先列棋相当"，即双方 6 子都相对而立，然后轮流"弹"或"击"子。这是称作弹棋的主要原因。

"更先控三弹，不得各去控一棋，先补角"，郝经所引《艺经》多了此一句。显然指的是着法规则，即弹棋可用指头弹，也可在局中走，规则是开局后首先要"三弹"，即各弹棋三次，而不能移动一棋；弹过后，若角上棋被弹下，要用他棋"先补角"。

"就盖而弹之"、"下呼上击之"显然指的是着法，即局中除双方的 6 子外，可能还有一子被放在局中央隆起的地方，用作母子从上向下击四方之子，这样才能"下呼上击之"。

①　（南朝宋）范晔撰《后汉书》卷六十四《梁冀传》李贤注，文渊阁四库本。
②　（元）郝经撰《续后汉书》卷六十六下上《吴质传》，文渊阁四库本。
③　（宋）李昉等编《太平御览》卷七五五引《艺经》，文渊阁四库本。
④　（宋）马端临撰《文献通考》卷二百二十九《经籍考》，文渊阁四库本。

击子的目标是对方子，曹丕用手巾角"拂之，无不中"，被击中的子大概要出局，故会出现"棋单局匮"、"孤据偏亭"的局面，最后导致失败。

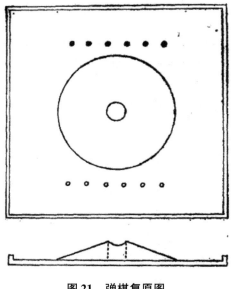

图 21　弹棋复原图

指头和手掌的技巧虽在弹棋胜负中起着重要作用，但行棋用智似乎也不可少，汉蔡邕《弹棋赋》有"乘色行巧，据险用智"之语，魏文帝《弹棋赋》有"弹棋之嘉巧，邈超绝其无俦，苞上智之弘略，允贯微而洞幽"之说，表明弹棋不光凭技巧，更要"用智"。用智则必要行棋，前引蔡邕《弹棋赋》有"然后柢制兵，棋夸惊，或风漂波动，若飞若浮，不迟不疾，如行如留，放一弊六，功无与俦"的论述，讲的就是行棋窍门，可惜史载有缺，其细则已无从考证了。王赛时先生在《汉唐之间的弹棋》一文中对弹棋有复原图[①]，可参考。

弹棋在发展中，用子越来越多，着法当也有变化。魏文帝《弹棋赋》：

> 棋则玄木北干，素树西枝，洪纤若一，修短无差。象筹列植，一据双螭。滑石雾散，云布四垂。然后直叩先纵，二八次举，缘边先造，长

---

① 王赛时：《汉唐之间的弹棋》，《体育文化导刊》1991 年第 4 期。

邪迭取……或暇豫安存，或穷困侧倾，或接党连舆，或孤据偏亭。①

晋夏侯惇《弹棋赋》：

> 隆局施，轻棋列，徐正控往来，有中而告憩。相形投巧，左抚右拔，挥纤指以长邪，因偃掌而发八。……棋单局匮，等分纪残，胜者含和，负者丧颜。②

丁廙《弹棋赋》：

> 棋则象齿，选乎南藩……列数二八，取象官军。③

"二八次举"、"因偃掌而发八"、"列数二八"都说明棋子有"二八"16枚，双方各8枚。棋子用象牙或树枝做成，分玄（黑）、素（白）二色，大小划一。行棋时"缘边先造"，即顺着十二辰所在的四边、四角位置行走。长，可能为远距离的直线进击；如子位击午位等。邪通斜，可能指边角上的斜向进击；"挥纤指以长邪，因偃掌而发八"，即以指、掌弹己方8子，有的斜向短距离攻击，有的正向长距离攻击。征战中，有的子安存，有的子倾亡，一些子互相连接成垒，敌方奈何不得，落单的残子在负隅顽抗，最后"局匮"者负，"安存"者胜。

这种16子的弹棋，应在东汉末期和三国时期兴起，流行于魏晋南北朝。至唐代时，又流行了一种24子的弹棋，柳宗元《弹棋序》云：

> 房生直温，与余二弟游，皆好学。余病其确也，思所以休息之者。得木局隆其中而规焉。其下方以直，置棋二十有四。贵者半，贱者半，贵曰上，贱曰下，咸自第一至十二。下者二乃敌一，用朱墨以别焉。房由是取二毫如其第书之。既而抵戏者二人，则视，其贱者而贱之，贵者

---

① （唐）欧阳询等编《艺文类聚》卷七十四《巧艺部·弹棋·魏文帝弹棋赋》，文渊阁四库本。
② （唐）欧阳询等编《艺文类聚》卷七十四《巧艺部·弹棋·魏夏侯惇弹棋赋》，文渊阁四库本。
③ （清）严可均校辑《全上古三代秦汉三国六朝文》第一册《全后汉文》卷九十四丁廙《弹棋赋》，中华书局，1958。

而贵之，其使之击触也，必先贱者，不得已而使贵者，则皆粟焉慴焉，亦鲜克以中其获也，得朱焉则若有余，得墨焉则若不足。[1]

"规"即圆规，指圆。唐弹棋中隆而圆，下方以直，与古制相同。子则增至 24 枚，双方各 12 枚，其中 6 枚贵，6 枚贱，贱 2 枚才能攻击贵 1 枚。这种子制的改变，与当时盛行的"六丁六甲"的术数概念可能有关系。着法技巧也有变化，弹对方棋时"必先贱者"，可能冒险性小；如不得已而攻击朱色"贵棋"，也是战战兢兢，很少能达到目的。

这种 24 子的弹棋，在佛经中也有记载：

> 弹基者，以人手指弹棋子。得上高顶便住者，方名胜也。又解：弹基者，于亚局上田结反排怙诸小板子，过取一子为箭，弹打余子，箭住局上，所被打者，多落为佳，尽帖为限，得多子者为上……弹□局。今造者亦用石为之。以《世说》称妆奁之戏。盖魏文帝好之。宫人多取奁拂之。共为此戏也。今者率意用木，以铜悄和漆漆之，坚韧胜其石也。□局方一尺八寸。中心隆起，谓之丰腹。四面陵迟，而下四角渐高向下，上至丰腹，谓之泷。四面渐下至边垂，谓之□（原字泯灭）。周颙弹□诗曰：隔□（原字泯灭）疑将别泷头，如望秦局中心高。顶谓之天。梁简文帝《序》曰：峙五岳而标奇，停四海而为量。□有二十四枚。十二赤十二白。白以象牙为之。[2]

佛经之弹棋也是 24 子，12 红 12 白。棋局和柳宗元所见差不多，只是说得更加形象，局中心隆起，称作"丰腹"，最高顶称作"天"，四角渐渐高起来与顶连接的脊，称作"泷"，四脊下的凹地，据所引"峙五岳而标奇，停四海而为量"，应称作"海"，这样"隔□（海）疑将别泷头，如望秦局中心高"也很通顺。这些专有名称对我们理解弹棋局很有益处。再就是弹法规则，唯佛经弹棋说得明白，一是用手指弹下面的棋子，恰恰弹到"高顶便住者"，为胜。二是在另一"亚局"的结扎成排的"小板子"上，

---

[1] 《御定渊鉴类函》卷三百三十《巧艺部·弹棋一》引，文渊阁四库本。（明）胡我琨撰《钱通》卷三十引作柳宗元《序棋》。

[2] 〔日〕东大寺沙门凝然述《梵网戒本疏日珠钞》卷第四十三，载《大正新修大藏经·续律疏部全》。

放一个弹棋子作为"箭",弹射局上的棋子,弹落的子为己方得,"得多子者为上"。弹棋到底怎样弹,从哪儿弹哪儿为输赢,过去一直是个谜,这段记载基本解决了这个问题。这两种玩法在其他典籍中都未见到,是目前所知的最具体的、大概也是民间的弹棋玩法。

弹棋始自宫廷禁中,不投箸、茕以赌,唯尚技能与用智,使其成为当时与围棋并行的一种高雅之戏、"仙家之戏",被历代士大夫所崇尚。南朝宋山阳王刘休祐嗜好弹棋,招揽了当时高手范景达,时宋明帝也好弹棋,下诏征之。山阳王抗旨不遣,明帝怒责其"刚戾如此,岂为下之义",结果明帝趁狩猎时"殴拉杀之"。因嗜好弹棋而行杀戮和被杀,足见士大夫所爱之深。唐人也好弹棋,顺宗就日日耽玩于此戏,其时高手有吉达、高钣、崔同、杨愿之"徒委为名手",后有宝深、崔长孺、甄颙、独狐辽等"亦为亚焉","至长庆末(唐穆宗年号,821~824年),好事之家,犹见有局,尚多解者"。①

(三) 一掷百万——樗蒲和五木

宋程大昌《演繁露》云:"博之流为樗蒲……皆以投掷为名也。古惟砍木为子(投子),一具凡五子,故名五木。"② 马端临《文献通考》卷二百二十九:"《五木经》一卷并图例。陈氏曰:唐李翱撰,元革注。盖摴蒲之戏也。《摴蒲经》一卷,《摴蒲格》一卷。晁氏曰,不题撰人。《序》:摴蒲古之戏也,刘毅、李安民、慕容宝之徒皆掷卢,不闻余采。今以卢枭为上雉犊次之。"③ 这里我们可得到两点认识,一是樗蒲是博棋的变体,二是樗蒲不投箸而投五木,故樗蒲又名为五木。

樗蒲的发明当晚于博棋,但古人大多认为是老子发明了樗蒲:

晋张华《博物志》:

> 老子入胡,作樗蒲。④

汉马融《樗蒲赋》:

---

① (宋) 李昉等编《太平御览》卷七五五引《弹棋经后序》,文渊阁四库本。
② (宋) 程大昌撰《演繁露》卷六《投五木琼橵玖骰》,文渊阁四库本。
③ (宋) 马端临撰《文献通考》卷二百二十九《经籍考》,文渊阁四库本。
④ (唐) 欧阳询等编《艺文类聚》卷七十四《巧艺部·樗蒲》引《博物志》,文渊阁四库本。

　　昔有玄通先生游于京都，道德既备，好此樗蒲。伯阳入戎，以斯消忧。①

　　"玄通"出自《老子》一书中的"古之为士者，微妙玄通，深不可识"一语，马融以"玄通先生"喻指老子；据《史记·老子列传》，老子姓李，名耳，字伯阳。见周室衰乱，辞去守藏史的小官，出函谷关而去，莫知所终。东汉以后，老子不仅被道教奉为"道德天尊"而神化，又被倡导谶纬神学的儒生大加崇奉，衍生出很多关于老子的传说和神话，"老子化胡"说就是其中典型的一种。马融正是在这种背景下，把当时刚刚兴起的樗蒲之戏与老子出关化胡联系起来。到了魏晋，张华干脆把樗蒲的发明权归于老子，樗蒲作为一种文明的象征，遂成了老子化胡的有力工具。这虽然是数典不忘祖的"爱国主义"，但严肃的史学却未敢深信，它只能是一种传说罢了。

　　比较可信的记载是晋葛洪撰的《西京杂记》卷4：

　　京兆有古生者，学纵横、揣摩、弄矢、摇丸、樗蒲之术，为都掾史四十余年。……赵广汉为京兆尹，下车而黜之，终于家。京师至今俳戏，皆称古掾曹。②

　　古氏连名字都未留下，自没有儒者吹捧之嫌。赵广汉在西汉宣帝时任京兆尹，公元前65年死，至晋葛洪时已数百年，而京兆人对"古生"擅长的种种游戏之术记忆犹新，可见其影响之大。因此，西汉晚期的古生"学樗蒲之术"，说明樗蒲在西汉晚期就出现了，也可能是他最先把博棋演变为樗蒲，起码为至今所知玩樗蒲的第一人。到汉末，除马融有《樗蒲赋》外，东汉繁钦的《威仪箴》也提到樗蒲："其有退朝，偃息闲居，榓操弄棋，文局樗蒲，言不及义，负胜是图。"③ 说明樗蒲在东汉已开始流行了。

　　樗蒲之得名，缘于五木的质料。樗，即臭椿，属苦木科，其生长快而易刀刻，不能作材，"唯堪为薪"，所以古人用它来作五木，兼喻玩樗蒲不成

---

① （唐）欧阳询等编《艺文类聚》卷七十四《巧艺部·樗蒲·后汉马融樗蒲赋》，文渊阁四库本。

② （汉）刘歆撰，（晋）葛洪辑《西京杂记》卷四，文渊阁四库本。

③ （清）严可均校辑《全上古三代秦汉三国六朝文》第一册《全后汉文》卷九十三繁钦《威仪箴》，中华书局，1958。

才，废政忘事。蒲与博音同，故蒲即博。博戏投六箸以行棋，樗蒲则投五木以行"马"（棋子），五木较博箸短小得多，大约只有其十分之一，长6分至寸许，两头抹圆，中间略宽，形似较扁的杏仁。① 南朝宋有个叫陈寂的人，闲居无聊，"欲与邻人樗蒲，而无五木"，一个3尺高的小鬼，"取刀砍庭中杨枝，于户间作之，即烧灼，黑白分明，但朴耳"②，可见作五木非常方便。宋程大昌《演繁露》卷六有五木图，如图22。

汉魏的樗蒲大概比较正规，据马融的《樗蒲赋》有枰、杯、矢、马、五木等博具。现简考之：

枰，本为博棋中专供投箸用的一块平整的席，如湖北江陵凤凰山8号墓一套博棋的遗策中有"博席一具"，山东、四川、江苏出土的画像石、画像砖上都有博席形象，方形或长方形，其上整齐地排列六箸，四角有博镇压着，其旁则有画曲道的博局。③ 故《方言》云："所以投簿谓之枰。"④ 这说明秦汉时棋枰与棋局不一回事，现代把棋局称枰，是后来的说法。《樗蒲赋》说樗蒲戏有枰，未说有局，说明其已省略了棋局而专用枰。此时的枰，"素旃紫罽"，用白紫两色毛毡作成，上绣纹饰。枰中不必绘棋道，但放有按相对位置排列的矢和马。

矢，本是古代投壶戏中的筹码，以木为之。《礼记·投壶》："投壶之礼，主人奉矢。"孙希旦集解："矢用木为之而不去皮，无羽镞之属，与射者之矢不同。"⑤ 矢用于樗蒲中，改木为石。《樗蒲赋》曰："矢则蓝田之石，卞和所工，含精玉润，不细不洪……矢法卒数。"⑥ 樗蒲的矢大小一致，不粗不细，改用石子者，大概是用量太多的缘故。唐李翱《五木经》"矢百有二十"，又有说360枚的，说明矢数众多，用石子最方便。"矢法卒数"，意味矢是兵卒的象征，可以组成战阵，由"马"来冲击。关于矢组成的战阵，《五木经》说："矢百有二十，设关二，间矢为三。……马出初关，叠行。非王采，不出关，不越坑。"⑦ 这是说把120个"矢"分作三个战阵，

---

① 史良昭：《枰声局影》，上海古籍出版社，1991，第16页。
② （宋）李昉等编《太平御览》卷七五四引《异苑》，文渊阁四库本。
③ 傅举有：《论秦汉时期的博具、博戏兼及博局纹镜》，《考古学报》1986年第1期，第27～28页插图。
④ （汉）杨雄撰《方言》卷五，文渊阁四库本。
⑤ （宋）卫湜撰《礼记集说》卷一百四十六《投壶》，文渊阁四库本。
⑥ （唐）欧阳询等编《艺文类聚》卷七十四《巧艺部·樗蒲·后汉马融樗蒲赋》，文渊阁四库本。
⑦ （唐）李翱撰，（唐）元革注《五木经》，《丛书集成初编》，中华书局，1985。

排列于枰上，每阵40个，三阵中间的两个空处设了两道"关"。每关前关后又各设一矢，称为"坑"或"堑"，双方的马按掷采数行棋，先要冲阵，后要抢关，按一定规则可以获"矢"，作为胜利的筹码，但随时有落入坑堑的危险。至此我们可以明白一点，樗蒲的枰上虽无棋道，但有120个矢组成的战阵，又有两关、四坑堑，同样起着棋道的作用。

矢在樗蒲戏中有重要作用，一是"一矢为坑"，"矢行致马落坑也"，马落坑时，"其所罚，随所约，并输合坐"，二是马破关（出关）大概可得矢以为筹码，从而赢赌注。所以博戏常为争道而起衅，樗蒲则常为"争矢"而面赤。《晋书·后妃传上·胡贵嫔》："帝常与之樗蒲，争矢，遂伤上指。帝怒曰：'此固将种也。'芳对曰：'北伐公孙，西距诸葛，非将种而何？'帝甚有惭色。"[1] 胡嫔名芳，既美又方雅，但不饰言词，性情泼辣，故敢和晋武帝司马炎"争矢"，炎虽怒，但终被其说得无言以对而甚有惭色。

马，即樗蒲中的棋子，称马者，象征当时攻城略地的战将，《樗蒲赋》"勒良马，取道里"、"临敌攘围，事在将帅"即此意。"马则玄犀象牙"，说明马以象牙为质，甚为珍贵。关于马的行法，李翱《五木经》有较详记载："马菼二十，厥色五。"元革注："大率戏时不过五人。五色者，各办其所执也。"[2] 这是说凡樗蒲者，每人4马，戏时不过5人，故马备有20枚。分五色以辨别各人之棋。菼，是掷五木得卢、雉等采后所规定的行棋步数，如《五木经》："皆全曰卢，厥菼十六。"元革注："十六菼者，行马时便以此数矢而隔之，他菼仿此。"[3] 如掷得五黑为卢，此时可"数矢而隔之"。"数矢"，即数16矢，也即行16步。"隔之"，是把这16矢与其他矢隔开，实际上意味着马可以按所掷菼数俘获相应的矢卒以为筹码。由此可以看出，博棋中掷采行棋的原则为樗蒲所继承，只是棋道变成了矢阵、关坑而已。

"凡击马及王采，皆又投"、"贵彩得连掷，得打马，得过关，余彩则否，新加进九退六两彩"。元革注："击马，谓打敌人子也。打子得隽，王采自专，故皆许重掷。王采累得累掷，变则止。"[4] 击马，即己马所走步数刚好可攻击到对方之马，对方马下，称为得隽（击中为隽）。得隽奖再掷一次。王采，指掷出卢、白、雉、牛中的任一一采（见表3），此时可自专地

---

① 唐太宗御撰《晋书》卷三十一《后妃传上·胡贵嫔》，文渊阁四库本。
② （唐）李翱撰，（唐）元革注《五木经》，《丛书集成初编》，中华书局，1985。
③ （唐）李翱撰，（唐）元革注《五木经》，《丛书集成初编》，中华书局，1985。
④ （唐）李翱撰，（唐）元革注《五木经》，《丛书集成初编》，中华书局，1985。

选择，或让己马越坑、出坑、出关，或重掷一次。再掷王采可累掷，直到不掷王采为止。"进九"采，当指仅次于王采的开、塞采；"退六"采指掷出概率最大的撅、枭采（见表3）。

"马出初关，叠行。"元革注："谓逢可以叠马，即许叠也。如不要叠，亦得重，马被打着尤苦。"[1] 初关即第一关，此时马开始攻入中间的矢阵。叠行，即己方后马所行步数刚好追上前马，谓之"逢"，凡逢，双马或多马可垒起来一块走，谓之"叠"。叠行不仅可使行棋效率翻倍（如掷塔采，荚数五，本一马行五步，现两马或多马共行五步），大概击马得隽、攻矢得筹的效率也会翻倍，有很大优越性。故不愿叠马者，"亦得重"，即奖再掷一次。但叠行风险也大，如被对方马击中则双下，导致"尤苦"的境地。

"非王采，不出关，不越坑。"元革注："马出关，亦自专之义也。名为落坑，义在难出。故用王采能出也。"[2] 行马步数刚好到关前关后一矢之地，即被矢射中而陷于坑堑，为落坑，非常难出；如果行马步数超过坑、关或刚好入关地，则不能任意越坑和出关。此时只有掷出王采，方可出坑、越坑、出关。这种规定，限制了马的威力，其在停滞时，很容易遭对方马的攻击。

"入坑有谪。"元革注："其所罚，随所约，并输合坐。"[3] 谪，罚也。马入坑要受罚，罚的标准按约定执行。

"行不择荚马，一矢为坑。"元革注："谓矢行致马落坑也。亦有马，皆不可均融。数奇而入坑者，所赌随临时所约。"[4] 行，谓矢行，也即矢阵。大概无论掷何采行多少荚数（最高采卢为16荚），马遇上由40矢组成的矢阵都不能越过，只有多次掷采，荚数超过40以上，方有越阵可能，故云矢阵"不择荚马"。矢阵中的孤矢为坑，马遇孤矢则落坑，己方其他马如也在此阵，却无力救助落坑之马，故云"不可均融"。马因行奇荚数（塞11、塔5、撅3）而落坑，也要按"临时所约"受罚。

杯和五木。杯是专供投五木的一个盆，博棋投箸用柸，行棋用局，樗蒲用博棋之柸行棋，只好又设了一个"杯"来投五木，以后投骰时发展为骰盆。马融《樗蒲赋》："杯则摇木之干，出自昆山。"摇木，即扶摇，传说中的一种神树。《庄子·在宥》："云将东游，过扶摇之枝而适遭鸿蒙。"《释

---

① （唐）李翱撰，（唐）元革注《五木经》，《丛书集成初编》，中华书局，1985。
② （唐）李翱撰，（唐）元革注《五木经》，《丛书集成初编》，中华书局，1985。
③ （唐）李翱撰，（唐）元革注《五木经》，《丛书集成初编》，中华书局，1985。
④ （唐）李翱撰，（唐）元革注《五木经》，《丛书集成初编》，中华书局，1985。

文》注引李颐曰："扶摇，神木也。"昆山，即昆仑山，是群仙所在的神山。樗蒲之杯由这种神山出的神木做成，可知其充满神味。所以樗蒲博具中杯的地位最崇，汉马融《樗蒲赋》："杯为上将，（五）木为君副，齿为号令，马为翼距，筹为策动，矢法卒数。"杯为上将，决定全局，是因为它是投五木的神具，能反映上天的意志，决定樗蒲赌博的输赢。

五木是神意的具体体现，故也得"君副"之位。齿是五木之采，可表现为具体的荚数，指挥马的行棋，故为传令之将。马虽实际征战，陷阵杀敌，但听命于杯、五木、齿，只配"翼距"的辅佐地位。筹、策都是筹码，可反映胜负的变化，众矢为兵卒，地位最低。在这里，马融用寥寥十数字，概括了樗蒲的设计思想，以杯代表上天意志，以投代表神秘莫测，以齿为上天的传令官。而具体的棋戏则拟兵战。反映了樗蒲与中国传统文化的深刻联系。

五木的发明，在博戏史上有重要意义。它上承博戏的投箸，齿采设计也用两面；下启投骰之制，不仅体态变小，而且在面上画雉、犊，增加了齿采的变化，是由箸变为骰的中间状态。因此，弄清五木的组合形式及其与齿采、荚数的关系，对古博戏的复原研究非常重要。但学界对五木多有误解，认为五木不是博具，也不起投子作用，而是指"食用的海蜇"[1]，虽得陈新《质疑》更正[2]，但对五木的组合形式及内容还是不甚了了。必须作进一步研究。

宋程大昌《演繁露》卷六载，程大昌曾于"泉南传得摴蒱经"，该经"不书作者姓名，然而五木形制齿数具在"，"《摴蒱经》旧画只有四木，四木者，博子四个也。不是一木簇为四角。古蒲子皆言五木，故知旧经误画。"[3] 虽是误画，但至少是宋或以前的"五木形制"，如图 22 所示。

《演繁露》卷六接着云："今定新画。系用五木。五木者，木投凡五个也。"旧画如图 22，画的是反正两面，一面为卢，一面为雉。程大昌认为其黑白面和黑犊、白雉的数目明显与古籍相背，"今此经所绘白黑，遂有不可推较者，失在误添纯白纯黑两色，故其说不与史合耳"。所以"别立新画"。新画的根据是"晋传"，即《晋书·刘裕传》中记载的刘裕掷五木"既而四子俱黑，其一子转跃未定。裕厉声喝之，即成卢焉"之事。他断定"转跃未定"的一子必然是"黑"，以五黑为"卢"。因此程氏说："若本晋传而

① 程瑞君：《"白若樗蒲"喻体索解》，《修辞学习》2000 年第 3 期。
② 陈新：《〈"白若樗蒲"喻体索解〉质疑》，《修辞学习》2001 年第 8 期。
③ （宋）程大昌撰《演繁露》卷六《投五木琼橇玖骰》，文渊阁四库本。

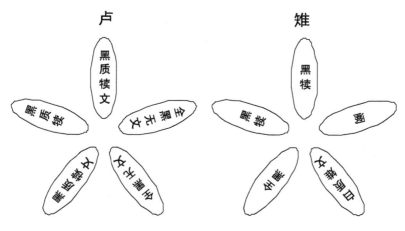

图22　《樗蒲经》五木图

求之，则五黑者，五子固皆为黑，而黑上皆画为犊，无有纯黑而不为犊形者也"，其反面是五白，"五白者，五子皆白，白者画雉，无有纯白而不为雉形者也"。如图23所示。程氏所考，颇有道理，使对五木的具体认识进了一大步。但唐李翱《五木经》、唐李肇《唐国史补》记载有五木的色别、采名、荚数，以其成果验之，仅能解释卢、雉、白等数采，无法表示纯黑、纯白之彩，如"塞"（黑黑黑犊雉）、"秃"（黑黑犊犊白）等，故其"无有纯黑而不为犊"的断言是错误的。因此，我们认为，唐李肇《唐国史补》卷下"其骰五枚，分上为黑、下为白。黑者刻二为犊，白者刻二为雉"[①]是正确

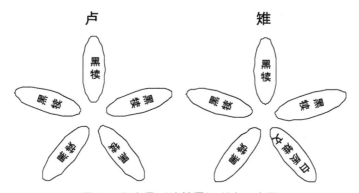

图23　程大昌《演繁露》所定五木图

① （唐）李肇：《唐国史补》卷下，文渊阁四库本。

的，即五木的十面中，不应都画雉、犊，黑面和白面中只有二面画雉、犊，其他三面为全黑和全白，如图24所示。

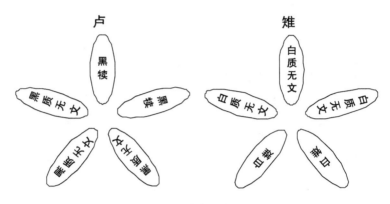

图24　五木色采订正图

现在用我们订正的五木色彩验证一下古籍记载的色别、采名、荚数。最有权威的是唐代李翱的《李文公集》卷十八所收的《五木经》和唐李肇《唐国史补》卷下所收的崔师本"撄蒱法"，现将两段文字摘录于下：

《五木经》："樗蒲五木玄白判，厥二作雉，背雉作牛。王采四：卢、白、雉、牛；眠采六：开、塞、塔、秃、橛、撅。全为王，驳为眠。皆玄曰卢，厥荚十六。皆白曰白，厥策八。雉二玄三曰雉，厥荚十四。牛三白三曰犊（作者注：牛三当作牛二），厥荚十。雉一牛二白三曰开（牛二当作牛一），厥荚十二。雉如开（元革注：如开，各一）。厥余皆玄曰塞（皆玄为卢，不为塞）。厥荚十一。雉、白各二玄一曰塔，厥荚五。牛、玄各二白一曰秃，厥荚四。白三玄二曰橛，厥荚三。白二玄三曰撅，厥荚二。"①

李翱《唐国史补》卷下："洛阳令崔师本又好为古之撄蒱，其法三分其子三百六十，限以二关。人执六马，其骰五枚，分上为黑、下为白。黑者刻二为犊，白者刻二为雉，掷之全黑者为卢，其彩十六。二雉三黑为雉，其彩十四。二犊三白为犊，其彩十。全白为白，其彩八。四者贵彩

---

① （唐）李翱：《李文公集》卷十八《五木经·元革注》，文渊阁四库本。

也。开为十二，塞为十一，塔为五，秃为四，撅为三，枭为二，六者杂彩也。贵彩得连掷，得打马，得过关，余彩则否，新加进九退六两彩。"①

五木各黑白两面，共 10 面。其中的两枚白面画雉（小鸟），黑面画犊（小牛），另三枚保持黑白面。这样，黑白两色的搭配种类为 2 的 5 次方，即 32 种组合形式；其中五白、五黑出现概率最小，为 1/32，所以五黑是卢，五白是白，都为王采。如果考虑有两枚画雉、犊的情况，互不重复的变化只有 12 种，其中黑黑黑雉雉（此为雉，采 14）、白白白犊犊（此为犊，采 10）的出现概率也为 1/32，故"全为王"的贵采，"得打马，得过关"。不仅五黑、五白为王，而雉、犊也为王，并是王采。古人不懂概率论，但把最难出现的组合定为王采，不能不使人惊叹万分，拍案叫绝。

畦，《说文·田部》："畦，田民也。"故畦采即民采，与王采相对，也即杂采。杂采有六，王采有四，而五木齿采的不重复变化有 12 种，可知 10 采中必有两采各占有两种变化。如果把可确定的四王采和塔、开、秃、塞排除，只余撅、枭，即撅"白三玄二"，有雉雉白黑黑、雉白白黑犊两种变化，枭"白二玄三"，有白白犊犊黑、雉白犊黑黑两种变化。准此，可将樗蒲各齿采的组成及荚数、概率列表如下②：

表 3　樗蒲齿采的组成及荚数、概率表

色　　别	实际组成	采名	采数	出现概率
五　　黑	黑黑黑犊犊	卢	16	1/32
四黑一白	黑黑黑犊雉	塞	11	2/32
四黑一白	黑黑犊犊白	秃	4	3/32
三黑二白	黑黑黑雉雉	雉	14	1/32
三黑二白	黑黑犊雉白	枭（犍）	2	6/32
三黑二白	黑犊犊白白	枭（犍）	2	3/32
二黑三白	黑黑雉雉白	撅	3	3/32
二黑三白	黑犊雉白白	撅	3	6/32
二黑三白	犊犊白白白	犊	10	1/32
一黑四白	黑雉雉白白	塔	5	3/32
一黑四白	犊雉白白白	开	12	2/32
五　　白	雉雉白白白	白	8	1/32

① （唐）李肇：《唐国史补》卷下，文渊阁四库本。
② 此表来源于史良昭《枰声局影》，上海古籍出版社，1991，第 19 页。

上表所列，只能反映唐代的樗蒲规则。其中枭采又称犍，乃古人说法："樗蒲家谓二白三黑为犍，犍，恶齿也"①，知犍与枭同为一种采名。

其实，樗蒲在形成发展中，齿采可能有很多变化。如马融《樗蒲赋》"排五木，散九齿"，似乎汉末魏初的樗蒲只有九采。李肇《唐国史补》卷下也云："洛阳令崔师本又好为古之摴蒱……（卢雉犊白）四者贵彩也……（开塞塔秃撅枭）六者杂彩也。贵彩得连掷，得打马，得过关，余彩则否，新加进九退六两彩。"说明唐以前樗蒲只有 10 采，至唐崔师本时才新增了"进九退六两彩"，成为 12 彩。唐李翱《五木经》采名只有 10 种，当是自古流传下来的，至唐代五木改用两枚正反各画雉、犍，虽有 12 种实际组成，而约定俗成的名称和内容并无法改变，仍用 10 名概括实际的 12 采。至于"散九齿"，和 10 采并不矛盾，因为古人言数，以"九"为极，如汉杨雄《太玄·数》："九人：一为下人，二为平人……六为上禄，七为失志，八为疾瘵，九为极。"可知九齿并非言九采，当是采数的极指，言多而已。如果我们推测不误的话，汉魏樗蒲的齿采如李翱《五木经》所言，当有 10 种，与五木面数相当。

据上所考，可大致恢复古樗蒲戏的着法：

2 人至 5 人对枰而坐，枰上摆着由 40 枚石子组成的矢阵三个，三阵中间的两个空当处为"关"，关前后各有一矢为"坑""堑"。枰旁边放"杯"盆，中盛五木。5 人赌的话，每人又有色泽不同的 4 个棋子——马，严阵以待。开局时，摇杯投出五木，视采的莛数行马。马入矢阵后，"数矢而隔之"，可俘获矢卒以得筹，在初关时马可叠行，但不可随意越关、出坑，必须掷出王采方行。马所遇到的最大危险是"入坑"或被对方"得隽"，入坑要输掉随所约的赌物；对方得隽不仅赏掷一次，己方马还要被打下出局。关于胜负奖罚原则，可能有以下几条：

（1）马闯过三矢阵、二关、四坑后为局胜。可获压局的赌物。

（2）马获若干矢可换算成若干筹码，获按所约筹码所代表的一定赌物。

（3）马陷坑要随时输掉所约赌物。

（4）马莛数为奇数而导致马入坑者，要输掉临时所约的赌物。

以上是早期的樗蒲。至唐代形制有所变化。上举李肇《唐国史补》卷下："洛阳令崔师本又好为古之摴蒱，其法三分其子三百六十，限以二关。人执六马，其骰五枚"，说明唐代樗蒲的三个矢阵从每阵 40 子增加到 120

---

① （宋）程大昌撰《演繁露》卷六《五白枭犍骰》，文渊阁四库本。

子，各人的马数固定为6枚，其他应变化不大。

其实东晋以后，正规的樗蒲实际上已很少使用。一种简化的樗蒲——只靠五木齿采大小赌物——非常盛行。《晋书》载：桓玄见人有好宅园，"悉欲取之，勒以樗蒲而赌之"。谢鲲女婿"好樗蒲，夺其妹妆物以还赌债"，致使"谢氏累代财产，充殷君一朝赌债"。最甚者当数刘毅，留下了"一掷百万"、"呼卢喝雉"的掌故：

> 后于东府聚樗蒲大掷，一判应至数百万。余人并黑犊以还，唯刘裕及毅在后。毅次掷得雉，大喜，褰衣绕床，叫谓同座曰："非不能卢，不事此耳。"裕恶之，因接五木久之，曰："老兄试为卿答。"既而四子俱黑，其一子转跃未定。裕厉声喝之，即成卢焉。毅意殊不快，然素黑其面如铁色焉。既而乃和言曰："亦知公不能以此见借。"①

刘裕后来虽当了南朝宋的开国皇帝，但是个十足的赌徒，未发迹前，曾和刁逵樗蒲，输钱赖账，被绑在系马桩上受折磨。此时，刘裕和刘毅共同讨伐篡权的桓玄，所以关系未破裂，毅虽输百万，也只能说"不能见借"而了之。这次东府樗蒲，无矢马行棋之类，只是"大掷一判"，应声而致数百万，樗蒲简化的只剩五木，遂成了如投骰的专门赌具。

关于樗蒲的简化，还有一证，学界从未引用过，引如下：

> （佛《经》）不得樗蒲者……博物志云：老人掷之为戏，名曰樗蒲。樗蒲形貌者，有五，掘木子。各长四寸。上各有刻，一有四刻，二有三刻，三有二刻，四有一刻，五者无刻。用以掷卜。若掷得多刻者，吉卦；若得一刻及无刻者，恶卦。木既有五，还有五名。一名野，有六克；二名卢；有四克，三名艮，有二克，四名银，有一克。五名白，无克。是名樗蒲。此之博戏佛并制之。②

佛教僧徒也玩樗蒲，只是其五木是"各长四寸"的"掘木子"，5个子中4个刻有一、二、三、四画，1个不刻画为白。其功能则是"掷卜"，即

---

① 唐太宗御撰《晋书》卷八十五《刘毅传》，文渊阁四库本。
② 〔日〕东大寺沙门凝然述《梵网戒本疏日珠钞》卷第四十三，载《大正新修大藏经·续律疏部全》。

用来算卦。卦名有野（掷出五木如有六刻为野）、卢（四刻）、艮（二刻）、银（一刻）、白（无刻）。佛经上这种对樗蒲的描述，当是民间把樗蒲简化以后，仅用五木来赌博游戏和占卜的一种记录。

从南北朝到隋唐五代，樗蒲之赌仍非常盛行，"大相聚集，渐以成俗"，北周文帝曾与群臣宴集而樗蒲，以帛绫为赌，帛绫赌完了，"太祖又解所佩金带，令诸人遍掷，曰：先得卢者即与之。"有王思政者后掷，立誓掷卢，否则"杀身以谢"，"拔所佩刀横于膝上，览樗蒲拊髀掷之，俟太祖止之，已掷为卢矣。"① 此等舍身掷卢的气概，令"一座皆惊"，连太祖劝阻都来不及，可见盛赌风下的赌徒嘴脸及其疯狂的行动。

樗蒲一掷的不测性，使古人以为"樗蒲有神"。所以樗蒲又经常作为占卜之具。后燕的慕容宝樗蒲前誓之曰："世云樗蒲有神，岂虚哉！若富贵可期，频得三卢。"② 果然"三掷三卢"，遂使其父慕容垂下定了反前秦苻坚而复国的决心，以追求命定的富贵，最后建立了后燕国。南朝宋的李安民，樗蒲五掷皆卢，遂使宋明帝深信他"面方如田，封侯状也"③ 的富贵相，借此赖以封侯。樗蒲有神，兼具游戏、赌博、占卜多种功能，再加上人们求侥幸、趋佳兆的普遍心理，这就使樗蒲得以长期广泛的流行，对中国的传统文化及人们的心理和行为产生了重大影响。

（四）中西合璧——双陆、握槊、长行及波罗塞戏

唐代女皇武则天有一次梦与人双陆，总是不赢，就问宰相狄仁杰此梦何兆。狄仁杰说："双陆输者，盖谓宫中无子也。是上天之意假此以示陛下，安可久虚储位哉！"④ 武氏为当皇帝，先后杀逐了亲生的儿子李弘、李贤、李显，立武氏继承人又遭朝臣抵制，此时狄仁杰因双陆而劝谏把皇位还给李家，双陆有意无意地在政治斗争中起到了巨大作用。还有一次，狄仁杰与武则天男宠张昌宗打双陆，"公就局，则天曰：'何以赌？'公对曰：'争先三筹，赌昌宗所衣毛裘。'"⑤ 结果赢得了那件南海进贡的珍贵集翠裘后，出了门就让家

① （唐）李延寿撰《北史》卷六十二《王思政传》，文渊阁四库本。
② （宋）李昉等编《太平御览》卷七五四引《晋书》，文渊阁四库本。
③ （宋）李昉等编《太平御览》卷七五四引《晋书》，文渊阁四库本。
④ （宋）吴曾撰《能改斋漫录》卷六《双陆》，文渊阁四库本。
⑤ （元）陶宗仪编撰《说郛》卷一百十五上《集翠裘》，文渊阁四库本。

奴穿上，弄得权势显赫的男宠无地自容，借以表达了对谀奉小人的鄙视。可见，双陆在古代生活中曾产生过巨大的影响。但双陆到底是胡戏还是中国博戏？由谁发明？内涵怎样？现在都不甚了了，古人也有多种说法：

（1）宋人高承《事物纪原》引《续事始》："陈思王曹子建（曹植）制双陆，置投子二。"①

（2）清人方以智《通雅·戏具》："握槊、长行局、波罗塞、双陆要一类也。后魏李邵曰：'曹植作长行局，胡王作握槊，亦双陆也。'"②

（3）唐李肇《唐国史补》："今之博戏，有长行最盛。其具有局有子，子黄黑各十五枚。掷采之骰有二，其法生于握槊，变于双陆。后人新意，长行出焉。"③

（4）宋人洪遵《谱双序》："双陆最近古，号雅戏。以传记考之，获四名：曰握槊，曰长行，曰波罗塞戏，曰双陆。盖始于西竺，流于曹魏，盛于梁、陈、魏、齐、隋、唐之间。"④

唐李肇认为，握槊最早，变形为双陆，后人又出新意，遂成长行。至宋洪遵则把三者和波罗塞戏都视为一事多名，并认为它们是"始于西竺（印度）"的博戏。从此几乎成了不移之说。如明代《五杂俎》说："双陆一名握槊，本胡戏也……又名长行，又名波罗塞戏。"既然都为"胡戏"，宋人高承的曹植"制双陆"自然不能成立，故《五杂俎》又说："《事始》以为陈思王制，不知何据。"⑤考据大家方以智意识到四者可说是"一类"，但未必是一事同名，很有见地。于是调和矛盾，把长行的发明权归于曹植，把握槊的发明权归于"胡王"。其实洪遵之说臆解成分很多，逻辑混乱，有必要

---

① （宋）高承撰《事物纪原》卷九引《续事始》，文渊阁四库本。
② （清）方以智撰《通雅》卷三十五《戏具》，文渊阁四库本。
③ （唐）李肇：《唐国史补》卷下，文渊阁四库本。
④ （元）陶宗仪编撰《说郛》卷一百一下引《谱双序》，文渊阁四库本。
⑤ （明）谢肇淛撰《五杂俎》卷六《人部二》，上海书店出版社，2001。

一一澄清。

一是波罗塞戏和双陆并非一类。波罗塞戏一名最早见于后秦释道朗《涅槃经·现病品第六》："樗蒲、围棋、波罗塞戏、狮子象斗、弹棋、六博、拍毱掷石、投壶牵道、八道行城，一切戏笑，悉不观作。"[1] 这是一张较全的博戏清单，证明后秦时（公元384~417年）还未有握槊、双陆之名称。至于波罗塞戏，《天台菩萨戒·疏》中曰："波罗塞戏者西国兵戏。二人各使二十玉象。此方亦有画板为道。以牙为子，净得要路即为胜也。"[2]《梵网经菩萨戒本·疏》第六也说："波罗塞戏是西域兵戏法，二人各执二十余小玉，乘象或乘马，于局道争得要路以为胜。"[3] 这种"翻象斗马"有"二十小玉"的西域戏法，无投骰、无黄黑各15制作一致的30枚双陆子，怎能和双陆同类呢？洪遵的错误源于此说，但此说显然经不起推敲。

双陆一名，在魏晋间的古籍中无载，《梁书·鲍泉传》最早出现"方诸与泉方双陆"[4]，已是公元6世纪初的事了，波罗塞戏一名出现在4世纪末，怎能说黄初间（公元220~226年）波罗塞戏已传入中国变成双陆了呢？另外，唐李肇明讲"长行之法，生于握槊，变于双陆"，可知双陆可能与握槊有点渊源关系，而与"翻象斗马"的波罗塞戏根本不一回事。

握槊一名最早见于《魏书·术艺传》：

> 高祖时（孝文帝元宏，公元471~499年在位。）……赵国李幼序、洛阳丘何奴并工握槊，此盖胡戏，近入中国，云胡王有弟一人遇罪，将杀之，弟从狱中为此戏以上之，意言孤则易死也。世宗（公元500~515年在位）以后，大盛于时。[5]

清孔继涵《长行经》：

---

[1] 引自李松福《象棋史话》，人民体育出版社，1981，第25页。李注作"后秦释道朗撰《大般涅槃经》卷十一"，第21页。查后当为：（北凉）天竺三藏昙无谶藏译《大般涅槃经》卷第十一，载《大正新修大藏经》本第12册《宝积部下·涅槃部》。
[2] 天台沙门明旷删补《天台菩萨戒》疏中，载《大正新修大藏经》本第40册《律疏部全·论疏部一》。
[3] 魏国西寺沙门法藏撰《梵网经菩萨戒本》疏第六，载《大正新修大藏经》本第40册《律疏部全·论疏部一》。
[4] （唐）姚思廉撰《梁书》卷三十《鲍泉传》，文渊阁四库本。
[5] （北齐）魏收撰《魏书》卷九十一《蒋少游传》，文渊阁四库本。

《兼名苑》曰："（握槊）阿育王弟善容造，梁天监（公元502～519年）始入中土。"或曰起陈思王者，以具是魏，同得罪于兄，事迹相似，误也。乃列星偃月，自吴已有。盖陈思王易木以象，易齿以惺，惺二十一，非创为此戏。①

孔氏的考证较为可信。握槊当是阿育王弟善容所造，6世纪初，相当于北魏高祖、世宗时期始传入中国。由于曹植受其兄曹丕迫害，善容也受其兄阿育王迫害，事迹相似，又同是"魏"时传入，故把制握槊（双陆）的人和时代都混淆了。孔氏认为，"列星偃月"，自东吴时已有。何为"列星偃月"？《长行经》曰："设两关以象月，而表道以象星。"月即关，马行之道即星，分明指的是樗蒲一类的博戏，曹植并非创制了双陆，而只是变樗蒲的五木黑白面为骰子的数面（《周易·系辞上》："象，数也。"易木为象，即变五木为数），数在骰子上分六面刻之，从一至六，故有"惺"21点。宋程大昌《演繁露》卷六："博之流，为樗蒲，为握槊"，元革注："即双陆也。"因此，我们认为，南北朝史籍所记的"双陆"，当是从魏晋时盛行的樗蒲戏中发展而来的一种具有两关、两骰并"视投进退"的一种行马之戏。把投五木改作投骰，也未必是曹植的发明，因为西汉的博棋已有呈18面体（或14面）刻有数字的茕，至东汉魏晋，改茕为六面体的骰子，完全可能。这种以投骰行马的博戏，当是双陆的雏形，之所以后来定名双陆，是因为用两枚骰子，"若得双六，无不胜也"（《五杂俎·人部二》），六即陆，故名双陆。

至于6世纪初才传入中国的握槊，与双陆名称同时见于记载，故最早的双陆形制不可能源于握槊，可能倒是握槊传入中国后，与已有的早期双陆结合，遂产生了融合型的双陆形制，并演变为长行。故后魏人李邵有"曹植作长行局，胡王作握槊"之说。再者观握槊戏具，也较特殊，宋祝穆《古今事文类聚前集》卷四十三引刘禹锡《观博》："客有以博戏自任者速，余观焉。初主人执握槊之器，寘于庑下……有博齿，齿异乎古之齿，其制用骨，觚棱四，均镂以朱墨，耦而合数，取应日月，视其转止，依以争道。是制也通行之久矣，莫详所祖。以其用必投掷，互相博投。"② 博齿，即骰齿，骨质，觚形（长方体）四棱，均镂刻有点并施以红色、墨色。博时必投掷，视博齿停后，依点行棋争道。

---

① （清）孔继涵撰《长行经》，载《中国杂经集成》第三卷，上海古籍出版社，1989。

② （宋）祝穆辑《古今事文类聚前集》卷四十三引刘禹锡《观博》，文渊阁四库本。

可见至少在唐代，握槊用的骰子是觚形四棱的，和双陆的六面骰子不一样。

以后，握槊、双陆、长行大同小异，遂成了一种博戏，可以互训。唐及以后，樗蒲两关、投木行马的古制磨灭，只剩五木掷具，双陆由樗蒲演化的线索也随之淹没，故唐李肇有"生于握槊"之说，宋潘自牧《记纂渊海》引《梁王书》有"双陆乃出自天竺《涅槃经》，名为波罗塞戏"① 之说。有了波罗塞戏的无端加盟，双陆、长行传自西竺为胡戏更加成为不移之说，为后人因袭。

从双陆演变为长行，史良昭先生根据武则天曾提倡"九胜"的局戏，认为源于武则天，成于唐玄宗的骰点"箸绯"。② 箸绯或九胜，都是骰子齿采和采数的变化，但未必是双陆、长行的区别。前引后魏人李邵已有"曹植作长行局"之说，故"变于双陆"的长行当在东魏时可能已出现，其制并无变化，而只是取双陆30子整齐地在局上排作两行而又起的一个名称而已。

其实，只要我们仔细地检索一下双陆的形制与着法，就会很容易地发现其与樗蒲的联系，当然，它与胡戏握槊融合后，同为一戏，联系更紧密。但毕竟樗蒲源于西汉，盛于魏晋，而握槊在北朝时才传入，所以，双陆只可能源于樗蒲，而非生于握槊。

研究双陆的主要文献有宋人洪遵的《谱双》，载《说郛三种》第4659～4670页。清人孔继涵的《长行经》，载《中国杂经集成》第三卷。日本的《双陆锦囊抄》，载日本《日用百科全书》第25编。另《唐国史补》、《事林广记》、《山堂肆考》、《谰言长语》、《事物绀珠》等书中也有不少有关材料。实物资料有新疆吐鲁番阿斯塔那唐墓壁画③和木双陆局（图26）④，日本正仓院所藏两件唐代木双陆局（图25）⑤，北宋摹唐双陆仕女图（图27）⑥，辽宁叶茂台辽墓出土双陆局⑦，现藏美国费城艺术博物馆的明清之际的黄花梨木双陆桌。根据以上资料，现略述双陆梗概如下。

双陆局有两个重要因素：一是正中有对称的两个月芽形关，每关后一梁（棋道）称为胲，前一梁为门，"胲、门最紧"，是布局中最险要的位置，两

① （宋）潘自牧辑《记纂渊海》卷八十八《博·双陆》，文渊阁四库本。
② 史良昭：《枰声局影》，上海古籍出版社，1991，第37页。
③ 新疆博物馆：《吐鲁番县阿斯塔那——哈拉和卓古墓群发掘简报》，《文物》1973年第10期。
④ 新疆博物馆编《新疆出土文物》，文物出版社，1975。
⑤ 正仓院事物所编《正仓院の宝物》，日本朝日新闻社，1965。
⑥ 谢稚柳编《唐五代宋元名迹》图版九，古典文学出版社，1957。
⑦ 辽宁博物馆等：《法库叶茂台辽墓记略》，《文物》1975年第12期。

图 25　日本正仓院藏木双陆局

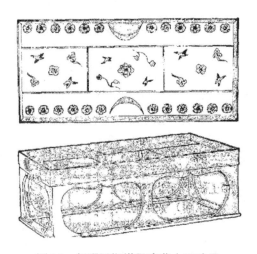

图 26　新疆阿斯塔那唐墓木双陆局

马至朕或门，对方所有的马都不得过关、出关、入关，相当于樗蒲的两关及关前后的坑、堑，这雄辩地说明，双陆局来源于樗蒲的枰。二是关两旁分别刻画出 24 棋道（棋路，或称梁），以供行棋之用。《谱双》曰："北双陆盘如棋盘之半而长，两门、二十四路皆刻出，用象牙实之。"① 如图 27 所示。据《谱双》，双陆局可用木、纸、毡等制成。"番禺（南双陆）人以板为局，布黑道而漆之，或以纸、或画地为之。""三佛齐（印尼苏门答腊）、真腊

---

① （宋）洪遵撰《谱双》，载《说郛三种》，上海古籍出版社，1988，第 4659～4670 页。下言《谱双》者，同此注。

图 27　北宋摹唐双陆仕女图

（柬埔寨）等以花梨木为板，刀刻成路。""大食国（阿拉伯帝国）以毯织成局。"日本则"白木为盘……刻其中为路"。两关的设置，与樗蒲雷同。如图 28 所示。

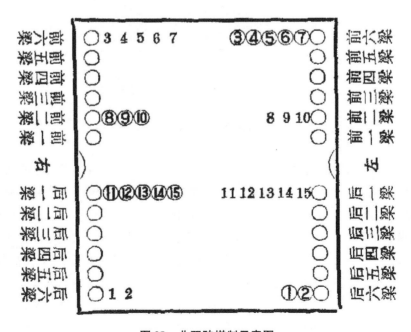

图 28　北双陆棋制示意图

双陆子：即棋子，沿袭樗蒲而称为马。樗蒲每方4子，可5人戏，共有20子。双陆一般为30枚，两人戏，每方15枚，以黑白别之。据《谱双》图，南双陆中的广州、大食等也有用26、32枚的。质地多以木，形状则"底圆平而杀其上"，"大抵如今人家所用捣衣椎状"。日本双陆"马以青白二色琉璃为之，如中国棋子状"，正仓院所藏唐代棋子为水晶质，状如今围棋子，与《谱双》所记吻合。

骰子：《谱双》中一般用两枚掷采。正方体六面，木、角质，刻幺至六。南皮占城骰子则"以木或角为之而长，无幺、六"，为长立方体，刻四面。法库叶茂台辽墓出土双陆的杯盆中有二角质骰子，证实了文献记载的正确。骰子的作用是掷采行马，其法是："以二骰之数共行一马，或行两马，或移或叠。"另有一种"三梁双陆"，"马分为三（五个一组，分三组纵向置道上以布阵），以三骰子对采而进（对采，指幺幺、二二或幺幺幺、二二二之类），行两马或三马，并行一马也可"。[①]像樗蒲的五木一样，双陆的骰子后来发展为专门的投骰戏，只以骰子齿采的大小和人为规定的图案搭配赌输赢，用骰2～6枚，直到现在，依然盛行于赌徒之中。

布阵：指开局时双方棋子的布局位置。中国的博戏中，未下时先布阵，始于樗蒲的矢阵。双陆继承了矢阵设计思想，用马布阵。《谱双》的布阵法"右前六梁、左后一梁，各布五马；右后六梁二马；左前二梁三马""黑白相偶"对称布阵。如图28所示。宋洪遵《谱双》布阵方法南北双陆各不相同，四架梁双陆、三堆双陆和大食双陆也各有特色，如图29、图30。

对局：对局方法当视布局或骰子数目有所区别，总的讲大同小异。比较典型的是"平双陆"，又称契丹双陆，属北双陆的一种。

据《谱双》和《长行经》[②]，开局时，双方轮流掷二骰子，视点数每次任意移动一马或二马，如掷出幺、三，移一马可行四梁；移二马可分别移动一、三梁。白方马为阳，法天左旋，故曰："阳尚左，故右旋而委右。"即移动时按顺时针方向从右至左，当进入左后各梁后，再逆时针从"左门"出局。称为"白马自右归左"。黑方马为阴，法地右转，故曰"阴尚右，故左旋而委左"，即按逆时针方向从左至右，进入右后各梁后，再顺时针从"右门"出局。"马先出尽为胜"，可得一筹至三筹，按每筹"随所约"的

---

① （宋）洪遵撰《谱双》，载《说郛三种》，上海古籍出版社，1988，第4659～4670页。
② （清）孔继涵撰《长行经》，载《中国杂经集成》第三卷，上海古籍出版社，1989。

图 29　大食双陆图

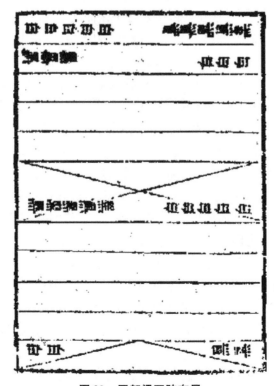

图 30　四架梁双陆布局

钱财数目取赌注。

以上是对局输赢的总体原则，另外在行马、打马、马下局出局及赏罚方面还有一些具体规定，如："凡马单立，则敌马可击，两马相比为一梁，它马既不得打，亦不得同途"，单马在梁上，敌方马若距五步又刚好掷五点，则被打下。两马至五马可叠起共一梁，此时敌马即不能击，也不能进至该梁，但可掷大点越过，即所谓"据于人者，可越而不可停，单马则可褫而据之"。①

"凡遭打，必候元（原）入局处空位与彩相当，始得下。所打者未下，则它马不得行。"己马被对方打下，并不意味着出局，而是"被褫者退，视蔽之齿，自末而立马"，退回出发的位置。但出发位置如果被对方占领，称为"马不得立"，那样"余马不得行"，情况就糟得很。必须再等到该梁直线上出现空位，而同时掷出与此相应的骰点后才"始得下"，即重新回到被打下的位置。这样己方其他马才能正常运行。比如开局后，白方掷得三三，将左前二梁上两马进至左后二梁，左前二梁只余单马；此时黑方如掷出七点（一六、二五、三四等）就可移动左后六梁上两马中的一马，而将白方左前二梁的单马打下。此时白方被打之子要视骰点"退"到末位立马，如果道为人占，不能立马，只有等到左前二梁或右前二梁腾出空位而又掷得两点时，才能重新入局"立马"，立马之前，它马均不得行。②

从上述情况看，对局时忌单马独行。往往是掷出重采后双马或多马一块前进。特别是处在后六梁的二马，行经道梁最多，如不联手前进，则极易被对方打下，造成全盘被动。另外，马出宫（后六梁谓之宫）的时机甚为关键，如果过早，将为对方增加入宫的空位；如果过迟，会被对方"把门"或"把胲"，《谱双·南北局例》说："后一梁为胲，前一梁为门，胲、门最紧。有两马至胲，谓之把胲，拆一马曰拆胲；两马至门谓之把门，拆一马曰拆门"，则己马或不能入宫（进入后六梁），或不能出关，势必输局。只有掷出重六方可脱困入门，但机会已极少。因此，双陆虽然"悬之于投"，但决不像有些人认为的仅凭机运而已，恰恰相反，它需要相当多的巧技和智慧，是一种机运与巧智相结合的巧妙棋戏。

---

① （清）孔继涵撰《长行经》，载《中国杂经集成》第三卷，上海古籍出版社，1989。
② （清）孔继涵撰《长行经》，载《中国杂经集成》第三卷，上海古籍出版社，1989。

双陆以己马全部出关为胜。《谱双·南北局例》记载，马出关谓之"取马"，即全部马行到后六梁后（每梁最高叠五马），"视其采拈出二马，数有余则取，不足则否，采小不取"，即每次限拈二马，小采则不能取。出马的诀窍是"头轻易出"，因为："十五马过门欲出，若五六路上（指后六梁、后五梁）马多，则为头重。盖五六为大采不常有，若掷二三不可便就大位，拈马须自头梁，移下则头轻易出。"

双陆赌胜像樗蒲一样以筹为准，《谱双·南北局例》"拈马先尽，赢一筹；或拈尽敌马未拈，赢双筹"。大概到晚唐、宋以后，"以十数（筹）为一帖"，一局下来，高者可赢九帖（90 筹）："以十数为一帖，盈数也。所罚随所约。已入关取马，则罚一帖；入关未取马，二帖；关以外，三帖；未折而向关（谓己前子尚在所入关的对面，未折而进至关前），四贴，此即曲道也。未出关（此关指'远关'，'所出之关为远关，入之关为近关'，即与所入之关相对的关），五帖。棋尽取，剩一马，仍被褫不得入关者，五帖外加二帖；褫二马，递加焉。"① 由此可见，双陆之赌，重要的是赢的程度，而不是局胜。敌方已入关取马和未出关、褫二马同样的都是局胜，但所赢利物则相差 9 倍，因此，如何限制对方行马，占据要道和宫梁，当是双陆最重要的行棋技艺，水平之差、智力高下也当首先反映在这些方面。

双陆发明后，成了人们十分喜爱的博戏之一，特别是唐代，非常盛行，"王公大人颇或耽玩，至有废吊庆、忘寝休、缀饮食者。及博徒用之……有过宵而战者，有破产而输者"。② 当时更有一个双陆迷叫潘彦，渡海翻了船，但双手抱着双陆盘，口衔着双陆子，在海上漂了两天两夜，虽时刻有生命危险，但子未吐，盘未弃，痴迷的程度真乃千古旷闻。宋洪遵《谱双·赌赛》则记载了当时各地盛行双陆的状况："北人以金银、奴婢、羊马为博，贫者以杯酒胜负"，"番禺人以百缗至三二百缗约以三局，下至十缗。贫者三数钱至数十金"，"三佛齐、真腊、南皮、占城以金银或千缗，以三五局为率，大食国以其国所用金钱为博，钱面文作象形"。

宋时双陆相当普及，北方的酒楼茶馆，变作了聚赌的赌场："多置局或五或六，多至十余。博者出钱以僦局。"还有专门陪玩的高手，面议优惠条

---

① （宋）洪遵撰《谱双》，载《说郛三种》，上海古籍出版社，1988，第 4659～4670 页。
② 《太平广记》卷二百二十八《杂戏》引（唐）李肇《唐国史补》，文渊阁四库本。

件以吸引博者，或饶先掷，或饶三至四筹，或开战前就让对方马移至前三梁，称作"牵三梁"，可见双陆的技巧性相当强，因为饶三四筹，就意味着已输二局，无把握绝不敢作如此赌。

元代双陆似乎变作了一种雅戏，《事林广记》所载元刻双陆图（见图31），后衬花鸟屏风，二人隔局坐榻，又有二人托帽把杖伺候，神情典雅。

图 31　元刻双陆图

《元史·哈麻尔传》："帝每即内殿，与哈麻尔双陆为戏。"[1] 诗人谢宗可、柳贯、袁桷等都有咏双陆的雅诗，如谢宗可的《双陆》：[2]

> 彩骰清响押盘飞，曾记唐宫为赐绯。影入空梁残月在，声随征马落星稀。
>
> 重门据险应轮掷，数点争雄莫露机。惟恨怀英夸敌手，御前夺取翠裘归。

"翠裘"用的就是唐狄仁杰与张昌宗打双陆赢得翠裘让奴仆穿上的典故。

---

① （明）宋濂等编撰《元史》卷二百五《哈麻尔传》，文渊阁四库本。
② 《御定渊鉴类函》卷三百三十《博五·谢宗可双陆诗》，文渊阁四库本。

至明代，双陆还颇流行。1977年在江阴发掘明初夏颚墓，就有30枚双陆子，《金瓶梅》、《警世通言》等小说、诗歌中屡屡叙及双陆。现传世最精美的双陆局是明代黄花梨木双陆桌，藏于美国艺术博物馆。[1] 故宫博物院则藏有明清之际的一件紫檀双陆局。

图32　明代黄花梨木双陆桌

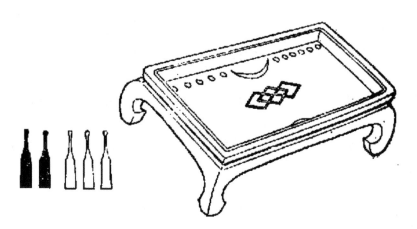

图33　明清之际紫檀双陆局子

---

[1] R. H. Ellsworth, *Chinese Furniture*, p. 174, 1971, 纽约。

清初以后，双陆基本绝迹，《镜花缘》中虽有《打双陆嘉言述前朝》一节，但已把两骰变作三骰取二，并非古制了。

（五）骰子安红豆，入骨相思情——骰戏的大千世界

骰戏，指以六面体骰子直接数骰点和绯色论输赢的一种博戏。如上所述，六面体骰子应有三个来源，一是六博的投六箸、樗蒲的投五木，奠定了以"投"为戏的基础；二是博棋的投18面体的茕，开启了以点数为表记的先河；三是四面体的长方形骰子，应是直接来源。《列子·说符》晋张湛注引《古博经》："博法……其掷采，以琼为之。琼方寸三分，长寸五分，锐其头，钻刻琼四面为眼，亦名为齿。二人互掷采行棋……"[1] 如果记载不误，四面体的长方形骰子当出现在汉末。六面骰子出现的时间已不可确考，但不会晚于以使用二骰子为主的双陆，因此至少在南北朝时期当已发明了，史籍说曹植"置投子二"，也不是没有可能。

重要的是，六面体骰子的发明是博戏史上的一项重大突破，它把六箸、五木的黑白表记改进为六点点数标记，把18面体的茕改进为正立方体的六面形，不仅大大简化了投掷的程序，也使点数的组合数目多少适宜，即有种种变化，但又不超出一般民众所能记忆、掌握的范围。它继承五木，有采有数，采数结合，规则简单，概率与机运并存，都给游戏者增添了无穷的兴味和乐趣。因此，六面体骰子一经发明，便很快从樗蒲、双陆等博戏中独立出来，自成一宗，延续至今而未衰。同时，也导致了六箸、五木、双陆等博戏的失传。

骰子何时成为独立的博戏，已不可详考。但至少唐代时它已为酒令。唐皇甫松（宣、懿、僖间人，公元847~888年）《醉乡日月》有骰子令："大凡初筵，皆先用骰子，盖欲微酣，然后迤逦入令。"[2] 酒徒、博徒实是一体，酒令之骰随时可变为单独的博具，从而发展成独立的博戏。潘远《西墅纪谈》载唐玄宗与杨贵妃掷采，非重四不能胜，一掷正是两个四点，大喜，诏令"赐四绯"，从此四点就被涂成了红色。这不仅说明唐中期已用骰子赌胜，而且，骰子不以点大为胜，反以涂红为赢，证明了骰戏的独立性。唐代

[1]（晋）张湛注《列子》卷八《说符》，文渊阁四库本。
[2]（元）陶宗仪编撰《说郛》卷九十四下黄甫崧《醉乡日月·骰子令》，文渊阁四库本。

大诗人温庭筠《南歌子》有"玲珑骰子安红豆，入骨相思知不知"的名句，用骰子箸绯比喻入骨相思，可见骰戏已盛于当时。

可考的早期骰戏是宋代的"猪窝"，用四骰子，四点涂红，以点数图案定输赢。猪窝一名最早见于宋李清照《打马图·序》："若打褐、大小猪窝、族鬼胡画、数仓赌快之类，皆鄙俚不经见。"[①] 说明猪窝骰戏乃北宋及以前坊巷鄙俚所创。元代杨维桢《除红谱》则云：

> 猪窝者，朱河所撰也。后世讹其音，不务察其本始，谓之猪窝者，非也。朱河字天明，宋大儒朱光庭之裔，南渡时始迁建业，遂世家焉。河少有才望，落魄不羁，仕至天官冢宰。此书世传河所作，本名《除红谱》，除红者，以除四红言之也。[②]

后世"谓之猪窝"的观点，明显错误。朱河晚于李清照，故不可能讹"猪窝"为"朱河"。实际情况可能是北宋的老百姓创了猪窝骰戏，但"名不雅训，君子丑之"，于是南宋的朱河便以此戏崇尚"四红"而名之"除红"，并谱记之。杨维桢力斥"猪窝"，而以朱河附会，乃画蛇添足，反失其真。而民间依然称作"朱窝儿"。[③]

不管怎样，除红还是雅训些，我们权且称作除红。除红即升高涂着红色的四点的作用。用四骰为戏，人数不限。元代杨维桢《除红谱》骰戏的输赢图案共分赏色、罚色、赛色、散色、强红五大类。[④] 掷出赏色，可再掷，"屡见赏色则常掷不妨"；如又掷赛色则记点数与下家比；若掷散色、强红，不用，就传与下家掷；掷出罚色者则罚。赏罚都从参与者提供的钱物中提取，方法是按赏罚的帖数折成钱物或酒。掷出赛色则要同下家掷出的赛色进行比较，决定赏罚；掷出散色、强红，则要轮流重掷，直到赛出赏罚色为止。

赏色类：

浑花，四骰点数全同为浑花，计6种。全四红为"满园春"，采最重，赏六帖，其余全幺、二、三、五、六也各有名目，均赏五帖（十筹为一帖）。

三红，三个四点与他点相配，计5种。配一点为"花心"，赏五帖；配

① （元）陶宗仪编撰《说郛》卷一百一下李清照《打马图·序》，文渊阁四库本。
② （元）陶宗仪编撰《说郛》卷一百二杨维桢《除红谱》，文渊阁四库本。
③ 见《水浒》第104回、（清）周亮工《书影》卷二。
④ （元）陶宗仪编撰《说郛》卷一百二杨维桢《除红谱》，文渊阁四库本。

他点均赏四帖。

对子采，计16种。二红配双幺、双二、双三、双五、双六通称"红叶儿"，计5种，俱赏三帖，"双红五六，为节节高"赏三帖；另外的对子相配计10种，通称"素叶儿"，俱赏二帖。

含一红的采，分赏色、赛色、罚色。如剔除红四，"余三色计之，自八点以下皆为罚色；十三点以上皆为赏色，俱不必赛。自九点以至十二点，除柳叶儿、十二时两色之外，俱为赛色"[1]，也就是说，含一红的采骰点总数大于13就赏，小于8就罚，而其间的9～12点为赛色。一红的赏采共12种，如六六六共18点，为得胜令，赏五帖；二五六为野鸡颈，赏三帖；幺六六为点绛唇，赏二帖；五五五为永团圆，赏一帖。另外，二五五（名十二时）、三三三（名柳叶儿）虽总点数为12、9，但为赏色而不为赛色，各赏四帖。

赛色类：

一般是除一红后的三骰点数在9～12的图案，共11种。计有三三六、幺五六、三三五、幺五五、二三六、二二六、幺三六、二三五、幺二六、幺三五、二二五。赛色的设置是除红的突出特征，掷出赛色必须记点数，以与下家赛色相较决定赏罚。如少一点，谓之"踏脚"，多一点，谓之"压倒"，各罚或赏二帖。如与下家赛色点数相同，谓之下家"赶上"，赏下家一帖。同时掷出赛色的各方，还"必待赛出赏、罚色为止"，即要再次掷骰比赛，故称"赛色"。如一方掷出的赏、罚色在三帖以下，除正常赏罚外要加罚和赏一帖；如在四帖以上，则不加罚和加赏。如果赛色多二点、三点，只加赏一帖；少两点、三点，只加罚一帖。

散色类：

掷出的四骰如不见红四，除5个"浑花"和10个"素叶"外，通称"散色"，如幺二三五、幺二三六、二三五六等等皆是，掷散色无法计赏罚，故不算重掷。

强红类：

"凡掷出双红者，除红叶、节节高之外，俱为强红，不用。"强红指去掉双红加对（红叶）、双红加五六（节节高）之外的双红与他点的组合。如四四幺二、四四幺三、四四二六之类。强红也无法计赏罚，故也需重掷。

我们知道，四骰而每骰6点的变化是4的6次方，即使去掉重复的组

① （元）陶宗仪编撰《说郛》卷一百二杨维桢《除红谱·掷法》，文渊阁四库本。

合，数目也很大，民间发明的"猪窝"还掌握不了这许多组合，于是设了"散色"和"强红"二类，掷出不算而重掷，只以赏色、罚色、赛色决定赏罚，这当然是一个可行而微妙的设计，显示了鄙俚俗民的聪明才智。

使用三骰的骰戏大概起于宋代。李清照的《打马图经》已用三骰按采行棋。三骰可组成 56 种色样，三个四红最大，称堂印；余同点者都为赏采，共 11 种。罚采只有幺二三（小浮图）和幺二幺（小娘子）两种，其余 43 种为杂采。专门的三骰骰戏可能源自宋，但可考的是元明时的"滑窑"，又称"三子"。它以三骰同点为"豹子"，故也称"豹子令"。除豹子外，四五六为豹首（大顺）、三四五为花顺，均是赏采。罚采为幺二三（豹尾）、二三四及对子加幺。赛色为对子加 2~6 点的 5 种，像除红一样，赛色点数相同叫"赶上"，超过叫"压倒"，均由庄家认罚。花色以外的散色俗称跌窑，也需重新掷出色样再决赏罚，反映了它源于除红而又加以简化的痕迹。

明清时盛行的骰戏是"赶盆"，它结合当时的骨牌花色，用六骰，变化相当复杂。最上者自然是六骰全同，称为"全"或"聚"，又称"倒盆"。次一级者为"不同"及"五纯"。不同即幺二三四五六，五纯即五点相同加幺、二、三、四、五、六，从六六六六六五（恨点不到）至幺幺幺幺幺二（七星剑）共有 30 种。再次为"巧合"，四骰点数相同，余二骰点数相加与此点相等就为巧合。如六六六六幺五（秃爪龙）、二二二二幺幺（孩儿十）。再次级是"分相"、"顺水鱼"、"马军"、"双飞"、"合五"等。六骰点数相同各半为分相，如六六六五五五（龙虎风云会）；幺二三对为顺水鱼；四五六对为马军；二三六对为双飞；三骰点同而余三骰相加是五为合五。以上均是赏色，而且幺、四都涂红。赛色规定为三骰同点，余三骰总数在 14~17 点之间，俗称老羊。另有各种罚色、散色等等，不一一列举了。

据明人潘之恒《六博谱》[①]，骰戏还有多种。如斗腰（六骰掷出三同点、一对子及一独色，以对子与独色对比斗采）、合欢（用五骰，色合为胜）、双成（同色觅对，先得对者为胜）、抢元（以红四为状元，多者得胜）、挖窑（以同点骰子的数量及点数较胜）、醉绿图（元张光作，用五骰，以不同和五幺为最高赏采，另有赛、罚采，用于行酒[②]）等等，规定繁缛，赏罚不

---

① （元）陶宗仪等编撰《说郛三种》十《说郛续》，引潘之恒《六博谱》，上海古籍出版社，1988，第 1813~1816 页。
② （元）陶宗仪编撰《说郛》卷一百二张光《醉绿图》，文渊阁四库本。

一，不胜枚举。

骰戏虽是博赌酒徒之戏，但在封建贵族、官僚士人、富商大贾中间非常盛行，这些人都是些豪赌酒色之徒，但在形式上往往附庸风雅，以谦谦君子自居，于是"猪窝"变成了"除红"，"赶盆"骰戏中也似乎充满了文雅之气。如五个六一个幺，不仅被起了"乌龙戏珠"的雅名，而且配上了李白"夜悬明镜青天上"的雅句；五个五一个幺的"梅梢月"，或云作"相思一夜梅花发"，或云作"二十五弦弹夜月"，极尽想象附庸之能事，遂使鄙俚之戏变为雅戏，也使那些君子们豪赌时能够心安理得了。这种以俗为雅、以赌为雅的娱乐方式，起自博棋，流于投骰，可说是中国博弈文化的一大特色，也是中国所独有的一种化俗为雅、踵事增华的文化现象。

（六）黄粱美梦——采选的精神追求

关于采选，明代《五杂俎·人部二》说：

> 唐李邰有骰子选格，宋刘蒙叟、杨亿等有彩选格，诸戏之中，最为俚俗。不知尹洙、张访诸公，何以为之？不一而足。至又有选仙图、选佛图，不足观矣。[1]

由此可见，采选是宋人名称，唐代称骰子选格，以后则称为各种升官图、选官图、选仙图、选佛图等。它在一张方格表盘上，开列着从地方官吏到中央将相的各种官职名称，或各种散仙、逸仙、正仙、金刚、罗汉、菩萨、佛等名称，按照骰子点数大小持棋移动，有升有降、有褒有贬，戏者除能过足一回官瘾外，还可博赌钱财，可谓一时名利双收。这种场面，宋王珪《宫词》之八一就有刻骨的描写：

> 昼日闲窗赌选仙，小娃争觅到盆钱。
> 上筹得占蓬莱岛，一掷乘鸾出洞天。[2]

关于采选的发明者，史载不一，一说是唐代的房千里，一说是唐代李

---

① （明）谢肇淛撰《五杂俎》卷六《人部二》，上海书店出版社，2001。
② （宋）陈思编《两宋明贤小集》卷四十宋王珪《宫词》，文渊阁四库本。

郎。房千里撰有《骰子选格》，载《说郛》卷一百零二。其自序云："开成三年（公元838年）春，自海上北徙，舟行，次洞庭之阳……遇二三子号进士者，以六骰双双为戏，更投局上，以数多少为进身职官之差，数丰贵而约贱……因条所置进身职官、迁黜之目，为选格。"① 据此则发明采选者是唐代晚期的士人，房千里见到后，因撰《骰子选格》。但房氏此书，不见唐宋人著录，令人生疑。而李郃与房千里同为太和间进士（公元827~835年），宋欧阳修撰《新唐书·艺文志》有"李郃《骰子选格》三卷"，注曰："字仲玄，贺州刺史"。② 而且宋徐度《却扫编》有"采选格起于唐李郃（郃）"语③，《咸定录》也云："唐李郃为贺州刺史，与妓人叶茂莲江行，因撰骰子选，谓之叶子，咸通以来，天下尚之。"④ 宋钱易《南部新书》卷二却云："李邵（当为郃）除贺州，人言不熟台阁，故著《骰子选格》。"⑤ 据宋人之说，李郃肯定撰了《骰子选格》，殆无疑义。只是因妓人叶茂莲姓氏又名"叶子"之说未可深信，叶子即流行于唐宋的一种纸牌戏，与采选有同有异，不属同类，考证详后。

至宋代，采选非常盛行，宋赵希升《郡斋读书志·附志》卷五上云：

> 《采选集》四卷：右莫详谁氏作。初，采选格起于唐李郃，本朝踵之者有赵明远、尹师鲁。元丰官制行，有宋保国。皆取一时官制为之。至刘黄父独因其法，取西汉官秩升黜次第为之，又取本传所以升黜之语注其下。局终，遂可类次其语为一传。博戏中最为雅训。⑥

赵明远作《皇宋进士采选》。尹师鲁即尹洙，与张访同作《宋朝文武采选》。宋保国作《元丰采选》。刘贡父即刘邠，作有《汉官仪》采选，今传。另外刘蒙叟作《采选格》，杨亿作《文班采选格》。这么多的名士鸿儒，醉心于采选，除了反映当时热衷仕途的士人心理之外，也确实使采选变的"最为雅训"。

今传的《汉官仪》，列汉代自相国至县尉承等125种官职，用两骰子，

---

① （元）陶宗仪编撰《说郛》卷一百二房千里撰《骰子选格》，文渊阁四库本。
② （宋）宋祁、欧阳修等撰《新唐书》卷五十九《艺文志》，文渊阁四库本。
③ （宋）宋徐度：《却扫编》卷下《彩选格》，文渊阁四库本。
④ （明）陈耀文：《正杨》卷四《六赤打叶子》引《咸定录》，文渊阁四库本。
⑤ （宋）钱易：《南部新书》卷二，文渊阁四库本。
⑥ （宋）晁公武撰，赵希升重编《郡斋读书志》卷五上《附志·杂艺术类》，文渊阁四库本。

戏者入局前"先置盆入金"作为赌采，然后掷点行棋，以双红四"堂印"为最高采，其下则以点数大小而升降，5～12点都有不同程度的升迁，3～4点往往为告归、病退、贬官，2点则不是下狱、免官就是病死、以过免官，凡"诸以过诛、自杀、病瘐死者，即纳帖便出局，不复掷，亦不供帖，局终也不复比视"，说明对掷二幺的惩罚相当严厉。投25次为一局，局终比视，官大者"得盆"赌采。其雅训处，当是局终时可"类次其语为一传"，输赢者似乎都可从这种"黄粱梦"中总结经验与教训，所谓"使儿童习之可以嬉，君相察之可以治"，有一定的寓教于戏的作用。

宋代有不少采选迷，《贵耳集》记宋高宗时的侍郎刘岑，在未当官前一贫如洗，没菜下饭就用采选代替，掷一个胜采升一次官也就咽一口饭①，画饼式的高官厚禄果真比美味佳肴还下饭。如此陶醉于幻想世界之人古今寥寥，而采选竟具有如此妙用，不能不令人惊叹。除采选迷外，有一些士人也深刻认识到了官场的荣辱升黜、翻云覆雨、尔虞我诈、患得患失的状况，宋代的孔平仲作《选官图口号》，发出了不少感叹：

> 环合官图展，观乎象子圆。飞腾随八赤（指双红四），摧折在双玄（双玄即双幺）。已贵翻投裔（落荒），将薨则上天（诸侯或有爵位者死称薨）。须臾文换武，俄顷后驰先。错杂贤愚品，偏颇造化权。望移睛欲脱，患失胆俱寒。愠色观三已（三次免官），豪心待九迁（多次升官）。宁知既罢局，荣辱两茫然。②

明清时采选依然很盛行，但从"博戏中最为雅训"变作"诸戏之中，最为俚俗"，究其原因有二，一是早期采选主要流行于士人阶层，规则繁复，升黜复杂，连李清照这样的大词人也叹怨"采选丛繁，劳于检阅"，不识字的老百姓与其无缘，"能通者少"，"特为闺房雅戏"是必然的。二是到了明清，复杂的采选变成了直观性很强的"升官图"、"水浒图"、"红楼梦采选"、"选仙图"、"选佛图"等等，其规则仅仅是按点数上升，先到者得盆，肆坊俚人均可一目了然，玩起来趣味浓厚，所以很快普及于民间，变为"最为俚俗"的民间之戏。当代的投骰戏和各种环绕行进的游戏棋，大多来

---

① （宋）张端义：《贵耳集》卷中《刘岑》，文渊阁四库本。
② （宋）孔平仲：《清江三孔集》卷二十三《今体诗·选官图口号》，文渊阁四库本。

源于这种"俚俗"的采选之戏。

现传的明清采选颇具代表性的是明代无名氏的《采选百官铎》和清代高兆的"揽胜图"。前者承袭宋代雅训采选,但在骰子和规则上都有所改进,大体上是局前先"注筹若干","半供钦赏"、"半供本局",开局时投骰决定进身起点,分文途和武途,各人俱不相同。文、武之途中又有正途、异途之分,然后用四骰行棋。"四同"(四骰子点同)曰"全",重四(四红)曰"德",重六(四个六)曰"才",重五、重三、重二曰"功",重幺曰"幺"。得全、德者,增十筹又钦赏二十筹,并以十德升迁;得才、功者增三筹钦赏五筹,以二德升迁;得幺者,五品以上削职为民并没收本筹的一半,五品以下不仅本筹全没收,而且要出局。另外的花色如金对(双红加他对)、素对(两对)、带柄三红(三四一幺)、珍珠窝(三幺一四)等各有升赏和罚处。最后先到达官品极点者赢取盆中所余赌采。显然,这种采选与宋相似,是雅类采选的直接继承。①

清代福建人高兆撰《揽胜图谱》,载于《昭代丛书》,简称"揽胜图",把采选发展到一个较高的阶段。戏者以6人为限,依次按骰点分作词客(风雅士人)、羽士(仙人)、剑侠、美人、渔父、缁衣(僧尼)6种代表人物,在纸做的图局上标出并串联了全国各种名胜景点67个,中间间以"羊肠道"、"通天梯"等,然后大家都从"劳劳亭"起步,用一骰子按点数向自己的终点进发,词客至瀛洲,羽士至蓬莱,剑侠至青门,美人至天台,渔父至桃源,缁衣至五老峰。羊肠道上,后者即使掷大点不能超前,但剑侠有飞越的神通而例外。6人又各有一本采,如羽士本采为2点,掷得2点除得赏外,还可连掷。最先到达终点者为胜。如图34所示。

"揽胜图"集升官图、选仙图、选佛图等古代采选形式于一身,只用一骰,按点行棋,简化规则,不以功名为目的,而以"揽胜"为目标,具有较好的弈思和很强的趣味性,可说是各种采选戏中设计最合理、最成功的一种。特别是它追求自然与人的融通,抛却世间功名利禄,试图在游戏"胜景"中达到一种"物我两忘"的崇高境界,反映了中国传统思维和文化的一种理想世界,是很有创造性和思想性的,也是采选中"寓教于戏"传统的再现。

谈到这儿,我们还想给读者展示一下《采选百官铎》中对于官场的深

---

① 《采选百官铎》,(元)陶宗仪等编撰《说郛三种》十《说郛续》,上海古籍出版社,1988,第1801~1808页。

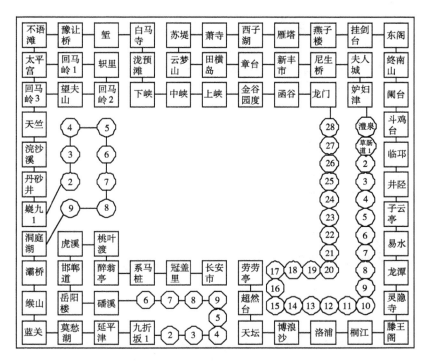

图34　揽胜图

刻见地："国家之败，由官邪也；官之失德，宠赂章也。"章，即彰显。笼络结党、贿赂公行必然导致官僚阶层的腐败；官一旦趋"邪"，则会导致"国家之败"，由采选游戏中引出的这个精辟论断，至今还有现实意义。遗憾的是，在数百年前就有如此卓识之人，连名字也未能留下，但他注入博弈思想中的真知以及对传统思维的贡献，都将永远为人难忘。

（七）闺房雅戏——李清照的"命辞打马"

　　打马是糅合采选、双陆、骰戏的一种有局有骰有马的游戏，宋代著名女词人李清照流传下来一部《打马图经》，或称《打马图》、《马戏图谱》，载于《说郛》。① 是我们恢复这种游戏的主要根据。请看图35。
　　图中有一副完整的象棋盘，盘四周80个椭圆框内添满了史载或传说中

————————

① （元）陶宗仪编撰《说郛》卷一百一下李清照《打马图》，文渊阁四库本。

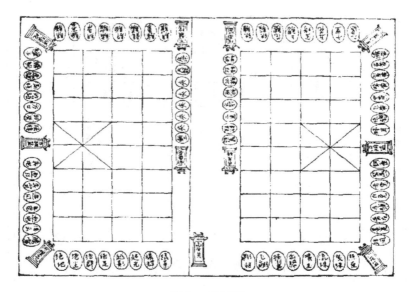

图35 打马图

的骏马名称，每隔8个马名，又有一个阙门，上列着"沙苑监"、"飞龙院"
等皇家府厩的名目及玉门关、函谷关等关名。这就是李清照的"打马图"。
首先的问题是：打马图中为什么画了个象棋盘？史良昭先生认为："（打马）
同象棋毫无关系，不过是利用了棋盘周围的间隙；那些圆格也不是棋子，而
是代表打马途径的格道。"① 这个看法是中肯的。但象棋盘与打马局并非毫
无关系，《打马赋》曰："用五十六采之间，行九十一路之内。"② 56 采即打
马用三骰子所投出的 56 种色样，91 路则是打马图中行马的总路数（80 马道
加 11 个阙门），而图中的象棋道恰恰也是 90 路，证明李清照自创的"命辞
打马"法，在行马格道的设计上借用了象棋格道的数目，这恐怕就是把象
棋盘与打马局合于一体的根本原因。

　　从打马方法和掷点行棋的规则上来看，它同象棋确实毫无关系。打马允
许 2～5 人参加，先"聚钱置盆中，临时商量，多寡从众"，"凡不从众议喧
闹者，罚十帖入盆中"，赌钱多少以众议准，充满"雅戏"之味儿。一方用
"马" 20 子（即"大钱样"的扁圆棋子，现钱币界收藏较多的打马钱币③），

---

① 史良昭：《枰声局影》，上海古籍出版社，1991，第 42 页。
② 《御定历代赋汇》卷一百三《巧艺·打马赋》，文渊阁四库本。
③ 宋亦箫：《李清照打马文及历代打马钱》，《中国钱币》2004 年第 3 期。

然后掷点行马。骰子用三，可掷出 56 种色样。其中赏色 11 种，以"堂印"（三个红四）居首，可下局八马、赏八帖；以"撮十"（幺三六）为末，下局二马赏二帖。罚色只有"小浮图"（幺二三）、"小娘子"（幺二幺）两种。其余 43 种皆杂色。游戏前每人第一次掷出的杂色采数为"本采"，以后再掷出与"本采"相同的点数为"傍本采"，二者在行棋中都有不少特权，形同赏色。如第一次掷出"撮九"（幺三五）为真本采，再掷出拐九（幺二六）、妹九（二三四）等总数为九的色样都为傍本采。

打马的行棋类似采选，所有的马都从"赤岸驿"出发，向"尚乘局"前进。每隔八步所画的"阙门"通称为"窝"，"窝，险途也，故入窝必赏"。过"函谷关"窝时，必须 10 马相叠用以开路，他马才能陆续通过。到倒数第二窝"飞龙院"时，必 20 马相叠而且要自掷出真本采或掷出赏采时对方掷出自己的真本采，方许通行。在终点前又设"五夹"，象征峡谷险道，在夹道上，一般的散采不许行，通过时必须掷出"夹采"，即在 3 颗骰子中掷出幺 6 对，然后按另一骰子的点数前进；五夹后边是"堑"，仿樗蒲戏而设，落堑的马"不行不打"，不能前进也不能攻击别人；己方有后马到也同落堑，"谓之同处患难"，必掷出真本采、傍本采及"浑花"（三骰同点）等，方许按原来下马之数（马初入局之数）出堑（称"飞去"，等于进入终点尚乘局，每飞一马赏一帖），下次再掷出本采，再出堑，马出尽为"倒盆"，即把盆中的赌钱全归己有，在局的其他人"再添"满。出堑条件虽然非常苛刻，但奖赏也非常重。全部马都入尚乘局而对方马一匹也未到，称为"细满"，则倒两盆，此为打马的最高奖赏。如果对方马有进尚乘局的称"粗满"，倒一盆。"落堑马飞尽同粗满"，也倒一盆。这样打马的赌注非止一盆，往往要成倍增加，无怪《五杂俎》批评其"聚而费钱"。

打马与采选的不同之处在于可将对方马打下来，这一点则借自双陆。打马的条件是："凡多马遇少马，点数相及，即打去马。马数同，亦许打去，任便再下。"这是说凡叠起的马数相等或超过对方，又掷出刚好相及的点数，则可将马打下。被打下的马，要再从头开始向终点前进。如在中途打下对方"全垛马"（20 匹叠起为全垛），则可倒半盆，对方被罚出局。如欲再下，全部马都要从头开始下局。如果遇对方马入窝或比己方马多，不仅不能打，反而要按点"倒行"。以函谷关为界，在关前时，马少的一方可据掷点点数超越对方的多马；在关后时，少马不允许超越多马，只能倒行。因此，打马要求尽量把自己的马叠起，结群而进，减少被打下的机会；但过早叠马，也会给对方单马入窝以阻挡己方大队前进的机会，以致后到终点而输全局。所以打马比采选有更多的弈棋技巧，需要动不少脑筋方能取胜。

上面所谈的打马是李清照的"命辞打马"，其实在她之前至少还有三种打马法，其《打马图序》称：

> 打马简要，而苦无文采。按打马世有两种：一种一将十马，谓之关西马；一种无将二十四马者，谓之依经马。流传既久，各有图经凡例可考；行移赏罚，互有异同。又宣和间，人取二种马参杂，加减大约，交加侥幸，古意尽矣，所谓宣和马是也。①

关西马的棋子有"一将十马"，依经马无将而有 24 马，宣和是宋徽宗年号，就是说在 1119～1125 年间，有人糅合关西马和依经马，又创制了宣和马，可惜这三种打马方法，现在都不得其详了。但关西马、依经马都"流传既久"，有图有经，证明北宋或者其前已有打马之戏。"打马爱兴，樗蒲遂废。实博弈之上流，乃闺房之雅戏"，词人的这些话使我们联想到：樗蒲大致废于晚唐五代，打马也当兴于此时。另宋陈振孙《直斋书录解题》卷十四："打马图式一卷，郑寅子敬撰。用五十马。""打马赋一卷，易安李氏撰，用二十马以上，三者各不同。今世打马，大约与古之樗蒲相类。"②郑寅，宋理宗绍定间（1228～1235 年）人，其用马 50，与李清照的 20 马不同。李清照的"打马赋一卷"今载于《御定历代赋汇》卷一百三《巧艺·打马赋》，但陈振孙的"今世打马，大约与古之樗蒲相类"，确是的评。

李清照的"命辞打马"，是南渡后卜居金华之初在一种"寻寻觅觅、冷冷清清、凄凄惨惨"的悲怆境遇中创制的。按词人自己的说法是为了"说梅止渴，稍苏奔竞之心；画饼充饥，少谢腾骧之志"。③ 实是为了借打马以言志、以消愁，"满眼骅骝兼绿耳，时危安得真致此！老矣谁能志千里，但愿相将过淮水"，一片忧国杀敌的气概跃然纸上。所以，词人把她喜欢的依经马加以改造，"取其赏罚互度，每事作数语，随事附见……使千万世后，知命辞打马，始自易安居士也"。④ 如对"被打去全马，人愿再下"一例，

---

① （元）陶宗仪编撰《说郛》卷一百一下李清照《打马图序》，文渊阁四库本。
② （宋）陈振孙：《直斋书录解题》卷十四《杂艺类》，文渊阁四库本。
③ 《御定历代赋汇》卷一百三《巧艺·打马赋》，文渊阁四库本。
④ （元）陶宗仪编撰《说郛》卷一百一下李清照《打马图序》，文渊阁四库本。

其打马的命辞曰：

> 词曰：亏于一篑，败此垂成。久伏盐车，方登峻坂。岂期一蹶，遂失长途。恨群马之皆空，念前功之尽弃。但素蒙鞯拂，不弃驽骀；愿守门阑，再从驱策。溯风骧首，已伤去日之障泥；恋主衔恩，更待明年之春草。①

命事切题，言辞绚丽，使小戏增辉，让打马趣浓。端的是才华横溢，鄙俗变雅；忧国忧民，言志消愁；巧思幻出，贞正为训。自此以后，诸种博戏的雅化，几乎成了文人士大夫的己任，喝卢掷骰，被掩盖在清风偃月之下，构成了中国博弈文化的一大特色。

（八）扑掩和摊钱——诡秘的"猜""摊"博戏

钱的博戏，简称钱戏。钱戏是一种用金属铸币作博具进行赌博或游戏的博戏形式。其特征是以钱赌物或赌钱，省去了其他一切博局、博具。自春秋战国以来，金属铸币形制屡屡变化，故钱戏的内涵和形式也都在逐步发生变化，钱戏名称也多种多样。据笔者掌握的资料，至少有掩、博掩、意钱、诡意、射意、射数、摊钱、扑、扑戏、扑掩、撷钱、跌钱、跌成、骰钱、掷钱、打钱、白打钱、簸钱等等。这些钱戏的内涵古人多无解释，有解释的也争论不休，如白打钱，古人有的认为是钱戏，有的认为是武术，有的认为毬采之名，有的认为是蹴鞠戏中"两人对踢为白打"；有的认为是"今之手搏，名短打者是也"。今人对钱戏的专门研究也很少，专论者仅见南京大学姚永铭先生的《扑掩考》②，涉及者有戈春源的《赌博史》③、张燕波《唐代的博戏》④等等数种而已。故此一博戏文化如今很少为人所知，连《汉语大词典》对"扑掩"一词也仅释为"猜测"，而对其博弈意义只字未提，显然已不甚了了。

1. 掩戏和意钱——最早的钱戏

我国西周时期开始出现金属铸币，以其为博具的钱戏当是铸币出现以

---

① （元）陶宗仪编撰《说郛》卷一百一下李清照《打马图》，文渊阁四库本。
② 《姚永铭扑掩考》，《辞书研究》2000年第1期，第151～152页。
③ 《戈春源赌博史》，上海文艺出版社，1995，第40页。
④ 《张燕波唐代的博戏》，《华夏文化》2001年第3期，第16～18页。

后的事。文献记载的最早的钱戏出现在西汉，当时对钱戏的称呼叫做"掩"：

> 《前汉书》卷十六："元朔二年，侯辟方嗣。元鼎四年，坐搏揜，完为城旦。"①

> 《前汉书》卷十六："元狩元年，侯拾嗣。九年，元鼎四年，坐入上林谋盗鹿，又搏揜，完为城旦。"唐颜师古注曰："搏揜，谓搏击揜袭人而夺其物也。搏字或作博。一曰博，六博也；揜，意钱之属也，皆为戏而取人财也。"②

> 《前汉书》卷十六："元朔五年，侯遂嗣。八年，元鼎元年，坐掩搏夺公主马，髡为城旦。户四千。"唐颜师古注曰："搏字或作博，已解于上。"③

以上三侯，一因"搏揜"、一因"盗鹿又搏揜"、一因"掩搏夺公主马"均被"城旦"之罪，而爵夺国除。"揜"，是掩的异体字，通掩。"搏揜"可写作搏掩，也可写作"掩搏"。这是两个同义语素构成的并列式合成词。二字均是博戏名称，博指当时盛行的六博，掩（揜）指当时的一种钱戏，到了东汉，钱戏依然称掩。

《后汉书·王符传》中有东汉王符写的一篇文章《浮侈篇》，其中有"或以游博持掩为事"一句，唐李贤注曰："博，谓六博；掩，谓意钱也。"④ 明东汉钱戏还称为"掩"。

问题是，掩这种博戏的玩法和内涵是什么，汉人无解释。唐李贤和颜师古均解释为"意钱之属"或"意钱"，那么，意钱是何种钱戏？

意钱一词最早见于《后汉书·梁冀传》，称梁冀好"意钱之戏"，唐李贤注引南朝梁何承天《纂文》解释说："诡億，一曰射意，一曰射数，即摊

---

① 《前汉书》卷十六《功臣表四·樊侯》，文渊阁四库本。
② 《前汉书》卷十六《功臣表四·安丘侯》，文渊阁四库本。
③ 《前汉书》卷十六《功臣表四·邔严侯》，文渊阁四库本。
④ （南朝宋）范晔撰《后汉书》卷七十九《王符传》（唐）李贤注，文渊阁四库本。作者注：今文渊阁四库本《潜夫论·浮侈篇》作"或以游敖博弈为事"。

钱也。"①

李贤注引何承天《纂文》的这一解释，被后人普遍接受。如宋杨侃辑《两汉博闻》卷八"意钱"条、明方以智撰《通雅》卷三十五"意钱"条、清陈元龙《格致镜原》卷六十"意钱"条所引皆同。准此，掩即意钱；意钱即诡意；诡意或曰射意，或曰射数；即摊钱。因此掩、意钱、诡意、射意、射数、摊钱的意义全相等。解释了半天，只是以当时钱戏名解释过去钱戏名，概念名称越来越复杂，而内涵和玩法还在云雾之中。对此，清代歙县黄生著《义府》卷下"意钱"条有一个明晰的解释：

> "梁冀传注引何承天《纂文》云：'意钱，一曰诡亿，曰射意，曰射数，曰持掩，皆摊钱也。'按此即今之猜枚，曰射、曰意、曰掩、居然可见。注引何语以为摊钱，则李贤之误也。"②

黄生否定了意钱是摊钱之说，接着指出了意钱即清代的猜枚。猜枚是自宋元以来盛行的一种游戏。其玩法是把钱币、瓜子、莲子、黑白棋子等握在手心里，让别人猜单双、数目或颜色，猜中者胜，不中者输。③《义府》据射、意、掩等字都具有猜测含义，故断定意钱就是猜枚一类的钱戏；而摊钱没有猜测义，故说李贤引"何语以为摊钱"是错误的。

《义府》认为意钱当是猜枚一类的钱戏，是有道理的。汉代的掩戏，虽然未必把钱握于手中，但必是把若干铸币用物（或用手）掩盖起来让人猜数目，中者胜，赢所掩之钱；不中者输，赔所掩之钱。所掩之钱或就是赌注，或是定输赢的赌具。后来的钱戏称射数、意钱，已经告诉我们这种钱戏的实质是靠猜数目定输赢。

这种掩钱猜数的钱戏，称掩是因游戏过程中有用物掩钱的行为；称意钱、射意、射数、诡意是因要用"心意"去猜度、猜测被掩钱的数目，故用意、射等字名此钱戏；猜得结果对博戏双方都诡秘无常，冥冥之中似有天意，故又称诡意。至此，古人对以掩钱猜数为主的钱戏有掩、意钱、射意、

① （南朝宋）范晔撰《后汉书》卷六十四《梁冀传》唐李贤注引（南朝梁）何承天《纂文》，文渊阁四库本。
② （清）黄生撰《义府》卷下《意钱》，文渊阁四库本。
③ 汉语大词典编辑委员会编《汉语大词典·猜枚》，汉语大词典出版社，1994。

射数、诡意等多种名称都是可以理解的了。

2. 摊钱之谜——四文一摊和掷地摊钱

意钱是否是"摊钱",是个较复杂的问题。《义府》虽然批评了李贤而否定意钱是摊钱,但唐宋人几乎都肯定意钱是摊钱,除李贤外,唐李匡乂《资暇集》卷中"钱戏"条说:

> "钱戏有每以四文为一列者,即史传云云所意钱是也,俗谓之摊钱,亦曰摊铺。其钱不使叠映,欺惑也,疾道之。故讹其音。音摊,为蚕虿反;音铺,为蒲。厥义此耳。今人书此钱戏率作撝蒲字,何贬樗蒲之甚耶!案撝蒲起自老子,今亦为呼卢者不宜杂其号于钱说,摊铺之义皎然可见。"①

宋洪迈撰《容斋随笔·五笔》卷一:"今人意钱赌博,皆以四数之,谓之摊。案《广韵》摊字下云:摊蒱,四数也。"②

意钱在唐宋俗称为"摊钱"、"摊铺"、"摊蒱",看来是没有问题的。问题是这种在民间流行一千多年的摊钱游戏,与意钱相比其内涵和实质是否发生了变化,名实是否相符。这是解决古人关于意钱是否摊钱争论的关键问题。

其实,唐宋被称作摊钱的意钱和早期的意钱玩法已有一些变化。早期意钱只要把钱掩盖让人猜数就可博戏,而唐宋的意钱赌博,讲究的是"以四数之,谓之摊",虽然也要用意忖度,但掩盖着的钱币要"每以四文为一列",即四文为一堆,称作一"摊",故此钱戏叫做"摊钱"或"摊铺"。

摊钱时,为何要四文一堆?显然是为增加欺骗性,使猜者隐约能感到掩盖下的钱是多少堆,容易猜,赢的把握大。但实际上,庄家盖着的钱"不使叠映",而且猜者不能久看,要"疾道之",赶快把结果说出来,这样庄家赢得概率也不小。摊钱不仅要四文一堆,还要"以四数之",即赌法中的数钱要以四位单位。我们推测,这种"今人意钱赌博,皆以四数之"的唐宋摊钱赌制,可能借用了《周易》大衍筮法的"四营"做法,按四四数之之后的余数(只有1、2、3、4四个结果)很快定出输赢(此时被庄家盖着的钱已不可能是赌注,只能是赌具)。这样,即可省去数钱数的大量时间,

---

① (唐)李匡乂撰《资暇集》卷中《钱戏》,文渊阁四库本。
② (宋)洪迈撰《容斋随笔》卷一《五笔》,文渊阁四库本。

又使四文一摊的赌博游戏与神秘的筮法挂起钩来，披上了一层神秘的色彩。这种四文一摊的赌博比原来的意钱赌博速度大大加快并具有更大的"欺惑"性，于是有人就把它和当时流行的"一掷百万"摴蒱赌博等同起来，使"今人书此钱戏率作摴蒱字"。简化的摴蒱仅仅只掷五木，瞬时可输赢百万；而从古代掩戏、意钱发展而来的唐宋摊钱，也能在短时间内输赢百贯。他硬靠上摴蒱而不用意钱原名，使摊铺（蒱）、摴蒱同音相假而混同使用，意在狐假虎威，提升品位，扩大影响。

总之，四文一摊的摊钱虽然在猜钱过程中增加了一些变化，但最终还要靠猜钱定输赢，所以称作意钱也无不可，把它当做意钱的一种也行。可是另外一种摊钱就不能解释作意钱了。如：

> 清仇兆鳌注杜甫"白昼摊钱高浪中"说："《梁冀传》能意钱之戏，注何承天《纂文》曰：诡亿，一曰射意，一曰射数。黄注：即今之猜枚射覆之类。若摊钱，则以钱摊拨于地，今谓之跌博，与意钱不同。曾季貍《艇斋诗话》：摊钱，即摊赌也。"①

显然，清代摊钱不是"四文一摊"，而是"以钱摊拨于地，今谓之跌博，与意钱不同"，这种摊钱称为"跌博"，不是孤证，如雍正时"街市公然聚赌者稍知敛迹，而刁顽之人复又变出别样赌法，或以竹骨牙牌三十二张配合纸牌名目，或用钱文跌博，木刻押宝，并有另制筹马折算银数"。②"跌博"有时也称为"跌钱"，如："跌钱一项，其风日炽。将钱掷地，以决胜负。所赌输赢盈千累百，竟不减于牌骰"。③

这种清代摊钱，不是靠用某物掩盖着而猜测钱数目定输赢，而是使钱露出来，要"以钱摊拨于地"、"将钱掷地，以决胜负"，与意钱有本质差别，故这种摊钱绝不是意钱。还名为"摊"，是因钱要"摊拨于地"，人要围坐一摊相赌。

那么"摊拨于地"的钱怎样定胜负呢？上文"用钱文跌博"，提供了线索。我们知道，古代的圜钱一面有文字，常为年号，称字面；一面无文字，

---

① （清）仇兆鳌辑《杜诗详注》卷十五杜甫《夔州歌十绝句》注，文渊阁四库本。
② 《世宗皇帝朱批谕旨》卷一百七十四之十三《朱批李卫奏折》，文渊阁四库本。
③ 《世宗皇帝朱批谕旨》卷九十九《朱批张璨奏折》，文渊阁四库本。

称幕面。若根据掷（跌）出的字、幕不同，一样可定输赢。这种推测有无证据呢？有！

北宋时，有一种钱戏称"掷钱"，其法记载于北宋孙宗鉴的《东皋杂录》，该书今佚，元陶宗仪撰《说郛》卷四十下和《御定佩文韵府》卷十六之六《掷钱》都有引文，其文曰：

> 今人掷钱为博者，戏以钱文面背分胜负，曰字曰幕。《前汉·西域传》云："罽宾国以金银为钱，文为骑马，幕为人面。"如淳曰："幕者漫。颜师古曰：幕即漫耳，无劳借音。"①

可见，明清的"跌钱"、"钱文跌博"实质上应当就是北宋以来的"掷钱"博戏。这种钱戏首先约定好入局者的面背，然后把钱掷、跌、骰出去，按约定以钱文面背分胜负。所以，清代的摊钱，其实是"围坐一摊"的掷钱赌博，故称作"摊赌"，与猜钱数目的意钱有本质区别，不可视作意钱；唐宋四文一摊的摊钱，虽与意钱有所差别，但不出猜钱大格，故可视作意钱。

3. 扑掩钱戏的性质

唐代以前，有一种钱戏称作扑掩，主要记载于唐代沙门慧琳撰《一切经音义·慧琳音义》卷第五十九《四分律》第一卷：

> "博掩"：博，博戏也，用六箸六棋，谓之六博；掩，围幕也，《纂文》云：扑掩，跳钱戏也，俗人谓之射意，一曰射数，亦云博戏。掩取人财物也。②

此处所引"《纂文》"，乃南朝梁何承天所作。原书已佚，清马国翰《玉函山房辑佚书》有《纂文》一卷，此段作"掩扑，跳钱戏也。俗谓之射数，或射意也，或曰博戏，掩取人财物也"。

据我们所查，关于扑掩的记载，除佛典中的三处外，它书只此一处。这

---

① 《御定佩文韵府》卷十六之六《掷钱》，文渊阁四库本。
② 《大正新修大藏经》54 册《事汇部下·外教部·一切经音义》，另在《一切经音义·玄应音义》卷第七十四《出曜经》、《一切经音义·玄应音义》卷七十五《修行道地经》有同样记载，不赘述。

四处的共同特点是都引自何承天《纂文》，但它书所引《纂文》此文，不称扑掩，都称"诡亿"，如前举唐李贤注"意钱"引何承天《纂文》："诡亿，一曰射意，一曰射数，即摊钱也。"宋杨侃辑《两汉博闻》卷八"意钱"条、明方以智撰《通雅》卷三十五"意钱"条、清陈元龙《格致镜原》卷六十"意钱"条等所引都同。故何承天《纂文》原文当做"诡亿"，不作"扑掩"，扑掩应为慧琳所处的唐中期前后钱戏的名称。至于清马国翰所辑，当源自慧琳音义。所以扑掩一词应最早见于唐代慧琳，玄应音义继承，而非南朝梁何承天。

扑掩是何种钱戏，南大姚永铭先生撰《扑掩考》一文，认为"'扑掩'又称意钱，意有猜测义，意钱既可指猜测钱之正背面，也可指猜测钱的数目。因此可兼指扑掩两者"。①

又说："'扑掩'亦称摊钱。'摊钱有各种玩法，但总的原则是，任意抓起一把铜钱，用物掩盖，叫人猜它的数目，或直接撇钱，看钱的正反面决定胜负。'② 很显然，扑指的是后种玩法，掩指的是前一种玩法。"③

姚先生把扑掩当做意钱，没有直接证据，特别是"意钱既可指猜测钱之正背面，也可指猜测钱的数目"的断语，纯系臆测。古人对意钱早有清晰解释："张仲素诗：'林间踏青去，席上意钱来'，一作亿。吴幼清云：亿，赌钱也，以意猜度，如汉人射覆之类，故曰亿"④。意钱只是靠猜测钱的数目赌输赢的钱戏，至于用钱之正背面定输赢的钱戏，正背面不是猜的，而是赌的，是由庄家和赌家事先约定的，其主要特征是要把钱掷、跌、骰出去，按约定以钱文面背分胜负。所以意钱决不指"猜测钱之正背面"的钱戏，这种概念混淆，将很难澄清中国自汉以来各种钱戏的本质差别。因此，说意钱是掩可以，因为"俗人谓之射意，一曰射数"，但说是"扑"则不然。扑掩连称，可指钱戏，不可指意钱。扑掩分称，掩指意钱，"扑"却需要认真研究。

扑，《中华大词典·扑》条说："古代博戏名，盛行于宋元民间。以钱为博具，掷地以字幕决胜败。"⑤ 此说有理，但所据义例则丝毫未涉及博具

① 《姚永铭扑掩考》，《辞书研究》2000年第1期，第151~152页。
② 引自戈春源《赌博史》，上海文艺出版社，1995，第40页。
③ 《姚永铭扑掩考》，《辞书研究》2000年第1期，第151~152页。
④ （清）吴景旭：《历代诗话》卷三十八。
⑤ 汉语大词典编辑委员会编《汉语大词典·扑》，汉语大词典出版社，1994。

钱币和字幕博制问题，其例引宋孟元老《东京梦华录》为"有以一笏扑三十笏者，以至车马、地宅、歌姬、舞女，皆约以价而扑之"。这种解释没有说明"以钱为博具，掷地以字幕决胜败"的根据，难以令人接受。其实，《东京梦华录》的原文是这样的：

> "池苑内除酒家艺人占外，多以彩幕缭络铺设，珍玉、奇玩、匹帛，动使茶酒器物关扑。有以一笏扑三十笏者，以至车马、地宅、歌姬、舞女，皆约以价而扑之。"①

显然，此处指的是"关扑游戏"，非单指"扑"。那么，关扑是何种游戏呢？关扑在宋元时期特别盛行，记载颇多，如：

> 《东京梦华录》卷六："正月：正月一日年节，开封府放关扑三日。士庶自早互相庆贺，坊巷以食物，动使，果实、柴炭之类，歌叫关扑。如马行、潘楼街、州东宋门外、州西梁门外、踊路、州北封邱门外及州南一带，皆结彩棚，铺陈冠梳、珠翠、头面、衣着花朵、领抹、靴鞋玩好之类，间列舞场、歌馆，车马交驰。向晚贵家妇女纵赏关赌，入场观看，入市店饮宴，惯习成风。"②
> 宋吴自牧撰《梦粱录》卷十三："夜市：杭城大街买卖昼夜不绝……大街关扑，如糖蜜糕、灌藕、时新果子、像生花窠鱼、鲜猪羊蹄肉及细画……春冬扑卖玉栅小毬灯、奇巧玉栅屏、风捧灯……香鼓儿等物。夏秋多扑青纱黄草帐子、挑金纱、异巧香袋儿……诸般果子及四时景物，预行扑卖，以为赏心乐事之需耳。"③

上文说明了下列几点：①关扑是一种节庆习俗，逢元旦、清明、冬至等年节，内厅、内苑或都城，官方都要"放关扑"，"惯习成风"。②由"向晚贵家妇女纵赏关赌，入场观看"可知，关扑又称"关赌"，有一定场地，是一种赌博行为，故宋代官方仅在年节时批准这种行为，以示官方贵族与民同

---

① （宋）孟元老：《东京梦华录》卷六《清明节池苑内纵人关扑游戏》，文渊阁四库本。
② （宋）孟元老：《东京梦华录》卷六《正月》，文渊阁四库本。
③ （宋）吴自牧撰《梦粱录》卷十三《夜市》，文渊阁四库本。

乐。元代时已开始禁止,《元典章·刑部十九·禁赌博》说:"若有赌博钱物并关扑诸物之人,许诸人捉拿到案,各各决杖七十七下"。③民间四季的"大街关扑",是含有赌博成分的经常买卖,其赌卖商品繁多,"更有罗帛、脱蜡像生、四时小枝花朵,沿街吟叫扑卖,及买卖品物最多,不能尽述"①,故关扑又称"扑卖",与交易行为有密切相关,但又不是正常的市场交易,而是靠一种博戏赌输赢的交易。这种扑卖用的博戏到底是何种博戏,学界虽有"以钱为博具,掷地以字幕绝胜败"的断言,但都未列出根据。也许扑卖是民间行为,其巧取欺诈伎俩不屑为士人所道,记载扑卖博戏过程的文献几乎没有。作者所见,仅下数条:

> 《癸辛杂识·续集》:"纯色骰钱:闻理宗朝春时内苑效市井关扑之戏,皆小当互为之,至御前,则于第二、三扑内供纯镘骰钱,以供一笑。"②

> 《御定佩文韵府》:"关扑:《东京梦华录》:正月一日年节,开封府放关扑三日,士庶自早互相庆贺。案:关扑,如今之摊钱,赌掷财物之类。"③

小当,借指小宦官。宦官头上之冠用不同大小、质料的珠子作饰品,称当。"骰钱",是像骰子一样专供钱戏投掷的钱币;"纯镘骰钱",指特制的两面都为幕的骰钱。《前汉书·西域传·罽宾国》:"以金银为钱,文为骑马,幕为人面。"张宴注曰:"钱文面作骑马形,幕为人面。"如淳注曰:"幕音漫。"颜师古注曰:"幕即漫耳,无劳借音。今所呼幕皮者,谓其平面无文也。"④ 镘音通幕,与漫同音相假,平面无文为漫。"纯镘"即两面都为幕。

由此可见,清人的解释"关扑,如今之摊钱,赌掷财物之类"是正确的。其所用赌具是骰钱,以字幕分胜负来"赌掷财物"。南宋宫廷仿民间关扑游戏作乐,专门制作"纯镘骰钱",取悦于皇帝。第一扑用平常钱币,第二、三次皇帝参加时,扑就用纯镘骰钱,使皇帝每次均掷幕而赢。皇帝

---

① (宋)吴自牧撰《梦粱录》卷十三《夜市》,文渊阁四库本。
② (宋)周密撰《癸辛杂识·续集》卷上《纯色骰钱》,文渊阁四库本。
③ 《御定佩文韵府》卷九十二之三《关扑》,文渊阁四库本。
④ (汉)班固编撰《前汉书》卷九十六上《西域传·罽宾国》,文渊阁四库本。

兴趣一大，小宦官们乘机大发其财，"又命小当、内司列肆关扑，珠翠冠、朵篋环、绣段画、领花扇、官窑定器、孩儿戏具、闹竿龙船等物，及有卖买果木、酒食、饼饵、蔬茹之类，莫不备具"[1]，关扑成了宫廷娱乐的常事。

这种扑卖时用的扑钱、骰钱的玩法可能多种多样，据现有资料，有下列几种：

> 宋鲁应龙《括异志》："又有张湘纯，以乙卯魁亚荐。揭晓两夕前，梦人持巨蟹扑卖，湘纯扑，五钱皆黑，一钱旋转不已，竟作字。一人曰：几乎。湘纯及榜，乃为小荐第一。功名前定，不可强求也。"[2]

此例扑卖巨蟹，用钱六枚，一起掷出，五枚为幕，一枚为字，虽胜但不是大胜，是小胜，故功名只为"小荐第一"。这种玩法，用多枚钱，以幕多为胜，幕越多，所赢程度越大。

> 元陶宗仪撰《说郛》卷三十八上引白颋随文："嘉定丁丑九月……（复礼）与诸子游，惟馆于民家，先数日前，因见行都博鸡者（原注：行都以三文十纯博鸡并钱）。复礼博之，以骰钱祝之："得纯成，欲盗此女"。随手得纯字，更借取一祝再博，而又纯漫。遂因孔君奉祭牙斋坛，是夜复礼遂盗此女，令弟孝礼携往姑苏。"[3]

此则故事是说复礼欲盗抢一美女，以博钱来占卜这一行动的吉凶。行都这地方的扑卖骰钱规矩是"以三文十纯"相博。所谓"纯"，指的掷出的钱都成字或都成幕，纯字、纯漫（幕）都为"纯成"，故其"得纯成"就要盗抢此女。"三文"当指三枚小钱，"三文十纯"当指用三枚钱反复掷，谁先得"十纯"为胜。这种玩法和一次性掷六枚钱决胜的又不一样。

能说明关扑、骰钱内涵的还有一例，记载于元陆文圭《墙东类稿》：

---

① （宋）周密撰《武林旧事》卷二《赏花》，文渊阁四库本。
② （元）陶宗仪编撰《说郛》卷一百十六引宋鲁应龙《括异志》，文渊阁四库本。
③ （元）陶宗仪编撰《说郛》卷三十八上引白颋随文，文渊阁四库本。

　　暨民有朱姓者，以卖扑为业。久之，精其术。辈流莫能及，呼曰"朱家"而不名。朱挟其术，游贵人之门，无不喜之者。重帘深院，风微昼寂，外闻阛市喧嚣之声，于众中必能认之曰：此朱家声也。朱家所至，虽儿童妇女皆栩栩迎笑竞逐之。其术善以寡得赢，以贱易贵，以物与人无吝色，戏取之亦不屑。较至有负其直者，一毫不贷也。故所得常倍以闾巷细民。致中人十家之产。尝曰：吾以十指上起家……己卯，中秋暑，一夕而毙。行路嗟嗟嗟悼。有邑子作诗吊之曰："孔方入手便通神，使尽机关误杀人，血指汗颜贪取利，财多福薄丧其身"。人传以为笑。①

　　宋元时代，卖扑成了"闾巷细民"谋生的职业。如"精其术"，则能"致中人十家之产"，已足以傲世骇俗。此种钱戏名赌，除"朱家"外，还有不少，如："关扑：有以一笏扑三十笏者，以至车马、地宅、歌姬、舞女皆约以价而扑之，出九和合。有名者：任大头、快活三之类，余亦不数"。②可见关扑骰钱的赌法，简便快捷，不管何物，只要约好价格，便可骰钱扑之，即时可得巨财。

　　"闻阛市喧嚣之声，于众中必能认之"，说明关扑要沿街叫卖，以兜揽生意。此生意的特征有三：一是以物易物，但不是均价交换，而是约以价（约定双方何物为赌的筹码）靠骰钱术"以寡得赢，以贱易贵"，即用少物赢得多物、贱物赢得贵物；二是这种骰钱术靠"十指上起家"，像玩魔术一样，"使尽机关"且眼明手快，所谓"血指汗颜"是对此类赌徒兼奸商的关扑者最贴切的写照。三是关扑与众多其他博戏赌博相比，其可用"术"或"骰钱"赌具，最大限度地掩盖"不平等"竞争的事实，具有更大的欺骗性。我们知道，诸种博戏之所以吸引赌徒，就在于其提供了一个看似平等竞争的平台，如六面骰子、五木及今天的麻将、象棋、围棋等，而关扑骰钱却能"孔方入手便通神"，手头功夫和制作的专门赌具是其通神的诀窍。宋代宫廷专门娱乐皇帝贵族的"纯镘骰钱"就是其中一种，民间的窍门和道具肯定更多。谈到此处，我们要感谢王雪农先生，因为他在现代民间调查发现了这种"骰钱"，使我们得以见到关扑骰钱的实物并了解其钱戏"机关"

---

① （元）陆文圭撰《墙东类稿》卷九《朱家传》，文渊阁四库本。
② （宋）孟元老：《东京梦华录》卷六《清明节池苑内纵人关扑游戏》，文渊阁四库本。

所在。

4. 近现代的钱戏——骰钱之戏

王雪农先生于1988年夏，有"晋西一老者"，赠其12枚他珍藏多年的清代钱币。[①] 如图36所示。王把12枚钱分作三种类型：

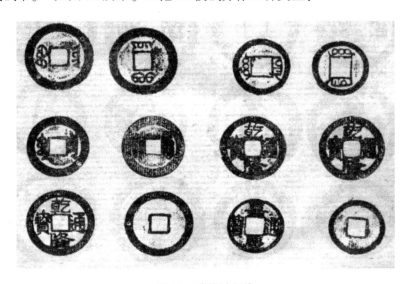

图36　清代的骰钱

第一类为"合面钱"，共6枚。主要特征是两面皆满文"局号"，但各自的"局号"及形制有差。图上排左为"合面宝云"钱正反面图，黄铜质，两面皆著满文局号"宝云"；上排右为"合面宝源"；中排左为"合面宝泉"，此钱系磨面焊合而成，焊痕细察可见。

第二类为"合背钱"，共3枚。主要特征是两面背皆汉文"年号"。图中排右为"合背乾隆通宝"钱正反面图，黄铜质，面背皆著汉文"乾隆通宝"。

第三类为"光背钱"，共3枚。主要特征是背无文，面著汉文"年号"，有异于普通清钱。图下排左为"光背乾隆通宝"，黄铜质，面文汉字"乾隆通宝"，背无文，细察有铲磨痕迹；图下排右为"光背嘉庆通宝"，红铜质，面文为汉文"嘉庆通宝"，背无文，光背原因同前。

据王雪农先生的调查，"明清两代以至近代，使用骰钱的博戏仍广泛流

---

① 王雪农：《旧时民间博戏使用的"骰钱"》，《中国钱币》1992年第4期，第68～69页。

行于民间。本（20）世纪五十年代黄河中游晋、陕山区尚见有玩'跌头钱'、'蹲兰幕'、'捏狗腰'、'鸽钱'、'猜幕'等"。上述三类清钱，即晋、陕山区旧时民间钱戏所用骰钱。

前四种钱戏，玩法基本一致，多选用清代钱币来骰，把带有汉文的一面称"罢字"，著满文的一面称"幕儿"，赌博时，见"幕儿"为赢，遇"罢字"则输。而上述的"合面钱"，是这类博戏使用的作弊骰钱。此种钱两面皆"幕儿"，赌者暗用可稳操胜券。这种钱不合清代钱币一面汉字、一面满文的常规，都是由官炉或民间匠人"有意铸造的"。

"猜幕"是另一种钱戏方式。其玩法是"先由设局人将骰钱转动，再用碗盏覆其上，待骰钱停止转动，由参赌者猜其面背字幕，猜准则赢"。此钱戏使用一面字、一面无文的铜钱，在明代以前的"光背钱钞"，通常被用做此种赌法之正常骰钱。入清以来，也有用易得之清钱铲磨去背文而成者。如上图"光背乾隆通宝"、"光背嘉庆通宝"背面满文都被铲磨去掉，正是"猜幕"所用赌具。而"猜幕"使用的作弊骰钱则是"合背钱"，设局人视参赌者之心理意向，暗使此类面背皆幕的骰钱以行蒙骗。

综而言之，中国古代以钱币为赌具的博戏可分三类，一类是意钱，也称作掩、博掩、意钱、诡意、射意、射数等，其共同特征是掩钱猜数；以钱数准确与否定输赢。第二类是摊钱，有两种，一种是在意钱基础上的进化，虽然也掩钱用意忖度钱数，但被掩之钱要"每以四文为一列"，而且要"以四数之"，方"谓之摊"。又称作"摊铺"、"摊蒱"、"挎蒱"。此戏胜负，首先用周易大衍筮法四四堆数，后用余数1、2、3、4判输赢。使赌博游戏与神秘的筮法挂起钩来，既披上了一层神秘的色彩。又具有更大的"欺惑"性。另一种摊钱盛行于清代，摊钱不是"四文一摊"，而是"以钱摊拨于地，今谓之跌博，与意钱不同"，这种摊钱称为"跌博"、"跌钱"等，其特征是围坐一摊"街市公然聚赌"，"用钱文跌博，木刻押宝，并有另制筹马折算银数"，赌法特征是"将钱掷地"，视其字幕"以决胜负"。"所赌输赢盈千累百，竟不减于牌骰"。显然"跌博"不是意钱，而是一种聚众为一摊的大型摊钱钱戏。第三类是骰钱，宋代称为"扑"或"关扑"，以后民间又称"跌头钱"、"蹲兰幕"、"捏狗腰"、"鸽钱"、"猜幕"等。其突出特征是以多枚钱币代替"骰子"，视字幕的多种组合来决定输赢。

（九）天地人牌——骨牌中的术数文化

骨牌是用骨头、象牙、竹子等做成的长方形"牌"，每张牌上刻有两组骰点，从两幺至两六，相当于两骰一掷的数目。所以，骨牌明显是骰子的衍生物，只是改投为起牌，把若干张牌配成花色来娱戏和赌博。

明清的笔记相传，最早的骨牌是"宣和牌"。北宋宣和二年（1120年），有人设计出骨牌的全套方案献于宋徽宗，徽宗嫌其繁杂，未加重视，至南宋高宗时才下诏"颁行天下"。所记如下：

> 《诸事音考》："宋宣和二年，有臣上疏，设牙牌三十二扇，共记二百二十七点。以按星辰布列之位。譬天牌二扇二十四点，象二十四气……表上，贮于御库，疑繁未行。至宋高宗时始诏如式，颁行天下。"①

但遍查宋时笔记文集并无此说，《诸事音考》所记乃成孤证。《五杂俎·人部二》较早谈到骨牌起源：

> 今博戏之盛行于时者，尚有骨牌，其法古不经见，相传始于宣和二年，有人进此。

"其法古不经见，相传始于宣和二年"，可见明人已存疑问。清人对此却大都持肯定态度，如梁章钜《浪迹续谈·骨牌草》：

> 骨牌之戏，自宋有之，《宣和谱》以三牌为率，三牌凡六面，即骰子之双也。

至今人杨荫深先生的《事物掌故丛谈·博戏》则以宋有骨牌为定说：

> 因骰子戏的盛行，宋徽宗时就有人将骰子改制为骨牌……以创于宣

---

① （清）陈元龙撰《格致镜原》卷六十《玩戏器物类·牙牌》引《诸事音考》，文渊阁四库本。

和，通称"宣和牌"，又以牙制称"牙牌"，至明用骨制，则称"骨牌"。

其实，北宋有骨牌的传说可疑点甚多，一是当时人无记录，二是宋庭屡禁赌风，即使有人进骨牌之戏，也是闭锁深宫，由天子下诏颁行赌具的可能性不大。目前所见最早的骨牌材料是明初人瞿佑的《宣和牌谱》①，其牌名雅致，如天圆、地方、樱桃九熟之类，瞿佑又各益以唐诗一句，如天牌引宋之问的"万里无云河汉明"，人牌引李白的"义士还家尽锦衣"等，可能是南宋至元代无所事事的文人所创，取名宣和，当是自神其源而已。

《宣和牌谱》只记载了 62 种由三张牌组成的牌色（天地人和四种为两张牌组成），打法、规则均无记录。《五杂俎》载其制曰：

> 共三十二扇，二百二十七点，以按星辰之数。天牌二十四，象二十四气；地牌四点，象四方；人居中数，以象三才。其起名也皆有意义，对者十二，为正牌；不对者八，为杂牌。三色成牌，两牌成而后出色以相赛。②

由此可知，宣和骨牌有 32 张，共 227 点。这句话像谜语一样颇费解。我们知道，每张牌有两个点数，象征两骰，而两骰子不重复的排列有 21 种，骨牌为什么有 32 张呢？原来 21 种之中又增加了重复的 11 种，一是 6 个对（幺幺至六六）都重复，故曰"对者十二"，此多出 6 种，都为正牌。又把不为对的 15 种分作两部分，一三、一五、一六、五六、六四等 5 种牌重复，加成对重复的 6 种共 11 种而构成 32 张牌，其总点数为 227 点。这 11 种成对的牌称为双张，构成所谓的"华队"，清代又称"文牌"。不重复的有三六和四五、二六和三五、二五和三四、幺四和二三、幺二和二四，这 10 张不重复的牌通称"夷队"，后又称"武牌"。其中前四对牌点数总和相同，分别为九、八、七、五；这 8 张牌都视为杂牌，故曰"不对者八，为杂牌"。幺二和二四两牌点数虽不成对，但加起来为"九"，九为阳之极，故

---

① （元）陶宗仪等编《说郛三种》十《说郛续》，上海古籍出版社，1988，第 1790~1788 页。
② （明）谢肇淛撰《五杂俎》卷六《人部二》，上海书店出版社，2001。

此对牌被称为"至尊",是骨牌中最大的一副。

骨牌的设计与周易、阴阳、五行等术数有密切关系。明周琦《东溪日谈录》卷八:"愚一日得《宣和牌谱》,观之,见天地间理常寓之于数,而数常根之于理。盖有数必有理,故以理裁之,或者其知《易》乎。"① 这是说宣和牌中寓有天地之理、易之常数。如以天牌(两张六对)象征二十四节气、地牌(两张幺对)象征四方、人牌(两张四对)象征天地人"三才"之和。即使牌之大小,也不单凭点数多少而计,而凭其术数意义。前已说幺二、二四构成"至尊",是因"九"在术数中代表乾、阳、刚、健等第一等的含义。次一等的天牌,由两张六对组成,"六"为阴之极,在术数中代表坤、阴、柔、顺诸意义,故是第二大牌;地牌由两张幺对组成,数为四,象征四方和时空,故是第三大牌;人牌由两张红四对组成,数为"八",居阴阳极数之中,有柔和阴阳、协调自然与人类关系的含义,故是第四大牌……这种附会,虽然打破了大数、小数直观的可比规律,但嵌入了中国古代文化中的阴阳、三才等术数概念,它既说明了传统文化中的阴阳五行观念早已深入人心,不然不会在骰、牌之戏中普遍应用;也说明了中国博赌弈戏与传统文化的密切关系,这又是中国博弈文化的一大特色。

自李清照的"命辞打马"以后,多事的文人屡屡掀起鄙戏雅化的高潮,骨牌尤其是这些人逞露才华的场所,不仅每张牌都赋予了"皆合伦理庶物器用"的解释,还据其术数意义和功用寓寄了优美的诗句。现按其大小牌序列于下,以现骨牌赌博蒙上的优雅罩衣:

至尊(二四):须向桃园问主人(俗称"老猴")。

　　(幺二):举杯邀月为三友。

天牌(六六):坐列金钗十二行(俗称"老天")。

　　(六六):十二街中春色遍。

地牌(幺幺):双悬日月照乾坤(俗称"地杠")。

　　(幺幺):金杯有喜轻轻点。

人牌(四四):并蒂芙蓉本自双(俗称"老人")。

　　(四四):东风小饮人皆醉。

___

① (明)周琦撰《东溪日谈录》卷八《物理谈》,文渊阁四库本。

和牌(幺三)：月临秋水雁横空（俗称"极鹅"）。

　　(幺三)：曾经庾亮三秋月。

长五(五五)：江城五月落梅花（又称"梅花五"，前五为五月，后为梅花）。

　　(五五)：十月先开岭上梅。

长三(三三)：三月正当三十日。

　　(三三)：双双瓦雀行书案。

长二(二二)：寒梅四月始知春（俗称"板凳"，又称"拍板"）。

　　(二二)：二月二日江上行。

五六：六街灯火伴梅花（俗称"虎头"）。

　　(五六)：五色云中架六龙。

四六：花围四座锦屏开（俗称"红十"）。

　　(四六)：天上人间一片云。

幺六：此日六军同驻马（俗称"幺七"）。

　　(幺六)：锦江春色来天地。

幺五：梅花枝上叶初明（俗称"秤锤"）。

　　(幺五)：偏使有花兼九月。

天九(三六)：三山半落青山外（俗称"杂九"）。

　　(四五)：九重春色醉仙桃。

地八(二六)：天上双星夜夜悬（俗称"杂八"）。

　　(三五)：五云深处是三台。

人七(二五)：两人对酌山花开（俗称"杂七"）。

　　(三四)：北斗七星三四点。

和五(幺四)：一片朝霞迎晓日（俗称"小五"）。

　　(二三)：南枝才放两三花。

　　牌中嵌诗，打时朗朗上口，也算是过了一回"雅士"瘾。骨牌不仅来源于两骰之投，而且和骰戏相互影响，上述"俗称"某某，即作者儿时常玩的骰子名称，明显是受了骨牌的影响而流传于世的。

　　骨牌有许多打法，较早的宣和牌大概可容2～4人打，每人依次摸三张牌，其中两张结对成华队，一张成夷队，按《宣和牌谱》所列花色对比大小、赏罚或输赢。此即《五杂俎》"三色成牌，两牌成而后出色以相赛"。

《五杂俎》又评论说："此戏较朱窝近雅，而较围棋为不费，一时翕然。"①明代除盛行宣和牌外，还盛行所谓的"斗天九"、"推牌九"、"接龙"等等。

斗天九2人打时各取13张，余6张为"营卫"，"莫得窥"，3人打时各取9张，留5张为"营卫"。把牌分为华前队（天地人和4对牌）、华中队（长五、长三、长二）、华后队（五六、四六、幺六、幺五对）和夷正队（天九、地八、人七、和五）、夷偏队（幺二、二四色对，清以后才改作"至尊"）。成对出天牌、天九者均称"无敌"，赏四筹。余下者各以上面所列顺序互较胜负。也有依次摸两张牌互比胜负的。据明潘之恒《续叶子谱》讲："斗天九之戏……广陵人为之。"看来其源于今扬州地区。

推牌九2～4人，各取6张牌，庄家7张，庄家出牌后，后家依次摸牌或碰牌，不"和"（摊牌得胜）则出牌，凡手中7张牌作成两副花色（四五六、三四五等一顺牌）加一夷牌为"和"。胜者依照花色的采数和夷牌的点数计采，旁家则以做成的花色互相计采（夷牌不计），以论输赢。"接龙"是取到牌后，在骨牌的两端接上一端相同的点子，以先出完为胜，规则虽简单，但输赢速度颇快，故有"剥皮赌"之俗号。

骨牌在流行中，又创出不供赌博、专供一人消遣的独玩之法，这在诸博戏中是独一无二的。所以明清禁赌法令中把骨牌列到了赌具之外。独玩法有很多种，如"通五关"，将牌25张分5行摊开，称为"五关"，将余下7张牌自下而上向各行添补，凡一行首尾任意3张组成花色和"老羊"（3张牌总点数在14～17点之间），即可取下，以供再添。这样周而复始，直到"五关"的牌全部取下才算过关。过关即可自娱，也可用于占卜，对某事狐疑不定，摊牌前可虔诚祷告，摊牌后无杂念，如顺利过关，则表明某事顺利，以决狐疑。中国的博戏自六博象"式"开始，就具有占卜的功能，《史记·日者列传》所谓"今夫卜者……旋式正棋，然后言天之利害，事之成败"，说的就是利用式盘棋具进行的一种占卜。即使是国外传进中国的扑克牌，在中国传统文化大背景的熏陶下，也有不少人用作"过关"以自我占卜，这又是中国博弈文化的一大特色。独玩之法还有"喜相逢"，将全部32张分作16对排齐，上首张错位下移，下首张上移，凡巧配对者取出，取尽为成功，成功后依所得对子的顺序凑成花色，计算采数。另有"拆搭掘

---

① （明）谢肇淛撰《五杂俎》卷六《人部二》，上海书店出版社，2001。

藏"、"相十副"、"拾元宝"、"牵虱钻"、"独家接龙"等等名目，大体以配对、配花色为依据翻张过关，孤芳自赏，显示了一种闺阁雅戏之风。

入清后，骨牌华、夷两队改作文、武两队，并把原来的夷偏队幺二二四改作"至尊"。这种改动与后金人（以后的满族）入主中原有关系。骨牌中的崇华耻夷一旦被清军的铁骑打破，夷偏队的小卒自然也扶摇直上，成了高于天牌的"至尊"，即使是游戏，在中国这块儿曾备受蹂躏的土地上，也要受到政治统治的极大影响，这不能不说是中国博弈文化的又一特色。除此而外，清人郑旭旦将夷牌增添一倍，又增出全白、白幺至白六的 7 对 12 张牌，使骨牌成为 56 张的"混天同"，而其打法则与"马吊"同（见后节）。后又有人"增为一百零五张，是为'碰和'，后又变为'同棋'；再增为一百二十六张，是为'花牌'"。[①] 清代后期，麻将兴起，骨牌就逐渐地退出了历史舞台，让位于以麻将为主的其他博戏了。

（十）纸牌谶语——马吊叶子和亡国之兆

古人把最早出现的纸牌称作"叶子戏"、"叶子格"。如清赵翼《陔余丛考·叶子戏》云：

> 《品外录》：唐同昌公主会韦氏族于广化里，韦氏诸家好为叶子戏。欧阳公（欧阳修）亦云：唐人宴聚，盛传叶子格，五代、国初犹然，后渐废不传。马令《南唐书》：李后主妃周氏，又编《金叶子格》。即今之纸牌也。《辽史》称作叶格，见第三卷。则纸牌之戏唐已有之。今之以《水浒》人分配者，盖沿其式而易其名耳。

韦氏家族好叶子戏又见唐人《杜阳杂编》，说是"咸通九年"（公元 869 年）公主居广化里时事。宋人王闢之《渑水燕谈录·杂录》把叶子的发明归于唐初的僧一行："唐太宗问一行世数，禅师制叶子格进之，'叶子'言二十世李也。"后句是谶言，以"葉"草头似"廿"字，中间为"世"字，下"木"接叶子之"子"为李，喻唐代江山可保二十世。这种符谶当然是无稽之谈，但名为叶子戏，与佛教经典用"贝叶"抄之不无关系，明潘之恒《叶子谱》说："叶

---

① 杨荫深：《事物掌故丛谈·博戏》，上海书店影印出版，1986。

子，古贝叶之遗制。"贝叶是产自印度的"贝多罗树"之叶，佛教经典大多用贝叶抄之，名为贝叶经。唐初僧人用画贝叶以为戏，名为叶子戏是完全可能的。

受印度文化影响，中国又有纸做的叶子，如欧阳修《归田录》说：

> 叶子格者，自唐中世以后有之。说者云：因人有姓叶号子青者撰此格，因以为名，此说非也。唐人藏书皆作卷轴，其后有叶子，其制似今策子。凡文字有备检用者，卷轴难数卷舒，故以叶子写之。如吴彩鸾《唐韵》、李郃《彩选》之类是也。①

这种叶子或策子，正反折叠相连，拉起一长条，如其上画图形，按折剪开，即是纸牌。所以，后来的纸牌名作叶子戏，与这种文化背景有很大关系。

中国的叶子戏随着时代的发展其内容也各不相同。唐宋的叶子戏在纸叶上画的是升官图、选仙图等，故唐宋采选有叶子之名，如《咸定录》："唐李郃为贺州刺史……撰骰子选，谓之叶子。咸通以来，天下尚之。"② 明代时在纸叶上"以《水浒》人分配者"，指的是马吊纸牌，虽都名"叶子"，但一为采选，一为马吊，游戏法大异。

采选前边已述，现在谈谈马吊。

在 16 世纪到 19 世纪的将近三百年中，马吊曾肆行于中国的城市和乡村，普及的程度不亚于今天的扑克牌。清中期以后，马吊和骰戏、骨牌等一起造就了当今流行于全世界的"麻将"牌后方才退出博弈文化的舞台，但它对中国博弈文化的影响及贡献却是磨灭不了的。

现存较早的马吊实物是明代后期陈洪绶的《水浒牌》，学界称为《水浒叶子》。③ 陈洪绶（1598～1652 年），明末遗民画家。字章侯，号老莲，晚年又号悔迟、老迟，浙江诸暨人。是一位划时代的木刻版画作家。《水浒牌》是陈洪绶根据施耐庵《水浒传》的描写，选择 40 位个性鲜明的英雄好汉，采用白描的形式绘制而成的版刻绣像作品。共计 40 张，每张上书有人物的题名及赞语，并标有钱数。如图 37、38。《水浒牌》的创作时代，李永华推断"应当完成于陈氏壮年成熟时期，即崇祯末年"。④

---

① （宋）欧阳修撰《归田录》卷下，文渊阁四库本。
② （明）陈耀文撰《正杨》卷四《六赤打叶子》引《咸定录》，文渊阁四库本。
③ （明）陈洪绶绘《水浒叶子》，四川人民美术出版社，1986。
④ 李永华、安雪：《读陈洪绶〈水浒叶子〉走笔》，《图书情报》2005 年第 1 期，第 90 页。

图 37　水浒牌之一

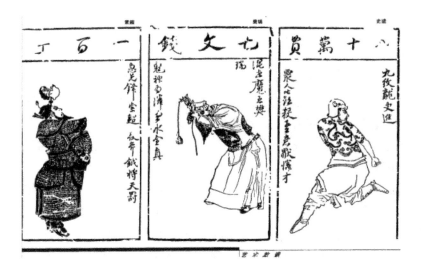

图 38　水浒牌之二

马吊的打法很多，牌张数也不一，只是没有一种被完整地保留下来。现据明人潘之恒《叶子谱》和《续叶子谱》① 和龙子犹的《牌经十三篇》② 推

---

① （元）陶宗仪等编《说郛三种》十《说郛续》，第 1834～1837 页；潘之恒：《叶子谱》，第 1838～1842；潘之恒：《续叶子谱》，上海古籍出版社，1988。

② 龙子犹：《牌经十三篇》，（元）陶宗仪等编《说郛三种》十《说郛续》，上海古籍出版社，1988，第 1846～1849 页。

断其大致的轮廓。

马吊牌有 40 张，4 人入局，每人分牌 8 张，余 8 牌置于中央，"为中营，主将（庄家）护之"。投骰按点定出庄家，轮流出牌，"以大击小"。40 张牌分为四门：

文钱门：11 张，由大到小为：空没文（又名空堂、空汤，画作"波斯进宝形"，题"空一文"和"矮脚虎"）、半文（或曰一枝花、半画花半为实）、一文（画太极形）、二文（画腰鼓形）、三文（画乾卦形）、四文（画连环）、五文（画五岳真形）、六文（画坤卦形）、七文（画北斗形）、八文（画块玉）、九文（画三叠峰）。《水浒牌》七文画混世魔王樊瑞、三文画赤发鬼刘唐。

索子门（百钱为贯，一索即一贯）：共 9 张，由大到小为：九索（作短索状，下四、中两两相叠、上一贯）、八索（两四相叠）、七索（两三相叠，上斜一贯）、六索（上三下三）、五索（一上四下，如艮卦形）、四索（二上二下）、三索（品字形）、二索、一索。《水浒牌》一索（一百文）画急先锋索超。

万字门（万贯，画水浒好汉）：共 9 张，由大到小为：九万（插翅虎雷横）、八万（急先锋索超）、七万（霹雳火秦明）、六万（九纹龙史进）、五万（混江龙李俊）、四万（小旋风柴进）、三万（大刀关胜）、二万（小李广花荣）、一万（浪子燕青）。《水浒牌》一万贯画神医安道全、四万贯画浪里白条张顺。

十字门（十万贯，画水浒头领）：共 11 张，依次为：万万贯（呼保义宋江）、千万（行者武松）、百万（短命二郎阮小五，画作双头歪帽，又曰百歪头）、九十（活阎罗阮小七）、八十（美髯公朱全）、七十（病尉迟孙立）、六十（双鞭呼延灼）、五十（花和尚鲁智深）、四十（黑旋风李逵）、三十（青面兽杨志）、二十（一丈青扈三娘）。《水浒牌》千万贯画美髯公朱全、六十万贯画大刀关胜、八十万贯画九纹龙史进。

以上四门，"自相统辖"，万万贯最大，自然派给了宋江。"万万胜千，千胜百（百钱，索子门），百胜钱（文钱门）"，即十万贯门胜万字门，万字门胜索子门，索字门胜文钱门。文钱门"贵空"，以空没文最大，这是因为"空者，所以贮也"，有空才有不空，从无才能到有，无、空是本始，又是事物的终结，故尊无"贵空"，博戏中也充满了古代哲学的辩证思想。既然以空为大，二大者自然是半文，依次是一至九文，而其他三门，都尊"九"为大，一为小。

四门的大小取决于钱数的多少，牌中似乎充满了铜臭，其实古人对这种设计有另外的看法：

> 重赞曰：闻宾四门，所以礼贤；不闻积聚而工数钱。故愚称守，运之有神，能积能散，存乎其人。空不居其欤，万不履其盈，萑苻（草寇）之辈，有若宋公明，亦足以为世所程（称），谁曰不经！①

封建时代，强权政治，致使多少有识有志之人流落草莽。故此牌戏画水浒英雄，旨在"礼贤"；以钱、贯、万等为门，旨在劝诫世人"能聚能散"；空穷而不以"欤"钱为自得，万富而不以"盈"钱再履，即使是草寇之辈，如能像梁山好汉一样"劫富济贫"，也足以为后人所称赞。在马吊牌的设计上，突出反映了封建时代失意士大夫要求"礼贤下士"和平民百姓要求"均贫富"的反封建专制的意识，谁能说此途为"不经"！

马吊据传是明代大文人王世贞（1526～1590年）所创，万历年间（1573～1620年）流行于吴中（今江浙一带），称"吴吊"。至明末天启年间（1621～1627年），大盛，普及全国，有了"京吊"、"时吊"等名称。时人方以智在《通雅》卷三十五云："近年马吊、角戏成风。"但《叶子谱·名数品》则说："叶子始于昆山，初用水浒传中名色为角抵戏耳。"② 昆山，显然是一种叶子戏，画有水浒人物，但它是《水浒图》式的采选？还是马吊式的角抵之戏？抑或二者兼而有之？明黎遂球撰《运掌经》对这种水浒之戏也有描写："斗叶子之戏，古盖有之。其以《水浒》诸人分署，则宋、元以来，不知何人所为……今士大夫往往喜为之。"③ 这种"古盖有之"的《水浒传》角斗之戏，当即"昆山"戏。龙子犹的《牌经十三篇》也提到昆山，其云："昆山，谓牌为闭口叶子。"打马吊故有"毋多言"的经训。昆山又名"闭口叶子"，可知其不是采选而是类似马吊的一种牌戏，只可惜不能知其详情了，但"昆山"牌戏屡见明人记载，又画水浒人物，当是马吊的起源殆无异议。

---

① 潘之恒：《叶子谱·图象品》，（元）陶宗仪等编《说郛三种》十《说郛续》，上海古籍出版社，1988，第1834～1837页。

② 潘之恒：《叶子谱·图象品》，（元）陶宗仪等编《说郛三种》十《说郛续》，上海古籍出版社，1988，第1834～1837页。

③ （明）黎遂球撰《运掌经》，（元）陶宗仪等编《说郛三种》十《说郛续》，上海古籍出版社，1988，第1843～1845页。

我们以为,《水浒传》虽成书于明,但作为民间的话本,其中的人物故事早在南宋、元时就广泛流传于民间,因此,昆山叶子一类的纸牌当是南宋、元时哪些心仪"勇敢忠义","替天行道"的下层人民的发明,以后经读书人整理而形成了明代的马吊。

马吊发明后,就有各种打法。潘之恒《叶子谱》说:"叶子始于昆山……后为马掉、扯三章、六章、投一溜,又有斗双头、截角、尊极、抢结、归一种种,今不尽行。"《叶子谱》中所记的主要是"吴吊"。吴吊按照"以大击小"的原则,牌出一圈为"一吊",得两吊者保本,三至五吊之间胜"一垒"(即一桌),六吊起当胜二桌。前七吊"赤手"(吃鸭蛋)也无妨,关键是要收第八吊,只要收到第八吊,就可"收全功",称作"抢结"。马吊的许多细节现在已无法复原,但一些基本战略战术还可看到。

(1)"马吊之法,三人同心,以攻一椿(桩)。"①

前已说过,马吊4人打,1人是庄家(主将),3人是闲家。若按照扑克牌的经验,以三攻一,庄家无论如何是承受不了的,因此庄家必有特权以平衡赏罚。清李邺嗣《马吊说》云:"此戏得二桌为本,今胜家上五桌而三家适各一桌,其状如马立而吊其一足也。"这使我们知道,胜家当庄后有五桌红利的特权,闲家则只有一桌为底,所以庄家必成众矢之的。三家攻庄的战术有许多:或"务以底(第四家)制桩而不使庄作底",或拿着一张关键的牌但又无赢的希望就可"以一牌吊死桩家,忠之属焉",或"与其起桩,不如纵散(闲家)",或"宁输一牌,勿容桩起;宁少一吊,勿容桩比"。

(2)"虚八为中营,主将护之,以纪最殿,定赏罚焉。"②

底牌8张并不像扑克一样,由庄家换牌,扣小换大,而是由庄家护之。其作用是到最后以计算赏罚。如果庄家护不住底牌,则要下庄。至于"中营"如何保护,很可能取决于第八圈的"抢结"结果,得了第八吊,就可保底。因此《马吊牌经》说"藏盈而出虚,桩家之巧也",即先发小张,留大张以保底,力争抢结的胜利。

(3)对"百万"的控制。

百万是张特殊的牌。《叶子谱》说:

---

① 龙子犹:《马吊牌经·论捉放篇》,(元)陶宗仪等编《说郛三种》十《说郛续》,上海古籍出版社,1988,第1846~1849页。

② 潘之恒:《叶子谱·马吊品》,(元)陶宗仪等编《说郛三种》十《说郛续》,上海古籍出版社,1988,第1834~1837页。

> 惟百万簪花（头上插花），上国之将相也。犹齐之管（仲）、晏
> （子）……虽臣而威震主也。故其赏独专，败亦得，胜亦得，或倍之以
> 胜倍也，或三之以自出师而三也。……主将得百万，无尊（各门最大
> 的牌）无捷而胜居一矣。惟四尊并而百万无所用，其胜四之。四尊而
> 挟百万，则益而五之矣。①

得到百万，无论胜败，都有定赏。除此而外，百万可和其他牌相配，
"倍之""三之"连发，从而胜两吊、三吊，这是其威力所在。唯遇四尊
（万万、九万、九索、空没文）连出时，百万才关不住，如四尊加百万，则
肯定能得五吊。所以清赵吉士《寄园寄所寄》说马吊"视百万灭活为胜
负"。所以，四人中谁控制了百万，谁就胜券在握。

总之，马吊实行"三家同心，合攻一桩"的总战略，战术上"小者先
而大者后，小可众战，大莫孤行"，先发小张而留大张强结，出小张时，闲
家"可以用情"以放纵，作出牺牲，不让庄家多得吊数。庄家最要紧的是
保底和控制百万，同时也要尽量多得吊数，确保五桌红利的实现。

吴吊在向全国发展中，更加突出了色样的作用。色样本是骨牌的游戏方
法，但在百万、四尊中都已应用，至明末期，人为的规定了更多的色样，使
打法发生了重大的改变。凡尊牌、肩牌（又称"兼"，指千万、八万、八
索、半文）、极牌（四门中最小的四张牌）都可与他牌配成色样，如《看
虎》马吊，盛行江淮闺阁，其"序三为顺"（幺二三之类），"三同为豹"
（如二二二），"三七为穿"（三索三万七文为穿山甲），"二八为穷"（二索
二万八文），一索一万九文为"虎"，一索一万千兵为"豹"等等，品级不
一，赏章有差。与此同时，打法上也出现了吃、补换牌和开、冲的变化。前
两种属于"上桌"，上家弃牌可顺吃，也可捞底牌换张再打弃牌；后两种属
于"斗牌"，将做成的花色摊开示众称为"开"，下家从开牌中取得需要的
牌凑成更大的花色称为"冲"，如果凑不成更大的花色，就要灭牌示弱，称
为"亡"。这种革新有重要意义，它开启了以后麻将牌的吃、换、碰等打
法，又使牌戏由单纯的"以大击小"转变为运智斗巧的作牌，牌之大小已
不再是取胜的关键，"藏盈出虚"、"善算乘时"、"善识善记"、"喜愠勿

---

① 潘之恒：《叶子谱·马吊品》，（元）陶宗仪等编《说郛三种》十《说郛续》，上海古籍出
版社，1988，第 1834～1837 页。

形"、"无声无臭"等都成了牌胜的至理。牌谚云:"牌无大小,现巧智,凡斗牌,慧者在衰可兴"①,可见智力在斗牌中的关键只要凑巧。"不凑巧,不能吊也。"② 一个"巧"字,既含机运,又现巧智,"凡斗牌,慧者在衰可兴"(《运掌经》),可见智力在斗牌中的关键作用。黎遂球在《运掌经》中曾把马吊的文化意蕴与其他博弈形式进行了比较,其云:

> 凡斗牌,其思深于围棋,旨幽于射覆(古时猜物游戏),义取于藏钩(分二队的寻找游戏),乐匹于斗草(竞采花草,比赛多寡优劣,端午节行之的游戏),致恬于枭卢抛掷……英雄之事,不乞怜于人,不借悻于天,不为窃行,不以侮愚,磊磊落落,得计者昌。故用之尤可以观品也。③

马吊的这种"思深于围棋,旨幽于射覆"的高雅性质,在众游戏中是很突出的,使其很快成为有闲阶层专崇的游戏。正如《牧猪闲话》所说:"非按谱深索,则不能悉其委曲,浅夫稚子厮养之卒,不足以与此也,故士大夫尚矣"。当时的民间谚语也说:"快棋慢马吊,纵会也不妙。"说明下层群众很难精通规则复杂的马吊,但这种纸牌毕竟意蕴深厚,其乐融融,更为简化的马吊遂也出现在市井之中,有"斗虎"、"扯五章"、"扯三章"之类。

"斗虎"又称看虎。载于潘之恒《续叶子谱》。斗虎去掉马吊中"十字门"中的10张牌,只留"千兵"(千万)1张,专辖万字门,合计用牌30张。游戏时"二人角,各得十三张,守营者四;或三人角,各得九张,守营者三"。④ 出牌时,或出1张,或出3张(3张同级称"豹",如一万一索九文;同花称"顺",如八文七文六文),大者得牌,然后按所得牌的内容不同给予赏采,最后一圈如获胜,还可得到中营3或4张的赏采。

---

① (明)黎遂球撰《运掌经》,(元)陶宗仪等编《说郛三种》十《说郛续》,上海古籍出版社,1988,第1843~1845页。
② 龙子犹:《马吊牌经·论吊篇》,陶宗仪等编《说郛三种》十《说郛续》,上海古籍出版社,1988,第1846~1849页。
③ (明)黎遂球撰《运掌经》,(元)陶宗仪等编《说郛三种》十《说郛续》,上海古籍出版社,1988,第1843~1845页。
④ 潘之恒:《续叶子谱·看虎品》,(元)陶宗仪等编《说郛三种》十《说郛续》,上海古籍出版社,1988,第1838~1842页。

斗虎有着很深的文化意蕴,《续叶子谱·看虎品》说它是"江淮间女儿角戏,以'雄'为最上乘,盖取'龙女疾献珠,刹那间转女成男'之义",大概江淮仕女向往驰骋沙场、建功立业,要像龙女一样"转女为男",而创斗虎戏,希图在牌桌上使她们的梦想成真。故斗虎最崇"雄"(千兵一万一索为雄),得到这种花色"百战百胜"而赏9张牌。

"扯三张"、"扯五张"俱称"扯张",也去十子门而留千兵,用30张牌,2~5人戏,每人分6张牌。各分作三市(三副),每市两张,以一点、千万(千兵)、空文为花,发牌一般两张合发,花九(花加九万或九索、九文)最大,素九(九万九索为大九,九索九文为小九)次之,以下类推。如两牌合成10点为"撞",最小;过10点仅记尾数。互比大小以论采。除两张互比外,若遇有特殊的花色,还可3张5张合出,故称为"扯张"。扯3张者,要双花配九、八、七或两张数合为九、八配单花(如花一八、花二六等),若不带花者,三张之和必须为9或19。扯5张者,必须配出特殊花色,如五一(三个一加两花)为最大,赏50注。五红(千万、空文、半文及九、八俱为红)次之,40~30注。纯五(5张俱为同门)20注。大九(5张由一、九组成)15注。另外,杂牌如果配成双合(前三张、后三张之和都为9或19)、对子(前三张、后三张可配成对子)也各有不同的赏注。

简化成30张的"斗虎"和"扯张",像马吊流行于上层人士一样,迅速流行于民间,张潮《戒赌文小引》"在舆台贱隶则三子、打虎为盛,在士大夫则马吊居多",至清早、中期,二者更是肆虐于广庭和鄙俚,乾隆时"匝地皆由我(即'游湖',马吊的一种),无人不好之"。中期以后,正规的马吊逐渐衰落,而斗虎等简化形式在民间则逐步变化,终于演化为早期的麻将,至现代仍有很强的生命力。

中国的文人历来好用谶言来解释重大的历史事件,马吊流行于明亡清盛之际,所以被大量用来作了谶言的材料,清人尤侗《劝赌文》说:

> 吾闻此风,明末最盛,曰闯曰献,又曰大顺,流寇作乱,其名皆应。相公马吊,百老阮姓,南渡亡国,不祥先谶。

所谓"不祥先谶",是说马吊在当时预示了一种不祥之兆,并以谶兆的形式表达出来。马吊有什么不祥征兆呢?原来,马吊牌中画《水浒传》人物，兆示着明末的农民大起义；马吊三张牌点数相连，称为"顺"，预示着建立"大顺"农民政权；得牌后，以小花色换成大花色称作"穿"、"闯"，出牌压住对方后，添牌组成花色称为"捉献"，兆示了起义领袖是"闯王"李自成和张献忠；"三家同心，以功一桩"兆示着李、张和关外清兵合攻明朝政权；"顺风旗"的花色名称预示着清顺帝率八旗子弟入关横扫中原；百万一张画短命二郎阮小五，而南明奸相阮大铖自号"百子山樵"，二者合一，成了南明亡国的先兆；南明最后亡于马士英、马吉翔的"马"姓，而"闯"字中藏"马"，故明代的末期政权都是"逢马必吊（吊丧）"，马吊成了农民起义和明代灭亡的双关语。

虽然把马吊附会于明末清初政权更迭的种种说法尽是士大夫的一些无稽之谈，但它深刻反映了当时下层人民的一种文化心态，"署之以宋江之徒者，必勇敢忠义，然后可胜，而又非徒读书者所能知也"。[①] 在老百姓看来，《水浒传》英雄尽勇敢忠义之士，非寇也；画之于马吊，既是对农民起义的褒奖，又是对反封建斗士的激励，它潜移默化地把打富济贫、均田分地的反封建意识普及于民间，虽是游戏小技，但起到了宣传媒介的作用。在明末残酷的封建专制下，起义者把从马吊中学得的水浒故事和水浒英雄作为号召，是十分自然之事。反过来讲，下层人民可能正是利用马吊来反映其支持"闯王"、"大顺"政权的心声，而这一切，"非读书者所能知也"，士大夫们只能把此解释为谶言兆语，以牵强附会显示其"远见卓识"，愚之至也。但也有些志士仁人，从马吊中看到了其作为博弈文化而蕴涵的"玩物丧志"的负面作用，得出骄奢淫侈必当亡国的历史教训，这也不能不说是一种深刻见地，对后人也有警世之钟的作用。

（十一）方城大战——从默和、碰和到麻将

麻将是唯一一种流行于今的古代博戏，今天打麻将者虽众，但未必清楚其浓厚的传统文化意蕴及其源流发展脉络，对此，下面简单论述一下。

麻将又称马将牌、麻雀牌、雀牌等等。杜亚泉先生作《博史》，对麻将源流有精辟的考证：

---

① （明）黎遂球撰《运掌经》，（元）陶宗仪等编《说郛三种》十《说郛续》，上海古籍出版社，1988，第 1843 ~ 1845 页。

　　天启马吊牌虽在清乾隆时尚行，但在明末时已受宣和牌及碰和牌（二者均为骨牌）之影响，变为默和牌。默和牌又受花将之影响，加东西南北四将，即成为马将牌。

　　马将牌创于何时，不能确定，但当较默和牌略后。默和牌始于明之末造，则马将牌之改作当在明亡以后矣。相传谓马将牌先流行于闽粤濒海各地及海舶间，清光绪初年，由宁波、江厦延及津、沪商埠。……清乾隆年间，尚流行默和牌，乾隆以后，花和牌盛行，亦无人顾问。五口通商以后，海舶多聚于宁波、江厦，各省贾客流寓江厦，繁盛过于上海，演习马将者逐日众。此时已改制骨牌，且加梅兰竹菊琴棋书画等花样，称为花马将，逐渐流行，由津、沪波及全国，盖已五十余年于兹也。①

　　默和牌是马吊的变种，它是在"斗虎"的基础上，将两副 30 张的牌合在一起，共有 60 张。门数还是万、索、钱三门，但改作由一起算而至九。另有红万（原来的千万）、枝花（原来的半文）、空堂（原来的空没文）3 张，合计 30 种，每种两张。4 人开局，另有 1 人专管发牌，称为"蠹角"。先各分 10 张牌，余 20 张牌再依次分五轮补发。凡补发一牌，需打出一张弃牌，但所有弃牌均扣起不宣，互不通报。此戏输赢在于把手中 10 张牌作成"三进"，每进 3 张，由对子加一"幺头"（一万、一索、一文、红万、枝花、空堂等 6 张为幺头，其他为散牌）或两幺头加一散牌组成，如果同门点数相连起有 4 张，也可组成一进。三进作成，即摊牌得胜，称为"和"，和，原为骨牌的说法，如今被马吊所用。如果补换 20 张后无人和牌，便把 20 张弃牌混合后继续发放，直到有人和牌为止。这种牌打时不事喧哗，始终默不做声，故名"默和"。

　　默和牌虽为变形马吊，但显然是麻将的先声，如万、索、钱三门即以后麻将的万、条、饼；作成 3 张一进、轮流换牌等打法也为麻将所继承。因此，默和牌可视作麻将牌的远祖型。而就其来源讲，默和牌既继承了马吊，又受到骨牌打法的较大影响，如默和本为骨牌名称，和"碰和"一起通称为"游湖"。所以麻将应是骨牌、马吊结合后的产物。

　　把默和牌的 30 种牌翻 4 倍，每种 4 张，就构成了 120 张的"碰和"牌。

---

　　①　杜亚泉：《博史》，开明书店，1933。

名字虽与骨牌同名，但实质与骨牌的碰和大异。碰和牌每人发 20 张牌，作出六进为和。打法上的重大变化有二：一是取消蠤角，由各人轮流起牌；二是打出的弃牌随时公开，下手需要时可以"碰"也可以"吃"，同门两张相同而上手又打出同样的牌为"碰"得一进，同门两张相连而上手又打出可与其点数连接的牌为"吃"得一进。同时如同门 3 张相同，而上手又打出唯一的另一张，可以"开招"（麻将称"开杠"，4 张相同），另有赏采。这种变化虽然使下家能够利用上家弃牌多作进数，但也受到了上家的钳制，上家可把两张闲牌一直握于手中，既不影响自己和牌，又使下家受制于我。因此这种变化虽然大大地增加了游戏的趣味性和技巧性，但可以无用的闲张遏制对方之和，导致先天既定的成分过大，不能不说是默和牌的一大缺点。

马吊式的碰和牌大概盛行于清代早期，《红楼梦》第四十七回就记载了薛姨妈顶住贾母的二饼（二文，画作饼形）不发，凤姐得鸳鸯示意，故意打出"二饼"的碰和牌例。与此同时，骨牌中也出现了一种"碰和"打法。它把 20 种骨牌牌色都增加 5 倍，共用 105 张牌，4 人入局，第 5 人局外候补。入局者分得 20 张牌，庄家多发一张并首先出弃牌。以首先作出七进牌者为和，每进 3 张，三牌同称"豹子"，三牌中有 5 个数相同称"五子"，三牌点数均不一称"顺不同"，都可组成一进。如果 4 张相同称"开杠"，5 张相同称"龙船"，开出后可向中营牌尾补足手中之牌。和牌后，按规定的花色"符数"相比论输赢，和家打赢者可得四符，自摸者八符。开杠六符，龙船十符。另以原来的"夷队"（去除一二、二四，余四六、幺五、二六、三五、二五、三四、幺四、二三等 8 种牌）为"短头"，短头"开杠"二符，短头"龙船"五符，豹子二符。这样和家虽胜牌，但赢采未必有散家多。这种牌又出、又杠、又龙船，打出张数往往不一，经常出现补牌、起牌中的牌张数错误，牌张一旦数错，就无赢的希望，称"相公"；误认牌点数而和称"割耳朵"，要被严罚。这些术语和以上的打法，也都为麻将牌所继承。

至此，我们可以看出马吊牌和骨牌中的"碰和"与麻将牌有更近的血缘关系，如万、索、钱三门都已是每种 4 张；打法中有碰有吃，3 张一抹为一进，作成若干个进为和；骨牌碰和中的"开杠"、豹子、顺不同以及术语"相公"、"割耳朵"等统统开了麻将的先河，略加改进即是以后的麻将，故杨荫深先生《事物掌故丛谈·博戏》说："（麻将）远绍马吊牌，近由碰和牌转变而来。"[①]

---

① 杨荫深：《事物掌故丛谈·博戏》，上海书店影印，1986。

麻将与碰和相比，所差者是后者有红万、枝花、空堂，而前者变为红中、发财、白皮，又多出东西南北四风和春夏秋冬（或琴棋书画）、梅兰竹菊八花。讨论这些新变的因素，将有助于确定麻将的最终形成。清徐珂《清稗类钞·叉麻雀》云：

> 粤军（指太平军）起事，军中用（麻雀牌）以赌酒，增入筒化（花）、索化、万化、天化、王化、东南西北化，盖本伪封号也。行之未几，流入宁波，不久而遂普及矣。

太平军所用的"麻雀牌"可能是当时流行的骨牌，但它经改造，增入筒花（文钱门画作筒饼形）、索花、万花，显然是把骨牌改造为马吊碰和牌了。同时，又按太平天国政权的封号，增加了天花（天王洪秀全）、王花（翼王石达开）、东花（东王杨秀清）、南花（南王冯云山）、西花（西王萧朝贵）、北花（北王韦昌辉）等 6 种牌，从而开创了麻将的东西南北四风，这种碰和牌加四风的新牌，应当视作一种准麻将。因此，麻将牌可能是太平军的创造，其时代当在清咸丰（1851～1861 年）年间。随后不久，即"流入宁波"，"由宁波、江夏延及津、沪商埠"、"由津沪波及全国"。标准麻将的形成，可能与活动在清咸丰、同治年间的宁波人陈政钥（字鱼门）有关。据周海雄、王雁玲撰《麻将的起源与演变》说："（陈氏）教会了英国外交官打麻将。这件事已经被现居住在台湾的陈鱼门曾孙在美国查找到夏复礼当年的回忆录中找到了依据所证实。今天陈氏的裔孙直言'麻将是我的前辈发明'，而蒋祠巷旧居的居民仍知晓'屙老爷（陈鱼门）发明麻将'的事……陈鱼门还新创了杠、吃和用骰子定位的方法。"①

麻将开始流行后，清高官、亲王也都迷上麻将，连慈禧太后（谥孝钦显皇后）也不免。胡思敬《国闻备乘》卷三《叉麻雀》对此有详细记载：

> 麻雀之风起自宁波沿海一带，后渐染于各省，近数年来京师遍地皆是。薪俸既丰，司员衙散辄相聚开赌，以此为日行常课，肃亲王善者、贝子载振皆以叉麻雀自豪。孝钦晚年，宫中无事，亦颇好此戏。奕劻遣两女入侍，日挟金数千与博，辄佯负，往往空手而归，内监、宫婢各有

---

① 周海雄、王雁玲：《麻将的起源与演变》，《宁波大学学报》（人文科学版）2002 年第 4 期。

赏犒，每月非数万金不足供挥霍。①

　　准麻将在流行中又有不少变化，统治者自然反对用太平军"伪封号"作牌张，或代之以春夏秋冬，或代之以琴棋书画，而光绪年间盛宣怀带到天津任所的麻将，则代之以仁义道德，反映了统治阶级的文化专制政策的禁锢之深，但在群众中，则"不避隹苻"，封建的仁义道德永远也替代不了亿万群众的好恶和选择，平等的东西南北风被保留下来，而具有封建等级性质的天王、王花却被抛弃；画武松的红万被象征"中和为贵"的红中代替；画着枝花的半文被象征吉祥如意的"发财"代替，而画着"波斯进宝"的空没文被象征着"无中生有"的白皮代替，这就是流传而又盛行于今的麻将的由来。它的发展演变史，与中国封建社会末期、近现代的思想、文化发展史息息相关、紧密相连，既充满了农民反封建的思想，又烙上了民主革命的烙印，当然也有封建士大夫与近代大商人、买办阶层的情趣，其中丰富的文化意蕴可说是近现代思想文化史的一个缩影。

---

　　① 胡思敬：《国闻备乘》卷三《叉麻雀》，陕西师大历史文化学院《汉籍全文检索系统·二》，2002。

三 巧设象数
——博戏设计思维与文化底蕴

    从六博开始到今天的骰戏和麻将，博戏在中国至少发展了 2600 余年，在这漫长的岁月里，随着中国传统文化和思想的发展，博戏的内容及形式也在不断变化发展，始终是中国人文化生活中一种不可或缺的游戏方式，并且与当时的政治、军事、民风、民俗结下了不解之缘。因此，对博戏文化内涵的研究，无疑会从一个过去学界很少接触的侧面，再现古代中国人真实的思想和生活，再现中国优秀传统文化所具有的诱人魅力。

（一）因象明义——象数逻辑思维和博戏设计

    象数思维是中国人的基本思维方式之一，是一种从具体形象或符号中把握事物抽象意义的一种思维活动。这种思维活动的主要特征是把人类和自然界的一切事物都比拟成"象"和"数"，然后通过象数的演绎来把握和认识客观事物。明代的大哲学家王夫之认为："盈天下而皆象也，《诗》之比兴，《书》之政事，《春秋》之名分，《礼》之仪，《乐》之律，莫非象也，而《周易》统会其理。"这就是说，"六经"皆是象，都是因象明义的。而《周易》则是集中讲象数思维方法的。的确，《周易》中充满了象与数，八卦、六十四卦、三百八十四爻皆是对世界自然结构和人类社会结构的比拟，乾象天，坤象地……整个卦爻体系可以类拟万物，这种卦爻体系后来演变为各种图式——后天八卦图、先天八卦图、九宫八卦图、河图、洛书、太极图、六十四卦方位图、次序图等等，都是对宇宙时空结构和社会万事万物的象比拟式的概括。

    数，是求卦象的基础，又赖象以显现：

　　　　叁伍以变，错综其数……极其数，而定天下之象。①

　　易学中的数有很多，天地数、大衍数、万物策数、生数成数、河图数、洛书数等等，都是对《周易》宇宙观、世界观、本体论、认识论、辩证法的数理表达，这种表达往往被视为一种规律，视为"运数"。宋代邵雍父子的《皇极经世书》用数表达人类社会的发展趋势就是典型的例子。

　　象数思维为中国传统文化奠定了基本的思维模式，太极宇宙论、本体论、阴阳、五行辩证论、九宫八卦的象数逻辑等都是这种思维模式的结晶。它们对训练中国人的思维及文化的发展起到了重要的指导作用，尤其是对博弈文化的局、棋设计及着法规则起到了决定性的作用。

　　六博博戏的设计可说是象数思维的典范，"局平以正"以象地；外层12个钩识象十二地支（十二辰），并法地右旋；内层8个钩识表示八卦九宫，象征天，法天左转；子分黑白以象阴阳；棋有十二合于吕律之数；行棋时投箸显数，以崇天帝安排之运数；吃子时，以天上岁星、地上太岁之冲为原则，散棋行于地，"在子取未，在午取卯"，枭棋行于天，"至震取兑，至离取坎"。② 正如汉边韶《塞赋》所说：

　　　　本其规模，制作有式。四道交正，时之则也；棋有十二，律吕极也；人操其半，六爻列也；赤白色者，分阴阳也；乍亡乍存，象日月也。行必正直，合道中也；趋隅方折，礼之容也；迭往迭来，刚柔通也；周则复始，乾行健也；局平以正，坤德顺也。然则塞之为义，盛矣！大矣！广矣！博矣！质象于天，阴阳在焉；取则于地，刚柔分焉；施之于人，仁义载焉；考之古今，王霸备焉；览其成败，为法式焉。③

　　可以看出，博戏的设计，充满了象数观念和象数逻辑思维方法。它希图把世界和人类社会的一切都归纳于小小一方博棋之中；把世间的神道王权、太岁冲犯、仁义道德、沙场争战及自然的阴阳变换、刚柔消息等都拉入游戏之中，大大提高了游戏的知识性、趣味性、娱乐性，是博棋能够流行近千年

---

① （晋）韩康伯撰《周易注》卷七《系辞下》，文渊阁四库本。
② （清）严可均校辑《全上古三代秦汉三国六朝文·全后周文》卷七《王褒〈象经序〉》，中华书局，1958。
③ （唐）欧阳询编撰《艺文类聚》卷七十四引《塞赋》，文渊阁四库本。

的根本原因。

博棋的这种设计传统，被以后的博戏种类所全部继承。如弹棋"（十二子）协日月之数，应律吕之期"，"或比之仁让，或喻以修身，或齐诸道德，良有旨也"。① 如樗蒲"杯为上将，（五）木为君副，齿为号令，马为翼距，筹为策动，矢法卒数"。② 虽比拟兵战以制戏，但以投掷所用的杯为"上将"，反映了"杯"是代表上天的最高统治者；以五木为"君副"，五木则代表了神秘莫测的上天意志，具有深厚的文化意蕴。至于双陆、骰戏、采选、骨牌、马吊、麻将诸种博戏，几乎也都是在象数的大背景下设计出来的，如双陆：

> 局方以象地，棋圆以象天，黑白分两仪，门梁限内外。方者，偶局之路，各有十二；圆者，奇棋之数，各有十五。设两关以象月，而表道以象星。道二十有四，以法节气。每行止于五，以法五行，始立马。参伍错综，效阴阳之杂毗。③

双陆棋象天，局象地，着法效仿阴阳五行，棋子数法九宫十五之数等等，不一而足。再如骰戏，双六为天、双幺为地，双四为人，是对古代天人合一、三才等世界观、宇宙观的模拟。骨牌据传是术数盛行的北宋所制，其中更是充满了象数：

> 宋宣和二年，有人上疏云："共设牙牌二百二十七张，以按晨辰（星辰）布列之位。天牌二扇，二十四点，象天之二十四气；地牌二扇，四点，象地之东西南北；人牌二扇，十六点，象人之仁义礼智；和牌二扇，八点，象太和元气流行于八节之间，其他名类皆合。"④

"太和"出自《周易·乾·象传》的"保合太和"，太和本指一种无严

---

① （唐）欧阳询编撰《艺文类聚》卷七十四引（南朝）梁简文帝《弹棋论序》，文渊阁四库本。
② （唐）欧阳询编撰《艺文类聚》卷七十四引（后汉）马融《樗蒲赋》，文渊阁四库本。
③ 吴龙辉主编《中华杂经集成·长行经》，中国社会科学出版社，1994。
④ （清）陈元龙撰《格致镜原》卷六十《玩戏器物类·牙牌》引《诸事音考》，文渊阁四库本。

寒、酷热、烈风、淫雨的四时之气，汉以后解释作能够产生万物的一种元气，是一种世界本体。这里的太和元气，即宇宙本源，元气流行于八节（二分二至和立春立夏立秋立冬），才产生了万物与人。和牌八点由两个"幺三"组成，暗合《老子》"一生二、二生三，三生万物"之意，故以和牌象征太和元气。这里的牙牌（即骨牌）名类"皆合"于象数，可见象数思维和象数的哲理图式对博弈文化影响之深。

事实上，在游戏中运用象数概念最多要数马吊，明黎遂球《运掌经》述及马吊象数时曰：

> 凡牌，未出皆覆，即出皆仰。覆者数玄（运气之数不显），以象天也；仰者形见，以象地也（古人以为凡物有形为地，无形为天，以无生有）。视仰之形，测覆之数，以施于乾运者，人也（精察有形与无形之牌，可改变持牌者运气，故人是天地之中能动因素）。四类（四门），以象四时也；极之以万为数，象万物也；终则有始，天行也（不论输赢，牌总要流传下去，象天运行的刚健，不能阻挡）；……四人，四方也；余者置中（指中营底牌），中央之象也；……右以旋左，天运然也，从日月之行度也。一曰：天左旋，凡二十四节之气皆左旋（天以左旋，顺时针方向）。善斗者，迎其机以回天，故右旋也（能与运气相争者为善斗，故打牌要掌握天运转的机运逆之而行，即按逆时针方向轮流发牌），生克（庄家、散家互相遏制），象五行也。曰牌何生？此克则彼生也，如上者克中，则下者生矣（遏制一家，则第三家得利）。八斗（牌打八圈结束），象八卦也。如三则九（三三为九），亦洛书之数九也（洛书数即九宫数，由一至九构成图式）。凡始斗，则互易而混之，太极也（太极是宇宙初始的浑沌态，故以混牌象之），剖而视之，两仪之初分也。吾粤人之斗，必去其二而不用者，衍也。著衍一，牌衍二，人也。智者不穷其物，多留余地以胜天也。[①]

广东人打马吊，八张底牌中去二张，象征起卦的大衍之数方法。易卦起卦用50根蓍草，去一不用，象征太极的先天永恒，不参与变化。马吊去二

---

① （明）黎遂球撰《运掌经》，（元）陶宗仪等编《说郛三种》，上海古籍出版社，1988，第1843~1845页。

是因为一象太极，三象万物，二象人。人处天地之中，进退自如，善握机运，自有"回天"、"胜天"的机会。

马吊牌的设计与古代象数一一相应，之所以分四门，是要象征四时；用万万至一文表示，是要象征万物。中央置"中营"，是中央土的象征，五行土德厚，故中营8张底牌都是红利，"以纪最殿（后），定赏罚也"。逆时针转圈的规则，是为了与"运气"抗争而规定，牌即使不好，只要智巧也一样有机会。在这里，既有无端的附会（如四人象四方，三人象六合之类），也有深刻的人生哲理和牌理，显示了中国传统博弈文化的广大包容性及其与传统思想、文化的密切关系。

（二）游思于文——博戏的伦理和教化功能

在儒家伦理和教育思想的影响下，中国历来是一个十分重视伦理教育的国家。两千多年以前，就开始设立了"庠"、"序"等贵族学校，汉以后则有专门的"太学"、"国子监"等大学。中国古代的教育不仅在学校讲"教"，更注重在文化领域内讲"化"，所谓"教化百科"就是中国古代教育的突出特征。在这种背景下，与民众生活密切相关的诸种博戏，自然是施行教化的风水宝地，利用博戏形式实施有利于统治者的各种教化，是历代士大夫孜孜不倦要努力做到之事。因此在博戏中充满了伦理道德观念是十分自然的。

利用博戏进行教化，首先表现在把当时思想界的主要成果——各种象数思想——寓于博戏设计之中，使博者在不知不觉中就被潜移默化。其次是把伦理观念直接糅合于博戏的行棋与着法中。孔子大概是肇始者，《论语·阳货》说"不有博弈者乎，为之犹贤者乎已"，贤者自然是有礼有文的君子，博戏是君子所为，其中自然要具有文质礼容，不然贤者是不为的。汉代的经学家们，大大发挥了"为之犹贤"的观点，边韶研究了六博，"核其因，通之极，乃也精妙而足美也"，其美处在于："行必正直，合中道也。"行棋必直道而行，做人也必正直，才能不偏不倚，合于儒家的中庸之道；"趋隅方折，礼之容也"，棋行至四隅时才能拐弯，做人也要屈伸自如，容让谦恭，"礼"要求人们胸怀宽阔，容让为先；"局平以正，坤德顺也"，局方象地，其象为坤，坤象用于人伦，即"坤德"，坤象承载着万物，哺育着生灵，其德是"顺天而行"，性质柔顺，通过"局方"、"坤象"教育人们要有柔顺的美德。所以边韶在总结博塞之义时说其义"盛矣、大矣、广矣、博矣"，"施于人伦，仁义载焉"。

汉以后盛行的弹棋，是"仙家之戏"或"雅戏"，"非同乎五白枭橛之数，不游乎纷竞诋欺之间"①，可以"比之仁义"、"言之礼乐"、"喻以修身"、"齐诸道德"②，很明显，弹棋也是进行伦理教化的一方重地。

双陆"号雅戏"，被宋太宗赵匡义"播之声诗，纪于奎文，双（陆）有光焉"③，诗文的加入不仅使双陆趋雅，更使其"教化"。

牌戏中的伦理教化也很突出："凡斗牌，优容（豁达而文质彬彬），仁也；附其类以共力（散家同心），义也；必击，勇也；有让，礼也；成算，智也；守死，信也。"④ 牌桌上的博赌行为中，居然也充满了仁、义、礼、智、信。

把博弈教化功能举之最高者，要数北魏的游肇（452～520年），《魏书·游肇传》说其："曾撰儒棋，以表其志。"《太平御览》卷七五五引其自述儒棋曰：

> 儒棋者，盖博弈之流，所以游思于文，亦犹投壶之习武也。故圣人因物设教，有实有欢；情、礼称宜，有张有弛……盖游义之所统，本诸谦净；铨名撰德，略依儒行；起舍遵道，轨法中庸。时然后玩，人不厌其游；让而后胜，人逾惬其负……⑤

游肇作儒棋，是要仿孔子"因物设教"。他认为游戏的本质，是要培养人们的谦恭、净修、德行等优良品质。游戏的取舍都要符合"道"，行为都要法"中庸"。有节制的适时而玩，会越玩越高兴；礼让在先，赢戏在后，输者也会感到惬意。这就是博弈要"游思于文"的深刻道理。游肇把博弈看做教化的阵地，要人们在博弈中学到修身养性、谦恭俭让，在博弈文化的

① （宋）李昉等编撰《太平御览》卷七百五十五《弹棋》引《弹棋经后序》，文渊阁四库本。

② （唐）欧阳询编撰《艺文类聚》卷七十四引（南朝）梁简文帝《弹棋论序》，文渊阁四库本。

③ （宋）洪遵：《谱双序》，（元）陶宗仪等编撰《说郛三种》八《说郛》，上海古籍出版社，1988，第4659页。

④ （明）黎遂球撰《运掌经》，（元）陶宗仪等编《说郛三种》十《说郛续》，上海古籍出版社，1988，第1843～1845页。

⑤ （宋）李昉等编撰《太平御览》卷七百五十五《儒棋》，文渊阁四库本。

思想史上具有重要意义。因物设教、游思于文、寓教于玩的种种命题，在思想理论上纠正了"博赌"、"弈赌"的偏差，使人们对博弈能够有"谦退为胜"、"通生为乐"的正确认识，这种理论在1500多年前的封建社会中，是难能可贵的；即使今天看来，也不失为一种卓识。

游肇的"因物设教"并未停留在口头上，他确实创造了一种以"通生为务，不存塞杀"、"谦退为胜"的博戏——儒棋。儒棋的局呈方形，有"周道四十，其用三十六"，为 11 × 11 的方格棋局，在格道中行棋，称为"道"。棋局上又有"四维道"，供成枭的棋子飞行；在周道上的四仲位置，分别标有彼、此、左、右，彼此两个位置称为"净"，左右两个位置称为"中"（详见下章图43）。棋子有20个，其中10个名"谦棋"，黑白相分每方5个；另10个名为仁、义、礼、智、信、善、敬、德、忠、顺，通称彩棋。又置骰子二，双方按点行棋。棋从净位出发而"顺行"（顺时针方向），在一定条件下谦棋可变作"枭棋"，也可"折为伏棋"，行枭棋或伏棋者都可得"异采"。行棋途中"通生为务，不存塞杀"，即不食子、不塞道，双方相遇，"谦退为尚"，如果前进到除净位的其他位置，只要"依数而行"可得两采。一方的棋"出尽"（再从净位出局）为胜局，可得若干采筹，十筹奖一爵，奖三爵者胜。

儒棋的创制，虽然目的明确，但它把儒家的伦理机械地搬上了棋局，既呆板又不灵活，特别是以"谦退为尚、为胜"，失去了游戏竞争、竞胜的目的性，使它不可能流行于世，也不可能为广大民众所接受，只是一种仅限于书本的"闭门造车"式的游戏。无怪乎后人对其进行了严厉的批评："魏游肇制儒棋，有仁义礼智信之目，则益令人呕哕不堪。戏者，戏也，若露出大儒本色，则不如读书矣。"[①] 博戏就是靠趣味性吸引游戏者，如无"戏"而尽讲说教，真不如去读书！

（三）樗蒲有神——博戏的"神性"与占卜功能

在今天看来，博戏仅是一种游戏而已，而古人则以为博戏有神，对其崇拜备至。两汉时，盛行把六博棋局铭于铜镜上，其文化含义就是为了厌胜、祛邪、禳除不祥。六博纹镜上的铭文可提供佐证：

---

① （明）谢肇淛撰《五杂俎》卷六《人部二》，上海书店出版社，2001。

> 左龙右虎掌四方，朱雀玄武顺阴阳，八子九孙治中央，刻镂博局去不祥。[1]

青龙、白虎、朱雀、玄武是代表天上二十八宿的四方之神，濮阳西水坡仰韶文化的墓葬中就出土了青龙、白虎的图案，证明四神早在五千年以前就是我国先民崇拜的对象。"顺阴阳"指四神显示了四季变化的寒暑、阴阳消息，在博局中，四神分别在外层 12 个钩识的子（北方玄武）、午（南方朱雀）、卯（西方白虎）、酉（东方青龙）的位置上；"八子九孙"指八卦九宫，是太一（太岁）之神游徙之处，博局上则用内层的四正四维和中央方框（中宫五位）表示。四神和太一神（天神最贵者也）都寓于小小博局，所以刻镂博局可以"去不祥"，禳除邪魔外道。由此我们不难理解汉人为什么如此崇拜博局，因为其中含有太多太多的神与神性！正因为如此，汉代民间祭神的时候，博具也成了重要的"神器"，请看下列记载：

> 哀帝建平四年正月，民惊走，持稾或梬一枚，传相付与，曰行诏、筹。道中相逢多至千数……经历郡国二十六，至京师。其夏，京师郡国民聚会里巷阡陌，设祭张博具，歌舞祀西王母。[2]

哀帝处于西汉末年，时政大乱，民不聊生。"有罪恶者不坐辜罚，亡功能者毕受官禄"，所以人民奔走相告，西王母（西方之神）要"行诏、筹"，"诏"即西王母诏告"佩此书者（指持稾或梬者）不死"，故民众"设祭，张博具，歌舞祀西王母"。用博具祭西王母，说明博具是民间祭祀的"神器"，具有巫师法器的作用。

博棋的神性不仅表现在其中有"太一"、"四神"、"太岁"等诸神，可作神器法器；又表现在"博悬于投"上。几乎所有博戏都以"投"为行棋原则，如博棋的"六箸"和"茕"，樗蒲的"五木"，双陆、采选、骰戏、骨牌、马吊、麻将中的"骰子"，都是在利用随机的"数"来进行游戏，这种数对每个参与者来讲，都是事先不可知的、不可改变的，同时也是公平的。"数，筮也"，数本身就是一种占卜方法，"投"的神秘性决定了人们对

---

① 周铮：《"规矩镜"应改称"博局镜"》，《考古》1987 年第 12 期。
② （汉）班固编撰《汉书》卷二十七之上《五行志》上，中华书局，1962。

"数"的崇拜，《周易》讲"阴阳不测之谓神"，数的不测性使人们坚信其中有"神"，有个人的"运气"，因此掷骰子时往往要发愿或咒语，以乞求上天的庇护。如南北朝的祝语是："伊谛弥谛揭罗谛"，据说只要念满万遍，"采随呼而成"（《古今图书集成·博戏部》），真可谓灵验万分。

博戏浓厚的神性，导致它出现了占卜的功能。两汉时人们就拿"博局"直接占卜，尹湾6号墓出土的《博局占》，在博局的68个棋位上，设立了68个占卜位置，用"六甲阴阳法"进行嫁娶、问病等各种占卜。除此而外，博弈史上也有不少用博具占卜的例子。如前举慕容垂的儿子慕容宝，为恢复燕国政权，博戏时发誓说："世云樗蒲有神，岂虚哉！若富贵可期，频得三卢。"结果三掷三卢，"宝拜而受赐"，终于在公元384年建立了后燕政权。"世云樗蒲有神"，说明当时人相信博戏中有冥冥上帝的意志，有神灵的佑护或祸祟。博戏不仅具有娱乐的功能，又具有占卜的功能。

博戏的这种神秘功能在博弈文化史上发展得淋漓尽致。南朝齐的李安民樗蒲"五掷皆卢"，被皇帝卜为"封侯状也"[1]；五代后周的王思政，为避宰相嫌疑，以投显示诚心，投前自誓：若诚心则出卢，不然即自杀。于是拔刀横颈，掷果卢。[2] 南唐的刘信带兵攻南康日久，为上所疑，博戏时，"掬六骰于手"誓曰：令公疑信欲背者，倾西江之水难自涤，不负公当一掷遍赤（6个四点，名"浑花"），若负公，则众采而已。结果"投之于盆，六子皆赤"。[3] 释疑表诚，用"投"证明，足见五木、骰子的神性。到宋代，据《夷坚志》载，发展起来一种专门的"骰卜"，投出六赤，即为"登科及第之兆"。这种骰卜后来在蒙古地区广为流行，清徐珂《清稗类钞·蒙人之卜筮》记载其法用三骰，"置手中捻之，口诵藏经"，"念毕，置右手掌上，乃视其数之奇偶，以定事之吉凶"。

更令人称奇者是用博戏的神秘性来"断狱"。五代吴越国有个董昌，任越州刺史，但董昌素来愚笨，"不能决事，临民讼，以骰子掷之，而胜者为直"。[4] 此官断狱不问是非曲直，凡骰子点大就判为有理，实乃司法史上之一绝，只是可怜了那些老百姓，不知被冤死了多少。更有甚者，用骰子选官，《辽史·耶律俨传》记载：辽帝"晚年倦勤，用人不能自择，令各掷骰

① （南朝梁）萧子显撰《南齐书》卷二十七《李安民传》，文渊阁四库本。
② （唐）令狐德棻等撰《周书》卷十八《王思政传》，文渊阁四库本。
③ （宋）欧阳修撰《新五代史》卷六十一《吴世家》，文渊阁四库本。
④ （宋）欧阳修撰《新五代史》卷六十七《吴越世家》，文渊阁四库本。

子，以采胜者官之。俨常得胜采，上曰：上相之徵也。迁知枢密院事（相当宰相）”。① 骰子选出的官员，虽非必是贪官污吏，但绝非辅相之才，耶律俨以“常得胜采”而高居相位，辽国怎能不衰亡！上述愚昧无知的“断狱”、“选官”方式，居然附翼于博弈文化史而流传，连作博弈史者也为之愧耻。

看来，与博戏初始就与之俱来的神秘功能，是博戏对社会健康生活的一种负功能，它所产生的愚昧无知的占卜及其他非理性的文化行为，值得我们深思，更值得从中吸取应有的教训。

（四）喝雉呼卢——博戏之赌与历代禁赌

在平等基础上的争胜是博戏引人入局的先决条件，既有争胜，就不能排除用以赌博的可能。无论什么游戏或棋弈，如射戏、蹴鞠、围棋、象棋、博戏等只要有争有胜，就有可能用来作赌博的工具。博戏从发明起就“悬于投”而不全赖智力，较诸种其他游戏与赌博有更密切的天然联系。因此，自春秋战国以来，它一直是主要的赌博工具。也就是说，博戏除了消除疲劳、娱乐游息、锻炼思维、施行教化、预测占卜等功能外，赌博又是其最重要的功能之一。

博戏中最古的品种六博，何时用于行赌已不可确考，但战国出现“博徒”之名，显然赌博已流行；当时魏昭侯之相薛公与阳湖蕃者相博，赌注已是“百金”、“二百金”②，说明赌的程度已是“豪赌”。《孔子家语》载鲁哀公问孔子“君子”为什么不博，孔子说“为其兼行恶道也”③，恶道，应指赌博。说明春战之交时人们已认识到赌博是一种恶习。所以在战国为数不多的法律条文中，禁赌成了重要的内容，战国法家的首创者李悝，在《法经·杂律》已明禁博戏，《管子·四时》把“禁博塞”作为首要政事，《墨子·号令》则规定军队中“无敢有乐器，弊骐军中，有则其罪射”，“弊骐”即博棋，把博棋带到军中就要罚罪，更不用说用以赌博了。

至两汉，博赌之风大盛，连皇帝也不免赌债之烦恼：荀悦撰的《前汉

---

① （元）托克托等修撰《辽史》卷九十八《耶律俨传》，文渊阁四库本。
② （宋）李昉等编撰《太平御览》卷七五四引《韩非子》，文渊阁四库本。
③ （魏）王肃注《孔子家语》卷一《相鲁》，文渊阁四库本。

纪·宣帝纪二》说："杜陵陈遂，字长子。上微时，与游戏博弈，数负遂。上即位，稍见进用，至太原太守，乃赐遂玺书曰：'制诏太原太守：官尊禄重，可以偿遂博负矣。"① 博负即博债，陈遂竟以宣帝欠其的"博负"，而捞到了每年有两千石俸禄的太守之官，也堪称史中一奇。博赌的盛行，导致出现专门以博赌为生的职业：

《史记·货殖列传》："博戏，恶业也。而桓发用之富。"②

桓发可说是见于记载的历史上第一个靠赌博发家的暴发户。至东汉则出现聚众而赌的专门赌场：

《后汉书·王符传》："今人……或以谋奸合任为业，或以游博持掩为事。"唐李贤注："博为六博，掩为意钱也。《前汉书·货殖传》曰：'又况掘冢搏掩犯奸成富'也。"③

"合任为业"，即多人以"游博持掩"聚赌，当是中国最早的赌场。这种赌场以骗人钱财为能事，以"成富"为目的。可见，六博自战国流行以来，一直伴随着很大的赌博成分，是赌博的一种最有效的形式。

魏晋南北朝盛行樗蒲。樗蒲是六博的简化形式，喝雉呼卢几乎成了赌博的代名词，以营利为目的的赌博形式更加赤裸化，赌注也大得惊人。《晋书·何无忌传》说刘毅"家无担石之储，樗蒲一掷百万"，《晋书·刘毅传》说"东府（太子府）聚樗蒲大掷，一判应至数百万"。奇怪的是，这巨额赌注，赢家得之心安理得，输家丧之无可奈何，说明当时社会上已把赌利作为理所当然的收益。因此豪绅恶霸发家致富除了"豪夺"一途之外，又增"巧取"一途。如桓温少时好博，把家产输光，还欠不少赌债。无奈之下求"颇有艺名"善于樗蒲的袁耽帮助，"就局十万，一掷，直上百万"，债主得知是袁耽时，只好自认倒霉。④ 以赌巧取的门道为其子桓玄心领神会，更加发扬光大，凡他相中的园林、宝玩，就倚仗权势，强逼所有者与之樗蒲，攫为己有。

① （汉）荀悦撰《前汉纪》卷十八《孝宣二》，文渊阁四库本。
② （汉）司马迁撰《史记》卷一百二十九《货殖列传》，文渊阁四库本。
③ （南朝宋）范晔撰《后汉书》卷七十九《王符传》，文渊阁四库本。
④ 唐太宗御撰《晋书》卷八十三《袁耽传》，文渊阁四库本。

另有所谓的"官赌",凡征战胜利或有大庆,皇上或主将都要出资让有功者大赌一番,以示嘉奖。如《梁书·韦叡传》记"邵阳"之役胜利后,"因设钱二十万,官赌之"。①《齐书·李安民传》记其"击鹊尾、江城皆有功,事平,明帝大会新亭,劳接诸军,主拗蒲官赌"。②《周书·王思政传》记太祖在同州"与群公宴集,出锦罽及杂绫绢数段,命将樗蒲取之"。③ 这种官赌,把犒劳赏功、娱嬉赌博集于一体,无形中大大助长了赌博的盛行。

赌风的蔓延造成了很多人家破人亡、妻离子散;滋长了淫侈、贪婪、狡诈的罪恶风习。致使当时一些有识之士,或口诛笔伐,如韦昭、王肃;或身体力行,劝赌为文。其中最突出者是陶侃,不仅他自己忠于职守,"千绪万端,无有遗漏",而且常告诫下属"大禹圣者,乃惜寸阴……岂可逸游荒醉!生无益于时,死无闻于后,是自弃也",当他发现下属"或以谈(手谈,围棋)、戏(樗蒲)废事者",断然"取其酒器、蒲博之具,悉投之于江,吏将则加鞭扑"。并训斥那些人:

> 樗蒲者,牧猪奴戏耳!老庄浮华,非先王之法言,不可行也(因传老子游胡制樗蒲,故有此说)。……何有乱头养望,自谓宏达邪!④

赌场上哪有披发红眼的"宏达"君子,只有是牧猪奴似的博徒嘴脸。陶侃投博于江之举,令人大快!"牧猪奴戏"之训,令人深思!

唐宋时盛行双陆、骰戏、采选、骨牌等博戏,都曾用来作赌博的形式。《唐国史补》记载:

> (长行)王公大人颇或耽玩,至有废吊庆、忘寝休、辍饮食者,及博徒是强名毕胜,谓之"撩零",假借分画,谓之"囊家",囊家什一而取,谓之"乞头"。有过宵而战者,有破产而输者。⑤

贵族的"耽玩"到了废寝忘食、玩物丧志的地步,但并非不赌,如上

---

① (唐)姚思廉撰《梁书》卷十二《韦叡传》,文渊阁四库本。
② (南朝梁)萧子显撰《南齐书》卷二十七《李安民传》,文渊阁四库本。
③ (唐)令狐德棻等撰《周书》卷十八《王思政传》,文渊阁四库本。
④ 唐太宗御撰《晋书》卷六十六《陶侃传》,文渊阁四库本。
⑤ (唐)李肇撰《唐国史补》卷下,文渊阁四库本。

举狄仁杰就赌赢了宠宦的"集翠裘";唐岑参《送费子归武昌》也有"知君开馆常爱客,樗蒲百金每一掷"的名句。而民间的双陆之赌发展到了"宵战"、"破产"的地步,赌徒的强名争胜称为"撩零",开赌场假借钱贯称为"囊家",囊家不论谁赢,都要抽取赌注的十分之一归己,称为"乞头",这种坐地分利的囊家在唐宋还真不少,据《东坡志林》讲:北宋绍圣(1094～1097年)年间,一道人在相国寺卖"赌钱不输"的奇方,价高至千金,被一少年买去,"发视之曰:但止乞头。"道人虽因"戏语得千金,然亦未尝欺少年矣"。① 的确,欲要不输,除非不赌,"但止乞头"即禁绝赌场,赌场没了,自然无人输钱。

事实上,不仅赌场未绝,在宋代连一般酒楼茶馆,都变作了聚赌的赌场:"多置局或五或六,多至十余。博者出钱以就局。"② 另有专门陪玩的高手,面议优惠条件以吸引博者,或饶先掷,或饶三至四筹,或开战前就让对方马移至前三梁,称作"牵三梁",这种饶三、四筹的优惠,意味着恭送赌者二局红利,无把握绝不敢作如此赌。可见宋代的赌场假借着双陆形式,已发展得相当完备,陪赌的高手技艺之精,可想而知。

宋代专门的赌场又称"柜坊",时人说它"以博戏骗财",仅定州一地,"开柜坊者百余户,明示牌榜召军民赌博"(苏轼《乞休定州军营法》),可以想见全国的公开赌场绝非少数。宋洪遵《谱双·赌赛》记载了当时各地赌博的状况:"北人以金银、奴婢、羊马为博,贫者以杯酒胜负","番禺人以百缗至三二百缗约以三局,下至十缗。贫者三数钱至数十金","三佛齐、真腊、南皮、占城以金银或千缗,以三五局为率,大食国以其国所用金钱为博,钱面文作象形"。③ 赌得最豪者当属辽国皇族,《辽史·罗衣轻传》载皇帝与皇太弟重元"因双陆赌以居民、城邑,帝屡不竞,前后已偿数城"④,如此豪赌,恐也是旷古奇闻!

明清以后,盛行马吊、麻将等博戏,与之而来的赌博更加猖獗。明徐渭《会稽县志诸论》:"今之所乐者,其业在博塞以为生。"乐以博塞为生,是

① (宋)苏轼撰《东坡全集》卷一百二《释道》,文渊阁四库本。
② (宋)洪遵《谱双·杂记》,(元)陶宗仪等编《说郛三种》八《说郛》,上海古籍出版社,1988,第4671页。
③ (宋)洪遵《谱双·赌赛》,(元)陶宗仪等编《说郛三种》八《说郛》,上海古籍出版社,1988,第4670页。
④ (元)托克托等修《辽史》卷一百九《伶官》,文渊阁四库本。

明代博戏以赌的真实写照。到了清代，赌场充斥肆坊，成了当时社会生活中的突出现象，《中西纪事·申明禁烟》："有博厂焉，有妓院焉。"此时的赌场为吸引更多的赌徒参与，"乞头"降为十五抽一或二十抽一，另有一些地痞站在牌桌旁侍候，专靠"拈头"来收胜者的小费发财。鲁迅《阿Q正传》记了民国年间乡下的打牌"连小乌龟子都叉得精熟的"，说明从上到下牌赌的盛行与普及。

综观博戏史，可说其与中国的赌博史是与生俱来的。博戏是赌博赖以进行的形式，赌注则是赌博的内容。赌注小至杯酒文钱，大至金银城池，无非都是为了个人的聚敛财富。但这种聚敛建立在"巧取豪夺"的基础之上，给社会带来了一系列的不安定因素，大到军事战争，小到个人殴斗，都可能由博局牌桌上引发，如汉初著名的"七国之乱"，就是因为吴王濞的太子与皇太子（后为汉景帝）"博，争道不恭，皇太子引博局提吴太子，杀之"①，引起吴王"失蕃臣之礼"，发动七国叛乱。至于因博被杀者、破产者、流亡者、自杀者历史上更是不计其数。故赌博为君子不耻，万人声讨，清末的陶浚宣在他的《鸺鹠行》中将麻将比喻成败家的"鸺鹠"，激烈笔伐：

> 吾闻东晋陵夷铜雀没，大地五胡乱羌羯。士夫饮博供清谈，牧猪奴辈亡人国。桓桓我祖长沙公（东晋陶侃），取投博塞江流中。天地鼎沸人逍遥，千年时局将毋同?! 沉沉大梦真竹醉，白昼黄昏为易位。咨余往射岂得已，枭惊堕梁魂破碎。血其爪肉贯翎翅，焚灭觳卵断噍类！

这里把玩博戏的人通视作"牧猪奴辈"，当国家危亡鼎沸时刻，牧猪奴们还"饮博清谈"、"大梦竹醉"，实都是些亡国奴辈！作者恨不得将这些人的"爪肉"割掉，贯在战旗之上，把幼卵焚毁而断此类。读起来震烁魂魄，表达了历代人们痛恨赌博的心声。

博戏用于赌博，危害固然很深，但对于沉迷于醉生梦死生活的历代封建统治者而言，却是欢娱的主要工具。魏晋时盛行的官赌就是明证。只有当赌博危及封建统治的时候，他们才会采取一些禁赌的措施或惩罚一些官吏。历代的禁赌，从史料上看，主要集中在临时的惩罚和制定禁赌律令两方面：战国时期就开始"禁博塞"，如明代董说的《七国考》详细记载了战国李悝

---

① （汉）司马迁撰《史记》卷一百六《吴王濞列传》，文渊阁四库本。

《法经》的禁赌内容，"博戏，罚金，三布。太子博戏则笞。不止，则特笞。不止，则更立，曰嬉。"① 这是最早记载法律条文。但到底是禁博塞之戏还是禁博塞之赌，意思含混，而且未见惩罚或开罪的例子。汉武帝时期始有惩罚赌徒的例子：

> 所忠言："世家子弟、富人或斗鸡走狗马，弋猎博戏，乱齐民。"乃征诸犯令，相引数千人，名曰"株送徒"。入财者得补郎，郎选衰矣。②

所忠是汉武帝的幸臣，因其上书，所以发诏令禁博戏。一时"犯令"者有数千人，都罪为"徒"（服劳役），由于强劳的人多，故曰"株送"。如能送钱入官，不仅免徒，且能补郎官。这是最早的惩罚"博戏"者的禁赌史料。以后，史不绝书。元鼎元年（公元前116年），邟严侯黄逐"坐擅博、夺公主马，髡为城旦"；四年（公元前119年），安丘懿侯张说"坐入上林谋盗鹿，又博擅，完为城旦"；弈侯蔡辟方"坐博擅，完为城旦"。③ "博擅"，是用六博或摊钱的方式骗取钱财。"城旦"，即筑城4年的劳役。

魏晋时，虽赌风甚盛，也时有因樗蒲免官获罪者，《宋书·刘康祖传》说其"以浮荡蒲酒为事"，每被郡县所录，太祖（刘裕）老是原谅他，终究还是"再坐樗蒲免（官）"；④《宋书·王景文传》记其因牵涉与人樗蒲，赢钱120万，而被"白衣领职"，即剥夺品爵；⑤《北史·王质传》记其"为司徒左长史，坐招聚博徒免官"。⑥ "免官"的惩罚，往往是考核官吏时所用的"功令"之罚，聚博或樗蒲都是不称职的表现，故要"免官"。

至唐代禁赌的法律已系统化、正规化。《唐律疏议·杂律》对于"博戏赌财物"条规定："诸博戏赌财物者，各杖一百。赃重者，各依己分，准盗论。"对于开设赌场和提供赌具者则规定："其停止主人，及出玖，若和合者，各如之。赌饮食者，不坐。"⑦ 这就是说，对开场聚赌"停止主人"和提供赌具的"出玖"之人，都要论罪。没有收取财利的，处杖刑一百；如取财得利归己

---

① （明）董说撰《七国考》卷十二《法经》，文渊阁四库本。
② （汉）司马迁：《史记》卷三十《平准书》，文渊阁四库本。
③ 上三条均见班固《汉书》卷十六《高惠高后文功臣表》，中华书局，1962。
④ （南朝梁）沈约撰《宋书》卷五十《刘康祖传》，文渊阁四库本。
⑤ （南朝梁）沈约撰《宋书》卷八十五《王景文传》，文渊阁四库本。
⑥ （唐）李延寿撰《北史》卷九十二《王质传》，文渊阁四库本。
⑦ （唐）长孙无忌撰《唐律疏议》卷二十六《杂律上·博戏赌财物》，文渊阁四库本。

者，以赃款的多少，比照盗窃定罪。从众人身上得到的钱财，也比照上条规定对折赃物数论处。但是如果将赢来的钱全部用在吃喝上面则不应论罪处罚。

唐宋时，因考察官吏赌博而罢官去禄者也大有人在，如《新唐书·郁林王恪传》："坐与乳媪子簿，罢都督，削封户三百。"① 《山堂考索》记载北宋大中祥符五年（1012 年）进士萧元之，在中进士之前"因赌博抵杖刑"，考进士时"易名赴举登第"，被查出后，"夺其敕，赎铜四十斤，遣之"。② 看来，犯有赌博前科，虽有进士之才，但无进士之德，也不免被夺敕罚铜、削官为民。

金代则制定了专门的《品官犯赌博法》：

"八年，制品官犯赌博法。脏不满五十贯者，其法杖，听赎；再犯者杖之"；"文官革职为民，武官革职，随舍余食粮差操"。③

实际上，这种"功令"之罚往往是一纸空文，"百人之中未有一人坐罪者，上下相容而法不行故也"。④ 情面、后门之类在那时大概也很流行，官官相护、有法不依是专制社会的通病。

元朝的禁赌法较为全面。《元史·刑法志》载："诸赌博钱物，杖七十七，钱物没官。有官者罢见任，期年后杂职内叙。开张博房之家，罪亦如之。再犯加徒一年。"⑤ 《元史·世祖本纪》载："至元十二年二月丙寅，禁民间赌博，犯者流之。"⑥

对民间赌博的限制，宋代最为严厉，

《燕翼贻谋录》："淳化二年闰二月己丑（公元 991 年），诏：相聚蒲博、开柜坊、屠牛马驴狗以食、私销铜钱为器用，并令开封府严戒坊市捕之，犯者定行处斩。引匿不以闻与同罪。"⑦

---

① （宋）宋祁撰《新唐书》卷八十《郁林王恪传》，文渊阁四库本。
② 顾炎武撰《日知录》卷二十八引《山堂考索》，文渊阁四库本。
③ （元）托克托修《金史》卷四十五《刑志》，文渊阁四库本。
④ （元）托克托修《金史》卷四十五《刑志》，文渊阁四库本。
⑤ （明）宋濂等修《元史》卷一百五《刑法四·禁令》，文渊阁四库本。
⑥ （明）宋濂等修《元史》卷四《世祖本纪》，文渊阁四库本。
⑦ （元）陶宗仪编撰《说郛》卷四十四上引《燕翼贻谋录·严禁蒲博》，文渊阁四库本。

　　这条较早的禁民间赌博史料，惩罚竟是"处斩"，空前绝后。原来宋朝刚建国不久，"世有恶少无赖之人，肆凶不逞，小则赌博，大则屠牛马、销钱，公行不忌。其输钱无以偿，则为穿窬，若党类颇多，则为劫盗，纵火行奸。人不防其微，必为大患"①，聚赌结党，发展至偷盗放火，已严重危及宋政权的安全，故有此重罚。

　　明代禁赌的法律沿袭前代，《大明律》"赌博"条规定："凡赌博财物者，皆杖八十，摊场钱物入官。其开张赌坊之人，同罪。止据见发为坐。职官加一等。若饮食者勿论。"②

　　至清朝，法律上沿袭明代。同时又在康熙四年（1665年）制定了《严定赌博禁例》，主要对"开场招集赌博之人、抽头放头者"进行处罚，而且在程度上还有"旗人"、"汉人"之别。③除此而外，从历代皇帝与禁赌有关的诏令、御令来看，清代在实际的查禁方面下了不少工夫，如严厉处置督察不力的官员；开赌场者处以绞刑等等。

　　总而言之，历代的禁赌除非在特别时期，都是非常不力的，造成了赌风在中国流行数千年。究其原因，既有认识方面的，也有文化方面的，更有经济方面的。首先，历代的官僚士绅几乎都把赌博当做生财之道，或巧取，或强夺，都能在博戏公平原则的掩护之下达到目的。像晋代桓玄靠樗蒲巧取他人田园、珍宝；近代的张之洞，打着筹措海防经费的旗号，在湖广大开赌禁，派兵保护赌馆，致使赌风大盛，其也是最大的"乞头"。都是以赌取财的人。

　　其次，魏晋以来崇尚"玄学"，士大夫都追求一种放荡不羁的生活，"任诞"被崇为名士风度，"狂悖"的不计后果的赌徒精神，也曾被人刮目相看，故"一掷千金浑是胆"的刘毅，在讨伐篡权的桓玄时，把其吓得"忧惧无复为计"，"呼卢百万终不惜"的五陵少年更是诗人李白仰慕的对象（李白《少年行》）；稳健的杜甫也在《今夕行》中把"相与博塞为欢娱"比作"英雄有时亦如此"；为"百世师"的大儒韩愈，表面上"以道学文章自任"，实际上常"为博塞之戏，与人竞财"。④可见，文人对博戏的崇尚及其对文化底蕴的追求，也是赌博不能禁绝的重要原因。在这种风气下，抵制

①　（元）陶宗仪编撰《说郛》卷四十四上引《燕翼贻谋录·严禁蒲博》，文渊阁四库本。
②　《明会典》卷一百四十二《明律·赌博》，文渊阁四库本。
③　《皇朝文献通考》卷二百三《刑考九·严定赌博禁例》，文渊阁四库本。
④　《古今图书集成·博戏部》引《宛委余编》。

赌博只能是受害群众的内心呼声，而不能成为整个社会的共同行为。

历代禁赌中还有一个值得注意的问题，唐宋以前，往往连博戏器具一起禁止，如陶侃把"蒲博之具悉投江中"，而以后则重在禁止赌博行为，特别是对赌馆的禁止。这是一种文化方面的进步表现。因为，博戏本身只是一种游戏器具而已，它固然可以用来赌博，但更可用来锻炼思维、解除疲劳、增强智力，如果仅仅因其可供赌博而禁止，那么，一切有角胜的古代游戏如拔河、射戏、蹴鞠、围棋、象棋等都应在被禁之列，因为它们或多或少都曾用作赌博工具，而禁止了这一切游戏，等于禁锢了人们的业余生活，实际上这是不可能的，也是愚蠢的。正确的做法是要善于引导、教育，去除种种博戏中的赌博行为，而发扬博戏中有益的文化功用，比如现代的麻将，沉淀着许多优秀的传统文化内涵，用之游戏，足以忘忧清乐，足以怡养心智，如因其曾被作赌具而禁止（如在"文化大革命"期间），岂不可惜！

四 橘中仙弈

——易学与唐代八八象棋

唐代《幽冥录·巴邛人》记载了一则脍炙人口的故事：

> 家有橘，霜后诸橘尽收，余二大橘如三四斗盎……剖开，每橘有二
> 老叟，须眉皓然，肌体红明，皆相对象戏……一叟曰："君输我瀛洲玉
> 尘九斛……后日于先生青城草堂还我耳。"又有一叟曰："王先生许来，
> 竟待不得。橘中之乐，不减商山，但不得深根固蒂于橘中耳。"有一叟
> 曰："仆饥虚矣，须龙根脯食之……食讫，以水噀之，化为一龙共乘
> 之，足下泄泄云起，须臾风雨晦冥，不知所在。"①

看来，唐代的"象戏"已是仙人之戏。这里的象戏即以后的象棋，这
则传奇广为流传，是以后小说、戏曲、诗歌中经常采用的题材，因此，人们
管象棋又称作"橘中戏"。南宋文天祥《文山先生全集》卷二有"我爱何如
橘里枰"的名句，明马浩澜有"巴园橘里赌棋还"的名诗，明代的著名象
棋谱《橘中秘》、《橘中乐》等都源于此。橘子甜酸，象棋逸乐，仙人羽化，
三者被唐人巧妙地结合在一起，大大提高了象棋在人们心中的文化品位，虽
属想象比拟，但也充分反映了人们对象棋的喜爱以及对棋艺高深境界的追
求。

的确，象棋被发明以来，由于历代民众的喜爱，不仅在中国广为普及，
而且影响到域外；它不仅参与了人们生活机制的良性调节，而且与不少重大
的历史事件、社会活动发生联系，直接影响了人们的道德观念、行为准则、
审美情趣乃至思维方式。这一切使它有别于一般游戏，而构成了一种具有丰

---

① （明）董斯张撰《广博物志》卷四十三引《幽冥录》，文渊阁四库本。

富内涵的象棋文化。

象棋的文化内涵表现是多方面的。据作者的考证，象棋、象戏的得名，首先是因为棋中有"象"，大到天地人伦之象，小到万物之象，无所不包，无所不容。唐代的六十四卦象棋，是易学阴阳八卦思想和图式在棋戏中的反映，它所构成的六十四卦阴阳棋局（八八象棋），隐含着中国传统思维对宇宙、天地、四时消息等的精辟看法和思考，隐含着阴阳辩证、太极整体、天人合一等世界观和方法论，这些哲理都在一定程度上构成了象棋棋理和着法。具有深刻哲理思维的八八象棋，对现代中国象棋和国际象棋的形成都起了关键作用，是它们的主要源头。北宋时期，易学中的河洛之学兴起，六十四卦棋在新的学术思想影响下，与河图洛书之说一拍即合，八八象棋盘中加了河界和河图数十、洛书九宫和洛书数九，构成了今天所见的中国象棋棋局；而原来的六十四卦阴阳象棋，也通过辽、金传入蒙古，并随着蒙古大军的西征，传入中亚、西亚、欧洲，几经变制，最后定型为现代的国际象棋。因此，象棋文化首先突出地表现在其设计思想中大量应用了中国传统的哲学和思维定式，其次也突出反映了中外的文化交流、融合及人们之间的友好往来。

同时，象棋对中国文化的发展也产生了较大的影响，它曾把传统的哲理、象数、宇宙图式等以最简捷的方式普及于民间，形成了具有突出民族特征的民俗文化；也曾以其情趣浓厚的着法弈思，为一代又一代人们所喜爱，在潜移默化之中，使人们受到陶冶、启迪、教育，寓教于戏、寓乐于戏、寓思于戏、寓行于戏的功能在中国传统文化的大背景中得以充分体现。但也毋庸讳言，象棋文化中依然有不少赌博争胜、预测占卜的成分，但瑕不掩瑜，它"不悬于投"而"精于思"的性质，决定了它与博戏的本质差异，可以说象棋是优秀传统文化的重要组成部分，也是现代文化中不可或缺的重要体育娱乐方式。

（一）众说纷纭——现代象棋起源之争

1. 象棋的定义和特征

在我们对象棋起源进行探讨的时候，必须解决一个理论问题，即象棋的内涵和特征问题。

现代人们所说的象棋，一般讲是"国际象棋"和"中国象棋"的统称。也即是说，象棋在内容上有两大类型，一是国际象棋，一是中国象棋。所谓"象棋的起源"，自应指两种象棋的共同起源。但是，这个概念的建立必须有个前提：中国象棋和国际象棋在内涵的主要点上是相同的，否则，即使它们都称"象棋"，也不会有共同起源。让我们把二者比较后再下断语。

棋子数目：都为 32 颗，每方 16 颗。

棋子兵种和着法：二者相同的有将（或王），沿直线直行或斜行一格；车，沿直线行任何格；马，曲行二格；象，中国象棋斜行两格，国际象棋斜行任何格；卒，前行一格，过河后又可横行一格，国际象棋可斜行一格吃子，到底线变后；二者不同的有：炮、士为中国象棋独有。国际象棋的王后，出现很晚，当由士（或宋代的偏、裨）转化而来。

局形制：中国象棋 9×10 线，交点行棋，有河界；国际象棋 9×9 线，阴阳格中行棋，无河界。

从以上比较可以看出，二者的相同之处甚多，相异之处也都存在有机联系，如棋局虽有一线之差，但那是中国象棋在北宋以后加河界的结果；国际象棋中虽然有后无士，但后者显然是从士转化而来（详下）。因此，国际象棋与中国象棋大体是相同的，应该有共同的来源。

象棋与其他棋戏相比，特点是棋子的种类、功能、着法、威力各不相同，比如博棋、围棋、双陆等，棋子只有一种，而象棋棋子不仅种类可达 7 种，而且着法、威力也各不一样，这是象棋区别于其他棋戏的突出特征，也是探讨象棋起源的重要突破口之一。因此，现代象棋应定义为：具有多种功能着法的多种兵种在既定矩阵中，双方实力平等、交替运子抗争的一种局戏。

2. 异说纷呈——象棋起源地之争

中国历史上众多的博弈品种中，流传至现代并已国际化的唯有象棋和围棋，其中的围棋被公认是中国发明的，西方人对此毫无异议。这是因为，围棋不仅见于两千多年前的古代文献，而且其中有浓厚的中国传统文化特征，如：

> 夫万物之数，从一而起，局之路三百六十有一，一者生数之主，据其极而运四方也。三百六十，以象周天之数；分而为四隅，以象四时；隅各九十路，以象其日；外周七十二路，以象其候。夫棋三百六十，黑

白相半，以法阴阳。局之线道谓之枰，线道之间谓之罫。局方而静，棋
圆而动。①

围棋中的概念和哲理，是中国传统文化所独具的，"一"象征万物之
始，故局中设"天元"一路，表示太极，"据其极运四方也"。360，象征一
年的天数和周天度数，这是指《周易》术数领域"六龙季"历法的年长度
和度数。② 棋局四分，象四时的日数，外周72路，象春、夏、季夏、秋、
冬五候，也象征五行、五方。黑白棋子象阴阳，线道之间谓之卦。这些象数
绝非西方所有，所以众口同声，围棋是中国发明的。

比起围棋，象棋却没有这样好的命运。无论是八八象棋（以后的国际
象棋）还是中国象棋，虽然同样含有非常多的中国传统象数概念，但奇怪
的是，近百年以来的学者往往忽略这一点，而断然认为象棋为域外发明的。
其中典型的观点有下列几种。

希腊起源说。日本人涩江保在《泰西事物起源》中说："象棋系希腊七
贤中名希腊者所造。"③ 此说仅据文献，不定因素很多，且未有实物佐证，
所以未被公认。

埃及起源说。1930年从埃及开罗发出一条消息："有七千年历史的古代
象棋盘，在一个名叫乔沙欧克的大祭师的坟墓内发现。""由此可见，象棋
游戏，至少在耶稣降生前五千年左右即为埃及发明，并不是由波斯人或中国
人发明的。"④ 这条消息不久就被证明是不真实的，古棋盘确实存在，但并
非象棋棋盘。其时代也要晚得多。埃及人发明象棋说基本上被否定了。

现代学界较流行的观点是印度起源说和中国起源说。如我国著名的学者
胡适曾作《考作象棋的年代》一文，认为："那时候中国与印度交通已近千
年，也许这种游戏从印度、波斯传进来已久，到牛僧儒才把它改作一种中国
的象棋戏。念常此书记佛教事，忽插入这一段（指元代僧念常在《藏经·
佛祖历代通载》卷二二'唐文宗开成已未'条下注'制象棋'，又注云：
'神农以日月星辰为象，唐相国牛僧儒用车马士卒加砲代之为机矣。'），似

---

① （宋）张拟撰《棋经十三篇·棋局篇第一》，载《正续小十三经·续小十三经》，中州古籍
出版社，1990。
② 宋会群：《中国术数文化史·六龙季历钩沉》，河南大学出版社，1999。
③ 周家森：《象棋与棋话》，世界书局，1943，第4页。
④ 见 GAME OF CHESS（《国际象棋手册》），英国伦敦版。

不是有心作伪，大概佛教徒也知道象棋是从印度输入的，故把它记在佛教史里。"①

此说中外影响甚大，如孟心史《象棋以欧制为近古说》;② 苏联学者则根据"象戏"一名始于北周武帝天和四年（公元568年），断定印度象棋在公元570年左右传入中国;③ 英国人威廉·琼斯（William Jones）则以"中国古代不产象，印度则是产象国，中国既名象棋，且棋中有象，这是由印度传入的证据"。④ 此说把是否"产象"作为辨别起源地的标准，是因为现代象棋中都有象这个子，这种推理有很大的片面性，下面还要详细分析。

象棋源于中国论，是20世纪50年代以后才兴起的。如李松福先生的《象棋史话》，史良昭先生的《枰声局影》等，但都比较缺乏详细的逻辑论证，并未被世界学界公认。

到现在，象棋的起源仍是一个重大的悬而未决的学术问题，所以权威的《简明不列颠百科全书·国际象棋》作了一个含混的结论："国际象棋是从印度或中国的一种古老棋戏演变而来，大约六世纪自印度传入波斯，再传入阿拉伯，约于十世纪经阿拉伯和中亚传到意大利、西班牙和法国以及欧洲各地，十五、十六世纪国际象棋终于定型为现在的形式和棋制。"

（二）恰图兰格——象棋的印度起源论

象棋印度起源论的证据是梵文和出土实物，有以下数项。

第一个证据：印度出土了公元8世纪的立体象棋子，一枚现藏巴黎博物院（见图39）⑤，另一副现藏伦敦博物院，白棋子用象牙刻成，黑棋子用乌木刻成。⑥ 这表明，8世纪前后，印度已有了立体象棋子。

第二个证据：印度的梵文古籍 Bhawishya Purana 记载了一种"恰图兰格"棋，意思是四队、四角、四方阵，称为"四角棋"，棋盘为正方形，9×9线构成64方格，无阴阳。4人对弈，棋子各8枚，除4兵外，有王、象、

---

① 《中国体育史参考资料·我国象棋溯源》第3集，第60页。
② 孟心史：《象棋以欧制为近古说》，《东方杂志》第25卷第17期。
③ 李松福：《象棋史话》，人民体育出版社，1981，第5页。
④ 李松福：《象棋史话》，人民体育出版社，1981，第5页。
⑤ 常任侠：《东方艺术丛谈·从游戏上看中印古代文化的关系》，新文艺出版社，1956。
⑥ 李松福：《象棋史话》，人民体育出版社，1981，第4页。

图 39　印度象棋子

马、船，共 5 个兵种。其中王直、斜行一格；象斜行两格；马曲行两格；船直行无远近；兵直行一格。行棋步数靠骰子，五点行王或兵，四点走象，三点走马，两点走船。另一部梵文古籍（Amara-Kosha）也提及"四角棋"，但把"船"称作"战车"。① 参见图 40。

　　上两部梵文古籍的年代不详，据梵文在印度已停止使用一千年来推测，其著作年代当不晚于距今一千年前。大致相当于北宋初年。据印度的传说，四角棋是由锡兰兰卡王拉完的妻子发明的，或说印度回教徒僧人发明象棋以娱国王。如果仅据传说，则四角棋出现的年代当在距今两千年前（或 2 世纪，即西汉晚期至东汉早期）。但是，这两种传说颇值得怀疑，正像中国传说象棋是黄帝、神农、周武王发明的一样不可尽信，不可作为判断根据。德国人（Van der Linde）的看法可能比较接近实际，他认为：印度之有象棋，最早在第 8 世纪中叶，因为此前印度的象队、马队、车队、步队 4 兵种"只

---

　　①　1956 年全国象棋锦标赛大会印《中国象棋历史参考资料》，第 10 页。

图 40　古印度四角棋

用于军事"，"非用于游戏"。①

　　第三个证据：前苏联人 A. Д. 索柯尔斯基著《国际象棋·国际象棋简史》中谈道："约在七世纪时，阿拉伯人开始接触这种棋戏，并且发展改革了棋制，定名为 Шатрандж（沙特朗兹）。这种棋戏的步法与现代国际象棋尚有差异。"② 沙特朗兹棋在缅甸曾发现一副，见如图 41。棋子有将、士（副将）、象、车、马（骑兵）、兵（步兵）6 种，除士斜行一步外，其余与国际象棋步法相近。"有些人假定原始的国际象棋以此为代表，并且还认为：'这种棋，无论是棋子的名称、走法，还是一部分摆法（如象士保护将），全部极象中国象棋，我们毫不犹豫地设想，这是中国象棋的前身或蓝本。'"③

　　缅甸的沙特朗兹棋现藏美国国立博物馆，考古年代不详。其中有将、士，乃中国象棋特征，唐代的八八象棋中已有将、马、象、车、六丁六甲（兵）诸棋种类，士（偏将、裨将）到北宋才出现。因此，缅甸的沙特朗兹棋当晚于中国唐代的八八象棋，与北宋的中国象棋时代接近，或许是八八象棋向中国象棋过渡的中间形式，但无论如何，它不可能是唐代象棋的源头，反而应是唐象棋的变种。它虽然可能是中国象棋的前身，但唐代的八八象棋

---

①　周家森：《象棋与棋话》，世界书局，1943，第 5 页。

②　李松福：《象棋史话》，人民体育出版社，1981，第 3 页。

③　1956 年全国象棋锦标赛印《中国象棋历史参考资料》，第 10 页。

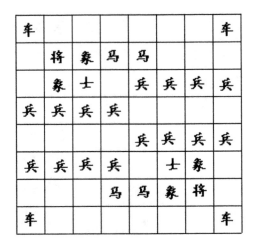

图 41　缅甸古象棋

更是中国象棋的前身。所以，我们认为：沙特朗兹棋是中国唐代八八象棋向中国象棋过渡时期由内地创造出来并传入中亚的一种棋戏，是国际象棋演变史上的一个分支，而不是源头。

　　第四个证据：前已提到，英人威廉·琼斯从象棋得名出发，认为古印度有象、中国无象，"象棋"之名只可能出现在印度，所以推论说："中国既名象棋，且棋中有象，这是由印度传入的证据。"可以看出，威廉对中国的象棋史料知之甚少，早在战国时期（公元前 475 ～ 前 221 年），中国已有"象棋"之名，如《楚辞·招魂》中的"昆蔽象棋"，刘向《说苑》中谓赵国的孟尝君"燕则斗象棋而舞郑女"，马王堆 3 号西汉墓中遣册称博棋子为"象其"。象棋的得名，在于当时的博棋中有"象天则地"之象，故云象棋。以后至北周武帝时（公元 561 ～ 575 年）又制作了一种"象戏"，其内涵已不是纯粹的博棋，而是在博棋基础上创造的一种具有多兵种的"象棋"（详后），而这种棋戏，显然也是因为其中有"象数"观念，才名作"象戏"。至宋代，人们也都把当时的象棋称作"象戏"，如晁补之的《广象戏格》、尹洙的《象戏格》等等均指宋代象棋。而象棋一名，不见印度文献和域外他国的早期文献，象棋是中国棋戏的专名，它不是因"棋中有象这个子"而得名，而是因为"局方象地"、"棋圆象天"等象数思维的一系列概念而得名。威廉想当然地把"棋中有象这个子"作为象棋名称的缘由，并进而作为印度起源论的证据，岂不知印度带"象子"的棋不称象棋而称"四角棋"，中国无"象"的棋反而称"象棋"，证明威廉的臆测和关于象棋起源的断语都近似无稽之谈，是毫无事实根据的。

总结以上的印度象棋材料，可得出下列结论：印度至少在公元 8 世纪的时候，流行过一种四人游戏的四角棋，棋盘是 64 方格，棋子是立体的，有王、象、马、船（车）、兵 5 个兵种，用骰子掷点行棋。由于每方 8 子列阵于四角，故称四角棋。这种棋的局、子及着法与当代的国际象棋有密切联系，但又有较大的区别，如局中无阴阳格，靠掷点行棋，缺少士——皇后的兵种等。所以我们认为，印度四角棋是现代象棋的源头之一，而不是唯一的源头。

（三）中西交流——立体象棋子和六十四卦棋的起源

有大量证据表明，象棋是基于中国博弈文化而被发明的一种棋戏。从目前的材料来看，象棋的发明不是一蹴而就的，它的局、子、着法等诸因素都经历了很长时间的发展变化，在这些发展变化中，它以中国博弈文化为主，兼取了他国（主要是印度）的博弈文化而最终形成的。

说象棋的形成是以中国的博弈文化为主，是因为：①象棋的含义是"象天则地"之棋，唯有中国才有这种含义上的象棋之名，象棋得名于中国而非他国。②绘有阴阳格的八八象棋首先在唐代出现，而非其他国家（详后）。③中国可靠的象棋记载可追溯到 6 世纪中期，而象棋诸因素的出现至少可上溯到西汉时期。④象棋中蕴涵的六十四卦、阴阳五行、河图洛书及将、士、炮等文化因素，具有十分明显的中华民族特征，它是在中国传统文化的大背景下被发明创造的。

说象棋在发明中兼取了他国的博弈文化，是因为：①象形的象棋子兵种"象"、"车"等因素在印度（或西域）首先出现，是通过中印的文化交流传入中国的，最后在中国融入八八阴阳象棋之中。②棋子的部分着法（如车直行无远近、象斜行二格等）也被象棋吸收。

1. 波罗塞戏——立体象棋子的起源

象棋区别于其他棋戏的突出特征是棋子刻作立体形和区分兵种。早期的象棋——如唐代的八八象棋、印度四角棋、北宋的中国象棋及以后的国际象棋——都具有这种特征，因此探讨立体象棋子的起源地是探讨象棋起源的关键之一。

　　印度的 64 方格的"四角棋"使用立体象棋子，但其首创年代争论颇大，若据传说是距今两千年（或 1800 年）出现，但不可尽信。若说其为公元 8 世纪中期的产物，也未必是事实。西方学者在讨论这一问题时，忽略了中国汉文的材料。

　　北凉（公元 401～439 年）天竺僧三藏昙无谶藏译的《大般涅槃经·现病品第六》载："（善男子四戒）终不观看象斗马斗车斗兵斗男斗女斗牛斗羊斗水牛鸡雉鹦鹉等斗……除供养佛。掷蒱、围棋、波罗塞戏、师子象斗、弹棋、六博、拍毱、掷石、投壶、牵道、八道行城，一切戏笑，悉不观作。"[1] 这里既有中戏，又有西戏。其中的"波罗塞戏"最引人注目，佛僧对其解释有数种：

　　唐代智周《涅槃经·疏》说：

　　　　波罗塞戏者，此翻象马斗，是西国象马戏法。[2]

　　唐初华严宗的创始人法藏《梵纲·法藏疏》曰：

　　　　波罗塞戏是西域兵戏法，二人各执二十余小玉，乘象或马，于局道争得要路以为胜。[3]

　　唐天台沙门明旷删补的《天台菩萨戒疏中》曰：

　　　　波罗塞戏者西国兵戏。二人各使二十五象。此方亦有画板为道。以牙为子，诤得要路即为胜也。[4]

　　唐人智周说波罗塞戏是"翻象斗马"的西域马戏法。怎样翻象斗马却含混不清。法藏（公元 643～712 年）本为西域康居人，后移居长安，由武

---

① （北凉）天竺三藏昙无谶藏译《大般涅槃经》卷第十一《现病品第六》，《大正新修大藏经》第 12 册《宝积部下·涅槃部全》。
② （唐）智周撰《涅槃经·疏》，引自《关于中国象棋历史的研究》，《象棋月刊》第三十三期，福州版，1955。
③ （魏）国西寺沙门法藏撰《梵网经菩萨戒本疏》第六《观听作恶戒》第三十三，载《大正新修大藏经》第 40 册《律疏部全·论疏部一》。
④ （唐）天台沙门明旷删补《天台菩萨戒疏·中》第三十三《观听恶作戒》，载《大正新修大藏经》第 40 册《律疏部全·论疏部一》。

则天度之为僧。在西域时，他应见过"乘象或马"（立体象棋子）的西域兵戏，称作"波罗塞戏"，此戏有局，局中有道，二人下，各有子20余枚。棋子是用玉刻成的士兵乘象或乘马的雕塑子，"争得要路"为胜。明旷与法藏的解释差不多，只是双方子各为20"玉象"，未谈到马。

说得最清楚的是日本东大寺沙门凝然述《梵网戒本疏日珠钞》卷第四十三引"与咸云"的解释：

> 波罗塞戏者梵音。此翻为象马戏法。乃是西方贵胜。令其兵士。象马戏法：二边相共各执一十、二十象马。并头共走，争得要路者为胜。又解波罗塞戏者。是西方戏名。用一百二十六子排为六行。第一行六处各著五子。第三行六处各著四子。第四行六处各著三子。第五行六处各著二子。第六行六处。是其局。谓玉象是其王，故咸云。[①]

与咸，姓章，字虚中。两宋之交人，死于隆兴元年（1163年）。宋沙门志磐《佛祖统纪》卷第十六有传。其作有《菩萨戒疏注三卷》，此处被日本僧凝然所引。首先所谓的"象马戏法"是因西方好争胜而作的兵戏，二人下，各执10象20马，"并头共走"，说明棋子排列在局一侧，局中有要路，谁先走到要路谁胜。其次是一种共126子的戏局，"排为六行"，第一行分6处布30子，每处5子；第二行空；第三行分6处布24子，每处4子；第四行分6处布18子，每处3子；第五行分6处布12子，每处2子；第六行也有6处，但不布子。此局明显是以6或6的倍数为边的方形局。但详情不得而知。其中有"玉象"代表王，威力当最大。

同书对波罗塞戏还有一释：

> 波罗塞戏，《释音》云：梵语波罗塞戏。此翻兵，即兵戏也，即今以板尽路、中间界之以河、各设十六子卒、炮、车、马、象等，俗谓象棋者是也。

《释音》当是翻译佛经所用的工具书，已难考谁作，但它至少是日人凝

---

① 〔日〕东大寺沙门凝然述《梵网戒本疏日珠钞》卷第四十三，载《大正新修大藏经》第62册《续律疏部全》。

然著此书以前之作，此书于"文保二年三月十三日。于同寺院治定之"，故成于公元 1317 年，当元代中期。此把"波罗塞戏"解作当时盛行的中国象棋，实属臆测。

综上所考，证明在 4 世纪末或 5 世纪初的后秦一带，确实流行着一种刻作立体形的西域象、马棋戏。这种棋戏二人下，各有"二十余小玉"作的骑象、骑马的立体棋子，玉象是王棋。棋盘为正方形，从一侧走棋，齐头并进，争得要路（堡垒）为胜。或用 126 子，局则较大，局路以排为主，每排又分为"六处"，处中还可放 1~5 子，疑是堡垒象征。以上特征与印度的四角棋区别很大，绝不能视作四角棋。但立体的"象"、"马"二子与四角棋、唐代的八八象棋无别，是目前所见把棋子刻作立体形而又区分为不同兵种的最早的一种棋戏，具有象棋的基本特征。同时，方局、成排的特征说明其局已经是格道式棋盘，对 3 世纪以后的中国博弈棋局设计——特别是象棋棋局设计当也有影响。应当说波罗塞戏是以后象棋中"象"、"马"等棋子的起源之一。

至宋以后，人们对波罗塞戏的性质已含混不清，宋初晏殊的《类要》把它等同双陆，说双陆"始自天竺，即《涅槃经》之波罗塞戏也"。南宋初的洪遵作《谱双序》沿袭上说。《释音》把它看做当时已流行的中国象棋，比晏殊、洪遵近是，但波罗塞戏在宋代已消亡，与南宋定型的象棋差别甚大，不应等而视之。

2. 四维棋戏——最早的八八棋局

目前所知的最早象棋——唐代的八八象棋，棋局为六十四卦阴阳格，与以后的国际象棋同；印度的四角棋，也为六十四卦方格，但不带阴阳，与国际象棋有同有异。看来，六十四卦象棋早于"中国象棋"和"国际象棋"是毫无问题的。因此，六十四卦方格棋的出现的早晚及其所具有的民族文化特征将是探讨象棋起源地的重要因素之一。

从设计的思想根源讲，64 方格棋局反映的是《周易》六十四卦，起码中国的材料证明是如此。上述大量博棋的设计证明，棋局的设计离不开阴阳、五行、八卦等术数思想和背景。早在西汉时期，易学家京房就把《周易》的六十四卦分作八宫卦排列，以表示天地运转和寒暑四季变化的阴阳消息。八宫卦以乾、震、坎、艮、坤、巽、离、兑为八宫卦，每宫卦下统七卦，按爻阴阳性质排列后，就组成有阴阳之别的六十四卦方格图，如把卦名去掉存其阴阳性质，则是一个标准的国际象棋盘。这种文化传统被诸多博弈品种所继承，三国韦曜的《博弈论》说："然其所志，不出一枰之上，所务不过方罫之间"，"罫"即卦，方卦指局中的一个方格。证明六十四卦的概念很早就用来描述棋局的格道。直到宋代张拟的《棋经》，还以"局之线道谓之枰，线道之间谓之卦"，把"卦"的文化意蕴寓于棋局之中，是中国博弈文化的历来传统。因此，64 方格的棋局表示的就是六十四卦，六十四卦局设计根植于中国的传统文化之中。

六十四卦局自汉代出现后，真正用它作棋局，始自"四维"棋戏。东晋人李秀作《四维戏赋》曰：

> 四维戏者，卫尉挚侯所造也。画纸为局，截木为棋。取象元一，分而为二。准阴阳之位，拟刚柔之策，而变动云（或作无）为，成乎其中。
>
> 世有哲人，黄中通理，探赜索隐，开物建始，造四维之妙戏，邈众艺之特奇。尽盈尺之局，乃拟象乎两仪。立太极之正统，班五常之列位。刚柔异而作配，趋舍同而从类。或盘纡诘屈，连延络绎；或间不容息，舍棋则获。围成未合，骄棋先出，九道并列，专都独毕。①

四维戏棋局用纸画成，方"盈尺"，局中"九道并列"，表明是 9×9 的线道构成的方局，即 64 格局。四维棋局拟象"太极"、"两仪"（阴阳、刚柔），而且"刚柔异而作配"，表明局中不仅有阴阳格的区分，而且"阴阳"互相搭配；戏称"四维"，班列"五常"（仁义礼志信，拟之以金木水火土），可知局以太极为中心，由"四维"线为界，分为五部分，即"四象"和"太极"。据此分析，可画出下列四维戏棋局，如图 42。

这种四维局，其实还是脱胎于博棋棋局，如武威磨嘴子 48 号西汉末棋墓出土的"六博局"，用四根斜线把中间方框的角与四隅的钩识连接（如图 42）。若改作"九道并列"，就和四维局无异。可贵的是，六博局两边有两个木俑，其中一个手握着"长方形木块"，在聚精会神的"下棋"而非博赌，因为局旁无箸、无茕，仅只弈棋而已。看来，"截木为棋"自西汉就有了。

---

① （唐）欧阳询编撰《艺文类聚》卷七十四《巧艺部·四维》引东晋李秀《四维赋》，文渊阁四库本。

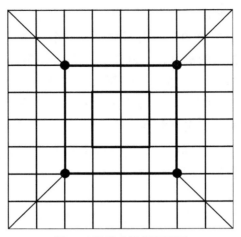

图42　四维戏棋局复原图

四维戏的棋子大概沿袭博棋，"围成未合，骄棋先出"，"骄棋"即枭棋，其有被"围"的危险，说明必有"散棋"。至于着法，应与博棋有别，"趋舍同而从类"说明棋子着法以类相从，即骄棋、散棋各有不同着法，或络绎相连，或在四象中"盘纡诘屈"。最后，"舍棋则获"，可能是舍掉某散棋而俘获骄棋为胜。

四维戏是目前所知最早使用阴阳八八棋局的一种棋戏，它明显是在博局的基础上，更多地加进了易学中的太极、两仪、四象、六十四卦等概念而创制的。《周易·系辞》说："易有太极，此生两仪，两仪生四象，四象生八卦。"[①] 八卦相重而得六十四卦。这本是《周易》关于宇宙、天地、万物生成的基本理论，而四维戏的创制者，以象思维方式，把它寓进了棋戏之中，借以说明"盈尺之局"中有太极、有两仪、有六十四卦、有万物、有阴阳、有五常人伦，有深厚的文化意蕴。因此，六十四卦阴阳棋具有深厚的中国传统文化特色，它只可能在中国文化的土壤中发芽、成长，这是象棋中国起源论的主要根据之一。可以断言，它是以后北周象戏、唐八八象棋使用六十四卦阴阳局的源头，对国际象棋、中国象棋的形成都起了巨大作用。

四维戏的发明者和时代过去无人研究过，因为作《四维戏赋》的李秀和造四维棋的"卫尉挚侯"，在正史中均无记载。唐代的《艺文类聚·巧艺部》引作"东晋李秀"，宋代的《太平御览·工艺部·四维》引作"晋李

---

① （晋）韩康伯撰《周易注》卷七《系辞》上，文渊阁四库本。

秀"，清代的《全上古三代秦汉三国六朝文·全晋文》则说"秀，爵、里未详"。看来李秀当为晋（公元 265～419 年）人，至于是西晋还是东晋，就有疑问了。李秀说四维戏是"卫尉挚侯所造也"，说明卫尉挚侯较李秀早，至少应为晋时人。我们认为，"挚侯"可能是"挚虞"之误，"侯"、"虞"二字形近，传抄讹误所致。挚虞，西晋初人，字仲洽，晋惠帝元康年间（公元 291～299 年）任"卫尉卿"，《晋书·挚虞传》说他"事皇甫谧，才学通博，著述不倦"，"善观玄象"，"崇泰否之运"，精通礼仪及《周易》象数[①]，因此完全具有制四维戏的条件。特别是其曾任"秘书监卫尉卿"，与李秀说相合；且姓又同，只是名"虞"讹为"侯"而已。如果我们的考证不误，则四维戏当是晋初名臣"卫尉挚虞"所创制，时代在 3 世纪末期。

3. 谦退为上——儒棋中棋子的分化

如果对四维戏的六十四卦阴阳棋有所怀疑的话，北魏的游肇（公元 452～520 年）在四维戏棋局的基础上所创制的"儒棋"，可作为又一有力证据。《魏书·游肇传》卷五十五载："肇字伯始……谦廉不竞，曾撰儒棋，以表其志。"[②]

儒棋很早就失传了，明胡应麟《少室山房笔丛·丹铅新录·象经》说："后魏侍中游肇制儒棋。……以投子二，视采而行。盖其制类于握槊、打马，而其义类于周武《象经》，皆以推让为节，不先斗争。今俱泯不传。"由此可知，儒棋设有骰子二，掷采行棋，其制和握槊（双陆）、打马相似。但儒棋的局、子是什么样？如何行棋、输赢？都已不甚了了。现只能据《御览》卷七五五所引《儒棋》[③]、《说郛》卷一百二《儒棋格》[④] 作一大致复原，许多细节恐怕永远也难明白了。

儒棋有 20 个子，其中有"谦棋十，白黑半，方五分长寸"。可知 10 个"谦棋"取谦让之义，为长立方体，平放时作"伏棋"，竖放时作"枭棋"（详后）。"白黑半"说明此棋两人弈，每方各 5 枚。另 10 枚也分作两组，一组拟象五行生数（一二三四五），即"智一、礼二、仁三、义四、信五"，其功能是"各法生数，所以记彩而行于道"，说明这 5 枚棋是专门用来记"采（筹）"的，但如谦棋一样可"行于道"，是一种棋子无疑。另一组拟象五行成数（六七八九十），即"善六、敬七、德八、忠九、顺十"，其功

① 唐太宗御撰《晋书》卷五十一《挚虞传》，文渊阁四库本。
② （北齐）魏收撰《魏书》卷五十五《游肇传》，文渊阁四库本。
③ （宋）李昉等编撰《太平御览》卷七百五十五《儒棋》，文渊阁四库本。
④ （元）陶宗仪撰《说郛》卷一百二《儒棋格》，文渊阁四库本。

能是"各据成数，所以记算"，算即筹，其实也是用来记采的，只是不知其是否能够行于道。这 10 枚棋，大概在棋上标数字，或标"谦"、"智"、"顺"等字样，因功能是记采，所以又统称"彩棋"。

儒棋的局："方局尺五，周道四十，其用三十六，四维之道，通数而棋。""彼此二位谓之'净'，左右二道谓之'中'，其净、中四道彼、此、左、右玄有二，不得相干。"① 这段话犹如天书，试解如下："方局尺五"，明儒棋为方局；"周道四十"，说明方局最外一周有 40 个"道"（着棋点或着棋格），"其用三十六"，说明处在"周道"四角位置的四个格道不用，即不能作为着棋点。"四维之道，通数而棋"，说明除"四十周道"外，处在四维方向的格道也可行棋，但不是一格一格地走，而是"通数而棋"，即可能是飞越而过。如"彩（棋）越净中者休，则立枭"、"缘行致累者越而通足，皆不限道数"等讲的都是棋可飞越而行。所以通数而棋即在特定的采数下，棋可在四维道上飞行，从一角至另一角，这样"四维"格也是行棋之道。

除此之外，儒棋局上还有四个特殊的"道"，即彼、此同称"净"位，不仅是行棋时的起止点，也是先行或后行枭棋、伏棋辨别点，所谓"行棋之法，始附净起；转牙相顺，经因净出"、"先枭后伏，验之于净"即是。左、右同称"中"位，是决定胜负的关键道，所谓"悉遇中道，胜负乃分"指的就是中位的关键作用。同时，净中两位又决定了彩棋的休止或前行、谦棋的变枭或变伏。如"彩越净、中者，休，则立枭，枭者不伏；会净、中者，枭折为伏，伏者不枭"。因此由彼、此、左、右所表示的"净"、"中"之位，是决定儒棋棋局设计、棋子着法和棋制规则的关键位置，只有定准其位，才能复原儒棋。我们认为，这四个格道当在周道之上的四仲位置，因为，既然有"四维道"，必然有四仲道，"左右二道谓之中"似乎透露了这种棋位设计；且儒棋类握槊、打马，按骰子之采行棋，其行棋之道必须是连续的，我们以为这个连续的棋道即"其用三十六"的周道，若如此，则净、中之位必然在周道上。至于四维道，是专供变枭后的"谦棋"飞越的，如果"枭折为伏"，则"行不越也"，就是说，当彩棋按点行棋时超越了"净"、"中"位，此彩棋停止，而一谦棋就可竖起来变成枭棋，在四维道上飞行；当又一彩棋与停止的彩棋相会于一道时，枭棋折而变成伏棋，在周道上行走。因此，彼此左右当位于周道上的四仲位置。如图 43 所示。

---

① （宋）李昉等编撰《太平御览》卷七百五十五《儒棋》，文渊阁四库本。

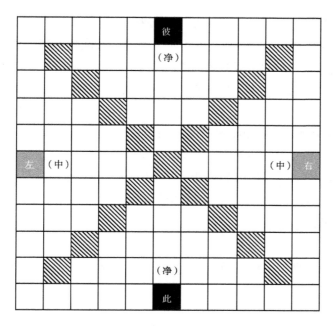

图 43　儒棋复原示意图

儒棋投采以行棋，始于净位，"转牙相顺"，即棋自东向西右转为"顺"（顺时针方向），接着再回到净位才能出局。子出完为胜局。行棋中，枭棋可飞行于四维道，也可在周道进、退，也可越对方之棋，出局机会较多；但"枭折"后不能则不能飞行四维道，只能在"伏"于周道上，故称"伏棋"。行枭棋、伏棋，都必须掷出"异采"，"依数而行"。最后，"彼即出尽，此有不出者，即许以为胜者之算"，"若全未出，则为之虚投。次局，负仍先"。虚投的话，对方得算（筹码）更多，下一局，负者先掷。"得十算，立一爵，三爵立，则成胜矣"，若干局后，得够十算者奖赏一爵，被奖赏三爵者，为最后胜利者。

可以看出，儒棋的局、子有明显的继承四维戏的痕迹，其局仿四维戏，有四维四仲，子分谦棋、彩棋也相当于四维戏的散棋、骄棋。但儒棋分作并列的 10 个不同含义的彩棋，是我国棋子变革的最早先例，意义重大。大家知道，六博棋子分枭、散两类，枭可食散，是上下的等级关系。后来的樗蒲棋子变作马、矢，依然是等级关系。至儒棋时，尽管还是以彩棋代表枭，以谦棋代表散，但 10 个彩棋开始具有了仁、义、礼、智、信等不同的含义，其间也没有上下等级关系，只是一种并列关系。这种棋子功能的设定，是向象棋棋子功能迈进的第一步,至北周武帝制《象戏》时,已有了"符"(六丁)、"策"(六甲)、"龙"、"马"四个兵种,可能是受儒棋的启发而制定的。至唐代的八八象棋,受波罗塞戏和象戏的影响,棋子兵种变作了象、士(偏、裨)、将(王)、车、马、卒、炮等,与儒棋的这种功能不一的棋子设置都有渊源关系。

4. 北周象戏——象棋得名与象戏的实质

前已述,象棋一名在战国就出现了,但实指博棋,非指今天的象棋。把博棋又称作"象棋",是因为博棋中有"天象"、"地象"、"人伦之象"、"卦爻之象"等。至北周武帝天和四年(公元 570 年),出现了"象经"、"象戏"的名称:

> (天和四年,公元 570 年)五月乙丑,帝制《象经》成,集百僚讲说。①

可惜的是,《象经》的具体内容不见记载,但"集百僚讲说",说明周武帝不仅对他所创制的《象经》非常重视,而且把象戏作为了圣人"因物设教"的手段。现在对《象经》内容的了解,主要来自当时大臣王褒的《象经序》和庾信的《象戏经赋》。《象经序》曰:

> 一曰天文,以观其象;天,日月星辰是也。二曰地理,以法其形;水火木金土是也。三曰阴阳,以顺其本;阳数为先本于天,阴数为先本于地是也。四曰(四)时,以正其序;东方之色青,其余三色例皆如之是也。五曰算数,以通其变;俯仰则为天地日月星,变通则为水火木金土是也。六曰律吕,以宣其气;在子取未,在午取丑是也。七曰八卦,以定其位;至震取兑,至离取坎是也。八曰忠孝,以悖其教;出则尽忠,入则尽孝是也。九曰君臣,以事其礼;不可以贵凌贱,直而为曲;不可以卑畏尊,隐而无犯是也。十曰文武,以成其务;武论七德,文表四教是也。十一曰礼仪,以制其则;居上不骄,为下尽敬,进退有度可法是也。十二曰观德,以考其行,定而后求,义而后取,时然后言,乐然后笑是也。或升进以报德,义以迁善;或黜退以贬过,事在惩恶;或

---

① (唐)令狐德棻等撰《周书》卷五《武帝纪上》,文渊阁四库本。

以沉审为贵，正其瞻视；或以徇齐为功，明其纠察。德失表于凌替，在贱必申；怠敬彰于劝沮，处尊思屈。片言崇于拱璧，一德逾于华衮。①

庾信的《象戏经赋》曰：

观夫造作权舆，皇王厥初。法凝阴于厚德，仰冲气于清虚。于是绿简既开，丹局直正，理洞研幾，原穷作圣，若扣洪钟，如悬明镜。白凤遥临，黄云高映。可以变俗易风，可以莅官行政。是以局取诸乾，仍图上玄，月轮新满，日晕初圆。模羽林之华盖，写明堂之璧泉。坤以为舆，刚柔卷舒，若方镜而无影，似空城而未居，促成文之画，亡灵龟之图。马丽千金之马，符明六甲之符。于是搢笏当次，依辰就席。回地理之方珪，转天文于圆璧，分荆山之美玉，数兰田之珉石。南行赤水之符，北使玄山之策，居东道而龙青，出西关而马白。既舒玄象，聊定金杅，昭日月之光景，乘风云之性灵，取四方之正色，用五德之相生。从月建而左转，起黄钟而顺行。阴翻则顾兔先出，阳变则灵乌独明……乍披图而久玩，或开经而久寻，岁复成之于手，终须得之于心。乃有龙烛衔花、金炉浮气、月落桂垂、星斜柳坠。犹豫枢机，嫌疑泾渭，顾望回惑，心情怖畏，应对坎而冲离，忽当申而取未。②

《象经序》和《象戏经赋》的意图不在于说明象戏之制，而在于说明象戏之"象"，"象"中最突出的是"因物设教"，什么"忠孝"、"君臣"、"武论七德"、"文表四教"、"礼仪"、"观德"等儒家的伦理纲常名教被一一纳于象戏之中，"可以变俗易风，可以莅官行政"，颇有点类似"儒棋"。故明胡应麟《少室山房笔丛·丹铅新录·象经》说："后魏侍中游肇制儒棋……而其义类于周武《象经》，皆以推让为节，不先斗争。今俱泯不传。"正由于《象戏》只讲伦理而不重棋艺，使它至唐初已不登大雅之堂，太宗李世民见到《象经》，不晓其旨；大臣蔡元恭"少时尝为此戏，亦废而不通"；大臣吕才精通数术游戏，拿着《象经》"寻绎一宿"③，才能作图解释。以后唐

---

① （唐）欧阳询编撰《艺文类聚》卷七四引王褒《象经序》，文渊阁四库本。
② （唐）欧阳询编撰《艺文类聚》卷七四引（北周）庾信《象戏经赋》，文渊阁四库本。
③ 《旧唐书》卷七十九《吕才传》，文渊阁四库本。

代宫廷游艺很少有玩《象经》的记载。

但宋人创制的中国象棋，名称却多祖述《象经》或《象戏》，如司马光的《七国象戏》、尹洙的《象戏格》、晁补之的《广象戏格》等都把象棋称作象戏。这说明，周武帝的《象戏经》不仅在当时影响甚大，而且其形制内容也应与象棋有必然联系。发现和分析这种联系，是解决中国由博棋向象棋转化的关键所在，也是解决象棋起源问题的关键所在。

《象经序》、《象戏经赋》在大谈"因物施教"的同时，也透露了一些局、子、着法等棋制，大致如下。

局："丹局直正"，说明局中格道横平竖直，而且涂有颜色；"若方镜"、"似空城"，说明是方局；"局取诸乾"、"坤以为舆"，说明是用乾、坤等六十四卦作为棋局。

"三曰阴阳，以顺其本。""四曰（四）时，以正其序；东方之色青，其余三色例皆如之是也。""既舒玄象，聊定金枰。""玄象"这里显然指四象，"金枰"即棋局，说明局之颜色按方色、阴阳设置，即东青、少阳；南赤、太阳；西白、少阴，北黑、太阴。

"六曰律吕，以宣其气；在子取未，在午取丑是也。七曰八卦，以定其位；至震取兑，至离取坎是也。""应对坎而冲离，忽当申而取未。"说明棋子以十二辰位和八卦卦位的"冲破"为食棋原则，棋局上必然有十二辰位和八卦卦位。这与博戏、四维戏、儒棋的局都有相似之处，据此，可以大致复原象戏的棋局，如图44。

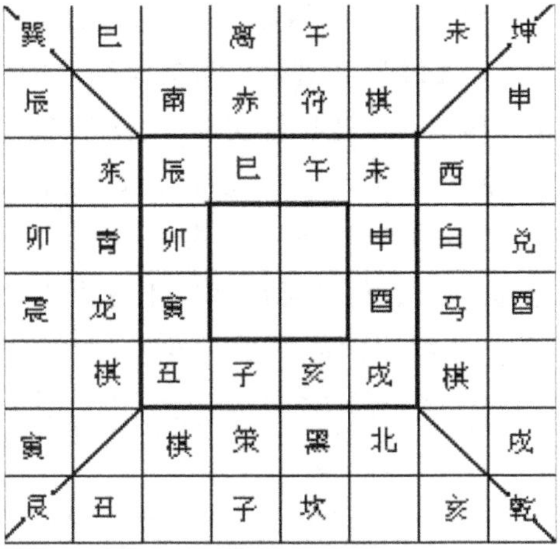

巽	巳		离	午		未	坤
辰		南	赤	符	棋		申
	东	辰	巳	午	未	西	
卯	青	卯			申	白	兑
震	龙	寅			酉	马	酉
	棋	丑	子	亥	戌	棋	
寅		棋	策	黑	北		戌
辰	丑		子	坎		亥	乾

图44　象戏复原图

象戏局分内外两部分，内层十二支表示北斗的"月建"，所谓"从月建而左转"，外层十二支象征六律六吕，所谓"六曰律吕，以宣其气；在子取未，在午取丑是也"、"起黄钟而顺行"说的都是这个意思。外层又有八卦方位，所谓至震取兑，至离取坎。

棋子："马丽千金之马，符明六甲之符。""南行赤水之符，北使玄山之策，居东道而龙青，出西关而马白。既舒玄象，聊定金枰。"东方龙青、西方马白、南方符赤、北方策玄（黑），都拟象"玄象"，舒之则为四象。"金枰"即棋盘，四象在棋盘之上，则必为棋子。事实上，"马"这个子在樗蒲中就出现了，所谓"马为翼距"（汉马融《樗蒲赋》），是说马为战阵中的将军；"赤水之符"又称"六甲之符"，在以后唐牛僧孺《玄怪录》所记的"宝应象棋"中也是重要的棋子，径称六甲，实指兵卒之类。"玄山之策"与"赤水之符"对举，明显当指"六丁"之兵卒。"龙青"和"马白"对举，也指棋子名称。这样，象戏就有了符、策、龙、马4个兵种，如果和儒棋棋子相比，我们就会发现这4个兵种是在谦棋、彩棋分化的基础上形成的。"谦棋十，白黑半"正相当于象戏的六丁、六甲；彩棋有生数五子（仁一义二礼三智四信五）、成数五子（善六敬七德八忠九顺十），在术数中，生数拟象天，是万物生成的根源，成数拟象地，是万物成就的结果，其主旨是用数来比拟天地交合、万物生成的阴阳变化。《象经序》中说："五曰算数，以通其变；俯仰则为天地日月星，变通则为水火木金土是也。"显然，象戏是用天地日月星附会儒棋的生数五子，用水火木金土附会成数五子，以"通其变"而"成其务"。这种说法并非作者臆测，有北宋人高承的《事物纪原》为证：

> 《太平御览》曰："象戏，周武帝所造也。"而行棋有日月星辰之目，与今人所为殊不同。[①]

高承肯定见过流传至宋的北周象戏，不然不会说得如此具体。因此，东方龙青的龙棋应有天、地、日、月、星5个棋子，西方马白的马棋应有水、火、木、金、土5个棋子。至此，我们可以确定象戏有22个棋子，分四类：符棋6枚，象六甲，为兵；策棋6枚，象六丁，为卒；龙棋5枚，标有天地

---

① （宋）高承撰《事物纪原》卷九《博弈嬉戏部·象戏》，文渊阁四库本。

日月星；马棋5枚，标有水火木金土，分别按方色摆放在六十四卦局的第二周，如上图44所示。

着法：由于记载简略，许多着法无法恢复。但可以肯定下列几点。

行棋按十二支方向顺时针转动，从子位启动。无论在局的外层或内层，均以相"冲"为食子之法。内层表示天，其中的十二支表示"月建"，即北斗勺柄一年内所指的十二个位置。之所以能够"冲食"，是因为月建为"小岁"，即木星在天上的神名。《淮南鸿烈解·天文训》载："斗勺为小岁。正月建寅，月从左行十二辰。""小时者，月建也。""北斗所击，不可与敌。"① 不可与敌即不可与岁星为敌，故处在"冲"位（与彼子相对的方位）就要被食。

外层表示地，其中的十二辰是地平方位，子北午南卯东酉西，与八卦、四象方位一一对应。木星如果循地平方位的十二辰运动，其神称为"太岁"，即"大岁"。《论衡·难岁》："《移徙法》曰：'徙抵太岁凶，负太岁亦凶。'""假令太岁在甲子，天下之人皆不得南北徙，起宅嫁娶亦皆避之。其移东西，若徙四维，相之，如者皆吉。"② 对弈棋而言，把运动着的棋子比作太岁（或小岁），某子若在子位，对方一子刚好也运动到子位，某子则被食；因为这意味着"徙抵太岁"，如果对方一子刚好到"午位"，某子也被食；因为这意味着"负太岁"，即与太岁相"冲"。故《象经序》称"在子取未，在午取丑"（"未"在午下一位，魏晋以后，相冲往往在下一位），"至震取兑，至离取坎"；《象戏经赋》也说"应对坎而冲离，忽当申而取未"。象戏的这种着法根植于中国的术数文化，类似"孤虚"、"移徙"、"风角"等占验时日的方术，明代杨慎也看到了这一点，他说象戏把"兵机、孤虚、冲破寓于局间，绝非今之象戏车马之类也"③，当然，清代象棋与北周象戏差别甚大，自然不是一类，但杨慎不知中国象棋源于唐八八象棋，而后者又与北周象棋有莫大联系，"绝非"二字有武断之嫌。

尽管我们对北周象戏还知之不多，但通过以上的考证，可以看出象戏明显是从六博棋、四维戏、儒棋发展而来的一种棋戏。正如清人倪璠注庾信《象戏赋》所说："象戏之制，今法不传。以赋按之，盖弹棋、格五、六博

---

① （汉）高诱注《淮南鸿烈解》卷三《天文训》，文渊阁四库本。
② （汉）王充撰《论衡》卷二十四《难岁篇》，文渊阁四库本。
③ 杨慎撰《丹铅总录》卷八《物用类·象经》，文渊阁四库本。

之遗意也。"① 其局保持了内层象天、外层象地的博局结构，同时也继承了四维戏的 64 格阴阳棋结构；其子分六丁、六甲、龙、马四类，直接来源于儒棋的谦棋、彩棋，而龙、马类中都设置了名称、功能各不相同的 5 种棋子，使棋子向并列的不同兵种发展，是一大进步。唐代的八八象棋正是在吸收了象戏的 64 个阴阳方格局及多兵种设置的基础上发明出来的，因此，北宋人才把他们发明的中国象棋称作象戏。北周象戏上承博棋，下启八八象棋，是中国博弈史上非常重要的过渡型棋戏，也是国际象棋史上一种非常值得研究的棋戏，具有重大的文化价值和研究价值。

（四）中西合璧——八八象棋在中国的诞生

所谓八八象棋，是指在中国唐宋时期创制的一种棋戏，它的棋局由 64 个阴阳方格组成，与现代国际象棋盘一模一样；它的棋子有将、炮、象、车、马、卒等，这些兵种及其着法，都为北宋以后形成的中国象棋、国际象棋所继承，可以说是它们的共同原型。

1. 琴棋书画锦——最早的象棋盘

王端编的《古锦图案集》第 43 页收录了一件"唐宋间苏州织锦"，其图案为琴、棋、书、画。琴为古筝，画为卷轴，书为涵盒，棋则不是通行的围棋盘，而赫然是一副国际象棋盘，正方形，9×9 线构成了 64 个方格，方格阴阳相间，我们称为"阴阳八八象棋"（见图 45）。这件苏州织锦的年代据《图案集》所标是"唐宋间"，即 10 世纪中叶前后。白利川《中国美术史略》图版 43 也收录了这幅古锦，据他的研究，是"苏制宋锦"。综合以上研究结果，这幅古锦上限可到唐晚期，下限至宋。②

织锦是一种民间艺术，凡在民间流行的都可作为织锦的题材。这幅织锦以阴阳八八象棋作题材，与士大夫们历来把"围棋"作为琴棋书画的品种大相异趣，证明在唐宋间的苏州一带，确实流行过一种"国际象棋"，它能够织于锦上，其创制时代肯定比织锦时代要早，至于早到何时，待我们分析车、马、炮、象、将等象棋棋子在中国用于棋戏的时代以后，再下结论。

---

① （北周）庾信撰，（清）倪璠注《庾子山集》卷一《象戏赋》注，文渊阁四库本。
② 李松福：《象棋史话》，人民体育出版社，1981，第 44 页。

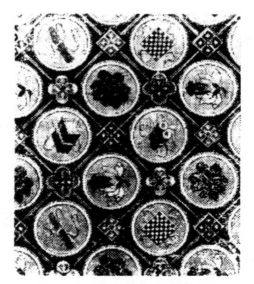

图45 唐宋间的"琴棋书画"织锦

图46 放大的八八象棋织锦示意图

这种棋局，与此前印度流行的四角棋相比，虽都为 64 格局，但后者棋格不分黑白，前者则分为 32 格黑、32 格白，有很大差异。与北周的象戏局比，也不完全相同，象戏的局分东青、西白、南赤、北黑四色，拟象于"四象"的方色；此则分为黑白两色，拟象于乾坤、阴阳。这种把象数用于棋局设计是中国博弈文化的一大特色，因此，我们认为，阴阳八八棋局当来源于象戏棋局，是象戏棋局的简化形式。印度 64 格的四角棋局对于阴阳八八棋局的形成似乎关系不大，起码不是直接的继承关系。

2. 蒙古象棋——八八象棋的后裔及其说明的问题

阴阳八八象棋使用什么棋子？由于当时古籍泯灭，不可详考。但 17 世纪仍流行于蒙古的一种"阴阳八八象棋"可作参考，清代叶名澧（1662～1721年）的《桥西杂记·塞上六歌》记载了徐兰的《出塞诗》，该诗是徐兰于康熙二十七年（1688 年）到蒙古所写，其中《塞上集唐六歌·蒙古棋》小序云：

> 局纵横九线，六十四罫。棋各十六枚：八卒，二车，二马，二象，一炮，一将，别朱墨。将居中之右，炮居中之左，上于将一罫，车、马、象左右列，卒横于前，此差同乎中国者也。其棋形而不字：将刻塔，崇象教也；象刻骆驼或熊，迤北无象也；多卒，人众以为强也；无士，不尚儒生也。棋不列于线而列于罫，置器于安也；马横行六罫，驼横行九罫，以驼疾于马也；满局可行，无河为界，所为随水草以为畜牧也；卒直行一罫至底，斜角食敌之在前者，去而复返，用同于车，嘉有功也。众棋还击一塔，无路可出，始为败北。①

徐兰的叙述相当详细，可据以画出蒙古八八象棋图（如图 47）。

这种蒙古象棋的实物，被外国人"劫走棋子和棋盘实物不下六副之多"，对于其性质，外国人"一致主张蒙古象棋即国际象棋"，"蒙特尔……大胆假设蒙古族象棋系成吉思汗时代直接从欧洲输入"。② 对蒙古象棋的这种看法，大有可商榷之处。

（1）蒙古象棋虽然在棋局及棋子的着法上同国际象棋一致，但有炮，这个子具有明显的中国象棋特征。

---

① （清）叶名澧撰《桥西杂记·塞上六歌》，载《涝喜斋丛书》。
② 朱南铣：《中国象棋史通考》，中华书局，1987，第 112 页。

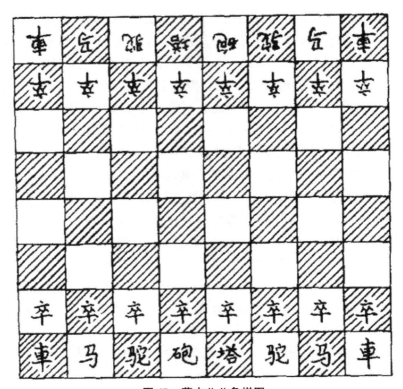

图47 蒙古八八象棋图

（2）大约15世纪定型的国际象棋，已有威力最大的王后棋子，而其后的蒙古象棋则无王后，证明其与国际象棋有较大差异。

（3）除了炮之外，将、车、马、象、卒5个棋子，是中国象棋和国际象棋的共有棋子，其中的象"横行九罫"，乃中国象棋着法。卒"直行一罫至底，斜角食敌之在前者，去而复返，用同于车"的着法最早见于印度四角棋和11世纪由中国传入日本的"大将棋（原型）"（见下）。所以，蒙古象棋不能断然确定为国际象棋的后裔。

（4）1959年6～9月在元大宁路故城遗址（今内蒙古昭乌达盟宁城县大明城）出土了一套铜质圆形象棋子，"一面是图像，一面是文字，已见到的有将、士、象、车、马、砲和卒等七种"，"这批棋子有可靠的地层关系，肯定为元代遗物"①。这批棋子的性质一般认为"必属中国象棋无疑"②，我

---

① 《内蒙古出土文物选集》，文物出版社，1963，第123页。
② 朱南铣：《中国象棋史通考》，中华书局，1987，第113页。

们认为，它比徐兰所记的蒙古象棋仅多出一"士"，而"士"在唐代八八象棋中也已出现，结合蒙古象棋使用六十四卦棋的传统，并不能排除其是八八象棋的可能性。但无论如何，这批棋子的出土，否定了蒙古象棋"直接从欧洲输入"的看法，而支持了蒙古象棋是从中国输入的看法。

总而言之，唐宋间的民间流行的八八象棋，在辽、金时可能已传至蒙古，并在蒙古流行、变化。元代象棋子的出土及蒙古象棋中有"炮"无"后"、使用六十四卦阴阳局等事实，都证明蒙古象棋是唐宋间八八象棋的后裔。

下面简单论述一下国际象棋的起源问题：国际象棋的阴阳格棋局，在印度四角棋和中东阿拉伯的"沙特朗兹"棋中均找不到祖型，只有中国的北周象戏最先开始应用四方色格，八八象棋最先应用了阴阳格，而且应用了将、象、马、车、炮、卒等兵种。因此，现行国际象棋的直接祖型应是唐代的阴阳八八象棋。八八象棋随着12～13世纪蒙古大军的西征，逐步传入前苏联、东欧、中亚及欧洲各地，15世纪时，欧洲人结合其民族传统，改"炮"为"皇后"，定型为现代的国际象棋。这种改造，只限于个别棋子的替代，以适应当地的民族习惯，而基本的棋局、兵种、各兵种的威力和着法等都仍沿袭旧法。这说明八八象棋基本的设计思想——阴阳、六十四卦棋子着法等——并未改变，也不可能变动，因为把"象数"用于棋戏设计是中国博弈文化的主要特征，棋中含有"象数"是中国的"土产品"，这种"象数"设计，涵天盖地，包罗万象，充满哲理，带给人们无尽的弈思、赏悦和情趣，无论古印度或其他地区，都不可能有这样精妙的、适宜的棋戏构思。中国发明的象棋虽然是游戏，但正如汉边韶《塞赋》所说，此游戏之为义却"大矣！广矣！盛矣！博矣！"它对于启迪人类智力、增强科学思维能力以及在社会、文化方面的功用，将是难以估量的。象棋的发明是中华民族对世界文化宝库作出的巨大贡献之一。

3. 象、炮融合——阴阳八八象棋的诞生

或许有人会质问作者：蒙古象棋的将、象、马、炮、车、卒（士）等为什么作为阴阳八八象棋的棋子？现在我们就来回答这个问题。

这个问题其实很简单，只要唐或以前的象棋中使用了上述诸子，那这些子就应当是八八象棋的。因为自北周象戏的八八棋局之后，隋唐流行的象棋棋局基本上都是64格八八象棋棋局，宋初民间有一种"大象戏"，虽然使用9×9道格的81格棋局（后来传入日本，成为日本的将棋原型），但它是

64 格棋局的延伸，其称"大象戏"原因正在于此。而在宋初以前的棋局中，并未发现 64 格棋局以外的象棋局。

最早提到"炮棋"、车、马的文献要数考古发现的《敦煌棋经》，此书卷轴装，不分页。作者无考，时代属北周（公元 557～579 年）[1]，卷首残缺，卷尾书《棋经一卷》。全书分□□篇第一、诱征第二、势用第三、象名第四、释图势篇第五、棋制篇第六、部囊篇第七、棋病法、梁武帝《棋评要略》等九部分。此书是谈围棋的，但字里行间却有一些被后来象棋引用的不少东西：

象名第四：

"子冲征法：褚胤悬砲，车相井蘭，中央之善。"

棋制篇第六：

凡砲棋者，不计外行。有险之处，理须随应，所无不问，多少应下，皆得。古人云："砲棋岔"，君子是以不满其三，此则缘取人情谓之言也。

部囊篇第七：

乃集汉图 13 势，吴图廿四盘，将军生煞之能，用为一部。

乃集杂征、持趁、赌马、悬砲、象名余死之徒，又一部。

以上的"悬砲"、"砲棋"、"赌马"、"车相"等从上下文意思考之，均应是古围棋中的战术术语，具体含义已无考。但炮、马、车、象等都是象棋中的主要兵种，它们在中国也是世界最早的围棋《棋经》中出现，证明中国的象棋起源与围棋有一定的联系。尽管我们现在还不能明白无误地说清其间的关系，但围棋中的有些概念、术语被象棋借用则是事实。

其次是所谓唐代的"宝应象棋"，它记载于唐宰相牛僧儒的《玄怪录·岑顺》中，虽然是传奇故事，但所叙象棋棋制绝不晚于牛氏生活年代（公元779～847 年），《岑顺》记载：

> 汝南岑顺，字孝伯，少好学文，老大尤精武略。旅于陕州，其外族吕氏有山宅，将废之，顺请居焉。夜中闻鼓鼙之声，独喜自负，以为石勒之祥。祝之曰："阴兵助我，当示我以富贵期。"数夕后，梦一人披甲胄前报曰："金象将军使我语岑君，军城夜警，有喧诤者。既负壮志，能猥顾小国乎？"顺谢曰："犬马之志，惟欲用之。"使者复命。顺忽然而寤，俄然鼓角四起，须臾有卒赍书云："将军传檄。"顺受云：

---

① 吴龙辉主编《中华杂经集成·敦煌棋经·提要》，中国社会科学出版社，1994。

"天那国北山贼合纵，克日会战。"顺室中益烛，坐观其变。夜半后，鼓角四发……两皆列阵。其东壁下是天那军，西壁下是金象军。部设略定，军师进曰："天马斜飞度三止，上将横行系四方；辎车直入无回翔，六甲次第不乖行。"王曰："善"。于是鼓之，两军各有一马，斜去三尺止。又鼓之，各有一步卒，横行一尺。又鼓之，车进。……须臾之间，天那军大败奔溃，王单马南驰……如此数日会战，胜败不常……顺遂荣于其中，所欲皆备。后遂亲朋稍绝，闭关不出……颜色憔悴，为鬼气所中……掘室内八九尺，忽坎陷，是古墓也……墓有金床戏局，列马满秆，皆金铜成形，其干戈之事备矣。乃悟军师之词，皆象戏行马之势也。既而焚之，遂平其地。……时宝应元年也。[①]

宝应元年即唐肃宗李亨第四个年号，为公元 762 年。《岑顺》当是牛僧儒根据当时民间棋制和传说演绎而成的一篇传奇，定为宝应元年，反映了牛氏对宝应象棋定型年代的认识。这个故事所反映的棋制是：

（1）戏局由格道组成，行棋如北周象戏一样，在格中而非交叉点。因为，行棋单位的"尺"，只能理解为"方尺"，如马"斜去三尺止"，即横走一格再直走三格，如果是在交叉点行棋，却走的是"日"字，如北宋中国象棋把马走"日"称作"曲行二格"。此言"斜去三尺"，显然是曲行了三格，所以此象棋一尺为一格，而不是一尺为两个交叉点间的距离，义甚显明。又故事中提到"皆象戏行马之势"，"六甲次第不乖行"，不仅与北周象戏的名称一样，而且六甲、天马等棋子也一样，因此我们有理由认为，其局也当沿袭了北周象戏之局，为六十四卦棋局。

（2）棋子中已有了王（上将）、马（天马）、车（辎车）、步卒（六甲）等 4 个兵种，是否有象（金象将军），由于未言其着法，只好存疑。王（上将）的着法是"横行系四方"，即左右上下各行一格；马的着法是"斜去三尺"，即斜着走三格，无"绊马"着法，与今国际象棋同。车的着法是"直入无回翔"，即可顺格道直行，到底横行，但不能后退。卒的数目大概为 6 个，着法是"横行一尺"、"不乖行"，即整齐的按格行列于阵前，一步走一格，一直到底，不能错行。

---

① （宋）李昉等编撰《太平广记》卷三百六十九引《玄怪录·岑顺》，文渊阁四库本。《古今图书集成》卷三百一十八也引录。

牛僧儒所记的宝应象棋并非孤记，与其同时代的白居易，在唐大和三年（公元829年）作了《和春深二十首》，其中的"之十六"中写道：

> 何处春深好，
> 春深博弈家。
> 一先争破眼，
> 六聚斗成华（围棋）。
> 鼓应投壶马（投壶），
> 兵冲象戏车（象棋）。
> 弹棋局上事（弹棋），
> 最妙是长斜（双陆）。①

此诗把象棋称作象戏，其中有车有卒有象，当和宝应象棋同制。值得注意的是，此诗把"象戏"列在仅次于具有古老传统的围棋、投壶之下，而放在当时非常盛行的双陆之上，证明这种象戏早已在士大夫中流传。一般来讲，新棋戏往往是民间先发明，再流至上层社会，如骰子、打马就是如此，因此，牛僧儒把宝应象棋说成是"宝应元年事也"，大致可信。

除此之外，元僧念常编《历代佛祖通载》（载《续藏经》卷二二）于唐文宗开成己未（公元839年）条下有"制象棋"三字。原注云："昔神农以日月星辰为象，唐相国牛僧儒用车、马、将、士、卒加炮，代之为机矣。"②"机"字杨荫深先生"疑为棋字"③，甚确。因为北周象戏的"龙棋"正是用"天地日月星"为5种棋子，牛僧儒在宝应象棋的基础上，代之以车马将士卒5兵种然后"加炮"制成了唐代的"开成象棋"，这是一种合乎逻辑的推测。"原注"的作者应见过北周象戏和宝应象棋，不然，不可能把二者的棋子比较得这样贴切。至于"神农"云云，只是以其曾与黄帝"象战"而比拟象戏，非是事实。

开成象棋较宝应象棋多出了"士"、"炮"两子，很可能是牛僧儒革新民间象棋的结果，士是将的亲兵，它的加入是为了保卫将；"炮"的加入则

---

① （唐）白居易撰《白氏长庆集》卷二十六，《和春深二十首·第十七首》，文渊阁四库本。
② （元）念常集《佛祖历代通载》卷第十六，《己未》，载《大正新修大藏经》第49册《史传部一》。
③ 杨荫深：《事物掌故丛谈·象棋》，上海书店，1986。

是为了增强攻击力量，尽快俘获将。二者一攻一守，同时加入象棋是顺理成章的。

宝应象棋、开成象棋的存在，证明了中国至少在唐代中期就有了以阴阳六十四卦为局、将士象车马炮卒为子的八八象棋。唐宋间织锦上的阴阳八八象棋局应是这种唐代八八象棋的反映。

综合以上《敦煌棋经》、宝应象棋、白居易诗、开成制象棋、琴棋书画锦等诸事，可以对北周以来至宋初象棋的起源、发展勾画出一个大致的轮廓，见图48。

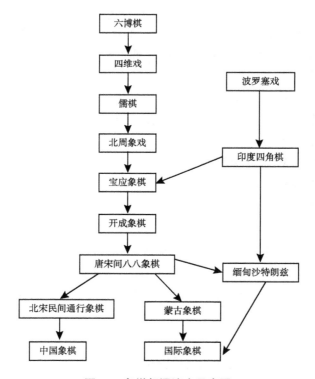

图48　象棋起源演变示意图

从图48中可以看出象棋脱胎于先秦秦汉六博棋的痕迹。西晋时期的四维戏，在继承博局内层象天、外层象地以及枭、散棋子的基础上，突出太极、两仪、六十四卦的作用，率先把棋局改为"九道并列"的六十四卦局，为以后象棋设计附属易学及六十四卦阴阳局的出现开了先河。北魏的儒棋在64格局的基础上，制成 10×10 的方格局，但在棋子种类上却率先革新，脱

离了枭、散的模式，发展为谦棋、彩棋两类 11 种的棋子形式。北周的象戏
则集六博、四维、儒棋之大成，不仅创造了四方色的六十四卦局，而且分棋
子为符、策、龙、马四大类，龙类统天地日月星，马类统水火木金土，符、
策为六丁六甲。这种设计思想及局、子因素大多为宝应象棋、开成象棋所继
承：前者改四方色六十四卦局为阴阳六十四卦局，后者则把天地日月星改作
将士车马卒，最终形成了唐宋间流行的阴阳八八象棋。

在阴阳八八象棋的形成中，最值得注意的是"象"、"车"、"炮"三子
的来龙去脉。唐代以前，中国所有的博弈品种中都无"象"这个子，虽然
称"象棋"、"象戏"的不少，但都是因为棋中有"象天则地"之"象"而
得名，并无象这个子。象这个子就汉文文献来看，最早出现在西域传来的波
罗塞戏中，波罗塞戏很可能是古印度的某个棋种，其特征是"翻象马斗"
的西域兵戏法，从"二人各执二十余小玉，乘象或马，于局道争得要路以
为胜"看，它与梵文记载的 4 人下的四角戏还不是一回事，或者四角戏是
从波罗塞戏发展而来的也未可知。但无论如何，唐代阴阳八八象棋的"象"
子，当来源于波罗塞戏。

"炮"的起源很可能和围棋术语有关，北周无名氏撰的《敦煌棋经》有
"炮棋"，就是明证。

车的起源比较复杂，不仅《敦煌棋经》中有"车"，四角戏也有车，
"兵戏法"的波罗塞戏可能也有车，到底源于哪种棋戏，或者三者兼而有
之，未能定论。至于将、士、马三兵种，乃中国棋戏固有特色，无须详
论。

从八八象棋的形成中我们可以看出，象棋基本上是以中国博弈文化为主
并吸收了西域（或印度）博弈文化的一些因素而形成的。魏晋南北朝时期，
随着民族大融合的洪流，东西博弈文化间的交流、融合是必然的趋势，正是
这种交流与融合，才最终造就了唐代的阴阳八八象棋。八八象棋所具有的巨
大活力，决定了它对以后的国际象棋、中国象棋的深刻影响，而这种活力正
是民族间文化融合的见证。

如图 48 所示，唐代的八八象棋是中国象棋与国际象棋共同的祖型。大
约在唐末宋初，这种象棋先后流传到了辽、金、蒙古、日本、缅甸等地，流
传至蒙古的后来随着蒙军的西征，传入了中亚、东欧、西欧，于 15 世纪定
型为现代的国际象棋；传入日本的"大象戏"，逐步演变为日本的将棋（原
型），传入缅甸的可能与阿拉伯的某种棋戏结合，形成所谓的"沙特朗兹"

棋（见前）。在大陆本土，八八象棋受易学河图、洛书理论的影响，逐步在北宋时期演变为加有河界、九宫的中国象棋。至于波罗塞戏和梵文记载的四角棋，当它们传入中国并对唐代八八象棋产生一定影响之后，就基本上在大陆地区消亡。因此，唐代八八象棋上承中国北周象棋和西域博弈文化，下启中国象棋和国际象棋，在象棋史上、中外文化交流史上都占有举足轻重的地位，对世界博弈文化的发展作出了重大贡献。

五 河图洛书
——中国象棋的起源、定型、发展

（一）象棋之象——《周易》思维在象棋设计中的作用

如果说，中国的诸博戏在设计上充分应用了"象数"思维，那么，象棋从起源到以后的各种形式则突出应用了易学中的太极、两仪阴阳、四象、八卦、河图、洛书等理论进行设计。这些思想既是易学在各个发展阶段的成果，也是象棋在各个发展阶段进行设计的思想基础。象棋的发展与易学息息相关，这是象棋形成、发展中突出的文化特征。

"崇泰否之运"的西晋挚虞，最早发明了六十四卦格的四维戏局，其设计思想是："尽盈尺之局，拟象乎两仪。立太极之正统，班五常之列位"。北周武帝发明的象戏，也是"局取诸乾"，"坤以为舆"，棋子则"南行赤水之符，北使玄山之策，居东道而龙青，出西关而马白。既舒玄象，聊定金枰"。大量应用了两仪、四象、八卦的概念。唐代的阴阳八八象棋，沿袭象戏的棋局，并突出《周易》的乾坤阴阳概念，改棋格的四方色为阴阳二色，创造了世界上第一个国际象棋盘。

中国象棋是在唐代八八象棋的基础上演变而来的，把六十四卦的方格局改造为中国象棋局，关键是加进了北宋初年才兴起的河图、洛书象数。所谓河图，指由 1～10 等 10 个数构成的图式，如图 49。所谓洛书指由 1～9 等 9 个数构成的图式，如图 50。

两图中的象数内涵相当复杂，与棋局设计有关的是：

（1）河图数 10、洛书数 9，故定型的中国象棋设计成 9×10 线，隐含河洛象数。

（2）河图的总数 55，洛书的总数 45，河洛合数为 100，故北宋的"通

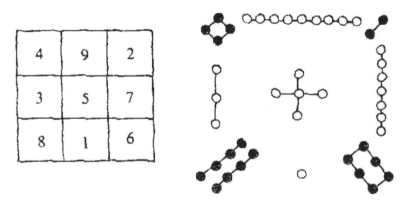

图 49　河图图式、数式

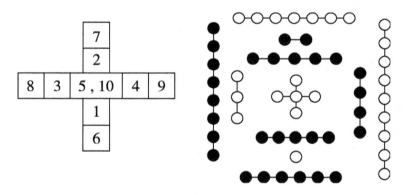

图 50　洛书图式、数式

行象棋"（见北宋晁补之《广象戏图序》）棋局设计为 10×10 道格（即 100格，11 线），而民间的"大象戏"（见李清照《打马图序》，此戏失传，但在 11 世纪中期传入日本，为日本最早的将棋原型）棋局设计为 10×10 线（100 个交叉点）。

（3）北宋以后的中国象棋，无论哪种类型，普遍加河界和九宫，拟象河图和洛书九宫。棋局中河界、九宫的存在，构成了中国象棋的突出特征。因此，由于河洛象数加入了棋局设计，使唐代的八八象棋演变为以后的多种象棋棋局。

六博的影响还是可以看到的，比如长方形棋子，为现在的麻将牌所沿袭。再如六博中"水"的设置，其形式保存在象棋的"界河"里。中国象棋受到印度象棋的深刻影响，而印度象棋和西洋象棋都没有界河，界河为中国独创，是从六博借用过来的。①

河洛之学创自宋初的陈抟，属于北宋易学象数派中的图书学派。陈抟以后，经种放、穆修、李之才等人，发展为周敦颐、邵雍、刘牧的易学。图书易学主要有先天图、河图洛书、太极图三大内容。周氏继承太极图学说，著《太极图》；邵氏继承先天学，其《皇极经世》即源于先天八卦；刘牧著《易象钩隐图》即源于河图洛书。图书之学在两宋非常发达，是当时学术界的重要派别，对宋代学术及宋明理学都有重大影响。

这一学术思想无疑也渗透了博弈文化。如邵雍《观棋长吟》云："院静春深昼掩扉，竹间闲看客争棋。搜罗神鬼聚胸臆，措置山河入范围。局合龙蛇成阵斗，劫残鸿雁破行飞。"② 此"棋"字学界多以为指围棋，但观其下有"座上戈铤尝击博"句，实应指博戏的一种。诗中的"局合龙、蛇成阵斗"与北周象戏的"龙青"、"马白"何其相似！"措置山河入范围"则明显指棋中象数。

南宋著名理学和易学大师陆九渊（1139～1193年）的象棋棋艺相当高，宋罗大经《鹤林玉露》卷一说他："少年时，常坐临安市肆观棋，如此者累日。棋工曰：官人日日来看，必是高手，愿求教一局。象山曰：未也，三日后却来。乃买棋一副归，悬之室中，卧而仰视之者两日，忽悟曰：此河图数也。遂往与棋工对，棋工连负二局，乃起而谢曰：某是临安第一手棋……今官人之棋，反饶得某一先，天下无敌手矣。"这个记载也证明棋局中有"河图数"。③ 正由于宋以后在陈抟图书易学的影响下，象棋设计加进了河洛数和洛书九宫，后来的人们往往把象棋与陈抟联系起来，不仅著名的《满盘象棋谱》、《百局象棋谱》都署名"陈希夷先生"著，而且盛传陈抟和赵匡胤下象棋，赌赢了华山的故事。如明末吕留良的《象棋话》说：

> 《华阴县志》载：宋太祖落魄时，曾游华山，与希夷老人对弈象棋，太祖负于陈。遂于即帝位时，罢免华山附近黎庶之征徭，以示不食前言，今犹有遗迹存，可证。④

① 崔乐泉：《中国古代六博研究（下）》，《体育文化导刊》2006年第6期。

② （宋）邵雍撰《击壤集》卷五《观棋长吟》，文渊阁四库本。

③ （宋）罗大经撰《鹤林玉露》卷一《陆象山》，文渊阁四库本。

④ （明末清初）吕留良撰《象棋话》，林幼如编《象棋月刊》第35期，福州版，1955，第7页。

遗迹者，指明星峰的"老君棋"。《宝鸡录》："登华山明星峰，道者有石室，老君棋正在其前，三十二子铁所铸也，子重五斤，非老君不能措手。"[①] 这些民间传说当然不能视为信史，但宋代象棋演变时加进了河界、九宫却是事实。这个事实肯定与宋代的重要学术思想——河图洛书之学有密切关系，即在象棋的设计中糅合了河图、洛书的图式及思想。

（二）河界九宫——中国象棋的改革与定型

1. 古墓象棋——考古中出土的象棋资料

出土的象棋考古资料，是当时的实物，它时代可靠，不容置疑。目前发现了属于宋、金、元代的不少象棋棋子、棋局资料。其中北宋象棋子共出土有 6 批。

（1）江西"安义县长埠公社长埠大队社员龚声汉建新房挖屋基地时，在一米深处发现铜质古象棋一副，象棋置于木盒之中（木盒已腐），木盒四周是木炭，外面是十六块砖垒成的方形穴洞，象棋子中放有崇宁通宝铜钱一枚，并附有一张写有文字的纸，非常遗憾的是此纸在出土时已毁。象棋共三十二只，铸有阳文，字体系楷书，计有'将'两只，'士'四只，'象'四只，'车'四只，'马'四只，'炮'四只，'卒'十只。隐约可见红黑各半，每只背面铸有阴底阳图。棋的重量是每只六十克，直径3.8厘米，厚0.7厘米"[②]。如图 51 所示。

图 51 安义铜质古象棋拓片

---

① （清）陈元龙撰《格致镜原》卷五十九《玩戏器物类》，引陈贞父《宝鸡录》，文渊阁四库本。

② 胡奕实：《从安义县出土的铜质古象棋谈起》，《南方文物》1983 年第 4 期，第 68～70 页。

（2）开封出土的也为铜棋子。黄铜质，圆形，最大者直径为31厘米，最小者11厘米。棋子兵种有将、士、象、车、马、砲、卒7种。正面为汉字，背面为象形图案。将刻着纱帽、穿战袍、悬长剑的将军；士刻身着戎装、下穿裙子的女士；象刻作低首待骑、身披鞍饰的动物象；马刻作奔马；车刻作一兵推着载满辎重的双轮车，与宝应象棋的"辎车"吻合；砲刻作"抛石机"，与北宋曾公亮《武经》中的"单梢砲"一致，只是炮架旁立一炮手；卒刻作手持长戟的威武兵士。"据考古专家鉴定，这批象棋子为北宋末年宋徽宗时期（1101～1122年）的遗物"①，如图52。

图52 开封出土的北宋黄铜棋子

比较上述两批铜棋子，前者出"崇宁通宝"（宋徽宗第二个年号，1102年铸），后者为宋徽宗时期，年代几乎相同。就棋子形态内容来看，正面都为楷书将、士、象、车、马、砲、卒七种，背面所铸图案，相同者是将，都是一头戴纱帽，身穿战袍，威风凛凛的武将坐像。不同的是：①开封"士"是一个身穿戎装和裙子的女士，安义"士"却是一个全身戎装的甲士。

---

① 李松福：《象棋史话》，人民体育出版社，1981，第61页。

②开封"象"是一披鞍的象，安义"象"身上未披鞍。③开封"车"是一人推一双轮车，安义的"车"是一辆有棚盖车。④开封"卒"是一手持长矛的兵，安义"卒"则是一扛大斧的兵。⑤开封"砲"是一架抛石机，安义"砲"却是一圆形石炮爆炸图。⑥开封的铜棋子最大者直径31厘米，如将；最小者也有11厘米，如卒；明显不是实用的象棋子，我们推测当与以象棋祭祀或占卜有关。安义的棋子大小一致，直径近4厘米，可用作实用棋子。

（3）洛阳文物工作队1997年7月挖掘一座北宋小型墓，出土一副完整的象棋子：黑、白瓷质，字体上描金。共32颗，每方16颗，计将1、士2、象2、马2、车2、砲2、卒5，与今制完全一样。据墓内出土陶器和最晚的铜钱（崇宁钱）判断，该墓绝对年代不晚于1106年。① 见图53。

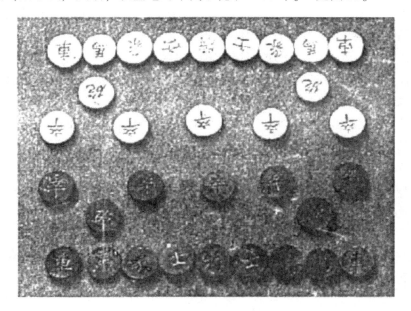

图53　洛阳出土北宋崇宁以前的整套象棋子

（4）、（5）、（6）批：另据黄文讲："有关象棋的考古资料……主要有河南鹤壁集出土的北宋瓷质象棋、四川江油出土的北宋铜质象棋、安徽凤台出土的瓷象棋……但这些出土或保存的象棋资料多属'残局'，棋子数量不全。"②

---

① 黄吉博：《洛阳出土北宋象棋一副》，1998年9月20日《中国文物报》第1版，第74期。
② 黄吉博：《洛阳出土北宋象棋一副》，1998年9月20日《中国文物报》第1版，第74期。

以上 6 批资料证明，至少在北宋晚期，象棋兵种、棋子数目已与现代无异。民间较流行专门烧制的瓷质象棋，宫廷贵族有用铜质的。背面刻象形图案的象棋子，显示了中国象棋脱胎于唐代八八象棋立体象棋子的痕迹，或许它就是宋代八八象棋中所用棋子形式。但开封出土的这些象棋字，直径在 31～11 厘米之间，恐非实用象棋子，很可能为祭器。

遗憾的是，上述 6 批棋子中均未发现棋局。这有两种可能，一是棋局用纸或木画成，易朽；二是可能画地为局。另外，据已出现专门作的瓷质商品棋看，北宋民间已盛行象棋，但大量使用的当是木制棋，只是经千年朽蚀，难以发现罢了。

南宋及其金元，象棋实物的出土并不多，计有：

浙江泉州南宋末年（13 世纪晚期）的海船中，出土了墨书或阴刻的两副残木质象棋子[①]，其中墨书者用红墨、黑墨以别双方，红方发现有两士一将，士写作"仕"和"士"，黑方发现有"士"、"象"、"炮"各一枚，"车"、"卒"各 2 枚。另有 9 枚字迹未辨，共发现 19 枚。阴刻的一副仅见一"马"，阴刻后字体中添红。这两副棋虽棋子残缺，但可看出其兵种仍是将、士、象、车、马、炮、卒，只是砲已改写作"炮"，士又写作"仕"，士、仕共用于一方。

另据黄文讲：北京大葆台金代遗址中出土有"砖刻象棋盘"，但未注出处，无法核对，只好存疑。

1959 年在内蒙古昭乌达盟宁城县大明城出土一副铜象棋子[②]，有将士象车马砲卒 7 个兵种，且一面是图像，一面是文字。其中车作双轮辐车，马作奔马，砲作抛石机，卒图案不清，但明显与开封铜卒图案不同。这批铜棋子直径在 2.8～2.6 厘米之间，当为实用象棋子。至于其性质，结合在蒙古地区流行的"蒙古象棋"来看，很可能是八八象棋所用棋子。

山西洪洞县广神寺水神庙，建于宋元时期，其中应王殿中有壁画《弈棋图》，棋盘中有宽约两倍棋格的宽河界，纵线 9 条，横线 12 条，无九宫斜线标识。[③] 如图 54 所示。

此棋局有河界，明显当为象棋局的一种变体，故黄文、刘文、张文都以为是象棋局。但观察图左弈棋者食指中指所夹的棋子似乎是围棋子。又此图

---

① 《泉州湾宋代海船发掘简报》，《文物》1975 年第 10 期。

② 《内蒙古出土文物选集》，文物出版社，1963，第 123 页。

③ 刘秉国：《中国古代体育史话》，文物出版社，1987；张云川：《中国象棋定型考》，《体育文史》1996 年第 3 期。

图54　洪洞县水神庙壁画《弈棋图》

所示明显是正在弈棋，若是象棋，必有棋子于局中，此局中无象棋子，颇令人费解，其棋局性质有待于进一步研究。

2. 大象戏的秘密——日本将棋（原型）的启示

除考古资料外，宋代有很多关于象棋的文献资料，按时代早晚排列，重要的有伊洙（1001～1047年）的《象戏格》，梅尧臣（1002～1060年）的《象戏》诗，司马光（1019～1086年）的《七国象棋》，程颢（1032～1085年）的《象戏》诗，晁补之（1053～1110年）的《广象戏格》，宋徽宗（1082～1135年）韦妃的象棋卜，李清照（1084～1151年）《打马图序》中的大、小象戏等。

伊洙于博戏弈棋都非常精通，并各有专著。围棋方面著有《弈势》，博戏方面著有《宋朝文物采选》三卷，象棋方面著有《象戏格》一卷，又称《象棋》、《象棋经》，其著录如下：

宋郑樵《通志》："《象戏格》一卷。伊洙撰。"①

《郡斋读书后志》："《象棋》，一卷。右皇朝伊洙撰。凡五图，今世

---

① （宋）郑樵编纂《通志》卷六十九《艺文略·艺术类·象经》，文渊阁四库本。

所行者不与焉。"①

《文献通考》:"《象棋》一卷;又《棋势》二卷。晁氏(晁公武,作《郡斋读书志》)曰:'皇朝伊洙撰。凡五图,今世所行者不与焉。'"②

另据朱南铣先生所考,绍兴中(1131~1162年)的《秘书省续编到四库阙书目》卷二《子类·艺术》、《国史经籍志》卷四下、《世善堂藏书目录》卷下等均有著录。③

《象戏格》最晚作于1047年,可惜今佚。对其内容仅赖晁公武"凡五图,今世所行者不与焉"一语窥见。晁氏《郡斋读书志》自序是绍兴二十一年(1151年)作,当南宋之初。故"今世所行者"当指南宋初年的象棋,伊洙《象戏格》的"五图"当在1047年以前。南宋初年的象棋据李清照《打马图》中的象棋盘,已和今制相同,故伊氏的五图应不同于今制。"五图"或为五种象棋的全盘图式,或为一种象棋的五种开局、中局、残局的不同图式。不管怎样,《象戏格》"五图"的存在,说明了宋初的象戏未有定制,与今中国象棋形制不同,并处在不断演化之中。我们以为,这种演化即是从宝应象棋、开成象棋向中国象棋的变化过程,简单讲,主要是阴阳八八棋局向河界、九宫棋局的变化。五图即这种变化中形成的棋局之制。

能够窥知这种变化棋制者,是现传于日本的"将棋(原型)"。日本盛行大将棋、中将棋、小将棋。关于将棋的起源,日本将棋联盟编的《将棋入门》可代表日本学界的一般意见:"日本将棋的确切史料,康治元年(1142年)从中国传去的大象戏,才是最可靠的。"④《将棋独稽古》山田信有《序》(昭和二年再版)也称:"将棋者,我邦知兵者,效彼邦(中国)象戏而创制焉。"传入日本的"大象戏",在李清照《打马图序》中也有记载:"大、小象戏,弈棋,又唯可容二人。独采选、打马特为闺房雅戏。"大小象戏,即南宋初以前民间流行的两种象戏。其中小象戏,当指《打马图》中的象棋局,即今中国象棋,大象戏何指?朱南铣认为:"这种二人对局的大象戏,系指北宋晁补之的广象戏,棋子越多,棋盘越大,原仅个人的

---

① (宋)赵希弁编撰《郡斋读书后志》卷二《子类·杂艺术类》,文渊阁四库本。
② (宋)马端临编撰《文献通考》卷二二九《经籍考·子·杂艺术》,文渊阁四库本。
③ 朱南铣:《中国象棋史丛考》,中华书局,1987,第47页。
④ 《将棋入门·将棋的历史》,昭和54年,第36页。

创制，最多行于中、上阶层。李清照以之与民间流行的‘小象戏’相提并论，其实是不恰当的。"[1]　其实，只要对照一下广象戏（用 19×19 线的围棋盘）和根据"大象戏"改造的日本"大将棋"（见图 55，10×10 线，81 格，格中行子）就很容易发现二者差距太大，李清照的"大象戏"绝非流行于"中、上层"的广象戏，而是自唐代六十四卦象棋以来流行于民间的一种较八八象棋为大的象戏。北宋晚期八八象棋转变为小象戏（中国象棋），而这种"大象棋"依然流行，故二者相提并论，再恰当不过。

香车	桂马	银将	金将	玉将	金将	银将	桂马	香车
	飞车		猛豹	醉象	猛豹		角行	
步兵	步兵	步兵	步兵	步兵	步兵	步兵	步兵	
步兵	步兵	步兵	步兵	步兵	步兵	步兵	步兵	
	角行		猛豹	醉象	猛豹		飞车	
香车	桂马	银将	金将	玉将	金将	银将	桂马	香车

图 55　日本大将棋原型示意图

　　日本最早的将棋有两种，一是所谓的大将棋（原型），见于宝卿《言台记》康治元年九月十二日辛丑条："参新院于御前与师仲朝臣指大将棋余负。"乃指源师仲与藤原赖长在近卫院对局，下的是大将棋（原型）。图 55 是日本发现的最早将棋，其棋局基本反映了大将棋（原型）的格局。

　　另一种是将棋（原型），其子与着法见于院政时代（1086～1192 年）的《二中历》："将棋，一作捋骑；玉将八方得自由，金将不行下二目，银将不行左右下，桂马前角超一目，香车先方任意行，步兵一方不它行，入敌三目皆成金。"相当于北宋的平安时代只有将棋（原型）和大将棋（原型）两种将棋。一般认为，前者较后者早，后者在 1142 年即已有之，将棋原型至少北宋时就已有了。这种将棋的形制据朱南铣先生讲是这样的：

---

　　[1]　朱南铣：《中国象棋史丛考》，中华书局，1987，第 42 页。

"日本将棋（原型）纵横各10直线，共81方格，100个交叉点，棋行格内，共36子，分6个兵种（无炮及象，但仍分偏裨，即金将和银将）。"[1]

据此及大将棋的排列顺序，可列出将棋（原型）棋制参考图，如图56所示。

香车	桂马	银将	金将	玉将	金将	银将	桂马	香车
步兵	步兵	步兵	步兵	步兵	步兵	步兵	步兵	
步兵	步兵	步兵	步兵	步兵	步兵	步兵	步兵	
香车	桂马	银将	金将	玉将	金将	银将	桂马	香车

图56　日本将棋（原型）棋制复原图

日本将棋（原型）北宋时期就在日本流行了，它既然是从中国的"大象戏"发展而来，那么中国的这种大象戏至少也应在北宋时期流行于民间。目前所知的北宋象棋有广象戏、七国象戏、民间的"通行象戏"（11×11线，100格，将士象车马炮卒7兵种、32或34子，详下）和徽宗的"卜棋"（已有河界、九宫，即中国象棋）都和这种"大象戏"不一样，显然，它是北宋民间流行的另外一种象戏，很可能是伊洙《象戏格》中五种象戏的一种。

若考将棋（原型）的棋制，就会发现它与唐代的八八象棋有诸多相似之处。将棋（大象戏）局10×10线，构成了100个交叉点，只较八八象棋的9×9线纵横多出一线。我们以为，这是适应河图数55、洛书数45相加之后的天地之"全数"（100）的结果。将棋在格中行棋，而不依交叉点，显然是受八八象棋的影响。换句话说，八八象棋发展到宋初期，由于河洛之学的影响，改9×9线为10×10线，是为了适应河洛的天地总数，而行棋于

---

① 朱南铣：《中国象棋史丛考》，中华书局，1987，第42页。

格道则沿袭原制。

至于其棋子，玉将、香车、桂马、步兵分别相当于唐代宝应象棋的王（上将）、车、马、卒，着法也大致相同。如玉将"八方得自由"与上将"横行系四方"基本相同；桂马"前角超一目"（行目字对角）与马的"斜飞三度"全同；香车"任意行"与车"直入无回翔"大同小异，步兵"一方不它行"与卒的一步一格、直行"不乖行"全同。金将、银将有些人以为是北宋"通行象棋"的"偏将"、"禆将"[①] 很有道理。但究其起源，可能溯至唐代八八象棋，如宝应象棋中已有上将、金象将军之别，开了棋中多将的先河。因此，由中国的"大象戏"转变而来的日本将棋（原型），是唐代八八象棋发展到北宋时加进河图、洛书概念之后的一种象戏类型。从时代上来讲，它应早于司马光的"七国象棋"、晁补之的"广象戏"，而与北宋民间流行的"通行象棋"大致同时。从形制上来讲，它是由八八象棋向中国象棋过渡的一种中间类型。它的存在，证明了中国象棋起源于唐代八八象棋的论断。

3. 七雄麈战——司马光的"七国象棋"

司马光（1019～1086 年），字君实，是北宋中期著名宰相。他的七国象棋是根据北宋中期民间流行的象戏加以扩大（用 19×19 线的围棋盘）而成的，其棋制如下。

关于司马光作《七国象棋》，北宋黄长睿（1079～1118 年）的《东观余论·跋温公新壶格、七国戏二书后》就有记载："新壶格、七国戏二数，皆传自温公之孙樟文叔家，图本乃公手书，颇有黦改处，盖初草定时本也。政和元年（1111 年）六月十七日黄某长睿父书。"[②] 看来不容置疑。七国象棋散见于许多丛书，较早为元陶宗仪《说郛》卷一百二《古局象棋图》所录，如图57，又有正文如下：

> 七国象戏，用百有二十，周一，七国各有十七（120 子），周黄、秦白、楚赤、齐青、燕黑、韩丹、魏绿、赵紫。周居中央不动，诸侯亡得犯。秦居西方，韩楚居南方，魏齐居东方，燕赵居西方。[③]

---

① 朱南铣：《中国象棋史丛考》，中华书局，1987，第 79 页。
② （宋）黄长睿撰《东观余论》卷下《跋温公新壶格、七国戏二书后》，载《津逮秘书》明刊本。
③ （元）陶宗仪编撰《说郛》卷一百二引司马光《古局象棋图》，文渊阁四库本。

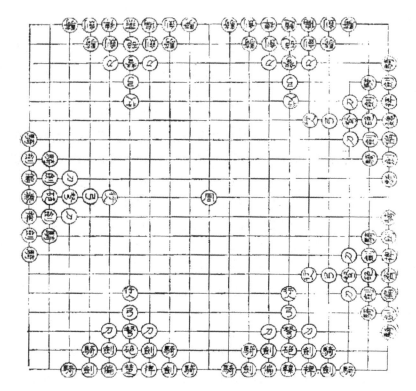

图57　古局象棋图

七国象棋用 19×19 线的围棋盘，在交叉点行棋。每国各有 17 子，周 1 子，合计 120 子。兵种数目及着法是：

七国各有将，（直、斜行无远近。）一偏，（直行无远近。）一裨，（斜行无远近；虽名象戏，而无象及车者，车即将及偏、裨所乘，象不可用于中国故也。）一行人，（直、斜行无远近；不能役敌，敌亦不能役。）一炮，（直行无远近；前隔一棋乃可击物，前无所隔及隔两棋以上则不可击。）一弓，（直、斜行四路。）一弩，（直、斜行五路。）二刀，（斜行一路。）四剑，（直行一路。）四骑（曲行四路，谓直一斜三。）……一骑当弓、弩、刀、剑之二，炮当三，裨当四，偏当五。①

――――――――――――

① （元）陶宗仪编撰《说郛》卷一百二引司马光《古局象棋图》，文渊阁四库本。

括号内文字为司马光原注。七国象棋共 361 个交叉点，除开中央"周"的一点不用外，余 360 点均可行棋。棋子除马外，都是直行或斜行，有的"无远近"，如将、偏、裨、行人、炮等，这意味着 360 点都能以直线、斜线方式一次走到并"役"子（俘获子）。有的限制步数，如弓一次只能直斜行四路，弩直斜行五路，刀斜行一路，剑直行一路。骑（马）的着法既不直也不斜，而是"曲行四路，谓直一斜三"，即先直行一交叉点，再曲行三个交叉点，即行一个"目"字形。

这些着法的规定，决定了兵种威力的大小，"一骑当弓、弩、刀、剑之二，炮当三，裨当四，偏当五"，即限制步数的弓弩刀剑力量最小，马虽一次只能行一"目"字形，但可不在直、斜线上"役"子，有出其不意的效果，故一马可当弓弩刀剑中的两个，炮直行虽无远近，但须隔子俘敌，故当三个，裨当四，偏当五，将"直斜行无远近"，威力必最大。七国象棋以"擒将"或获子最多为胜：

> 凡能擒敌将者，胜。虽未擒，获一国吏士过十者（除行人、将），胜。彼所获吏士虽未满十，而此亡吏士已过十者，负。于时，坐上获最多者胜。[1]

七国象棋的著作年代，据考至迟在 1071～1085 年之间制成[2]，是目前所见最早的记载棋法最清楚的象棋。其前后的诸多象棋类型的兵种及着法都赖它作参考才得以清楚，在象棋史上具有重要地位。特别是关于"虽名象戏，而无象及车者，车即将及偏、裨所乘，象不可用于中国故也"的记载，证明了两个重要问题：一是七国象棋之前，肯定有一种"有象有车"的象戏，而其是在这种象戏的基础上扩大（即用将、偏、裨代替车，另增一些兵种）而成的，这种象戏就是下面要讨论的北宋"通行象戏"；二是"象"这个子，非是中国棋戏之子，而是（西域）域外棋戏之子，透露了唐代八八象棋吸收外域棋戏文化而融合而成的重要信息。

4. 猛兽为阵——《广象戏》和北宋的"通行象棋"

所谓"北宋通行象棋"是指司马光与晁补之在创制他们的"七国象棋"

---

① （元）陶宗仪编撰《说郛》卷一百二引司马光《古局象棋图》，文渊阁四库本。
② 朱南铣：《中国象棋史丛考》，中华书局，1987，第 58 页。

和"广象戏"时所见到的通行民间的一种较小的象戏,它的时代不晚于公元11世纪中期。七国象棋已讨论过,下面看看晁补之的《广象戏》及其透露的"通行象戏"信息。

晁补之(1053~1110年),字无咎,撰有《广象戏图》(或称《广象戏格》)一卷,宋代郑樵的《通志》、马端临的《文献通考》、焦竑的《国史经籍志》等均有著录,但该书已佚。现存的仅为晁氏的《广象戏图序》,载于《文献通考·经籍考》①和晁补之的《鸡肋集》②等书,两者相较,引录如下:

> 象戏,兵戏也。黄帝之战,驱猛兽以为阵。象,兽之雄也,故戏兵而以象戏名之。

晁补之认为,象戏是因棋中有动物"象"而得名,证明北宋象戏确有象这个子。但晁氏把"象"子的起源归于黄帝,乃臆测之说。这恐怕是对"西域兵戏法"的一种反驳,但也从一个侧面说明"象"这个子是西域棋戏的内容。

> 余为儿时,无佗弄,见设局布棋为此戏者,纵横出奇,愕然莫测,以为小道可喜也。稍长,观诸家阵法,虽画地而守,规矩有截,而变化舒卷,出入无倪,其说益可喜。暇时因求所谓象戏者,欲按之以消永日。盖局纵横十一,棋三十四(《通考》作"三十二"),为两军耳。意若其狭也。常(《通考》作"尝")试以局纵横十九,棋九十八广之,意稍放焉。然按图置物,计步而使,终亦胶柱而已矣……元丰二年(1079年)六月晁补之序(《通考》无末句)。③

晁氏《广象戏图序》说他"儿时"玩的一种象戏是"局纵横十一,棋三十四(或三十二)",我们把这种象戏暂名为"通行象棋"。而晁氏嫌这种棋"狭"小,故"以局纵横十九,棋九十八广之",这种大棋自称为"广象戏"。

---

① (宋)马端临编纂《文献通考》卷二百二十九《经籍考》五十六,《广象戏图序》,文渊阁四库本。
② (宋)晁补之撰《鸡肋集》卷三十五《广象戏图序》,文渊阁四库本。
③ (宋)晁补之撰《鸡肋集》卷三十五《广象戏图序》,文渊阁四库本。

其广象戏局 19×19 线，361 个交叉点，形同围棋盘，甚好复原。但子有 98 枚，若双方下，每方计 49 枚，兵种有几？棋子如何摆法？都是难以解决的问题。故只能存疑。其儿时所见的象戏（当在 1060~1070 年之间，其 7~17 岁），自清代以来，人们屡加推测，姚元之（1773~1825 年）《竹叶亭杂记》卷七推测说：

> 今之象棋，与古不同。晁无咎《象戏序》云："盖纵横十一，棋三十二为两军耳。"今棋仍三十二，而纵只十路，横只九路。以车马象士按之，横九路已足，余二路正不知如何位置，岂炮也与车马同路耶？

此说把炮与车马并列摆放，对后人有所启发。俞正燮（1775~1840 年）《癸巳存稿》卷十一《象棋》推测：

> 古十一路，盖兵卒相去中三路，今中二路。其第一路炮居两旁，兵卒则居纵路二、四、六、八、十；炮、马、士两敌相对，炮无架，马旁行，士不出帷幄，三者俱不起衅也。

俞氏的说法构成了后来者复原北宋"通行象棋"的基础，大致可分作两类：把"纵横十一"理解成交叉点上行棋者则画出如图 58 所示的棋制[1]，理解为方格中行棋者则画出如图 59 所示的棋制[2]，朱南铣考证后则以 34 子为准，每方加为六卒，双士参照"七国象棋"定为偏裨，如图 60 所示。[3]

上述推定，于局而言，都有些道理；于兵种而言，则是建立在北宋中期（1060~1070 年）有今象棋将、士、象、车、马、炮、卒 7 个兵种的前提之下；于着法、棋制而言则是建立在局有河界、九宫、棋子着法如今的基础之上。如果没有这些基础和前提，上述推定均不能成立。那么，1070 年以前的象戏是否有 7 个兵种和河界、九宫？

前述考古发现的洛阳瓷象棋子最晚在崇宁五年（1106 年），距晁氏儿时

---

① 杜亚泉：《博史》，开明书店，1933；周家森：《象棋与棋话》，世界书局，1943。

② 俞平伯：《秋荔亭墨要》，见张云川《中国象棋"定型"考》，《体育文史》1996 年第 3 期。

③ 朱南铣：《中国象棋史丛考》，中华书局，1987，第 75 页。

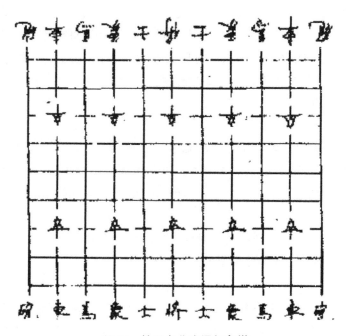

图 58　杜亚泉北宋通行象棋

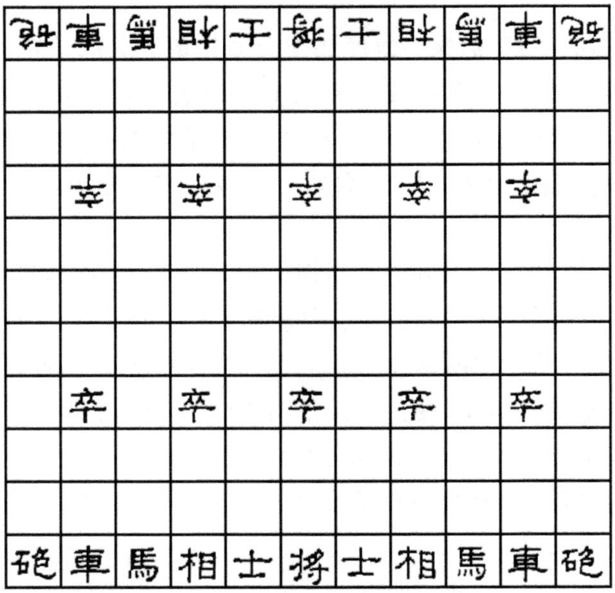

图 59　俞平伯北宋通行象棋

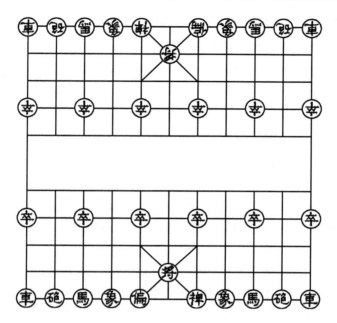

图60　朱南铣北宋通行象棋

还差近40年，不能作为确凿的证据。为此提供证据的是梅尧臣和程颢的《象戏》诗。

梅氏《象戏》诗云：

> 象戏本从棋局争，后宫龟背等人情。今闻儒者饱无事，亦学妇人闲斗明。堂上有奇谁可胜？尊中赌酒令方行。直驱猛兽如寻、邑，何似升平不用兵。①

梅氏死于1060年，此诗当在此前。诗中提到了象戏在宋代士人中的流行情况。"直驱猛兽如寻、邑"，用的是昆阳之战的典故，据《后汉书·光武帝纪》载：王莽派王寻、王邑为正、副将，"将兵百万"、"又驱诸猛兽虎、豹、犀、象之属，以助军威"，围昆阳。刘秀率死士数千人，破之昆阳城下，"莽兵大溃"，"虎豹皆股战，士卒争走，溺死者以万数，水不为流"。梅氏诗中虽未谈棋制，但此典故中则有主将、副将（偏裨）、兵卒、河流及

---

① （宋）梅尧臣：《宛陵先生集》卷二十《象戏》，文渊阁四库本。

虎豹象犀等猛兽，可以设想，梅氏所见的象戏兵种、棋制应与此相近，很可能有将、偏、象、卒及河界诸因素。

程氏《象戏》诗载《明道先生文集》卷一，其云：

> 大都博弈皆戏剧，象戏翻能学用兵。车马尚存周战法，偏裨兼备汉官名。中军八面将军重，河外尖斜步卒轻。却凭纹楸聊自笑，雄如刘项也闲争。①

此诗据考作于 1055～1075 年之间②，是十分难得的象戏史料。"大都"指东京开封，"翻能"二字并非指"能够"，而是指象戏中有"翻象马斗"的功能，唐宋人把西域兵戏往往称作"翻象马斗"，如智周《涅槃经·疏》："波罗塞戏者，此翻象马斗，是西国象马戏法。"此句用"翻"喻"象"，借指象戏中有"翻象马斗"，棋中应有象这个子。

"车马"与"偏裨"对举，偏裨也应像车、马一样是象戏的棋子。

"中军八面将军重"，叙述的是棋制，即最重要的"将军"居于中央，四仲、四维的八方均可行走，显然是指"九宫"。将居九宫中央，意味着将不在底线而在二线，与现行中国象棋不同，却是象棋加九宫后将的最早摆法，传到朝鲜的"古高丽象棋"，开局前还保留着这种摆法③，开局后则退至一线，即九宫中的"一"位，一位是元始，也是帝王争夺天下的最佳位置。

"河外尖斜步卒轻"，说明三点：第一，已有河界。下文"刘、项也闲争"也以刘邦、项羽争天下时"鸿沟"为界的典故隐喻象戏有河界。第二，"河外"的含义当指"河之外"，小卒一旦渡过了河，就可"尖"（直走一步）、"斜"（斜走一步），这与现行中国象棋不同，与七国象棋的刀剑着法一样，与国际象棋的兵必须斜进一格吃子类似。第三，有"河外"必有"河内"，现代象棋河只是为界，任何子不能跳入河中，而上边 11×11 线（或格）的象戏局中间河界都占三线（或两格），李清照《打马图》中的象棋局也如此，说明有步数限制而且又能过河的兵种"卒"、"马"很可能有"溺水"而暂时滞于河的规定。因此，此时的象戏是否像北周象戏一样用骰

---

① （宋）程颢：《明道先生文集》卷一《象戏》，《四部备要》据江宁刻本校刊，《二程全书》本。
② 朱南铣：《中国象棋史丛考》，中华书局，1987，第53页。
③ 李松福：《象棋史话》，人民体育出版社，1981，第185页图2。

子"掷点行棋",实在是个疑问,起码有这种可能。

总而言之,程氏《象戏》中所反映的象戏已是有将、偏、裨、车、马、象、卒7个兵种,又有河界、九宫的象戏棋制。七国象棋中也反映了将、偏、裨、车、炮、马(骑)、象、卒(弓弩刀剑)的存在,结合晁补之的"纵横路十一,棋三十四(或三十二)"的记载,大致可恢复司马光与晁氏"儿时"所见的北宋"通行象棋"的棋制,上边三种复原图,以朱氏近是。因为:第一,士此时尚是偏、裨,到了北宋晚期后,中国象棋才用士。俞平伯用士缺乏根据(图58)。第二,晁氏所言广象戏局是"纵横路十九"的围棋盘,其"路"字含义必然指"线",同篇中的"纵横路十一"之"路"字,自然也应该指线而非格,这样复原为格道就缺乏根据(图58)。

但是,朱氏的复原横为10线,而河界宽于格两倍,不符合晁氏原意,河界中间应加一横线。尽管会导致与现代棋制不一的缺憾,更搞不清兵、马怎样"溺河",怎样出河,但这样毕竟符合晁氏原意,也符合《打马图》象棋局的形制,问题留待后人解决。

5. 韦妃棋卜——中国象棋的定型

北宋末年,以宋徽宗赵佶为首的统治集团日益腐朽,北方的金日益兴起,终于酿成了汴京沦陷(1126年)、徽钦二帝被掳于金的历史悲剧。靖康二年(1127年),高宗在临安即位,而徽宗、钦宗此时却在被掳至金的路上。当过了黄河、将到尧山县(今唐山)的时候,徽宗的妃子、高宗的母亲韦妃,不知高宗已即位,就用象棋为高宗卜了一卦,据同行的曹勋(约1098~1174年)所撰的《北狩见闻录》载:

> 臣扈从时,太后未知主上即位,尝用象戏局子,裹以黄罗,书康王字,贴于将上。焚香祝曰:今三十子俱掷于局,若康王字入九宫者,主上必得天位。一掷,其将果入九宫,他子皆不近。太后手加额,喜甚。臣下拜,即奏。徽庙大喜,复令谓太后曰:"瑞卜昭应异常,便可放心。卿等可贺我!"臣等皆再拜。太后因以此子代将,不易。①

这段棋卜,广为流传,记载颇多。小有争议者是"三十子俱掷于局"还是"三十二子"。与曹勋同时的王明清(1127~1195年)《挥麈后录》卷

---

① (宋)曹勋撰《北狩见闻录》,文渊阁四库本。又《学海类编》、《学津讨原》等刊本同。

二《高宗兴王符瑞》、徐梦莘（1124～1205年）《三朝北盟会编》卷九八引《北狩见闻录》、《永乐大典》卷一九七八二引《北盟录》等均作"今三十二子俱掷入局"。另一有力证据是《中兴瑞应图》。南宋初年，宋高宗为了表明他当皇帝是"上感天意"、"瑞卜昭应异常"，特令画院待诏萧照画了12幅《中兴瑞应图》，曹勋为此图写了《总引》，每幅下又各有赞语。① 据《总引》说此图成于绍兴三十二年（1162年）高宗禅位前后，图中第七幅描述的是象棋占卜事：

> 第七幅：一宫居中……显仁皇后掷棋子盘中，侍妃凡七；宫之左右，树木掩映，间以竹栅（以上是后人对画面的描述）。……臣（指曹勋）谨赞曰：宗庙大庆，曷论春陵。三十二子，乾吉允升……②

此赞语是曹勋在图成后亲作，"三十二子，乾吉允升"恐无误。因此发生在靖康二年（1127年）的象棋占卜所示的棋制是：子中有将，将居九宫，棋子有32枚。与今制已无多少差别了。

程诗明确指出了象戏有"河"，棋卜则明确指出象棋有"九宫"，如果再结合洛阳、开封、安义等地考古发现的北宋晚期铜、瓷全套32子的象棋，就可初步下结论说，中国象棋大体定型于北宋末期。局中加入河界、九宫，是北宋民间的"大象戏"发展为中国象棋的关键步骤。大概在11世纪中期，民间的"通行象棋"中已加进了河界、九宫。因为，自五代末的陈抟在其《龙图易》中传出"河图"、"洛书"学说以后，经刘牧、李之才、周敦颐（1017～1073年）、邵雍（1011～1077年）等人的继承、阐发，已蔚然成风，成为当时易学界的主要学派，对北宋的思想、民俗都产生了重大影响。

象戏的设计本来就有利用周易象数的传统，此时的10×10线、81格的大象戏接受河洛之学的影响，在棋中加进河洛象数是非常自然的事情。加的结果是：首先改81格为100格，形成11×11的局制，以拟象河（55）洛（45）合数100，也即象征天地之总数。其次在局正中横线两旁，规定为"河界"，拟象河出龙图；以正中竖线为准规定出双方的九宫，拟象洛出龟

---

① （宋）曹勋撰《松隐文集》卷二十九《圣睿图赞并序》，文渊阁四库本。
② （清初）卞永誉撰《式古堂书画汇考·画考》卷四十四，文渊阁四库本。清厉鹗《南宋院画录》卷三同。

书。换句话说，11×11 线局的出现，是利用河图、洛书象数设计棋局的结果。由于九宫的加入，必须把格中行棋改作交叉点上行棋，这就是晁补之、司马光所见北宋民间"通行象棋"从八八象棋和"大象戏"脱胎而来的大致过程。

到了北宋晚期，出现了七国象棋、广象戏等各种象戏的设计蓝图，但最有生命力的还是"通行象棋"，以它为基础改制的中国象棋盘最早见于李清照《打马图》中的象棋局，为 9×10 线局，与今象棋没有差别。到了南宋的刘克庄（1187~1269 年）时，已有与今象棋一样的完整记载。

刘克庄的棋制著作是《象弈》，收入：

> 小艺无难精，上智有未解。君看橘中戏，妙不出局外。
> 屹然两国立，限以大河界。连营秉中权，四壁设坚械。
> 三十二子者，一一具变态。先登如挑敌，分布入备塞。
> 尽锐贾吾勇，持重伺彼怠，或迟如围营，或速如入蔡。
> 远炮勿虚发，冗卒要精汰。负非繇寡少，胜岂系强大？
> 昆阳以象弈，陈涛以车败。匹马郭令来，一士汲黯在。[①]
> ⋯⋯⋯⋯⋯

把象棋、象戏又称"象弈"，是为了与围棋的"弈棋"相区别。因为象棋、围棋都不用骰而全凭智力，故都称"弈"而不称"博"。象弈一名的出现，标志着象棋成熟，堪与围棋并列。

诗中所说的象弈由两人下，以局中"大河"为界，明确指出河只是"界"，而不能"溺人于水"，说明棋局是 9×10 线。"连营秉中权，四壁设坚械"，是说将、士（偏将、裨将的融合）居九宫，秉权执要，九宫像城垒一样，四壁设防。拟想得很有道理。但实际上把将士束缚于九宫之内，大大减弱了它们在棋战中的威力。棋子有 32 枚，双方各 16 枚；兵种有将、炮、卒、象、车、马、士，与现代象棋无异。

中国象棋从唐代的八八象棋发展出来直到最终定型，大致经历了将近五百年的时间（宝应象棋 762 年、象弈 1269 年），其间局子、棋制都经历了巨大变化。先后有以宝应象棋、开成象棋为主的八八象棋，北宋中期以前民

---

① （宋）刘克庄：《后村集》卷五《象弈一首，呈叶潜仲》，文渊阁四库本。

间流行的"大象戏"、"通行象棋",学者们闭门造出的七国象棋、广象戏,北宋晚期的"占卜象棋"和南宋的"象弈象棋"。从中国象棋起源到定型的历史中,我们不仅可以看出各种棋制的设计与中国学术文化发展的密切关系,还可看出民众的喜爱与否是各种棋制盛衰的关键。唐代的八八象棋至北宋虽然受河洛之学的影响绝迹于中国,但对蒙古、日本、缅甸乃至中亚、西欧的博弈文化产生了巨大的影响,并流传至今成为风行全世界的国际象棋。宋代民间流行的"大象戏"传至日本,形成了日本形形色色的将棋。同时流行的在河洛思想指导下设计出的"通行象棋",虽然没能流传下来,但逐步蜕变为中国象棋。唯有司马光、晁补之异想天开造出的七国象棋、广象戏,严重脱离群众文化基础,只能消失在故纸堆中,从无被弈的记录。而中国象棋,自北宋大致定型之日起,就成为人们喜闻乐见的棋戏,历代宫廷内设象棋待诏,民间则有相应的象棋组织和国手、棋品,理论上则出现了专门的棋经、棋诀和大量的棋谱,对博弈文化乃至整个中国文化的各个层面都产生了重要影响。

(三)穷变通久——中国象棋的理论与实践

1. 棋艺精微——《棋经》和《棋诀》

棋艺理论是从无数次对局实践中总结出来的战略战术思想,其中既有哲理性的全局认识,又有实战性的经验总结。从棋艺理论中我们可以窥见弈戏与中国文化的密切关系。

中国象棋比围棋晚出,最终定型于南宋。所以象棋理论从时代上讲,不会早于南宋;从内涵上讲,吸收了不少围棋理论,这是象棋理论的基本特点。

目前所知最早的象棋理论书籍有两种:第一,南宋陈元靓《事林广记》中的《棋诀》与《棋诗》;第二,南宋洪迈(1123～1202年)的《棋经论》。

陈元靓生卒籍贯均不详,据朱南铣先生所考:"是南宋福建路建宁府崇安县人","主要活动于宋理宗(1225～1264年)时,隐居未仕,信奉道教"。[1]《事林广记》有元泰定二年(1325年)洛阳书肆刊本、元至顺间(1330～1333年)建安椿庄书院刊本、元至元六年(1340年)建阳郑氏积

---

① 朱南铣:《中国象棋史丛考》,中华书局,1987,第92页。

诚堂刊本等三个版本，各个版本差异较大。据朱先生考泰定本"比较接近陈元靓原编"①，而《事林广记》编定时间约在 1266 年。② 现把泰定本《事林广记》丁集卷四《文艺门》中的有关象棋理论部分录如下：

象棋子法：将行一步九宫内，士止一尖不离宫。象虽两尖有四路，马行一直一尖冲。炮须隔子打一子，车横直撞任西东。卒子若行惟一步，过河进吉退为凶。

棋九十分：将二十分（自占廿分），车二十分（一车十分），士六分（一士三分），炮十四分（一炮七分），马十二分（一马六分），象八分（一象四分），卒子十分（一卒二分）。③

所述棋制、着法用语，较前都要准确，说明标准的中国象棋在南宋末已固定不变。值得注意者是用了"尖"（两路斜对，下子曰尖）"冲"（突也，直远子而入关谓之冲）等围棋专门术语，"士止一尖不离宫"，是说士只能在九宫中一次走一斜步；"象行两尖"即斜行田字，只行四维之路。同时，"棋九十分"也仿自围棋的分法，围棋 360 子，相对于棋盘的 360 个交叉点，一子一分，得子多者即得分多，为胜；象棋盘 9×10 线，共 90 个交叉点，而每方棋子 16 枚，故把 90 分分配于 16 子。得将为胜，故将占 20 分，其他子则按其威力大小分配。行棋不受限制的车占 20 分，丢车意味着丢将，故分值同将，余类推。这种状况充分说明了围棋基本理论对象棋棋制理论的影响。

象棋十诀：一、不得贪胜。二、入界易缓。三、攻彼顾我。四、弃子争先。五、舍小就大。六、逢危须弃。七、慎勿欲速。八、动须相应。九、彼强自保。十、我弱取和。

棋诗一首：得子得先名得子，得子失先却是输。车前马后须相应，炮进应须要辅车。④

象棋十诀和棋诗经常为后人引用，可谓象棋理论经典之一，其出处正在

① 朱南铣：《中国象棋史丛考》，中华书局，1987，第 95 页。
② 朱南铣：《中国象棋史丛考》，中华书局，1987，第 97 页。
③ （元）陈元靓撰《事林广记》丁集卷四《文艺门》，元泰定二年洛阳书肆刊本。
④ （元）陈元靓撰《事林广记》丁集卷四《文艺门》，元泰定二年洛阳书肆刊本。

此。《诀》、《诗》所表达的其实都是一种战略思想，即弈棋时所应遵循的思维规律。

"不得贪胜"为第一诀，是弈棋的思想纲领。凡弈者以胜为务，但胜不可靠"贪"取得，"贪"会导致轻取冒进，反受制于人，结果也适得其反。它反映了一种"无为无不为"的辩证思想，于不贪胜中而得胜。

"入界易缓"、"慎勿欲速"、"动须相应"讲的都是循序渐进、各子互相照应的道理。"入界"即我子进入敌界，易受敌子多方攻击，如果时机不成熟，孤军无援，会被吃掉。所以进攻时要"车前马后须相应，炮进应须要辅车"，逐渐形成集团兵力，步步为营，然后寻机进攻。

"攻彼顾我"讲的是攻、防兼顾的道理。象棋子力对等，经常出现"对攻"局面，此时谁防守严密谁占主动权。所以攻守兼备是一条重要的制胜原则。

"弃子争先"是围棋中先提出的思想原则，张拟《棋经十三篇·合战篇第四》曰："法曰：宁输数子，不失一先。"此原则同样适应于象棋。"先"指战斗中的主动权，即我所走子，对方必应，若不应，后果不堪。掌握了主动权，就有了制胜的先机，即使弃子后兵力不如对方，也能靠主动权搬回兵力或攻杀擒将。"得子失先却是输"道出了局战中主动权的重要性。广而伸之，世间一切矛盾的变化和解决，依赖于矛盾的主要方面，即主动的一方，所以弃子争先中有深刻的哲学思想。另外，弃子争先的前提是要正确把握全局和时机，在局势黯然不清、难以把握的情况下，争先可以，弃子未必。所以"弃子争先"中又有深刻的全局与局部、整体与个别的道理。

"舍小就大"，舍小指与全局关系不大的子或步数在必要时可舍弃，就大指与全局生死攸关的步数或子一定不能放弃。东方式的中国古代思维，非常注重整体把握、全局认识，于社会，讲大同；于国家，讲尽忠；于家族，讲祠堂祖宗。这种思维原则在象棋理论中也反映得很充分。

"逢危须弃"、"彼强自保"、"我弱取和"讲的都是在劣势下应采取的思想方法。处在劣势，并非必定输棋。因为象棋局势变化相当复杂，非一人一时所能全部把握，这就给劣势者提供了变化的机会。故危难时要"丢卒保车"，不利时要采取守势，最后残局时子力不如对方要尽量求和。如果说前边七诀给我们不少教益的话，这三诀就给了我们更大的教益，因为身处逆境是人生必然遇到的事，能从逆境中挣脱出来，才真正是人生的强者。而象棋理论在这方面为我们提供了十分有益的思想方法。

洪迈的《棋经论》，是南宋象棋理论的又一重要著作，其云：

> 棋虽曲艺，义颇精微，必专心然后有得，必合法然后能起。大抵全局之中，千变万化，有难殚述，然其妙法必不能出乎范围。
>
> 如顺手炮（双方都置同侧中炮）先要车活，列手炮（同置异侧中炮）须补士牢，入角炮使车急冲（炮从边线切入对方底线，威胁将，称入角炮）。有车协助，可成照将抽子的攻势，故曰车急冲），当头炮横车将路。破象局中卒必进，解马局车炮先行。巡河车赶子有功，归心炮（炮在九宫中央）破象得法。辘轳炮（直线上的担子炮）抵敌最妙，重叠车兑子偏宜。鸳鸯马（连环马）内顾保寨，蟹眼炮（指2、8路河口的担子炮）两岸拦车。骑河车（到对方河口的车）禁子得力，两肋车助卒过河。正补士防车得照，背立将忌炮来攻。
>
> 弃子需要得先，捉子莫教落后。士象全可去马兵（可抵御马兵攻势），士象亏兑他车卒。算隐着成杀局方进，使急着有应子宜行。得先时切忌着忙，夫车去还教心定。子力猛必须求胜，子力宽即便求和。此局中之定法，决胜之大略也。有能详察斯言，参玩图势，则国手可几矣。①

《棋经论》大约作于南宋早中期，它总结了象棋开局、中盘及残局的一些基本规律。如开局时顺手炮必须发挥车的威力迅速活动；列手炮要及时补士巩固中路；当头炮进中卒破象，巡河车驱赶敌子。中局时担子炮抵敌，重叠车邀兑，连环马保卫后方；肋车塞象眼助卒进攻，补士时避开敌车、炮方向。残局时士象全可抵御马、兵，士象缺应兑车、卒。除具体战术规律外，还总结了一些制胜的思想原则，弃子得先，得先不急，力强求胜，力弱求和等等。这些战术和战略思想，比较全面地揭示了中国象棋中的一些基本规律，远非同时代刘克庄《象弈》诗所能及，即使在以后的象棋谱中也常常被奉为圭臬，对象棋运动和博弈文化都产生了较大影响。

2. 金鹏秘诀——历代棋谱

象棋自唐代流行以来，成为人们喜闻乐见的棋戏，其应有棋谱是自然

---

① （明）徐芝撰《适情雅趣·棋经论》，1570年三畏广启堂刊本。又见（明）朱晋桢《橘中秘》卷首《全旨》，1632年江左书林刊本。

的。据宋人编的《秘书省续编到四库阙书目》，有唐代佚名的《樗蒲象戏格》三卷，可能是我国记载中最早的象棋谱，但详情已不可考。比较能确知的是北宋初期伊洙的《象戏格》，其中"凡五图"，应是关于当时象棋棋制的棋谱，可惜早已失传。目前所知现行象棋的最早棋谱当是南宋时期的。南宋叶茂卿撰的《象棋神机集》，著作年代不晚于宋理宗端平元年（1234年），惜已佚。未佚的要数上引《事林广记》象棋部分的30个"局面"：

　　十般局面：一字布阵，二龙争珠，三思凝惑，四门斗底，五通变现，六丁神将，七贤进关，八仙出洞，九曲黄河，十面埋伏。

　　人名局面：高祖断蛇，太公钓鱼，王母偷桃，孙庞斗智，秦王出阵，真君斩蛟，子路打虎，孟明焚舟，孙膑诈死，谢女解围。

　　兽名局面：野马跳涧，金鹅抱卵，引龙出水，蝴蝶双飞，老鹘打兔，猛虎出林，老蚌吸月，春莺绕树，灯蛾独立，白鹤翱翔。①

局面即棋局图谱。尽管这30个"局面"未列图式和着法，但可以推测，如果不是陈元靓以前早就有了象棋谱，他绝不会把这些棋谱名目收进自己的类书中。而且棋谱名目都是四字，整齐划一，可以肯定陈氏所见绝不止这些，而是从众多的棋谱中筛选后所得。因此南宋有现行象棋的棋谱是毫无疑问的。

另一令人感兴趣的是至顺本的《事林广记》续集卷四《文艺类》记载了两个起手局（全局）着法及一个残局图式及着法，据考"可能取自至顺本以前的旧谱"②，录如下：

　　白饶先顺手取胜局

炮八平五	炮八平五	马八进七	马八进七
车九平八	马二进三	车八进六	卒三进一
车八平七	马三进四	车七退一	马四进六
卒七进一	象七进九	车七平三	马六进四
车三平四	马四进三	两赢车	

　　白饶先白起列手取胜局

---

①　（元）陈元靓撰《事林广记》丁集卷四《文艺门》，元泰定二年洛阳书肆刊本。

②　朱南铣：《中国象棋史丛考》，中华书局，1987，第103页。

炮八平五　炮二平五　马八进七　马二进三
车九平八　炮八平七　车八进八　车一进一
炮二进六　炮五退一　炮二退四　炮五进五
马七进五　车一平八　马五进六　象三进五
马六进七　车八平七　马六退五　马三进五
炮二平五　马八进七①

上边两个起手局，都是饶先局，后手杀法干净锐利，大有迅雷不及掩耳之势。前者顺炮开局，仅用 9 着使对方丢车认输；后者列手炮开局，也仅用 11 着杀死对方。

残局称作"二龙出海势"，如图 61。图谱如下：

马二进三　车三进一
车四退八　车三退八
车四进九　将五平四
车二进四　白胜七着
（白黑以字体所涂为准）

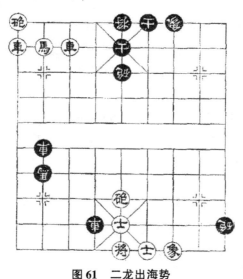

图 61 二龙出海势

---

① （元）陈元靓撰《事林广记》续集卷四《文艺类》，元至顺年间建安椿庄书院刊本。

上谱反映的记谱方法应是宋元的记谱法,即双方都用以白棋一方为准自右至左的一至九等中文数字表示的九线记谱法,而与明代以后的双方都用各自的自左至右一至九等数字表示的记谱法不同。"二龙出海势"这个残局,很可能是泰定本"局面"中的"引龙出水"残局谱图。此局白方先跳卧槽马,布置了"解杀还杀"的妙着,故意勾引对方将军抽马,然后送车险中取胜。

除《事林广记》的南宋棋谱外,著名爱国将领文天祥(1236~1282年)也曾撰有《玉层金鼎》和《单骑见虏》等棋谱 40 局:

> 公家居,当暑日,喜溪浴。与弈者周子善,于水面以意为枰,行弈决胜负。他人久浸不自堪,皆走,惟公愈久愈乐,忘日早暮,或取酒炙,就饮啖。……公生平嗜象弈,以其危险制胜奇绝者,命名,自《玉层金鼎》至《单骑见虏》为四十局势图,悉谶其出处始末。玉层,盖公所居山名也。①

文天祥不仅戎马沙场,而且对"象弈"有特别的嗜好。常与友人周子善、萧耕山、刘洙、刘澄等象弈,以至于"忘日早暮"。所以他遴选"危险制胜奇绝着"以成 40 局象棋谱,是完全可能的。可惜都已亡佚。1956 年 8月,《象棋》杂志发表林幼如的文章,林氏称"1943 年秋天,我在福州市旧书摊中,发现《事文类聚》烂页中夹有一个叫做《文丞相玉层金鼎图》的象棋残局"。此事真假,难以判断,但观其局谱,"为马炮胜车士局,在旧抄本安昌堂古谱中即曾收入"②,学界颇疑其是伪品。

元代象棋谱可考者是山野居士编撰的《游戏大全》。据周秋水、王迪文《游戏大全——一本六百年前的古谱》一文,在镇江王浩然藏谱中曾发现明万蕚楼刊《游戏大全》八卷,卷首有道士一松的《引》,其中有云:

> 象战与诸子席地为戏……嗜友山野居士,入其风尘数周秋,晚岁梓余手卷,略 [言] 各类干戈术。小道获之视珍,非之饱入私囊,然布化之功廖廖,岁首梓之百卷,亦广普布于友。

---

① (宋)文天祥:《文山集》卷二十一《纪年录》,文渊阁四库本。又见《文山先生全集》卷十七《纪年录》集注引邓光荐所撰《文丞相传》,《四部丛刊》影印明刊本。
② 朱南铣:《中国象棋史丛考》,中华书局,1987,第 23 页。

山野居士原卷，共四百拾陆首：

列车类叁拾陆首，炮类壹佰零捌首，马类柒拾贰首，兵类短篇贰佰首。

小道增补：

车类陆首，炮类壹拾贰首，马类叁首。共增贰拾壹首。

卷末有跋语：

山野居士原卷于至正天宿年成之，小道洪武巳年获之。然风尘中，干戈烽烟，布化力寥，小道机愚，观研智拙，于洪武亥年梓之，普布于友。一松。①

天宿，指二十八宿东方七宿的第三宿——氐宿，至正是元顺帝（最后一个皇帝）第三个年号，1341～1368 年，刚好 28 年，故一松以二十八宿拟之，"至正天宿年"当指 1343 年。此年山野居士编成《游戏大全》，有象棋谱 416 局，洪武十年丁巳（1377 年），把手稿传给一松，一松又增补 21 局，合起 437 局。于洪武癸亥年（1383 年）"岁首"印刷了一百部，"普布于友"。

此谱现存 8 卷，《象棋》月刊自 1963 年 3 期起，曾摘述其中各类着法，内容相当丰富。437 局中，车马炮三类都是全局，兵类是排局（在实战残局基础上经过人工构思编排而成的各种局势）。总的来看，此谱绝大多数是元谱，一松的《引》说，大致可信。但李松福先生举出明代"各家公私藏书目录未见有此谱"、"洪武年间严禁着棋怎容一松私刻棋谱"、"宋明棋谱都以斗炮局为首，此谱以斗车局为首与历史发展不相符合"等三条反证，提出其著作时代值得怀疑。然这三条均不是直接证据，而属推测，在没有新资料推翻一松的说法之前，《游戏大全》应视为元代至明初的象棋谱。

明代的象棋谱见于可靠文献著录者有 17 种之多，计有《象棋》、《象棋势谱》、《金滕七着》、《梦入神机》、《金鹏秘诀》、《金鹏十八变》、《金鹏十八变棋势》、《破金鹏》、《象戏谱》、《自出洞来无敌手》、《适情雅趣》、《橘中秘》、《橘中乐》、《江行象戏谱》、《象棋秘诀》、《赛弈搜玄》、《桃溪象棋》等。其中大部分已佚，现存者仅有《梦入神机》、《金鹏十八变》、《自出洞来无敌手》、《适情雅趣》等数部。

---

① 周秋水、王迪文：《游戏大全——一本六百年前的古谱》，《象棋》1963 年第 3 期。

《梦入神机》是象棋残局谱，10 卷，作者佚名。现存的《梦入神机》系 1949 年 8 月 26 日河北静海县郑国钧在独流镇于杜姓摊贩处购得的四残卷。其中卷七全，100 图；卷一、二、三均残，合 185 图。总计 285 图。其版本与隆庆四年（1570 年）刊《适情雅趣》相似，应属可信。学界一般认为其原书 10 卷，第七卷既然百局，则其全书残局应近千，假定最后三卷是着法的话，其局也有七八百局之多，是明代最丰富的一部残局谱，在中国象棋史上也堪称巨著。

《金鹏十八变》据朱南铣先生考：明清著录未著作者姓氏，一本二卷或二本四卷，收全局谱（起手局）51 局或 52 局。其内容保存在今传的《适情雅趣·金鹏十八变前、后集目录》和朱晋桢《橘中秘》卷一、二中。另林幼如《金鹏残存》一文说有人曾见过清代翻印的明刊《金鹏十八变》四卷本，题"明金陵艾青山居士辑"，此本山东棋手陈天才曾购得残本两卷，一为全局，计"双弃马"、"反宫马"等 25 局；一为残局，计"游蜂戏芯"、"五子钻心"等 18 局。陈氏于 1941 年曾在山东潍县公益书店翻印三百册。现在社会上尚有遗存。① 李松福先生手中就有一本。② 但一般认为，《金鹏十八变》无残局，都为全局，此本有残局，非明书之旧，可能系后人另编。

称象棋为"金鹏"，大概始于明代，今日本仍称中国象棋为金鹏。然而为何象棋又出此一异名？朱南铣以为：金鹏即佛经中的金翅鸟。《华严经》卷三六、《智度经》卷二七说该鸟系八部众之一，翅金色，两翅广 360 万里，住须弥山下，以龙为食。金翅鸟中的最胜者是金翅鸟王，用以譬佛；而罗汉入定时现 18 种神变，中国古代也以 18 变极言变化之多，如《易·系辞上》的"是故四营而成易，变有十八而成卦（《易》原文作'十有八变而成卦'）"。所谓"金鹏十八变"，盖取义于此。朱氏把金鹏说成佛教的"金翅鸟"，很有创见。③ 但并未说清"金鹏"为什么指象棋。

愚以为：象棋的神髓在于"变"。《探玄记》卷二、《慧苑音义·上》并曰："金翅鸟名迦楼罗，新名揭路荼，此云妙翅鸟，鸟翅有种种宝色庄严，非但金。"④ 这说明象棋之所以称金鹏，取义于金翅鸟羽毛的"种种宝色"变化，至于罗汉入定时的"十八变"与此关系不大。其实，"金鹏"是

① 林幼如：《金鹏残存》，《象棋月刊》1956 年第 5 期。
② 李松福：《象棋史话》，人民体育出版社，1981，第 113 页。
③ 朱南铣：《中国象棋史丛考》，中华书局，1987，第 121 页。
④ 丁福保编《佛学大辞典·迦楼罗》，文物出版社，1984，第 823 页。

佛教的金翅鸟与中国道教的"大鹏鸟"两种神鸟结合。《庄子·逍遥游》载："鹏之徙于南冥也，水击三千里，抟扶摇而上者九万里。"① 这个扶摇翱翔于天的大鹏与"以翅搏海"而食龙、"佛眼观十方世界五道众生"的金翅鸟非常相似，民间在宋元以后就把二者结合起来了，《说岳全传》称岳飞是"大鹏金翅鸟"转世就是明证。因此"金鹏"实际上是"大鹏金翅"的简称，用金翅的无穷变化喻象棋的万般变化，用大鹏的宏阔玄妙喻象棋中象数的宏大玄妙，故用金鹏指代象棋。明谢肇淛《五杂俎·人部二》关于象棋、金鹏的论述可作这种推测的注脚：

> 象戏……其机会变幻，虽视围棋稍约，而攻守救应之妙，亦有千变万化不可言者，《金鹏》变势略备焉。而尚有未尽者，盖著书之人原非神手也。②

明代另一重要棋谱是《适情雅趣》，现存版本有 7 种③，最早者是隆庆五年（1570 年）三畏光启堂刊本，书金陵玉川徐芝撰、会稽养真陈学礼校正。此书 10 卷，卷一至卷六共 550 残局，卷七至卷八为残局着法，卷九至卷十即《金鹏十八变》前、后集的全局及着法。残局部分也收了《梦入神机》的部分局谱。由于《梦入神机》已成残本，此书则保存了明代的六百种古谱，是现存古谱中棋局数量最多的一部，有重要的资料和欣赏价值。

《自出洞来无敌手》约成书于万历三十年（1602 年）稍后，作者著录有"棋道人"、"齐道人"、"纯阳道人" 3 种，实系托名南宋"善棋道人"。宋姚宽《西溪丛语》卷上云：

> 蔡州褒信县有棋师闵秀才说：尝有道人善棋，凡对局，率饶人一先，后死于褒信，托后事于一村叟，数年后，叟为改葬，但空棺衣衾而已。道人有诗云："烂柯真诀妙通神，一局曾经几度春，自出洞来无敌手，得饶人处且饶人。"④

---

①　（晋）郭象注《庄子注》卷一《内篇逍遥游》，文渊阁四库本。

②　（明）谢肇淛撰《五杂俎·人部二》，上海书店出版社，2001。

③　李松福：《象棋史话》，人民体育出版社，1981，第 115 页。

④　（宋）姚宽：《西溪丛语》卷上，文渊阁四库本。又见《学津讨原》本。

此证《自出洞来无敌手》书名、作者名均来自棋道人的传说。此书多为手抄本，1948年才由邵次明刊录于《象棋战略》谱内。全书分7类，每类5个全局，不附变着。书目以书名的7个字为序，自字类，信手炮五局；出字，列手炮五局；洞字，入手炮五局；来字，顺手炮五局；无字，袖手炮五局；敌字，出手炮五局；手字，应手炮五局。着法全系帅方先胜，特点是杀法锋利，运子灵活。另有凡例四则："着棋三快：眼快、心快、手快。着棋三审：审对方之布局、审对方得先失先、审对方得势失势。着棋三好：好棋身、好局势、好思想。着棋三胜：气胜、智胜、势胜。"这四则凡例，对身处局中者不无裨益，对棋艺理论也有所贡献。

清代象棋谱有两个重要变化。第一，记谱方法除沿袭明代传统方法（炮二平五之类）外，又新增两种：一是在棋局的90个交叉点上填上一首90个字的诗词，每个字代表一个位置。如《梅花谱》、《蕉窗逸品》等。二是仅用文字说明，如车进将、马河界、象走边等，在有图对照的情况下，也不失为一种记谱方法。第二，清代象棋谱除全局、残局谱外，又出现了实战的对局谱，使我们可以切实看到当时的象棋水平。

实战谱有《吴绍龙象棋谱》、《石杨遗局》等。吴绍龙是乾隆时苏州象棋名手，原谱共26局，手抄本，今存16局，其中6局是当头炮对屏风马，另10局为挺兵局。收入谢侠逊《象棋谱大全·初集》卷四。《石杨遗局》成书于乾隆、嘉庆年间，杨健庭和石某合著，手抄本。杨善于用马，时有"四面虎"之称。全书共12局，其中屏风马抵当头炮7局，单提马抵当头炮2局，顺手炮1局，均为和局。又有对兵局2局。后收入《象棋谱大全·初集》卷四。全局谱有《梅花谱》、《梅花泉》、《吴氏梅花谱》、《满盘象棋谱》等。《梅花谱》：清王再越（1662～1722年）著，分为前、后两集，每集上、中、下三卷，共6卷。记谱着法以字代，如下图62。

该谱对屏风马、顺手炮、列手炮、过宫炮都有细致的研究，特别是屏风马对当头炮的8局全局研究，改变了明代当头炮对局传统，发挥了高度的创造性，开拓了布局的一个新方向。以后的对局主流，遂以炮、马之争为多，具有划时代意义。

《梅花泉》，海门童圣公著，成书可能在明代，原书36全局132变。清薛丙在嘉庆十一年（1806年）有增订《梅花泉》三卷抄本，发展为50局210多变。局势新颖多变，特别是屏风马弃马陷车局尤为精妙。

《吴氏梅花谱》，清末吴梅圣著，原名《象棋让先秘谱》，因堪与王再越

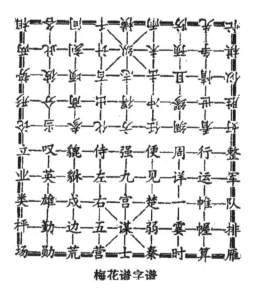

梅花谱字谱

图 62 象棋用字记谱方法

《梅花谱》媲美，故习称《吴氏梅花谱》。共 5 编：第一为屏风马破当头炮直车局，第二为屏风马破当头炮横车局，第三为屏风马破士角炮夹马局，第四为屏风马士角炮局，第五为屏风马破缠角马局。有较高的实用价值。

《满盘象棋谱》托名北宋"陈希夷"，内容袭自《金鹏十八变》，属质量低劣的棋谱。

清代现存的残局谱有十七八种之多，其中较著名者有《韬略玄机》、《竹香斋象戏谱》、《心武残编》、《百局象棋谱》等。

《韬略玄机》刊于康熙四十六年（1707 年），是目前所知最早的清谱，琅琊王相晋井等选编。6 卷 6 册，前 4 卷为 204 局残局，后两卷为全局，选自《金鹏秘诀》。其残局较明谱有两大突破，一是残局以和局为主，二是"创局势"（即排局），为我国残局创作进入新阶段打下了基础。

《竹香斋象戏谱》是清代排局的代表性著作，嘉庆九年（1804 年）初刊，张乔栋编。原两集，160 局，二十二年又刊，分 3 集，共 192 局。该书整理汇编了古谱和民间的排局加以厘正，取诸家之长而成，均以和局为主，第三集尤为深奥。

《心武残编》，清薛丙编著，吴绍龙校阅。嘉庆五年（1800 年）刊印。6 卷：前两卷为图式，收残局 148 局，后 4 卷为着法。其局以和局为主，又分正和、纷和、佯和3种，其所列着法和对前人的订正，均较以前残局谱深奥。卷末附"凡例"16则，可帮助领会古棋规则的各项要点，如"久逼常将，在二败之例"等。

《百局象棋谱》，清三乐居士编，嘉庆六年（1801年）刊。8卷，收107个残局，都是以和局为主的排局。卷四"车马绝食"与卷八"焚书坑儒"名异局同，实际当为106局。此书所收都是当时民间流行的排局，如所谓的"江湖四大名局"："七星聚会"、"野马躁田"、"蚯蚓降龙"、"千里独行"等均收在内，似乎是专供街巷摆摊、以棋为业者所用的棋谱。

总而言之，我国的象棋谱可分两大类，一类是现行象棋定型之前（南宋以前）的象棋谱，都是针对当时棋制——如唐代八八象棋、宋初11×11线的象棋——所作的棋谱，但都已亡佚，无从窥其内容。从南宋开始，中国象棋定型，棋谱才被逐渐流传下来。一般讲，南宋中晚期是作谱的第一个高峰期，《事林广记》中的"三十局面"和文天祥的"四十棋局"是目前可考知的最早象棋谱，内含着法以斗炮局、残局为主。经元之后，明代是作谱的第二高峰期，先后有近20部棋谱问世，此时对斗炮局的研究已相当深入，形成了一个完备的体系。清代是作谱的第三个高峰期，问世棋谱达百余种之多，传至现在的也有近30部。除全局、残局外，大量出现了具有营业性质的排局，说明象棋已相当普及，一部分人已经以棋艺为业。此时象棋着法的突出特点是开拓了屏风马对当头炮的新布局方向，残局以和为主，大大表现了象棋的复杂性和深奥性。至当代，不但对斗炮局和屏风马两大主流进行了远超前人的系统研究，而且出现了各种变化复杂的新颖布局。棋艺理论也大幅度提高，战略战术思想相当丰富、实用，谱写了象棋运动新的一页。

3. 翰林棋待诏——历代国手和棋派

所谓"棋待诏"，即"以艺能技术见召者"。在博弈史上，以"艺能"入侍皇帝者从汉代就开始了。《汉书·吾丘寿王传》载："年少，以善格五，召待诏。"[①] 这是关于博棋待诏的最早记载。唐武则天如意元年（692年），中书省下习艺馆专设内教博士18人，"掌教习宫人书算众艺"其中之一即"棋"博士。[②] 到了唐玄宗时，开始设置翰林棋待诏，著名围棋国手王积薪第一个充任此职。以后德宗时的王叔文，敬宗时的王倚，宣宗时的顾师言，

---

① （汉）班固撰《前汉书》卷六十四上《吾丘寿王传》，文渊阁四库本。
② （宋）欧阳修撰《新唐书》卷四十七《百官志》，文渊阁四库本。

僖宗时的滑能等先后以"国手"、"高品"担任翰林棋待诏。唐代翰林棋待诏的兴起，不仅招徕了一批专供宫廷文娱活动的专门技艺人才，也开创了以后历代棋待诏制度，为围棋、象棋等棋艺的长期发展奠定了政治基础。

北宋沿袭翰林棋待诏制度，太宗时有待诏贾玄，以棋供奉。哲宗时的刘仲甫，"初自江西入都……至都，试，补翰林祗应。擅名二十余年，无与敌者。"① 说明此职可以自动入都应试而得。另外，徽宗时的李逸民、高宗时的沈之才、孝宗时的赵鄂等也都是棋待诏中的佼佼者。当然，唐与北宋这些棋待诏大部分工围棋，但也必有象棋者，只是史无明载罢了。象棋待诏正式见于文献是在南宋，周密（1232～1298年）在宋亡后撰的《武林旧事》，追述南宋京城生活，其中卷六《诸色伎艺人》有"棋待诏"一项，全文如下：

棋待诏：

郑日新（越童）	礼重（象）
吴俊臣（安吉吴）	尚端（象）
施茂（施猢狲）	沈姑姑（象，女流）
朱镇	金四官人（象）
童先（或章先）	上官大夫（象）
杜黄（象）	王安哥（象）
徐彬（象）	李黑子（象）
林茂（象）②	

由15人组成的棋待诏，队伍已相当庞大，应是官办的专门弈棋机构。比起日本庆长十二年（1607年）创建的棋院，还要早四五百年。值得注意的是，这15人里面，围棋占5人，而象棋占10人，是围棋的两倍，说明了南宋时象棋发达、盛行的状况。从棋艺角度讲，如果不是象棋已定型，并在技艺上已达到或超过围棋的水平，那是绝不会出现这样的空前盛况的。结合前述高宗母亲"棋卜"的情况判断，现代象棋在北宋晚期至南宋初期已在民间流行，而在南宋时技艺大进，有理论有棋谱，足堪与围棋媲美。

尤其值得一提者，是南宋棋待诏中已有"女流"，沈姑姑是目前所知中国

---

① （宋）何薳撰《春渚纪闻》卷二《刘仲甫国手棋》，文渊阁四库本。
② （宋）周密撰《武林旧事》卷十下《棋待诏》，文渊阁四库本。

历史上唯一的象棋女待诏。中国历史上的女棋手屈指可数，如汉高祖的戚夫人"竹下围棋"，南齐东阳女子娄逞"变服诈为丈夫，粗知围棋"，宋代的李清照、胡夫人，元代的范秋蟾，明代的吴小坤，清代的陈麟瑞、石小宛等①，但主要工围棋，其次是弹棋，象棋者仅沈姑姑一人而已。沈姑姑事迹在元人杨维桢《东维子集》中有少许记载："孝宗（1163～1189 年）奉太皇寿，一时御前应制，多女流也。棋为沈姑姑，演史为张氏、宋氏……皆一时慧黠之选也。"② 看来，其为南宋初高宗、孝宗时人，因象棋艺高，被选作待诏。

上述棋待诏名号或猢狲，或黑子，或安哥，都是俚俗巷语，大多是出身于民间的棋手。这说明当时象棋在民间确实很盛行。只是封建文人在记载时对这些民间高手不屑一顾，很难找到这些人的事迹。《武林旧事》能够保留下这只言半句，已属不幸中之万幸了。

元代以后，棋待诏制度显然已衰落，时断时续。究其原因，可能与封建统治者重农抑商、打击游闲、禁止博弈有关。明太祖朱元璋虽然在皇觉寺出家时就已学会了下象棋，但他建立明朝后，为维护其统治，却屡禁下棋：

> 明太祖造逍遥楼，见人博弈者、养禽鸟者、游手游食者，拘于楼上，使之逍遥，尽皆饿死。③

> 洪武二十二年……奉旨，华盖殿卫所官员，不肯教儿子弓马。如今但有学唱的割了舌头，下棋、打双陆的断了手。④

这两则野史记载虽不可尽信，但朱元璋建国之初奖励耕农、抑制游闲却是事实。在这种思想指导下，明初宫廷不设棋待诏是可想而知的。至于学唱的割舌、下棋的断手，即使有特例，也非普行之法。但从此以后，棋艺的中心已转移于民间，以棋做官者寥寥无几。至孝宗弘治时（1488～1504 年）才有宁波诸生赵九成以棋供御，《宁波府志》载："以棋游京师，尽一时棋士，对局皆屈。孝宗御燕殿，召九成试之，果压流辈，所行算多出古谱之

---

① （清）黄俊编撰《弈人传》共列 35 人，岳麓书社，1985。
② （元）杨维桢：《东维子集》卷六《送朱女士桂英演史序》，文渊阁四库本。
③ 周漫士：《金陵琐事》，引自李松福《象棋史话》，人民体育出版社，1981，第 96 页。
④ （明）章潢撰《图书编》卷八十五《武职荫袭》，文渊阁四库本。又见顾启元《客赘语》卷十《国初檄文》。

外。上曰：'真国手也。'命班鸿胪寺班供御。""供御"类待诏，专侍奉皇帝，但以棋供御的越来越少。棋待诏制度作为全国性的专门弈棋机构似乎已不复存在了。

象棋在历史上经历了南宋、明、清三个发展高潮，不仅高手、国手辈出，而且在棋艺学术上形成了不同的派别。宋代高手除棋待诏外，业余者当首推文天祥。文天祥不仅是抗元英雄，也是一个象棋迷。他出游时总是象棋随身，到处下棋，"扫残竹径随人坐，凿破苔矶到处棋"①，因此棋艺相当高，并可以"与弈者周子善于水面以意为枰，行弈决胜负"。② 这是象棋史上最早下盲棋的记录。他周围聚集了一批象棋高手，其《文山集》中记载了不少象棋高手及其棋艺等次，如周子善胜萧耕山，萧耕山胜刘洙、刘澄，而他又胜周子善。说明这个圈子里文天祥棋艺最高。正由于这样，他才能撰出《玉层金鼎》、《单骑见虏》等40种谱局。

与文天祥下象棋有关的还有一件文物，即"绿端蝉腹砚"。这个脍炙人口的故事大致是这样：1787年冬，杭州渔民在临平湖网获一块砚，端石制造，形似蝉腹，长、宽各3寸。砚左边直到顶端刻着文天祥棋友兼战友谢翱（1249～1295年）的铭文：

> 文山攀髯（牺牲）之明年，叠山流寓临安，得遗砚焉。忆当日与文山象戏，谱《玉层金鼎》一局，石君同在座右。铭曰：洮河石，碧于血，千年不死苌宏骨。③

铭文中的"叠山"指谢枋得（1226～1289年），也是文天祥的故友，他于文天祥殉难的第二年（1283年）在临安（今杭州）得砚。谢翱见到砚后，触物怀念，痛失一向爱戴的上司兼良友，更目击时局难挽，格外感伤，用"洮河石，碧于血，千年不死苌宏骨"泣血感灵的13字，再现了对烈士的崇敬与怀念，何等的沁人肺腑！此砚也提到《玉层金鼎》象棋局，可与其他古籍相印证。此砚先是被王昙（1760～1817年）从杭州渔民处购得，后赠袁枚（1716～1797年），枚广求和诗，又转赠曾燠，曾又有和诗（见前

① （宋）文天祥：《文山集》卷二《用前人韵招山行以春为期》，文渊阁四库本。
② （宋）文天祥：《文山集》卷二十一《纪年录》，文渊阁四库本。
③ （清）曾燠：《赏雨茅屋诗集》卷二《简斋前辈赠所藏文信国公绿端蝉腹砚·赋谢四十四韵》题下注。

注曾书），如今和诗俱在，砚则下落不明，至今未见实物现世，据近人邓之诚《古董琐记》卷二《文信国砚》条说："文信国绿端蝉腹砚……近闻此砚为闽人郭某者，以青钱数百买得。"郭某，"殆指藏闽侯郭则澐（1882～1946年）家"①，未知确否。

明代是中国象棋盛行的第二高潮，产生了许多著名棋手，如李开先、陈珍、张希秋、吴橘隐、吴升甫、蔡荣、朱相、曹阳、李静泉、吴唐、臧懋循、秦科、张京、朱晋桢等。

其中李开先最突出，他是诗人，又是戏曲家，其最精者反而是象棋。人们称他"只此一艺，可高古今"，不愧一代棋王。他与张希秋、吴橘隐、吴升甫、蔡荣等人象弈，或让三先，或让一马，还是常常获胜。其诗云："虽云国手同推汝，叵耐强兵独有吾。每让三先难作垿，纵饶一马亦长输。"堪叹："棋客有谁为敌手，园丁与我总闲身。"② 象棋史上如此口满之人可说是空前绝后，但是"吾以棋名擅天下，后先访者纷相望"却是事实，"蔡荣、陈珍有职守，屡会朱相共曹阳，二吴担簦不惮远，一岁一来惟小张（张希秋）"。③ 李开先无棋谱传世，有两首象棋叙事诗遗留下来，《前象棋诗》97句628字，叙述他战胜"海内号无敌"的国手吴唐的经过，《后象棋诗》136句788字，系统地阐述了象棋心德和棋艺理论。其心得之一，就是对象棋特别的投入："逃名海岛有今日，坐隐楸枰不论年。招乎众友，终朝为戏，一任人世事，雨覆共云翻。"像李开先这样大张旗鼓的宣扬象棋为雅艺，以棋为荣，以棋为乐，以棋为生活重要内容，以棋为人生精神寄托，实乃旷古一人而已。

明代不仅有众多国手，而且有无数棋迷，其大众化、普及化的趋势非常明显。明晚期的大艺术家唐寅，在《谱双·书后》论及当时博弈时说："今樗蒲、弹棋俱格废不传；打马、七国戏、汉官仪、五木等戏其法俱在，时亦不尚；独象棋、双陆盛行。"④ 明杨慎《升庵全集上·丹铅杂录》亦云："今之象棋，芸夫牧竖，俄顷可解。"⑤ 说明象棋在明代已为老百姓所普遍接

① 朱南铣：《中国象棋史丛考》，中华书局，1987，第25页。
② 《李开先集》上《闲居集四·送棋客吴桔隐兼及吴升甫》、《李开先集》上《闲居集四·与客游百花园》，中华书局，1959。
③ 《李开先集》上《闲居集一·象棋歌》，中华书局，1959，第18～19页。
④ （明）唐寅：《谱双·书后》，长沙叶氏光绪刊本。
⑤ （明）杨慎：《升庵全集》卷上《丹铅杂录》，文渊阁四库本。

受，连农夫牧童也知个中三昧。由此造就了不少棋艺虽不高但如痴如醉的棋迷和奇趣横生的笑话。

如李开先《西皋举人张君行状》记张举人的父亲是个棋迷，他刚生7个月，其父为其找奶妈，却耽于棋摊大战起来，"久而君啼饥，父仍恋棋不忍去，但云：只一局，则就乳于临母。既而云：再一局。至再又至三矣，棋兴越勃"，对手实在看不下去，把他赶出门外了事。① 另有一则，也足以令人发笑："两人下象棋，旁观者往外小恭，再至，则两人俱不见矣。遍觅之，乃在门角里夺车。"② 两个棋迷嘴脸刻画细腻，跃然纸上。无疑，这样的典型事例，生动地说明了明代象棋的盛行与普及。

象棋在明代大官僚士绅阶层中也风靡一时，嘉靖间奸相严嵩和其子严世蕃，家产被籍没时，仅"玛瑙象棋子"就有9副之多。钱静方《小说丛考》说"严世蕃画地衣成棋盘，令三十二美人列作象棋，与妻对着"。据说地衣（织的大棋盘）、美女均"王天华所献"。又"国朝某侯家多姬妾，尝宾客对局，命姬妾三十衣绯、绿代长行，盖真有之"③，看来，世传的"美人象棋"并非虚谈。

降至清代，象棋更加盛行，不仅好手辈出，而且形成了不同的棋艺派别；宫廷棋艺也代有高手，并创出"满洲棋"；民间则随着大量残局、排局的传世，以象棋为业者越来越多。可谓中国象棋的鼎盛时期。

乾隆时期，象棋最盛，全国形成了九大派别，有毗陵派（周廷梅、刘之怀）、吴中派（赵耕云、宋小鹏）、武林派（袁彤士）、洪都派（乐子年）、江夏派（黄同孚）、彝陵派（汤虚舟）、顺天派（常用禧）、大同派（阎士奇）、中州派（许塘）。前六派都在江南，其首领称"江东八俊"；后三派在北方，其首领称"河北三杰"。九派中，毗陵派的周廷梅最盛，据说他本为木材商人，经过四川奉节诸葛亮的"八阵图"遗址，顿时悟出了棋理，从此遍历南北各地，均非其敌，被誉为"棋中圣手"、"天下国手"。并著有棋谱《会珍阁》40卷。

清代皇帝中乾隆最喜欢下象棋，当时朝中大臣刘墉等棋艺均较高，常召他们"殿试其艺"，并编有《五大臣象棋谱》。最末的慈禧虽然棋艺不佳，

① 《李开先集》，中华书局，1959，第534页。
② （明）浮白主人编《笑林》，转载于《历代笑话集》，上海古典文学出版社，1956，第214页。
③ （明）胡应麟撰《少室山房笔丛》卷二十四《庄岳委谈上》，文渊阁四库本。

但十分好弈，据溥仪《我的前半生》记载，一次与太监下象棋，入中盘后，太监势好，说："奴才杀老祖宗的这匹马"，慈禧却恼羞成怒，杀心顿起，说："我杀你一家子"，结果此人被活活打死。棋史上的如此淫威，旷古未闻，但也反映了清廷流行象棋的状况。至于"满洲棋"，载于《清稗类钞·艺术类》和近人雷震《新燕语》，其云：

> 余旅京时，见象棋之中，又有所谓满洲棋者。其法：敌手仍置十六子；行满棋者置将、士十二 [当为士二]，象二、兵五外，余仅三子，能兼车、马、炮之用。故一交手，便纵横敌境，守者稍不慎，满盘皆无补救。[①]

这种棋一方16子，同象棋；一方13子，称满棋。满棋虽然少子，但"余三子"都能兼车马炮之用，可"纵横敌境"，威力远大于对方的双车马炮，不是平等意义上的竞技。所以这种满洲棋虽是象棋的变种，但棋制远较象棋为逊，稍现即逝，不可能为广大群众接受。

清代老百姓对象棋的爱好程度，一点也不亚于明代，"小慧之夫，可尽其技"、"妇孺农牧，无不可能"正是在这种背景下，不少人赖象棋以为业，他们在街头巷尾摆列残局、排局，以激起广大爱好者的博胜之欲，然后以采为赌，维持生计。博弈诸品种中，唯有象棋发展到清代时，方成为一般老百姓的谋生手段，《百局象棋谱》、《烂柯神机》等是常用的棋谱。如《清稗类钞》说："围棋非赌博之事，而象棋则为博类，恒有人设摊于道左，以钱博胜负者。"这种街头棋摊以小赌的形式，赚取为人服务之费用，虽具赌博性质，但更大程度上是谋生和适应社会需要的服务手段，绝非单纯豪赌可比。它的存在，深刻反映了象棋在当时文化娱乐生活中占有的重要地位，反映了象棋远较围棋普及，已成为人们生活中不可或缺的娱乐方式。

---

① 《清稗类钞·艺术类》第三十册，《满洲棋》，第174页。又见近人雷震《新燕语》，《满清野史》本。

六 机变万千

——围棋的起源与发展

（一）据极而运——围棋的起源

1. 众说纷纭——古今中外对围棋起源的争论

关于围棋的起源，自古以来，中外学界的说法甚多，莫衷一是。如日本围棋界有人认为：

> 围棋和象棋有它共同的祖先，就是中亚细亚的一种盘戏。它流传于西方成为国际象棋，流传于东方的就受到中国天文及其它科学的影响，大致改良而成为十七道的围棋。①

这种看法在把围棋、象棋统统视作"盘戏"的前提下，说围棋源于中亚，显然证据不足。它把"盘戏"在局制、棋子数目、兵种多少、着法规则的不一等等巨大差别都混为一谈，混淆了其间的本质区别，于弈棋类各种棋戏起源研究无多大裨益，因而始终未得公认。国际上比较权威的《大英百科全书·围棋》认为"在公元前2356年左右起源于中国"；《美国百科全书·围棋》则认为"于公元前2300年由中国发明"，绝对年代说得如此确切，也不免令人生疑。其根据大约是《世本·作篇》的"尧造围棋"，按某些古今的历表——如刘羲叟的《长历》、齐召南的《历代帝王年表》、董作宾的《中国年历总谱》等——"尧"刚好生活在前23世纪左右。这个说法认定围棋是中国发明的很有见地，但仅根据先秦秦汉的传说史料就断然确定为公元前23世纪发明，未免有失详察。

---

① 〔日〕松井明夫：《围棋三百年史·发端》。

中国古代学界一般认为围棋始于战国，如《七修类稿》卷二十五《辩证类·原棋及苏王》曰："棋有三焉，围棋，《博物志》虽曰始于尧之授子，而皮日休《原弈》则辩明始于战国无疑。"① 现代中国学界一致认为围棋是中国古代人发明的，但对起源时间有两种意见：第一原始社会末期，根据除"尧造围棋"的传说外，又有近年来出土于甘肃永昌鸳鸯池陶罐（属马家窑文化，约公元前 3300 ~ 前 2050 年）上的 9×9、10×10、13×13 线的棋盘格图案。② 第二，源于先秦时期。有周初③、春秋、战国等不同看法，主春秋战国说者人数最多，当是学界一般的意见。总之，围棋的起源还是一个谜，有待进一步探讨。

2. 张冠李戴——先秦的"弈"不指围棋

目前考古中出土的两汉围棋实物，最早者有四例。

（1）2000 年 9 月在西安汉景帝（公元前 154 ~ 前 141 年）阳陵南阙门发现的围棋盘。④ 该盘发现时已残，略呈五角形，大致存有原盘的四分之一。残长 28.5 ~ 5.7 厘米，残宽 19.7 ~ 17 厘米，厚 3.6 厘米。两面均为棋盘，制法是手刻阴直线，局上残存横线 13 路、竖线 10 路。至于原局多少路，发掘者认为该陶制棋盘形制、厚度与陵地陶砖一致，"应是用此同类陶砖坯所作，而陶砖边长 33 厘米，由此推断为 17 道"。⑤ 见图 63。我们认为，若"陶砖边长 33 厘米"不误，则应是 15 道。理由是，残长 28.5 厘米有 13 道，则横道每道平均宽约 2.19 厘米，残宽 19.7 厘米有 10 道，则竖道平均宽约 1.97 厘米，横竖间隔平均为 2.08 厘米，约为 2.1 厘米。而残盘长处断裂掉 4.5 厘米，只可能再画 2 道，即长必为 15 道；宽处断裂掉 13.3 厘米，只可能再画 5 ~ 6 道，则宽的最大可能是 15 道。因此推测为 15 道的可能性最大。下列（2）、（3）例西汉中晚期考古围棋盘实物也可为此推测提供佐证。

（2）在陕西秦都咸阳西汉中晚期的甲 M6 墓葬出土，是一块铁足石棋盘，长 66.4 厘米，厚 3.2 厘米，四角铁足高 4.8 厘米。盘面光滑，四周饰一圈二方连续菱形方格纹，棋盘为纵横 15 路。⑥ 此墓的年代大约要晚一百

①　（明）郎瑛撰《七修类稿》卷二十五《辩证类·原棋及苏王》。
②　马诤：《围棋溯源》，《文史知识》1984 年第 8 期。
③　杨晓国：《论陵山棋子山与围棋起源》，《体育文史》1993 年第 3 期。
④　陈鸣华：《围棋规则演变史》，上海文化出版社，2007，第 25 ~ 26 页。
⑤　陈鸣华：《围棋规则演变史》，上海文化出版社，2007，第 25 ~ 26 页。
⑥　《秦都咸阳汉墓清理简报》，《考古与文物》1986 年第 6 期。

图63 西汉围棋局陶砖

年（与阳陵南阙门发现的围棋盘相比）。[1]

（3）河北望都县所药村东一号墓出土了石制的围棋盘，17×17 线，289
个交叉点，参考二号墓时代（公元 182 年），应属东汉晚期墓。[2]

（4）安徽亳县曹腾墓（曹操祖父，死于桓帝时，公元 147～167 年之
间）出土了 17×17 线的石围棋盘。[3] 见图 64。

图64 东汉曹腾墓出土的石围棋局

---

① 陈鸣华：《围棋规则演变史》，上海文化出版社，2007，第 26 页。
② 《中国大百科全书·考古卷·望都汉壁画墓》，中国大百科全书出版社，1986，第 542
   页。
③ 史良绍：《枰声局影》，上海古籍出版社，1991，第 88 页。

文献资料记载的围棋起源资料却相当复杂，需要具体分析。汉以后的传说史料多集中于唐尧、虞舜：

尧造围棋，丹朱善之。①

尧造围棋以教子丹朱。或云：舜以子商均愚，故作围棋以教之。②

桀臣乌曹作赌博、围棋。③

围棋，尧舜以教愚子。博，殷纣所造。④

帝（尧）初娶富宜氏，曰皇，生朱骜很媢克，兄弟为阋，嚚讼嫚游而朋淫，帝悲之，为制弈棋，以闲其情。⑤

《世本》乃先秦资料汇编，据王玉德先生考证：《作篇》述黄帝故事颇多，黄帝名称比较后出，战国时崇拜黄帝、神农，故《作篇》成书于战国末期的可能性较大。⑥但查汉宋衷注《世本》并无"尧造围棋"一条，张澍辑本有"尧造围棋，丹朱善之"，引自初唐虞世南辑的《北堂书钞》。奇怪的是，先秦古籍中从未出现过"围棋"一词，围棋当是汉代人的称谓（详下），可以断定，《世本》这条"尧造围棋"非出先秦人之手，当是经汉人改易而成，显然是汉人的看法，不足为凭。至于《博物志》、《晋中兴书》本就是伪书，沿袭《世本》而加演绎而已，更不是信史。《路史》乃宋代罗泌所著，其伪造古史达于造极地步，百征而无一信。故上述说法，只能视为汉以后人的传说，不能作为信史，更不能作为论证围棋起源的根据。

先秦文献是否记围棋事，也是一个有争议的问题。学界几乎都认为

① 《世本·作篇》，（清）张澍辑本。
② （宋）江少虞撰《事实类苑》卷五十四《围棋》引（晋）张华《博物志》，文渊阁四库本。《古今图书集成·弈棋部杂录》也引。
③ （明）董斯张撰《广博物志》卷二十二《棋博诸戏》引《物原》，文渊阁四库本。
④ （唐）欧阳询编撰《艺文类聚》卷七十四《巧艺部·围棋》引《晋中兴书》，文渊阁四库本。
⑤ （宋）罗泌撰《路史》卷二十《后纪·陶唐氏》，文渊阁四库本。
⑥ 王玉德：《〈世本〉成书初探》，《华东师范大学学报》1986 年第 1 期。

《左传》、《论语》和《孟子》中（共四条）提到的"弈"、"博弈"，是春秋战国时期已盛行围棋的铁证，因此说围棋至少起源于春秋战国。这种推论思路恐怕也有偏颇，因为"弈"在先秦多作动词"下棋"讲，或作棋类的统称，未必指围棋。我们遍查文献，围棋一名没在任何先秦文献中出现过，"弈"、"博弈"的记载都是指"下棋"和博棋，非指围棋；如果再考虑上述考古资料都是西汉景帝以后的事实，就不免对春秋战国说的"铁证"产生怀疑，先秦文献中的"弈"、"博弈"是否指围棋，是问题的焦点，必须深入研究。我们的观点是围棋起源于西汉早期。① 下面把先秦只要记录"弈"、"博弈"的所有文献都进行考证，以求史实。

《左传》襄公二十五年最早出现"弈棋"一词，到底何指？颇有争论。原文是这样的：

> 卫献公自夷仪（地名）使，与宁喜言，宁喜许之。大叔文子闻之曰："……今宁子视君不如弈棋，其何以免乎？弈者举棋不定，不胜其耦。而况置君而弗定乎？必不免矣。"②

晋代杜预注"弈棋"二字作："弈，围棋也。"义指下围棋。然而观上下文，"弈棋"即下棋，"弈"作动词讲甚明。《中华大字典·弈》引此文，也把弈字解作动词，"义为下棋"，甚确。"弈者"，也只能释作"下棋者"，即下棋者举棋不定，作"下棋"义也甚明。既为动词，何有围棋之说！

晋杜预把弈解作围棋，是受了汉代杨雄《方言》和许慎《说文》的影响。《方言》卷五说："围棋谓之弈，自关而东，齐鲁之间皆谓之弈。"《说文》也说："弈，围棋也。"但《左传》的弈字显然作动词，非指围棋，棋字为棋子也显明。《法言义疏》卷四说："断木为棋，挠革为鞠，亦皆有法焉。"索隐云：说文："棋，博棋。"系传云："棋者。方正之名也。古通谓博弈之子为棋。"这种棋子是围棋子，还是博棋子，现在还无法断定。如果根据考古所见材料，西汉景帝时才见围棋的实物资料，而先秦不仅未见，反而频频发现博棋实物。可以推测《左传》的弈棋，很可能下的是博棋。因为汉代人也有把先秦的"弈"解作"博"的，如汉赵岐注《孟子·告子

---

① 宋会群：《围棋起源于西汉说》，《体育文化导刊》2003 年第 1 期。
② （明）王道焜编《左传杜林合注》卷三十《襄公六》，文渊阁四库本。

上》即把"弈"解作"博":如汉赵岐注《孟子·告子上》:

> "今夫弈之为数,小数也。不专心致志,则不得也。弈秋,通国之
> 善弈者也。使弈秋诲二人弈,其一人专心致志,惟弈秋之为听;一人虽
> 听之。一心以为有鸿鹄将至,思援弓缴而射之。虽与之俱学,弗若之
> 也。"赵岐注:"弈,博也,至不得也。"焦循正义曰:"按《阳货》论
> 语第十七之篇云:'不有博弈者乎',而解弈为博也。《说文》云作
> '博,局戏也。六箸十二棋也。'古者尧曾作博。"①

赵岐(公元 108~201 年),东汉中期的大经学家,作《孟子章句》,注
《周裨》,与许慎同时。他解《孟子》中的"弈"为博,说明他认为先秦还
没有围棋。这在当时很具权威性,起码是一家之言。清代朴学大家焦循
(1763~1820 年)《孟子正义》从赵岐说,并把《论语·阳货》中的"饱食
终日,无所用心,难矣哉! 不有博弈者乎,为之犹贤乎已"的博弈之"弈"
也解作"博"。除上述《左传·襄公二十五年》、《论语·阳货》和《孟
子·告子上》三条记载了"弈"字外,先秦著作中还有《孟子·离娄下》
也谈到"博弈":

> 世俗所谓不孝者五……博弈好饮酒,不顾父母之养,二不孝也。②

此处"博弈"显然指"博戏"一类,好之者荒时废业,故有不孝之嫌。
把"博"戏统称作"博弈",也是古人的习称。如《汉书·王莽传》说:
"是岁,南郡秦丰众巨万人。平原女子迟昭平能说博经以八投,亦聚数千人
在河阻中。"服虔曰:"博弈经,以八箭投之。"③ 这里的"以八箭投之"显
然指博而非弈,但把"博经"称作"博弈经",明"博弈"连称时当指博
戏的统称,"弈"字并非必指围棋。

因此先秦文献出现的四则"弈",即《左传》、《孟子·告子上》中的
"弈棋"、"弈"都作动词"下棋",《论语》、《孟子·离娄下》中的"博

---

① (汉)赵岐注,(宋)孙奭疏《孟子注疏解经》卷十一下《告子章句上》,《十三经注疏》,
中华书局,1980。
② (汉)赵岐注,(宋)孙奭疏《孟子注疏》卷八下《离娄章句下》,文渊阁四库本。
③ (汉)班固编撰《前汉书》卷九十九下《王莽传》,文渊阁四库本。

弈"连称，当指博戏一类的棋戏。并不能因为汉人称围棋为"弈"而把先秦的"弈"字都必定解释作围棋。如果这样，不但文理不通，而且可能在围棋起源问题上犯张冠李戴的逻辑性错误。如果再结合围棋实物仅仅发现于西汉景帝时期、博棋实物发现于战国晚期这一事实（目前发现的最早的博戏实物出土于战国晚期的中山王陵区的 3 号墓。该陵区的年代约在"公元前四世纪末"①），我们就会得出这样的认识：先秦文献中的"弈"不能贸然确定指围棋；以后文献中的"弈"也未必全指围棋，要具体分析。与其把《左传》等文献中的"弈棋"、"弈"看做是下围棋，从而作为围棋史上的最早史料，不如看做是下博棋，而作为博棋出现的较早资料。那么，可以确定的最早的围棋文献资料出现在何时呢？

最先提到围棋的史料有下列几条：

汉杨雄《杨子法言》："围棋击剑，反目胲形，亦皆自然也。"②

汉杨雄《方言》卷五说："围棋谓之弈，自关而东，齐鲁之间皆谓之弈。"③

杨雄为西汉晚期人（公元前 53～公元 18 年），著名文学家和学者，仿《论语》而作《法言》、集地方语言作《方言》，都是其代表作。《方言》提到围棋，证明在西汉晚期已有围棋了。若考虑围棋已盛行于关（函谷关）内外的情况，围棋的发明当在西汉晚期以前。

西汉桓谭《新论》："俗有围棋，或言是兵法也……"④

《新论·专学篇》："弈秋，通国之善弈也。当弈之，思有吹笙过者，倾心听之，将围未围之际，问以弈道，则不知也。非弈道暴深，情有暂暗，笙猾之也。"⑤

---

① 《中国大百科全书·考古卷》，中国大百科全书出版社，1986，第 366 页。
② （晋）李轨注《杨子法言》卷三《问道篇》，文渊阁四库本。
③ （汉）杨雄撰《方言》卷五，文渊阁四库本。
④ （明）陈耀文纂《天中记》卷四十一《围棋》引桓谭《新论》，文渊阁四库本。
⑤ 《古今图书集成·弈棋部杂录》。

桓谭（公元前？～公元56年），较杨雄稍晚，是两汉之交人。"俗有围棋"说明围棋最早是盛行于民间，并不像博棋一样盛行于宫廷之内。他把《孟子·告子上》的"弈"解作"将围未围之际"的"弈道"，明显是指围棋。然观《孟子》原文，只不过说"弈秋"是全国最善于下棋的人，未必肯定下的是围棋。但桓谭之说和杨雄之说可互相印证，证明至少在西汉晚期已有围棋，至于围棋起源的上限，下列史料或许能提供一些线索：

> 西汉刘歆撰《西京杂记》卷三："戚夫人侍儿贾佩兰，后出为扶风人段儒妻。说在宫中时，见戚夫人侍高帝……八月四日，出雕房北户，竹下围棋。胜者终年有福，负者终年疾病。取丝缕就北辰星求长命，乃免。"①

"高帝"指汉高祖刘邦。刘邦下围棋事虽不见《史记》、《汉书》，但在《三辅黄图》卷四和晋干宝《搜神记》卷二都有同样记载。《西京杂记》有人考证乃东晋人托名晋葛洪所作（见《伪书丛考》第544～546页），但《四库提要》详考后认为是汉刘歆作、晋葛洪辑。特别是其记的博棋口诀，已为考古资料证实。因此，刘邦"竹下围棋"的记载当为可信史料。

> 《西京杂记》卷二又云："杜陵杜夫子，善弈棋，为天下第一。人或讥其费日，夫子曰：精其理者，足以大裨圣教。"②

"夫子"乃儒师之称，杜夫子总结了西汉民间的围棋而善之，甚有可能。其为"天下第一"，是魏晋人传说中西汉的第一个围棋迷，明冯元仲《弈旦评》称其为"弈中枭将"。围棋到底是荒废时日，还是"大裨圣教"，从此也开始了两千余年的争论。

> 《幽明录》："汉武帝在甘泉宫，有玉女降，尝与帝围棋相娱。女风姿端正，帝密悦，乃欲逼之，玉女唾帝面而去，遂病疮经年。故汉书云："避暑甘泉宫，此其时也。"③

---

① （汉）刘歆撰，（晋）葛洪辑《西京杂记》卷三，文渊阁四库本。
② （汉）刘歆撰，（晋）葛洪辑《西京杂记》卷二，文渊阁四库本。
③ （宋）李昉等编撰《太平御览》卷三百八十七引《幽明录》，文渊阁四库本。

《幽明录》是一部玄怪小说。南朝刘义庆（公元 403～444 年）撰，此记汉武帝与玉女围棋事未见其前他书载，且伴有"玉女降"之神话，只能作为传说而已。

汉元帝时的史游撰的《急就篇》卷三载："棋局，谓弹棋也，围棋之局也。"以围棋盘解释弹棋，说明西汉元帝时（公元前 48～前 33 年）人们已熟悉围棋了。

如今能够检索到的西汉围棋实例记载仅此数例，且不见正史，说明西汉时围棋活动并未盛行。所以到了东汉初，有人就问班固（公元 32～92 年）：

> 今博行于世，而弈独绝，博义既弘，弈义不述。问之论家，师不能说，其旨可闻乎？曰：学不广博，无以应客。北方之人，谓棋为弈。①

此处"弈"与博对举，显然指围棋。围棋"独绝"，其含义和棋制又无记载，问儒师也不能解释，说明直到东汉早期，博弈领域盛行的仍然是博棋，围棋虽已发明，但流传不广，并未兴盛。这种对东汉初期围棋情况的描述，大致符合迄今考古发现和研究所得的事实。主张围棋兴盛于春秋战国的人说，围棋在西汉时陷入发展中的低谷。其实，春秋战国时除"弈秋"之外，别无围棋之人的记载，且其下的是围棋还是博棋尚无法确定，何来兴盛之说：西汉一代二百余年，围棋仅有高祖、武帝、杜夫子三事，且高祖、武帝围棋事比附星命、玉女，演绎小说成分很大，说明东汉初年以前围棋尚处于发明阶段，并无高峰可言。

另有《尹文子》、《关尹子》也提到"弈"棋，常被人引作先秦围棋的证据，有必要辨正一下：

> 《尹文子》："以智力求者，喻如弈棋，进退取与，攻劫放舍，在我者也。"②

> 《关尹子·一宇篇》："习射、习御、习琴、习弈，终无一事可以一息

---

① （清）严可均校辑《全上古三代秦汉三国六朝文·全后汉文》卷二十四班固《弈旨》，中华书局，1958。

② （唐）欧阳询编撰《艺文类聚》卷七十四《巧艺部·围棋》引《尹文子》，文渊阁四库本。《文选·博弈论注》、《御览》卷七五三也并引。

者，唯道无形无方，故可得之一息。""两人射，相遇则工拙见；两人弈，相遇则胜负见，两人道，相遇则无可示者，无工无拙，无胜无负见。"①

《关尹子》的"习弈"之"弈"为名词，与博戏的"射"相对举，当指围棋。《尹文子》的"弈棋"是以"智力求者"，与"悬于投"的博棋相区别，并有"劫"、"舍"等围棋专门术语，也当指围棋。此两书如果是先秦文献，自然是先秦有围棋之证。然经历代学者考证，二书全是伪书：《关尹子》虽托名于与老子同时的尹喜，"所讲全是佛教思想……纯是唐人翻译佛经的笔墨，至少当在唐代以后。"②《四库全书总目》也说其"或唐五代间方士解文章者所为也"。《尹文子》一书，托名战国齐稷下学派的尹文，实乃魏晋人所编。③ 因此，上两书所记围棋事不能作为先秦已有围棋的确凿证据。

以上分析了全部先秦文献出现的"弈"、"弈棋"、"博弈"含义，计《左传》、《孟子·告子上》各一条，"弈棋"和"弈"都为动词，指下棋义；《论语·阳货》、《孟子·离娄下》各一条，都为博弈连称，当泛指博戏一类的游戏，起码不能确定是指围棋。汉人桓谭最先解《孟子》的弈秋为"通国"之善围棋的人，以后晋杜预注《左传》、唐孔颖达《论语》正义等均释"弈"为围棋，至今学者，沿袭旧说，把围棋起源确定在春秋战国时期及其以前，实乃误会。"围棋"一词最早出现在杨雄的《方言》、《法言》中，围棋的实物最早见于西汉景帝陵的南阙门，而且汉赵岐《孟子章句》早就解"弈"为博，"弈"在先秦或指下棋，或指下博棋，这有大批的考古资料为证。因此，我们认为，把先秦文献中的弈字解释作围棋，有张冠李戴的嫌疑。围棋的发明，根据目前史料和考古资料而言，所能确定的最早形成时间只能是西汉早期的竹下围棋，说它战国或更早以前形成未免证据不足。它由关中一带的民间发明，被上层知识分子所注意、接受，其真正流行于全国是东汉以后的事情。

3. 五岳耸峙——围棋形制的发展演变

围棋发明之初，形制如何，不敢臆测。汉元帝时的史游撰的《急就篇》

---

① 《关尹子·一宇篇》，文渊阁四库本。
② 梁启超：《古书真伪及其年代》
③ 张心澂：《伪书丛考》，上海书店出版社，1998，第786~789页。

卷三最早提到"围棋之局"，至少证明"围棋"与西汉盛行的博棋不一样，有自己的棋盘。《方言签疏》引《左传》襄公二十五年疏云："以子围而相杀，故谓之围棋。"这道出了围棋区别于博棋的性质与特征。在棋盘上，一方要围，一方要反包围，是双方斗胜的交点。"围而相杀"的基本规则在各种形制的围棋中始终保持不变，历经两千余年，至今仍是如此。

西汉的围棋棋制，虽然没有文献记录，但上举的（1）、（2）例西汉围棋考古实物资料告诉我们：西汉围棋处在围棋的发明、形成阶段，棋制还很不固定。棋局为方形，一般为 15×15 道，棋子当分黑白双方，总数当有 225 子。从汉景帝陵南阙门发现的棋盘上在四·四点上有"×"形符号可知两项事实，①在交叉点落子行棋；②当时已有四角星位，但中央没有。这说明虽已有势子制度，即双方各在四角星位摆 2 势子，然后再进行搏杀；但中央无势子，围棋棋制还处在发明完善阶段。

东汉初班固（公元 32～92 年）的《弈旨》，是最早阐述围棋棋制文献，其云：

> 局必方正，象地则也；道必正直，神明德也；棋有黑白，阴阳分也；骈罗散布，效天文也；四象既陈，行之在人。①

围棋有方正之局，局中有正直的线道，线道分为"四象"四个部分，每部分的四·四位置都有势子陈列。棋有黑白，效法阴阳；棋子数目，效法天上的星官。这种效法，不仅仅是比喻，我们认为是对棋子数目的描述，东汉时期能够观察到和掌握的天上星官有 283 官②，围棋子数应去此不远；再结合上述曹腾墓东汉晚期棋局是 17×17 的网格式棋盘，我们有理由推测，班固描述的棋制，棋子数目接近星官数目，当有 289 个交叉点；棋局线道自当为 17×17 道。

稍晚一点的马融有《围棋赋》一篇，其中谈到围棋如用兵，双方棋子相当。有几句特别值得注意，第一，"先据四道兮，保角依旁"，四道，指棋局上靠近边角的四个交叉点，即如今的四角星位。第二，"踔度间置

①　（清）严可均校辑《全上古三代秦汉三国六朝文·全后汉文》卷二十四班固《弈旨》，中华书局，1958。

②　《中国大百科全书·天文卷·石氏星经》，中国大百科全书出版社，1980，第 319 页。

兮，裝回中央"、"迫兼棋雅兮，颇弃其装"。① "雅"，字书有载，宋章樵注马融《围棋赋》：

> 雅，音、义与岳同。棋心并四面各据中一子，谓之王岳，言不能动摇也。此而见迫棋势危矣，将有弃其资装而遁者。②

> 清方以智《通雅·器用》："势子日雅……升庵引马融《棋赋》'迫兼棋雅兮，颇弃其装'，雅，音义与岳同，谓四面与中心为五岳也。"③

围棋中有"五岳"，最早见于三国吴蔡洪的《围棋赋》"取坤象于四方，位将军于五岳"。④ 五岳即方形棋盘上边角四个星位和中央的"雅"位，雅位或称"棋心"，现今称为"天元"。史良昭先生解"雅"为"鵋"，《说文》云："鵋，欺老也。"故他认为：棋雅，本意当是最"老"的棋，也就是最先下的一颗棋。⑤ 这种看法很有创见。但目前发现的最早的汉景帝陵南阙门棋盘上中心无×符号，明雅含义并非是最老的势子，而四角星位才是最早的势子位置。其实，宋章樵注棋雅为"王岳"，"言不能动摇也"应是雅本义，即此势子象征掌握中央的王，在古人观念中是君王"君临天下"、"据其极而运四方"的皇建位置，是一面双方都要占领的旗帜，不能动摇。双方在围而相杀之初，由一方先在"棋雅"位下一子，竖起王旗，对方立即贴近厮杀，意在吃掉王棋。先着方则全力反击，互相扭作一团，"此而见迫棋势危矣，将有弃其资装而遁者"，故云"迫兼棋雅"。它说明了一种最古老的围棋棋制，把王棋围杀就可占领中腹，从而赢棋。

雅棋心的设立，不仅使围棋设计有了"五岳"、"五行"等东汉盛行的术数意蕴，还至少导致了两个实际结果：一是中国的围棋局不管怎样扩大（从早期的 15×15 线、17×17 线到后来的 19×19 线）、缩小（宋元有 13×13 线的棋局），由于在中央一线的交叉点上有棋雅，所以都以奇数安排棋

---

① （宋）章樵注《古文苑》卷五《赋·马融围棋赋》，文渊阁四库本。
② （宋）章樵注《古文苑》卷五《赋·马融围棋赋》，文渊阁四库本。
③ （清）方以智撰《通雅》卷三十五《器用》。
④ （唐）欧阳询编撰《艺文类聚》卷七十四《巧艺部·围棋》引蔡洪《围棋赋》，文渊阁四库本。
⑤ 史良绍：《枰声局影》，上海古籍出版社，1991，第77～78页。

局，从没有偶数的例外；二是形成了棋局预置"势子"的习惯规则。所谓"势子"，即马融《围棋赋》中的"先据四道"，开局前双方各放二个子于边角星位上，这四个对称的子就是势子。开始下棋时，第一子必放"棋雒"位，所谓"据其极而运四方"，它"不能动摇"。然后应着的一方才能选择下子。势子的设立，明显是对双方围绕着中心征杀时棋子的呼应，如果没有势子，棋局战斗就会显得简单、直观化，所以预置势子是以"棋雒"为中心的战斗，是抢夺中腹地盘的短兵搏杀，这和今天的金角、银边、草包肚围棋战略相反，是先占中腹，再扩及边角。

双方各占对角的势子设立，至少在西汉时就有了，并形成了模式化的"起手式"棋制。今人在讨论中国围棋的发展时，往往以为"起手式"模式阻碍了围棋的正常发展，日本较早废除了势子，所以围棋发展很快，这种论点有一定道理。但古代围棋在让子局中并不置势子，称为"空花角"，类似的棋谱研究也颇深。其实，势子的置或不置，反映的是主攻还是主守的棋艺问题，晚清棋手鲍鼎说："有势子之局，起手须攻而兼守"；"无势子之局，起手即可坐居一方以自固"，即有势子时，要以攻为主；无势子要以守为主。古代棋艺偏重局部攻杀，正是受中央作战棋艺传统的影响而不得不为之。但也留下了不少以攻为守、攻守兼备的精彩棋局与理论。

到了东汉末期和魏晋，围棋进入了发展的第一高潮，其重要标志就是棋制明确固定，全国统一。当时的不少古籍都提到围棋具体形制：

> 三国曹魏时邯郸淳《艺经》："棋局纵横各十七道，合二百八十九道，白黑棋子各一百五十枚。"[①]

> 三国吴韦昭《博弈论》："夫一木之枰，孰与方国之封；枯棋三百，孰与万人之将。"[②]

> 晋初蔡洪的《围棋赋》："曲直有正，方而不圆，算涂受车，三百惟群。"[③]

---

① （宋）程大昌撰《演繁露》卷九《棋道》引邯郸淳《艺经》，文渊阁四库本。
② （晋）陈寿撰《三国志·吴志》卷二十《韦昭传》，文渊阁四库本。
③ （唐）欧阳询编撰《艺文类聚》卷七十四《巧艺部·围棋》引蔡洪《围棋赋》，文渊阁四库本。

以上三条所记和望都一号墓及曹腾墓所出石棋局可互相印证，证明东汉至魏晋的棋制为 17×17 线，289 个交叉点，棋子黑白共 300 枚，局中有势子和棋雅的位置，即五岳。正如宋沈括《梦溪笔谈》所说："如弈棋，古局用十七道，合二百八十九道。黑白棋各百五十，亦与后世法不同。"①

南北朝时围棋大盛，高手辈出。诗赋文章中虽频频提到围棋，但言及棋制者寥寥，大概是不屑于言吧。目前仅见宋、齐之间的无名氏诗说到局制："坐倚无精魂，使我生百虑。方局十七道，期会是何处?"② 看来，南北朝时还沿袭 17 线棋制。王又庸《围棋史话》③、日人池田亮一《围棋漫谈》④ 都以为南北朝时围棋增至 19 道 361 路，乃推测之论；小川琢治《围棋在中国的起源和发达》⑤ 又主张梁武帝时（公元 502～549 年）开始用 19 道棋局，其根据是《隋书·经籍志》所收梁谱，但该谱已佚，无从对证。因此，虽然学界一般认为南北朝时已有 19 道棋局，但没有确切证据，多系推测。所以，我们不如认为此时流行的还是 17 道围棋。

19 道的围棋最早的记载见于《孙子算经》：

> 今有棋局方一十九道。问用棋几何。答曰：三百六十一。术曰：置一十九道，自相乘之，即得。⑥

此书据钱宝琮先生考："原本……或为晋人所作。"⑦ 今本乃《四库》本，书中记录的度量单位名称与唐制合，与《隋书·律历志》异，且卷首有"李淳风等奉敕注释"，而书中又无注释内容，故该书肯定经后人窜改过，上引棋制一条，似应出自李淳风等人之手。也就是说，其时代为唐初。

考古发现的 19 道棋盘，最早的是河南安阳隋代张盛墓（不晚于隋开皇十五年，公元 595 年）出土的瓷棋盘。⑧ 如图 65 所示。

---

① （宋）沈括：《梦溪笔谈》卷十八《技艺》，文渊阁四库本。
② （宋）郭茂倩编《乐府诗集》卷四六《清商曲词三·吴声歌曲三·读曲类第七十五首》，《四部丛刊》影印汲古阁本。
③ 王又庸：《围棋史话》，1961 年 9 月 11 日《人民日报》。
④ 〔日〕池田亮一：《围棋漫谈》，《世界知识》1962 年第 12 期。
⑤ 〔日〕小川琢治：《围棋在中国的起源和发达》，《支那学》1932 年 6 卷 3 号、1933 年 7 卷 1 号。
⑥ 《孙子算经》卷下，《算经十书》，中华书局，1963。
⑦ 中国科学院自然科学史研究所编《钱宝琮科学史论文选集》，科学出版社，1983。
⑧ 邱百明：《从安阳隋墓出土的围棋盘谈围棋》，《中原文物》1981 年第 3 期。

图 65　隋代瓷围棋盘

该棋盘系青瓷，正方形，高 4 厘米，每边长 10.2 厘米，显然非实用围棋盘，乃围棋模型冥器。盘上阴刻纵横各 19 道，每角四·四位置和中央位置各有一小孔。盘下四侧为壶门装饰的方框形足。值得注意者，盘上赫然有"五岳"位置标识，证明我们对马融《围棋赋》中的"四道"、"棋雉"的解释是对的，也表明围棋自东汉以来，局中的主要部分都未变，所变化者仅是范围大小、线道多少而已。此墓的墓主人张盛，官至征虏将军、中散大夫，其数代官宦，朝中显贵。开皇十四年卒，享年 93 岁，开皇十五年与其妻王氏合葬安阳白素乡。此人生前（公元 502～594 年）肯定好下围棋，所以才专门制模型围棋随葬，故 19 道的围棋流行于公元 6 世纪早中期是可以想见的，肯定当早于隋代。

能够印证此结论的是北周（公元 557～580 年）无名氏所撰的《棋经》一卷，为敦煌写本，卷轴装，现名《敦煌棋经》。其中《像名第四》篇云：

> 棋子圆以法天，棋局方以类地。棋有三百一十六道，放周天之度数。

放，即仿。"三百一十六道"疑有抄误，当作"三百六十一道"。理由有二：第一，围棋盘自古以来皆正方局，即纵横线道相等，如此则 $19 \times 19 = 361$，$18 \times 18 = 324$，$17 \times 17 = 289$，根本不可能出现 316 道的棋局，即使不为正方形，也不可能出现 316 道，除非是不规则形方可。但古今中外的棋局没有不规则形的，该道数必然有误。第二，周天度数指赤道上二十八宿构成的天体坐标度数，这一数值在中国古代等于回归年长度。中国古代回归年长度有两种，一是用于天文历法者，等于 365.25 度，如先秦、东汉的《四分历》；二是用于术数占算者，为 360 度：

乾之策，二百一十有六；坤之策，百四十有四。凡三百有六十，当期之日。①

黄帝问曰：余闻天以六六为节，以成一岁……不知其所谓也？"岐伯曰：天以六六为节，地以九九制会。天有十日，日六竟而周甲，甲六复而终岁，三百六十日法也。"②

"当期之日"，即与一年的日数相当，为360日。《素问》中的"终岁"居然也为360日。故在中国术数文化领域，周天度数都是以360为准。围棋、象棋从广义上讲均是术数，所以宋张拟《棋经十三篇·棋局篇第一》也说："局之路，三百六十一。一者生数之主，据其极而运四方也；三百六十，以象周天之数。"据此，《敦煌棋经》的棋局道数既然"仿周天度数"，必为361，"三百一十六"乃误抄所致。

明乎此，我们就可以下结论说：现在通行的19道围棋，至少定型于北周时期，即公元6世纪中期。

唐代以后，虽然通行19道围棋，但也有一些例外。考古发现的19道围棋有：

1973年在新疆吐鲁番县阿斯塔那村206号墓出土了木制围棋盘，高14厘米，每边长69厘米，19×19线，乃实用棋盘。墓主人张雄，卒于公元633年，此围棋盘是唐初遗物。③

日本奈良正仓院所藏圣武天皇（公元724～748年）的木函紫檀棋局已用19道。④

不为19道的围棋棋局有：

新疆阿斯塔那墓地187号墓出土的一幅"围棋仕女图"中，描绘了11个仕女的不同姿态，中心为二贵族妇女弈棋，棋盘纵横17道。⑤

1971年在湖南湘阴县唐墓中发现一方形围棋盘，边长8厘米，纵横各15道。⑥

---

① （晋）韩康伯撰《周易注》卷七《周易·系辞上》，文渊阁四库本。
② （上古）元阳真人：《黄帝内经·素问》第九篇《六节藏象论》，西南师范大学出版社，1993。
③ 《新疆出土文物》图一百八十九，文物出版社，1975。
④ 朱南铣：《中国象棋史丛考》，中华书局，1987，第73页。
⑤ 金维诺、卫边：《唐代西州墓中的绢画》，《文物》1975年第10期。
⑥ 《湖南湘阴唐墓清理简报》，《文物》1972年第11期。

1977 年在内蒙古敖汉旗丰收公社白塔子大队发现一座辽代大康五年（1079 年）以前的古墓，墓内发现一高 10 厘米、每边长 40 厘米的方桌，桌上刻纵横各 13 道的棋局。①

锡金现用的围棋棋局为 17 道，据考当是通过西藏传去，时代可能为唐初。②

上述材料说明，唐宋时围棋虽然传至域外，但在不同的时期和民族区域所用的棋制是不同的。总的来讲，当以 19、17 道的为主，13、15 道的乃特例。从文献角度考察，说法就更多，如唐柳宗元《柳州山水近治可游者记》曰："又西曰仙弈之山……始登者得石枰于上，黑肌而赤脉，十有八道可弈。"③ 明代学者胡应麟《庄岳委谈》据此说："今围棋局十九行，三百六十一路，宋世同此。然汉制十七道，唐局或十八道。"④ 清晚期的方浚颐沿袭此说，作诗曰："十七十八道，汉唐截然分，徐铉改十九，宋以后咸尊。"意思是汉围棋是 17 道，唐 18 道，南唐徐铉（公元 917～993 年）改棋图之法（详下）时变作 19 道，宋以后则都是 19 道。明清人未见考古资料，仅据文献推测难免有误。然柳宗元所说恐未确，石头的自然纹路可能纵横 18 道，也可以弈，但绝非唐代围棋之制，只是一种自然巧合罢了，明清人以此作根据考唐代棋制，未免过于迂腐。

我们认为，围棋棋局自发明以来，都以"棋雅"、势子为中心，魏晋时称为"五岳"，隋唐宋时称作"一极"、"四隅"，现在称作"天元"、"星位"，这是棋局中数千年不变的东西，是围棋的灵魂。正因为棋局上有这样五个点，所有棋局的纵横道数必须是奇数，是偶数的话则无以表示"极"、"天元"。在这个前提下，出现纵横 13、15、17、19 道的棋局格式都是不足为奇的。然而，这四种格局中，最合理、最科学的还是 19 路棋盘。一是因为在 19 路的棋盘上双方无论取势还是取实地，所得利益都较均衡，平均每手价值在 3 目左右。若在 17 路盘上行棋，先手一方若在 3 路爬行保边角，而中腹争夺意义不大，其每手价值几近 6 目，大大高于对方，会造成双方严重的不均衡。二是 17 路棋盘间距过窄，打入一方会十分局促难下，而先行方轻而易举地就会掌握主动

① 《敖汉旗白塔子辽墓》，《考古》1978 年第 2 期。又见马铮《围棋溯源》，《文史知识》1984 年第 8 期。
② 朱南铣：《中国象棋史丛考》，中华书局，1987，第 73 页。
③ （宋）真德秀纂辑《文章正宗》卷二十一下引（唐）柳宗元《柳州山水近治可游者记》，文渊阁四库本。
④ （明）胡应麟撰《少室山房笔丛》卷二十四《庄岳委谈上》，文渊阁四库本。

权，赢得全局胜利，这又是一种严重失衡。至于 13、15 道的棋局，此问题会更加突出。所以，17、15、13 道棋局逐渐地被淘汰是必然的。虽然 19 道棋局至少在北周时期就出现了，但它最后淘汰 17、15、13 道棋局是宋以后的事情。这说明，古人认识到 19 道棋局的科学性有一个长期的选择过程，只有经过多次的实战并进行较精密的比较后，才能发现 17 道以下棋局的严重不合理性。在魏晋时，这种不合理性被必须以"棋雅"为中心首先展开战斗的规定稍稍拉平，但魏晋以后，随着围棋规则的变化（后手可任意选择下子位置），这种不合理性越来越突出，于是到北朝晚期，就逐步出现了 19 路棋局。但科学主动地选择 19 路、淘汰 17 路等棋局，是在宋代实现的，其标志当是《棋经》、《棋诀》及《忘忧清乐》等棋谱和棋艺理论成熟。

（二）高品名贤——历代围棋的发展

1. 弈义精蕴——两汉三国的围棋

围棋发明的初期，大概仅仅流行于民间，至西汉晚期，才见于杨雄等人的记载。西汉的围棋爱好者，在有关古籍记载中，只有寥寥数名。最早的一例传说是汉刘邦与戚夫人的"竹下围棋"：

> 《西京杂记》卷三："见戚夫人侍高帝……八月四日，出雕房北户，竹下围棋。胜者终年有福，负者终年疾病。取丝缕就北辰星求长命，乃免。"[1]

刘邦下围棋事不见《史记》、《汉书》，《西京杂记》有人以为乃东晋以后人托名汉刘向、晋葛洪所作[2]，故竹下围棋事不可尽信，当作传说为宜。但《四库提要》详考后认为是汉刘歆作、晋葛洪辑。特别是其记的博棋口诀，已为考古资料证实。因此，刘邦"竹下围棋"的记载当为可信史料。汉宫内围棋以福、病相赌事，又见于《三辅黄图》和《搜神记》，或许有汉代资料根据。推测西汉时围棋很可能已进入宫廷，宫人不仅以围棋娱乐，更

---

① （汉）刘歆撰，（晋）葛洪辑《西京杂记》卷三，《笔记小说大观》第 1 册，江苏广陵古籍刻印社，1983。
② 张心澂：《伪书丛考》，上海书店出版社，1998，第 544～546 页。

用围棋占卜长寿疾病之吉凶，并施巫术以求吉祥。

《西京杂记》卷二又云："杜陵杜夫子，善弈棋，为天下第一。人或讥其费日，夫子曰：精其理者，足以大裨圣教。"①

杜夫子善下围棋，天下第一，是魏晋人传说中西汉的第一个围棋迷，明冯元仲《弈旦评》称其为"弈中枭将"。围棋到底是荒废时日，还是"大裨圣教"，从此也开始了两千余年的争论。

《幽明录》："汉武帝在甘泉宫，有玉女降，尝与帝围棋相娱。"②

如今能够检索到的西汉围棋实例仅此三例，且不见正史，传说成分很大，说明西汉时围棋活动并未盛行。所以到了东汉初，有人就问班固（公元 32 ~ 92 年），"今博行于世，而弈独绝，博义既弘，弈义不述，问之论家，师不能说，其旨可闻乎？"③ 这种对东汉初期围棋情况的描述，大致符合迄今考古发现和研究所得的事实。主张围棋兴盛于春秋战国的人说，围棋此时陷入发展中的低谷，其实在此前也只是时断时续，并无高峰可言。倒是班固慧眼识真金，大力为围棋正名，为围棋的发展、流行立下了汗马之功，《弈旨》中总结的"弈义"精蕴大致有四条。

第一，棋制设计符合"王政"，和当时的最精深的天地消息、阴阳变化理论合拍：

北方之人，谓棋为弈。弘而说之，举其大略，厥意深矣！局必方正，象地则也；道必正直，神明德也；棋有黑白，阴阳分也；骈罗散布，效天文也；四象既陈，行之在人，盖王政也；成败臧否，为仁由己，危之正也。

一局之中，涵盖了天地神明的"正直"之德；数百子中，精蕴了天文

---

① （汉）刘歆撰，（晋）葛洪辑《西京杂记》卷二，《笔记小说大观》第 1 册，江苏广陵古籍刻印社，1983。

② （宋）李昉等编撰《太平御览》卷三百八十七引《幽明录》，文渊阁四库本。

③ （唐）欧阳询编撰《艺文类聚》卷七十四《巧艺部·围棋》引班固《弈旨》，文渊阁四库本。

星象、阴阳消息；双人对局中，"行之在人"，胜负者都可以体现"仁义"，危中求正，从而于王政大有裨益。

第二，围棋与博棋相比，取胜不悬于投，避免了侥幸因素；双方子力平等，是公平竞争；弈棋时可"循名责实，谋以计策"、"因敌为资，应时屈伸，续之不复，变化日新"，全赖智力而非靠侥幸，很有说服力的总结了围棋的合理性。

第三，围棋活动符合圣贤之"道"，"上有天地之象，次有帝王之治，中有五霸之权，下有战国之争，览其得失，古今略备"，弈之者可知古察今，吸取治国为人的各种经验教训。

第四，围棋有催人奋进、解忧消愁、乐而不淫、修身养性的伦理和自我完善功能：

> 至于发愤忘食，乐以忘忧，推而高之，仲尼之慨也。乐而不淫，哀而不伤，质之诗书，关雎类也。纯专知柔，阴阳代至，施之养性，彭祖气也。外若无为默而识，净泊自守以道意，隐居放言远咎悔。

《弈旨》是关于围棋性质及其社会功用、伦理修养功用的纲领性文献。班固所频频赞赏的"弈义"，不仅为围棋正了"名分"，使其意蕴高于博棋；而且为围棋爱好者提供了一系列的伦理理论根据，他们自然可放心大胆地下围棋了。因此班固以后，围棋很快地普及到了上层社会，一些著名学者如桓谭、黄宪、马融、李尤等相继作《新论》、《机论》、《围棋赋》、《围棋铭》来赞誉围棋，终于使围棋在东汉晚期迎来了其发展的第一个高峰。

桓谭《新论》首先提出了围棋之戏是"兵法之类"的新见解，把深奥的兵法哲理用于弈棋：

> 世言围棋颇类兵法。上者张置疏远，多得道而为胜；中者务相遮绝，争便求利；下者守边隅趋作罫，自生于小地。①

上者控制全局，不战而屈人之兵；中者与人扭断厮杀，以争小利；下者守一隅卑屈求和。即使用现代棋理来衡量，此论也深得个中三昧。

---

① （清）陈元龙撰《格致镜原》卷五十九《围棋》引桓谭《新论》，文渊阁四库本。

黄宪的《机论》，大张旗鼓地为围棋"用智施机"张本。自战国以来，白面儒生都反对人有诈谋"机心"。《庄子·天地》讲了一则关于机心的有趣故事：说汉阴有一老人，浇菜园时放着汲水的机械桔槔不用，在井旁凿了个大洞，抱着大瓮、头钻到井里汲水。子贡问他为何这样傻干，他说：有机械必有机事，有机事必有机心，人若让"机心"存乎胸中，则黑白不辨，是非不分，"道之所不载也"。原来这老头为防止机心入胸，羞用机械。东汉不少腐儒反对下围棋，其重要理由，就是把围棋的用智说成机心的表现。《机论》正是针对这种言论而发的。黄宪指出：围棋"以机胜，以不机败，吾不用机，何弈之为"?[①] 围棋胜赖智力，不胜是智力差，不用智力，还下什么围棋！不光下棋，圣人、贤者、谋士、辩士时时刻刻都在用机，"由此观之，天地万物皆机也"。所谓"机心"其实就是要善于利用事物内在的客观规律，发挥人的智力，达到人要有所作为的目的。或征服自然，或使社会进步，或赢得一盘棋局，如此使用"机心"，绝不是什么"羞耻"的事。黄宪的《机论》从思想上解决了在黄老无为学说统治下人们"用智"的后顾之忧，把博、弈彻底的区分看来，为以后高士文人与围棋的结缘做好了舆论准备。

围棋经过两汉近四百年艰难历程，以众多的思想理论著作为先驱，终于在东汉末和三国时期，赢得了世人的认同，大力发展起来了。最著名的是曹氏家族，曹操本人就非常喜欢围棋，据晋张华《博物志》载：当时的关中名手冯翊、山子道、王九真、郭凯等人也只能和曹操下成平手。[②] 精通围棋的孔桂，虽然性情孤僻，但还是被曹操引为随从，每在左右下棋。[③] 曹操祖父曹腾，应当是围棋迷，临死还以围棋随葬，表示他死后还要下围棋。曹操25个儿子中有不少都会围棋，太子曹丕正是利用和曹彰（封任城王）下围棋的机会，让其吞食了毒枣，剪除了争王的威胁。

由于曹操父子喜欢围棋，曹魏出了不少围棋名人，如"建安七子"中的应玚，作《弈势》，言棋理变化之义颇深；王粲观人围棋，局坏而复之，"不误一道"[④]，其复盘本领被称道千古，明冯元仲《弈旦评》称其为"弈

---

① （明）徐元太辑《喻林》卷四十三《人事门》引《天禄阁外史·机论》，文渊阁四库本。
② （唐）欧阳询编撰《艺文类聚》卷七十四《巧艺部·围棋》引《博物志》，文渊阁四库本。
③ （宋）李昉等编撰《太平御览》卷七百五十四《工艺部·围棋》引《魏略》，文渊阁四库本。
④ （唐）欧阳询辑《艺文类聚》卷七十四《巧艺部·围棋》引《魏志》，文渊阁四库本。

中神人"。传说孔融也精于此道,《红楼梦》中就有惜春研究孔融棋谱一说,但史无明载。而孔融的两个儿子是围棋中的冤魂却是事实,《魏氏春秋》载:孔融坐罪被逮捕时,八岁的两个儿子下围棋不起,左右都说:父见执,不起何也?二子答曰:"安有巢毁而卵不破者乎!"后来一起被杀。"覆巢之下无完卵"的名言即源于此。①

蜀汉的围棋高手以费祎最著名。他"识悟过人",处事能力极强,"常以朝晡听事其门",同时又与人围棋,"事亦无废"。这样弈棋政事两不误的人才,世也少见。董允代他为相时不服气,也边理政事边围棋,但不到10天,政事"已多衍滞",只好叹曰:"人才相远如此,非吾所及也!"有一次,魏军大举来犯,费祎晡时(下午3~5时)点齐人马正准备出发,大夫来敏去送别,提出下盘围棋,费当此火烧眉毛之际,却不仅摆局就战,而且下得非常认真,"色无厌倦",来敏看到其指挥若定的神态,非常放心,果然出师奏捷。② 被《弈旦评》誉为"弈中通人",即兼顾通达之人。

西汉北方的围棋何时传到南方已不可考,但三国时的东吴已成为围棋中心。张勃《吴录》说东吴有"吴中八绝",严子卿(严武)善围棋,皇象善书,曹不兴善画,赵妪善相,吴范、刘淳、赵达善术数。③ 说明围棋在东吴的地位已与书、画、术数等齐。"围棋莫与敌者,谓之棋圣",严子卿、马绥明在吴、晋时都享有"棋圣"的美名。《弈旦评》又赠他们一个"人中龙"的桂冠。见于记载的东吴围棋高手还有丞相顾雍、大将军陆逊、太子侍从蔡颖等。顾雍好围棋,常"盛集僚属,自围棋"④(《吴书》本传),在他的带动下,可以肯定围棋盛行于上层。

蔡颖侍太子孙和,经常与东府中人围棋致迷。孙和不满围棋风靡宫廷,就命大学者韦曜"著论而矫之",于是作成了围棋史上第一篇反对下围棋的文章《博弈论》,韦曜认为:下棋对人的事业、生活、身心健康都没好处,"废事弃业,忘寝与食",交锋时"专精锐意,心劳体倦",赌胜时"廉耻之意驰而忿戾之色发"。又认为,下棋不符合圣贤之"道",其"所志不出一枰之上,所务不过方罫之间","伎非六艺(六经),用非经国。立身者不阶

---

① (宋)李昉等编撰《太平御览》卷三百八十四《人事部·幼智》引《魏氏春秋》,文渊阁四库本。
② 事见(晋)陈寿《三国志·蜀志》卷十四《费祎传》及注,文渊阁四库本。
③ (元)陶宗仪编撰《说郛》卷五十七上陶潜《群辅录》引张勃《吴录》,文渊阁四库本。
④ (晋)陈寿撰《三国志·蜀志》卷七《顾雍传》,文渊阁四库本。

其术，征选者不由其道。求之于战阵，则非孙（子）、吴（起）之伦也；考之以道艺，则非孔氏之门也；以变诈为务，则非忠信之事也；以劫杀为名，则非仁者之意也。"① 很明显，这观点与班固、马融的看法是完全对立的，从此两种观点各有所承，争论了近两千年，到底孰是孰非，我们以后还要分析。但动用国家力量组织人力、炮制文章对围棋进行围剿，则从反面证明了围棋已盛行到何种程度！

　　正由于东吴的围棋如此风靡，才给围棋史上遗留下了最早的围棋谱。北周的《敦煌棋经》载有"汉图一十三局……吴图廿四盘"②，汉图可能是吴人整理的汉代棋谱，吴图毫无疑问是东吴人的棋谱，至唐代时还存在。有杜牧《重送绝句》"别后竹窗风雪夜，一灯明暗复吴图"为证。③ 今传的吴图仅一局，即《孙策诏吕范弈棋局面》（如图 66），收入宋李逸民《忘忧清乐集》中。④ 该局自定势至中盘两分局面共有 43 着，由于用 19 路棋局，后人怀疑它的真伪，但无论如何，它都是最古的棋谱之一。

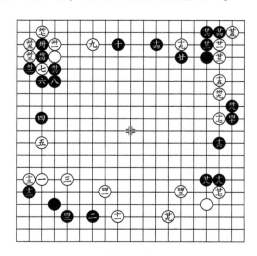

图66　孙策诏吕范弈棋局面

2. 名士垂青——两晋围棋的名士化

　　晋代在学术方面崇尚老、庄的"大道"，自然、无为、坐忘、玄览等理

---

① （南朝梁）萧统主编《文选》卷五十二韦曜《博弈论》，文渊阁四库本。

② 丁巍等集《续小十三经·敦煌棋经·象名第四》，中州古籍出版社，1990。

③ （宋）洪迈编《万首唐人绝句》卷二十五杜牧《送国棋王逢》，文渊阁四库本。

④ （宋）李逸民编撰《忘忧清乐集》，上海书店出版，1988。

念被文人学士们普遍接受，他们都追求一种放荡不羁、傲然独得的田园生活和一种志气恢弘、得意忘形的精神生活，于是形成了中国历史上与两汉经学、宋明理学、明清朴学相并列的时代学术思潮——魏晋玄学。在玄学空气的笼罩下，围棋被许多"名士"垂青是必然的。因为：

第一，围棋为名士们提供了感觉、体验老庄"玄道"的适宜工具。老庄的"道"，深奥玄妙，变幻莫测，它"有情有信，无为无形；可传而不可受，可得而不可见"，像幽灵一样，恍恍惚惚，混混沌沌，无处不在、无处没有而又难以捉摸。要想得到它，唯有"致虚极，宁静笃"。而围棋正好提供了这种静思、坐忘的形式，棋艺圣手只要进入围棋的最高境界——"神思"、"守拙"、"若愚"，就能忘却世间一切凡物，不费心思而直觉到"道"的玄妙。

最突出的例子是刘宋时的王景文，他是与文学家谢庄齐名的才子，曾掌握着扬州刺史的大权。但遭忌被赐药酒自尽，敕书到时，他正与客下围棋，读完诏书后"神色怡然不变"，与棋友弈棋如故，端正危坐，身心投入，忘却了马上要离开人间之苦，体验了"道"之玄妙。一局下完，将棋子整整齐齐地放进棋盒，从容告诉棋友自己奉敕马上要被赐死。拿出使臣送来的毒酒道歉说："此酒不可相劝"，自饮而亡。[①] 当时名士高贤追求的正是这种"坐忘"迷人境界，而围棋也正具备这种销魂夺魄的魅力。故东晋的王坦之把围棋称作"坐隐"，以表示围棋忘却形骸的深层意蕴。

第二，围棋的争胜不是为了功利，而是对棋艺的验证，对"棋道"的痴心探索。因而可使人在一种无私无欲的境界中感到万物皆空，这与魏晋玄学思想一拍即合，成了名士们追求"空明"、"虚实"、"有无"境界的适宜形式。这些境界在平时难以用感官捕捉，但以弈作比的话，可顿时豁然领悟。如围棋中的"实"，指实地；"虚"指尚未确定但有向外部发展的有潜力的棋势。高明的棋手善于务虚而把握全局主动，虚在表面上一片空白，但潜藏着实，无中可生有；实在表面上似乎是实地，但也有化作虚的可能，"有"如果死掉可以变成"无"。棋手们每步棋都面临着虚、实的抉择，在抉择中求证"道"的意蕴。如日本名手武宫正树将贵"虚"的棋理发展到极致，创"宇宙流"棋派，它以恢弘的气势、超凡的构想，力求在小小棋枰上构筑最大的立体空间，而不拘泥于点滴实地的得失，把胜负、功利全都

---

① （唐）李延寿撰《南史》卷二十二《王景文传》，文渊阁四库本。

置之度外。武宫在《"宇宙流"自述》中说:"处在空的心境是最理想的","在心情上处在空的境界时,就能把自己的实力充分发挥出来。"魏晋名士们之所以与围棋结缘,其原因正在于此。记载中的魏晋、南北朝名士围棋事迹大多有"忘却一切",追求"空"、"虚"的思想特征,表现出恬淡、冲和、豁达、任诞、睿智等等性格特色。

"竹林七贤"之一的阮籍,"当其得意,忽忘形骸"(《晋书》本传),他"性至孝",母亲去世时,正与人围棋,对方提出不要下了,阮籍正当"得意"时,定要下到底,结果一局终了,饮酒二斗,放声悲号,吐血数升。①

裴遐以"善谈玄理"为众所称,一日在平东将军周馥的宴会上与人围棋,馥的司马行酒而遐不喝,被司马一把拉倒在地,大失身份。谁知他慢慢坐起,颜色不变,"复棋如故",史赞"其性虚和如此",大概就是从围棋中锻炼出来的。②

王坦之下围棋,从小就出了名,他称围棋为"坐隐",深得围棋义理。在守丧时,只要有客人来,从不顾礼教丧期不准作乐的禁忌,公然支起棋盘下棋。

阮简任开封令时,县衙里来了盗贼抢劫,衙吏报告了数次,阮简正与人围棋,长啸以答。衙吏没着,只好再次报告:抢劫太急了!谁知他全神贯注于棋局,答曰:局上也有劫,比抢劫还急!真乃"劫"中可人,忘却凡务至此!③

最著名的是谢安在淝水之战中"赌墅"、"折屐"的故事。公元 383 年前秦 87 万军队大举侵晋,谢安坐镇建康,派侄子谢玄等率 8 万军队出江北迎敌,双方对垒于淝水两岸。此时,谢玄心虚,"入问计,安夷然无惧色……乃令张玄重请,安遂命驾出山墅。亲朋毕集,方与玄围棋赌别墅,安常棋劣于玄,是日玄惧,便为敌手,而又不胜。安顾谓其甥羊昙曰:'以墅赐汝。'安遂游涉,至夜乃还,指授将帅各当其任。"谢安用围棋赌墅表现出来的异常镇静,给谢玄很大的刺激、鼓舞。回前线后激励将士,使军队士气高昂,前秦则厌战畏战。谢玄军渡过淝水,在内应的帮助下,敌兵退而溃散,进而

① 事见《晋书》卷四十九《阮籍传》,文渊阁四库本。
② 事见《晋书》卷三十五《裴遐传》,文渊阁四库本。
③ (宋)李昉等撰《太平御览》卷七百五十三《工艺部·围棋》引《陈留志》,文渊阁四库本。

丧胆，"草木皆兵"。当前线捷报传来，谢安"方对客围棋。看书即竟，便摄放床上，了无喜色，棋如故。客问之，徐答云：'小儿辈遂已破贼。'即罢还内，过户限，心甚喜，不觉屐齿之折。其矫情镇物如此。"① 看来，谢安并无必胜的把握，不然不会有"不觉屐齿之折"的反应，但在国家危亡的生死关头，仍能以围棋为伴，不愧"矫情镇物"之评，魏晋及以后的士人追求的正是这种遇事镇定、高度控制感情的名士风度。

两晋与围棋结缘的还有很多名人，如晋武帝司马炎就常下围棋，一次与张华围棋，张华边下边陈述立即伐吴、速战速决的好处，结果使武帝改变了次年伐吴的计划，批准了杜预等的请求，一举灭吴。又一次，他与驸马王济下棋，孙皓在侧，王济想挖苦孙皓，问他为什么好剥人面皮，孙答得非常巧妙，"见无礼于君者则剥之"，弄得王济无地自容，举棋盘遮着脸跑出宫廷。② 再如名僧支遁（又号支道人、支公），以围棋为"手谈"，言拈子在手，足当清谈，澄虑会心，莫如围棋。再有祖纳，乃楸枰上的浪子，人或讥其"不惜寸阴"，"无志功名"，他却说我以此"忘忧耳"，指出了围棋的一大思想修养功能。宋刘仲甫《忘忧集》、徽宗"忘忧清乐在棋枰"及南宋李逸民《忘忧清乐集》名称均源于此。东晋中兴的首要功臣王导，在围棋界也享盛名，经常和儿子下围棋，长子王悦，平时非常孝顺，下起围棋来对父亲是一着不让，曾因"争道"硬是按着王导的手不让落子。次子王恬，棋艺高过父兄，为"中兴第一"。

更有些名士，不以棋艺显名，而以棋赋、棋论闻世。吴楚高士蔡洪、善辨狱的临淄令曹摅都著有《围棋赋》，赵王伦舍人马朗（一说字绥明，为棋圣）著有《围棋势》29卷，善谈名理的范汪撰注《棋九品序录》、《棋品》，湘东太守徐泓撰《围棋势》7卷，沈敞撰《棋势》7卷，袁遵撰《棋后九品序》1卷。两晋如此多的围棋专著，虽大多已佚，仅见于《隋书·经籍志》著录，但证明了围棋在晋盛行的状况。

3. 棋中九品——南北朝的围棋高峰

南北朝时期（公元420~588年）的近170年中，北方连年战乱，先后有十数个政权统治；南方稍好，也有宋、齐、梁、陈的更替。在这兵荒马乱的年代，人们朝不保夕，文物文化凋敝，但围棋则独树一帜，发

---

① 事见《晋书》卷七十九《谢安传》，文渊阁四库本。
② （清）杭世骏撰《三国志补注》卷六《或剥人之面》，文渊阁四库本。

展到其历史的高峰，不能不说是一个奇迹。民国初年，黄俊先生编著《弈人传》①，搜罗历代围棋名人传记甚详，凡有记载者几无遗漏。其中汉仅10人，三国12人，晋代倍增，也仅27人，南北朝则为43人，隋唐400多年中仅44人。由这些数字可以看出，南北朝时期是围棋发展的黄金时代。究其原因，主要是当权者的大力提倡以及在玄学的影响下人们对"玄道"、"坐忘"、"顿悟"等精神境界的追求。从刘宋文帝开始，经齐高帝萧道成、武帝萧赜到梁武帝萧衍都极力倡导围棋，围棋因而也倾动朝野，成了做官进阶、逃避现实的得力工具。最重要的是"品棋"风潮的盛行，在全国范围内遴选棋手对局，品评等级，极大地促进了围棋活动的发展。

围棋九品制何时出现，在棋史界是一个争论问题，《围棋辞典·棋品》认为"南朝梁武帝时，命柳恽评列棋艺水平较高能登格者273人，分若干品，称《棋品》三卷，为等级制度之始"。明代王士贞提出"棋之有品，启自刘宋（公元420～422年），盛于泰始（公元465～471年）"。② 我们认为，品棋当在三国时就当出现了，但作为全国性的棋品制度形成，可能到了刘宋以后。

三国魏人邯郸淳（公元132～？年）在《艺经·棋品》中，就将围棋思想和技艺水平分为九品：

> 夫围棋之品有九：一曰入神，二曰坐照，三曰具体，四曰通幽，五曰用知，六曰小巧，七曰斗力，八曰若愚，九曰守拙。九品之外，今不复云。③

九品之棋是模仿当时选拔官吏的"九品中正制"而制订的，观其内容，是以围棋时所用思想方法为标准来区分等级的。如"入神"指进入神明的状态，为最高品；"用智"指善于思考，把握时机，此为中品（五品）；"斗力"指以互相扭杀的下棋方法，此为下品。然"若愚"、"守拙"明显受《道德经》"大巧若拙"、"见素抱朴"等警句的影响，藏巧现愚乃"大巧"，视作八、九最低等，颇难理解。或许围棋九品中还有具

---

① （清）黄俊编撰《弈人传》，岳麓书社，1985。
② （明）王士贞撰《弇州四部稿》卷一百七十一《说部·宛委余编十六》，文渊阁四库本。
③ 《中华杂经集成·艺经·品棋》，中国社会科学出版社，1994。

体的标准或规定，不然，赖此概括性的思想标准根本无法实际操作，分定等级。

这种思想标准反映的是一种精神追求，和魏晋玄学有密切关系。九品中正制是在公元 220 年曹丕采用陈群的建议而实行的，邯郸淳为同时人，任博士给事中。能否这样快地用于围棋九品？值得研究。《隋书·经籍志》录有《棋九品序录》1 卷，范汪（晋初人，公元 301 ~ 365 年）等注，《旧唐书·经籍志》：《棋品》5 卷，范汪等注，都不署撰者名；《通志·艺文志》：《围棋九品序录》5 卷，范汪等撰。此书疑为东晋时人作，范汪注时仅 1 卷，经后人增益而成 5 卷。《隋书·经籍志》又录袁遵（东晋人）撰《棋后九品序》1 卷，列于范汪前，证东晋人确有新创作的围棋九品。因此，围棋九品制或起自东晋也未可知。但晋代 20 多名见于记载的围棋高手中，无一人有九品之名，仅《晋书·王恬传》说其为"中兴第一"，是否经谱评而来还很难说，证明晋代的《棋品》仅是棋艺理论著作而已，九品棋制并未实行。到了南朝刘宋时，"定棋谱，第优劣"的棋品制度在皇帝敕命的推动下才正式开始。

南朝的品棋已经相当正规，设置有大中正、小中正和顾问。《南齐书·王谌传》载：

> 宋明帝好围棋，置围棋州邑，以建安王休仁为围棋州郡大中正，谌与太子右率沈勃、尚书水部郎庾珪之、彭城王抗四人为小中正，朝请褚思庄、傅楚之为清定访问……谌贞正和谨，朝廷称为善人，多与之厚。①

明帝于公元 465 ~ 472 年在位，此次品棋是目前所知的最早一次大规模品棋，特点是组织严密，参与品棋的人要"贞正和谨"，公正品判。为保证围棋品第与实际水平相符，还专门请来了围棋高手作"清定访问"。显然明帝对此次评选十分重视，先在各州郡设立"围棋州邑"的基层选拔组织，为各乡邑的围棋爱好者都提供机会，然后层层筛选，由各州郡的小中正初次评判提名，最后集中到"围棋州郡大中正"处，在顾问的监督下评出九品等级。组织如此严密的评定棋品，在博弈史上实在罕见。宋明帝大

---

① （南朝梁）萧子显撰《南齐书》卷三十四《王谌传》，文渊阁四库本。

概也参加了此次品棋，"明帝好围棋，甚拙，去格八九道，物议共欺以为第三品"。①明帝的棋臭得很，离进入九品的合格者还差八九子，但他是皇帝，"物议"（大家评判）必须谀欺，给了他个围棋三品。明帝得意忘形，在"依品赌戏"（实战验证品级）时，"与第一品王抗围棋……抗每饶借之，曰：皇帝飞棋，臣抗不能断。帝终不觉，以为信然，好之愈笃"②，连别人忍让饶借也看不出来，愚昧而又倨傲的虚荣嘴脸令人作呕，旷世少见。但作为当权者，如此提倡和组织品棋评定，也为围棋的发展立下了很大功劳，不可抹杀。

从《虞愿传》中我们可得出关于品棋制的重要信息：第一，"去格八九道"，证明入九品者都要合"格"，格的标准可能靠与中央派下的高手实战而定，凡输不过若干子者均可入品，超过若干子者就淘汰。第二，评定品级非一人说了算，要"物议"，经大家讨论。第三，棋品确定后，要"依品赌戏"，具有品级验证的意思，以防有人滥竽充数。

刘宋以后，品棋活动依然进行，《南齐书·萧惠基传》：

> 善隶书及弈棋，当时能棋人，琅琊王抗第一品……永明中（齐武帝萧颐年号，公元483~493年），敕抗品棋，竟陵王子良使惠基掌其事。③

《南史·柳恽传》：

> 天监元年（梁武帝萧衍登基第一年，公元502年），除长史兼侍中……梁武帝好弈棋，使恽品定棋谱，登格者二百七十八人，第其优劣，为《棋品》三卷，恽为第二焉。④

《梁书·陆云公传》：

> 云公善弈棋，尝夜使御坐……大同末（公元535~546年），云公受梁武帝诏，校定棋品，到溉、朱异以下并集。⑤

---

① （南朝梁）萧子显撰《南齐书》卷五十三《虞愿传》，文渊阁四库本。
② （南朝梁）萧子显撰《南齐书》卷五十三《虞愿传》，文渊阁四库本。
③ （南朝梁）萧子显撰《南齐书》卷四十六《萧惠基传》，文渊阁四库本
④ （唐）李延寿撰《南史》卷三十八《柳恽传》，文渊阁四库本。
⑤ （唐）姚思廉撰《梁书》卷五十《陆云公传》，文渊阁四库本。

以上三次品棋活动，南齐一次，由齐武帝发动，竟陵王子良总括其事，王抗、惠基负责具体工作。这次品棋可能被录于褚思庄的《建元、永明棋品》（二卷）中，《隋书·经籍志》著录。梁武帝发动两次，特别是他刚受齐禅，政务千头百绪，即责成柳恽"品定棋谱"、"第其优劣"，给278人定了围棋品级，可见他对围棋活动之重视程度。值得注意的是，梁武帝的两次品棋，都以棋谱为主，与宋明帝全国设立"围棋州郡"层层举荐的办法不同，说明梁时棋手下棋已是经常谱录，围棋图盘之法已有定制，而且为广大围棋爱好者所接受。想必"以平上去入四字各管一角"（见《忘忧清乐集·棋盘图法》）的古棋图法在梁以前已经形成。品棋的结果往往汇集成书，称为《棋品》，《棋品》中当有入品棋手的简介、等级及其棋谱，甚至有品评意见，绝不是光记人名品级，故278人的围棋品级书，就编了3卷。大同末的品棋，称作"校定棋品"，显然是对天监时的《棋品》3卷的校定，并增益了不少人，《隋书·经籍志》"陆云公《棋品序》一卷"当叙述此次校定、增益的结果。

梁武帝以后的品棋活动可能还有：《南史·梁本纪》："太宗简文帝……所著……《棋品》五卷……并行于世。"① 这当是自大同末至大宝二年（公元546～551年）之间品棋活动的结果。陈以后，大规模的政府推动的品棋活动不见记载，大概都转向了民间，间有记录。品棋活动也就此衰败，至唐宋以后才又中兴，但方法与内容与此时已大不相同。

可惜的是以上四五次大规模的品棋活动所产生的《棋品》都已亡佚，现在能知的品级棋手只寥寥数人：

第一品：王抗

第二品：褚思庄、夏赤松、齐高帝萧道成、柳恽

第三品：羊玄保、宋明帝刘彧

第五品：江敩

第六品：到溉

除此而外，刘宋时的褚胤"年七岁，入高品，及长，冠绝当时"②，后因父罪，英年被戮。萧道成的儿子萧晔，幼时甚贫，学书无纸笔，学棋无棋局，"遂取荻为片，纵横以为棋局，指点形势，遂成名品"。③ 梁时的朱异曾参加

① （唐）李延寿撰《南史》卷八《梁本纪下第八》，文渊阁四库本。
② （南朝梁）沈约撰《宋书》卷五十四《羊玄保传》，文渊阁四库本。
③ （南朝梁）萧子显撰《南齐书》卷三十五《高祖十二王传》，文渊阁四库本。

大同末的"校定棋品",被评为"围棋上品"。非常喜爱围棋的梁武帝萧衍,"棋登逸品",大概不愿与臣子同类,自创逸品。高品、上品应至少在三品以内;名品似乎为荣誉品级,非经正式评定。逸品乃仙逸之品,似乎当在第一品级以上。

南北朝围棋高峰的形成,除与帝王的推崇、品棋的推行有关系外,更与一大批围棋高手的技艺精湛有关系。其中最突出的是王抗、褚思庄、夏赤松三人。夏思路敏捷,"善于大行",即以构筑好形势、模样见长;褚思庄反应较慢,善于"长考","巧于斗棋",在扭杀方面算路颇深。而王抗较两人稍胜一筹,不仅思考快捷,而且善于取势。他们三个国手称霸宋、齐棋坛达数十年,留下了许多生动的故事。

齐高帝时,王抗在建康与褚思庄、夏赤松相遇,高帝命他们对弈,兴致非常高。赤松为出奇制胜,一改过去构造大模样的棋风,以"斗子"为主,用上了占地治孤的套路。所以时人反而有"抗取势,赤松斗子"的评论。褚思庄遇上王抗,依然是一副"思迟"的故态,长考而不落子。一盘棋"自辰时至暮"(早7点到天黑)才下了一半,在一旁观看的齐高帝已相当疲倦,命暂时封局。到了晚上接着下,"至五更方决"。① 大家看到他们时,王抗趴在棋盘边纳头大睡;而褚思庄还在苦苦思索着这盘棋的经验教训。褚的这种认真"思深"的精神,时人以为是他"所以品致高"、"人不能对"的根本原因。这盘围棋是围棋史上可考的第一盘马拉松式的战例。

南朝皇帝中,宋文帝、明帝、齐高帝、齐武帝、梁武帝等人均是棋迷,如宋文帝,为满足嗜好,不惜高官赌棋。当时的羊玄保就是在与文帝的赌棋中,赢得"宣城太守"的美缺。唐温庭筠"他时谒帝铜龙水,便赌宣城太守无"② 说的就是这段典故。羊玄保得了宣城太守后,文帝还派出国手褚思庄去向羊玄保挑战,将对局谱拿回宫中复盘。

再如梁武帝萧衍,可说是超级棋迷。《南史》记他弈棋"从夜达旦不辍",一下一个通宵,连随从的文武大臣都打瞌睡,唯近侍陈庆之随呼随到,奉陪到底。棋品第六的到溉,多次领教过萧衍"从夕达旦"的厉害,他坚持不住,"或复失寝",萧衍就作诗讥笑他:"状若丧家犬,又似悬风槌",一时传为大笑料。③ 萧衍听说到溉花园中有一块大奇石,长一丈六,

---

① (南朝梁)萧子显撰《南齐书》卷四十六《萧惠基传》,文渊阁四库本。
② (明)曾益撰《温飞卿诗集笺注》卷九《观棋》,文渊阁四库本。
③ (唐)李延寿撰《南史》卷二十五《到溉传》,文渊阁四库本。

拿出《礼记》一部与其戏赌，自然"逸仙之品"赢第六品不在话下。萧衍无意取奇石，到溉却不敢失礼，奇石终于搬进了华林园。① 萧衍下棋时又很专注，十分投入，唐段成式《酉阳杂俎》记载了一则有趣的故事：说当时有个高僧叫磕头师，"高行神异"（行，围棋术语，《玄玄集》："初下子粘连勿断，惟恐有夹打险难，谓之行"）。武帝敬而召之。入宫时他正与大臣围棋，眼看要擒住对方一对棋子，武帝兴奋难已，大叫一声"杀了！"，左右以为命杀此僧，不说三四就推出宫门砍掉了头。武帝下完棋，命僧上殿，左右说不是你让杀了吗，武帝茫然。磕头僧死得太冤枉，后人就演绎说，萧衍前生是条蚯蚓，磕头僧前生是小沙弥，锄地时误杀蚯蚓，所以今生轮回报仇。② 轮回相报固不可信，萧衍痴迷于围棋却是事实。痴棋而达误杀程度，不管为何，也当为痴者诫。此外，萧衍有《围棋品》、《围棋赋》、《棋评》各一卷，后两种至今还流传于世。

当时的史学家沈约曾奉敕给柳恽《棋品》作序，总结了其前的围棋史："汉魏名贤，高品间出；晋宋盛士，逸思争流。"③ 此乃恰当评语，但未语及北方围棋状况。其实北朝的棋艺并不亚于南方。较早的是燕国悉罗腾，"范阳涿鹿人也。工围棋，究尽其妙，独步当时"。④ 北魏著名的皇帝拓跋焘，也爱下围棋，一次与刘树下棋，有"笔公"（取刚直意）之称的古弼为民众请命，欲把皇园多余的土地分给无地百姓。但他等了很久，太武帝迷于黑白战斗，"志不听事"。于是古弼上前拉着刘树的头，摔于床下，"手搏其耳，拳殴其背"。太武帝大怒，但听了其汇报，"奇弼公直，皆可其奏，以丐百姓"⑤，如此为民请命的刚直"笔公"，令人敬佩。

北朝见于记载的还有众多高手，如裴询、张僧皓、魏子建、宇文贵、高孝瑜、李掻等，最突出的是北魏的范宁儿，孝文帝太和年间（公元 477～499 年），他随通齐使团到建康，齐武帝萧赜命王抗与之对阵，王抗居然败下阵来，说明北方棋艺足堪与南方对敌。⑥ 降至北齐，有"善棋通神"的王子冲，与画圣扬子华"号为二绝"，其棋艺自当登极品。又著有《棋势》10 卷，是

---

① （唐）李延寿撰《南史》卷二十五《到溉传》，文渊阁四库本。
② （唐）张鹭撰《朝野佥载》卷二《梁有磕头师》，文渊阁四库本。
③ （明）梅鼎祚编《梁文纪》卷八《沈约·棋品序》，文渊阁四库本。
④ 《十六国春秋》卷三十二《前燕录十·悉罗腾》，文渊阁四库本。
⑤ （北齐）魏收撰《魏书》卷二十八《古弼传》，文渊阁四库本。
⑥ 事见（北齐）魏收撰《魏书》卷九十一《范宁儿传》，文渊阁四库本。

北朝唯一有围棋著作的人。给《魏书》作序的魏收，自说其"颇为围棋"，
"棋于权机、廉勇之际，得之深矣"，这种对棋理的看法，比南方并不逊色。

4. 待诏和棋工——唐宋围棋

唐宋时代是我国传统文化发生大变革的时代，汉代经学、魏晋玄学至此
时已近尾声，而以儒释道合流为主的文化主流兴起于唐，流行于宋。宋在此
基础上创建了所谓"新儒学"——理学，统治了封建社会的后半期。博弈
文化作为传统文化的一部分，在此时也发生了重大变化。如弈中象棋兴起，
博中樗蒲、博棋衰退，双陆、采选、骰戏等兴盛。就传统项目围棋而言，最
大的变化是改用了更为科学、合理的 19 道棋盘，使弈道的玄思、机变都进
入了更高境界；其次是全国性的品棋衰落，代之而起的是选自于民间国手的
棋待诏及服务于大众的棋工。唐宋两代，不仅国手辈出，待诏成制，而且棋
艺理论向更切实、更深入的方向发展，与传统的思想文化融为一体，棋理即
哲理、兵理、伦理，棋中的理性思维达到了前所未有的高度，为近现代围棋
的兴盛打下了雄厚的思想基础。关于弈中的理学下文还要详细论述，此处仅
谈一下唐宋围棋发展的一般状况。

唐代的围棋待诏制源于隋唐时代的宫中"教习"，是随着提高官宦显贵
子弟及宫人素质的需要而设立的。《新唐书·百官志》载：

宫教博士二人，从九品下，掌教习宫人书、算、众艺。初，内文学
馆隶中书省……武后如意元年（公元 692 年）改曰习艺馆，又改曰万林
内教坊，寻复旧。有内教博士十八人：经学五人，史、子、集缀文三人，
楷书二人，庄、老、太一、篆书、律令、吟咏、飞白书并棋各一人。[1]

《唐会要》卷八十二载：

（贞元）二十一年正月（公元 805 年），罢翰林、阴阳士、医相、
射覆、碁诸待诏三十二人。初，王叔文以碁进，既用事恶，其与己侪类
相乱，故罢之。[2]

---

[1]　（宋）欧阳修撰《新唐书》卷四十七《百官志》，文渊阁四库本。
[2]　（宋）王溥撰《唐会要》卷八十二《医术》，文渊阁四库本。《太平御览》卷七百五十三，
　　引作《唐书》。

内教博士中设"棋博士"一人，此棋字当指围棋，至少以围棋为主。至唐玄宗开元年间（公元713～741年），教习馆废，而在翰林院中设内教坊，待诏均属之，称翰林待诏，他们主要任务是为皇帝召问、使唤，按专业各住一院，领取薪俸。贞元末，因王叔文参与内乱而暂罢。但自武后如意元年（公元692年）以后，翰林棋待诏在唐宋流行几百年，成为制度。而两代的围棋待诏，也都为国手，代表了当时的最高水平。

唐代知名的围棋待诏有下列各人：玄宗时的王积薪，德宗时的王叔文，敬宗时的王倚，宣宗时的顾师言，懿宗时的朴罗，僖宗时的滑能。

其中最著名者是王积薪。王积薪所侍的玄宗，本身就是围棋迷，有"康猧乱局"的典故传世，说的是玄宗和亲王围棋，一局将尽，玄宗马上要败北，在一旁观战的杨贵妃急中生智，唆使康居国进贡的巴儿狗跳上棋局，将局面搅得乱七八糟，玄宗如释重负，乐不可支。安史之乱时，玄宗逃往四川，仍不忘带上王积薪同行，可见他对围棋痴迷的程度。

王积薪是来自民间的棋手，靠勤奋和虚心学得了一手好棋，他每次出门，干粮可以不带，而围棋子和纸画的围棋盘不能忘却。一路上以棋会友，即使挑担匹夫，也十分乐意地与之下上一局。路人若输了棋，往往用干粮米酒犒劳他，饱餐一顿后，继续找人围棋。就这样迹遍天下，遂得了个"围棋第一"的名号。由于他棋艺高超，民间都传说他"梦青龙吐《棋经》九部授己，其艺顿精"[1]，于是才凡间无对。可在仙界，其棋艺却远不及。《绀珠集》说他"自谓天下无敌"，但在长安夜遇棋仙对弈，"翌日覆其局，竟皆不及"[2]。如果他真与仙人对弈，又不堪一击，这反映在他遇"蜀山孤老"的故事中：

王积薪随玄宗逃难四川，旅途的一天，沿路客舍为显贵占满，只好顺着一条蹊径寻找到一家偏远的人家过夜。这家有婆媳二人，住东西间，积薪只好栖于房檐下。深夜睡不着，忽听到婆媳要下围棋，室内又没有灯烛，非常奇怪，就贴着门缝听。媳妇在东屋说："我先在东五南九下子了"，西屋婆婆应道："我在东五南十二应子。"东边说："再下西八南十。"西边说："西九南十。"这样以口说棋，杀到早上四更天，才下了36着，积薪一一秘密记下。忽听婆婆说："你已经败了，我只赢九子。"王惊

① （唐）冯贽撰《云仙杂记》卷六《梦青龙吐棋经》，文渊阁四库本。
② （宋）周去非撰《绀珠集》卷三《王积薪遇棋仙》，文渊阁四库本。

讶万分，天亮后向她们恭敬请教，婆婆让他随意布势，他施展平生之妙着，未及十子，婆婆就说，此人可教他"常势"，于是媳妇乃指示他"攻守、杀夺、救应、防拒之法"，积薪再求，婆婆说："止此已无敌于人间矣。"只好告别。行十数步回头一看，人、屋俱失所在。从此棋艺绝高无伦，但对那36着中盘赢九子的玄妙，怎么也悟不透，起了个名，叫"邓艾开蜀势"。唐薛用弱《集异记》记述完这个故事后说"至今棋图有焉，而世人终莫得而解矣"。① 观婆媳最初四着，一不占角二不占边，当然谁也说不清楚其中玄妙。

传说归传说，王积薪真正的棋艺确实相当好，开元中在太原尉陈九言府"金谷第"与冯汪连下九局，谱为《金谷九局图》一卷，宋代后才亡佚。唐韩偓《安贫》诗："手风慵展八行书，眼暗休看九局图"② 即指此。看来九局局势颇为复杂，有眼病的人最好不要看它。王积薪同燕国公张说下棋，僧一行在侧观棋，看他下得好，要求与他对一局。一行的棋艺本不甚了了，下过此局后，骤然得弈道之旨，对张说说："此但争先耳。若念贫道四句乘除语，则人人可为国手。"③ 这是说围棋一要争先手，二要精于计算，也得弈中真昧。至于真成国手，恐还需假以时日及其他素质。

现在中日围棋比赛频频举行，岂不知最早的中日比赛发生在唐代。棋待诏顾师言与日本王子的一场比赛，造成了中日文化交流史上的千余年佳话，围棋界给这段佳话起的名字叫"镇神头"。苏鹗《杜阳杂编》记载：唐宣宗大中（公元847～859年）年间，日本王子来朝，宣宗命顾师言与他对弈。王子是日本第一高手，棋艺非凡。顾师言却"惧辱王命"，心情十分紧张。对弈至第33手，顾的两块棋都处于被征杀的局面，形势险恶，急得手心都出了汗。但此时他绞尽脑汁，颔首凝思，终于想出了一手"镇神头"的妙着，一子解两征，化险为夷。日本王子瞠目缩臂，已伏认输。但当王子问到顾师言是待诏中第几手时，在旁边的礼官却谎称第三手，王子说愿见第一，礼官赶快挡驾，说胜第三才能与第二较量，胜第二才能与第一较量。唬得日本王子只好说："小国之一，不如大国第三，信矣。"④ 其实就此局形势与描述的语言看，唐代时日本棋艺已与中国相差无几，如若再战，

① （唐）薛用弱撰《集异记·王积薪》，文渊阁四库本。
② （宋）李昉等编撰《太平广记》卷五百《杂录·韩偓》，文渊阁四库本。
③ （唐）段成式撰《酉阳杂俎》卷十二《语资》，文渊阁四库本。
④ （唐）苏鹗撰《杜阳杂编》卷下，文渊阁四库本。

胜负实难预料。

唐代皇帝中，大概数僖宗棋艺最高，《天中记》卷四十一载他"梦人以《棋经》三卷焚而使吞之，及觉，命待诏观棋，凡所指画皆出人意。"① 虽然是传说，但也透露了僖宗棋艺较高的事实。所以僖宗的棋待诏滑能，棋艺更是不凡。他的传说则是一个升仙故事：在长安有一个 14 岁的"张小子"与其下棋，他苦思冥想，少年却随手而下，毫不介意。最后竭尽所能，总算小胜一局。后来黄巢逼进长安，僖宗避向四川，滑能也带着妻子准备随僖宗入蜀的时候，少年忽来说："不必前迈，某非棋客，天帝命我取公著棋，请指挥家事。"② 妻子听后大哭，滑能"淹然而逝"。据说第二天，长安全城都知道了这件事。其实，这是长安老百姓对早夭才子的一种惋惜和悼念，《北梦琐言》评论说"世人有大功德者，北帝（鬼帝）得以辟请"，可见滑能不仅棋好，人品当也很好。

至于王叔文，虽为翰林棋待诏，但"颇读诗书"，抱负不在棋艺，而想在政坛上驰骋一番。与刘禹锡、柳宗元、吕温等是"死友"，"工言治道，能以口辩移人"③，利用其翰林学士、太子舍人的地位，积极参加当时的政治革新运动，虽然失败被杀，但以死酬志，值得怀念。

朴球，事迹不详。但唐代诗人张乔有《送棋待诏朴球归新罗》五律一首，诗曰："海东谁敌手，归去道应孤。阙下传新势，船中覆旧图。穷荒迥日月，积水载寰区。故国多年别，桑田复在无？"④ 表现了诗人对朴球的赞美和留恋。张乔是咸通（懿宗年号，公元 860～874 年）进士，黄巢起义时，罢举隐九华山。故可知朴球大致是懿宗、僖宗时的棋待诏。新罗是古朝鲜国名，唐朝廷实行开放政策，曾吸收大量外国人在长安供职。朴球是新罗国的棋艺名家，担任唐翰林院棋待诏。

宋代围棋活动发展得更快，是继魏晋、南北朝以来的第三个高潮。其突出特征是：翰林棋待诏一职允许平民自愿入都应试竞争；都市和乡村出现了民间围棋活动组织——棋会和棋社，棋会不仅有许多业余棋手，还有专业棋手——棋工，为当地的高手；《棋经》、《棋诀》、《清乐忘忧集》棋谱的出现，标志着棋艺理论的研究进入了一个崭新阶段。

① （宋）李昉等编撰《太平广记》卷二百七十八《梦三·唐僖宗》，文渊阁四库本。
② （唐）孙光宪撰《北梦琐言》卷十《天帝召棋客》，文渊阁四库本。
③ （宋）宋祁撰《新唐书》卷一百六十八《刘禹锡传》，文渊阁四库本。
④ 《御定全唐诗》卷六百三十八《张乔·送棋待诏朴球归新罗》，文渊阁四库本。

北宋初年，刚刚结束五代十国的战乱之后，采取了休养生息的政策，在短短的数十年中，经济恢复，文化上出现了迅速繁荣的局面。适当其时的太宗赵匡义，是围棋史上的重要人物。《石林燕语》云："太宗当天下无事，留意艺文，而琴棋亦皆造极品"，并非夸张之词。他曾自制两个棋势，让群臣讨论，大家都"莫究所以"，只好上表"乞免和，诉不晓而已"。① 《四库全书总目·元元棋经·提要》："考《通志》图谱略云：《太宗棋图》一卷，《邯郸艺术志御棋图》一卷。上为制局，名之凡十四。局有《逍遥自在》、《千变万化》、《凝神静心》、《元之又元》诸名，元元之名，或本诸此欤。"② 北宋吴曾《能改斋漫录》卷十一："太宗万机之暇，留心弈棋，自制三势：一曰对面千里势，二曰天蛾独飞势，三曰海底取明珠势。一时近臣例以棋图颁赐。"③ 说明太宗不仅喜弈，而且棋艺也颇高。他对围棋人才也极意收罗和爱护，登于"公辅"的郭赟，就是他在民间发现的诗、棋之才，对其棋艺"大加赞赏"，"即载后乘归府第"，以后太宗登极，"遂以随龙恩命官，不十数年，位登公辅"。④ 是直接选拔上来的。而对于棋待诏贾元更是爱护，宋释文莹《湘山野录》载：

> 太宗喜弈棋，谏臣有乞编窜棋待诏贾玄于南州者。且言玄每进新图妙势，悦惑明主，而万机听断，大致壅遏；复恐坐驰睿襟，神气郁滞。上谓曰："朕非不知，聊避六宫之惑耳，卿等不须上言。"⑤

这里谏臣说贾元所上的围棋"新图妙势"，"悦惑明主"，使太宗"万机听断，大致壅遏"，要求治贾元重罪。太宗说，我知道得很清楚，下棋只不过是避六宫之惑嘛，你们不要再多言。用他对棋文化的深刻见地，抑制了一桩冤案。

贾元当时"号为国手"，棋艺高超而且收发自如，达到了非常高的境界。太宗多次与其围棋，总是太宗饶三子，贾元输一子。太宗这人很有自知之明，知道贾元是故意让他的，就对他说：这次再输给我，要抽打你。结果

① （宋）叶梦得撰《石林燕语》卷八，文渊阁四库本。
② 《钦定四库全书总目》卷一百三十《元元棋经·提要》，文渊阁四库本。
③ （宋）吴曾撰《能改斋漫录》卷十一《太宗制弈棋三势》，文渊阁四库本。
④ （宋）何薳撰《春渚纪闻》卷七《熙陵奖拔郭赟》，文渊阁四库本。
⑤ （宋）释文莹撰《湘山野录》卷中，文渊阁四库本。

这盘棋"满局不生不死"。太宗知道他还在行诈，就来软的，说：再下一局，要是你赢了，就赐你绯衣；若再输，就把你扔到污泥坑里。结果一局完了数目，双方相等，又是平局。太宗大怒说，"我饶汝子，今而局平，是汝（故意）不胜也。"命左右迅速把贾元扔到泥坑里。贾元时沉时浮，眼看坚持不住，才大声喊道："臣手中尚有一子。惹得太宗哈哈大笑，赐其绯衣。"①贾元棋艺如此游刃有余，足显其境界之高，但一味地讨好太宗，《弈旦评》称其为弈中"佞子"，乃的评也。

宋代的翰林棋待诏，声名最盛者当数威擅神宗、哲宗（1068～1098 年）时棋坛 20 余年的刘仲甫。据宋何薳《春渚纪闻》卷二载：他从小喜爱围棋，成名后声名远播，多次有人推荐他去京城应试翰林棋待诏。于是从江西出发，先到了杭州。当时杭州棋风甚炙，高手云集，"棋人谓之一关"，打出此关并非易事。刘仲甫把行李放在旅店，整日到棋会看棋，很晚方归。数日后，忽然在所居旅店门前挂出一面大旗，上写"江南棋客刘仲甫奉饶天下棋先" 13 字，并拿出"银盆酒器等三百星"作为赌采。一时间，观者如堵，当地棋会推出棋品最高者前来应战。下了 50 余着，刘仲甫白棋处在下风，下到百余着，其对手"韬手自得"，嘲笑他夸言欺世。又行 20 余着，刘仲甫忽然把棋子收进盒内，大家都以为他要赖账，谁知他不慌不忙地说："我到杭州观察了棋会的名手对局十几天，没见过一盘高品棋，所以才敢树此大旗。比如某日某人执白本应大胜，却失于败着；某日某局某人执黑本应赢筹，只是在一个劫上应错而致败局。"这样一连复了十几局，把众人说得目瞪口呆。接着他又说："刚才一局，都以为我必败，但我只要下一子，就必然胜十目以上，我现在先不下，诸位高手谁能指出此棋，我当卷起铺盖就回乡里，永不言棋。"如此大言炯炯，惹得高手们都"极竭心思"想这着棋，时间过了很久，没有一个人想出来，无奈只好请刘仲甫揭示此着。刘仲甫先将棋一一复原，然后在意想不到的地方下了一子，众愈不解。他说，此子 20 着以后才能用得上。果然演变了 20 多着后，正遇此子呼应，顿时翻盘，白棋胜了 13 目。杭州棋会和士绅都佩服他计算之精，这才对他刮目相看，款留他 10 余日，备了很多礼物送他上汴京。经过"都试"补翰林祗应，从此在棋坛上"擅名二十余年，无与敌者"。②

① （宋）谢维新辑《古今合璧事类备要前集》卷五十七《弈棋·赐绯赏胜》，文渊阁四库本。
② （宋）何薳撰《春渚纪闻》卷二《刘仲甫国手棋》，文渊阁四库本。

　　这个有趣的典故告诉我们，北宋的民间棋手，只要棋艺精湛，就有可能通过考试博取翰林棋待诏一职，得到优裕的供奉，在一定程度上体现了棋待诏制度的公平竞争性。正是这种制度和性质的存在，促进了各地棋会、棋社、棋工的发展繁盛，也使人们对围棋功用的认识发生了改变，从把围棋当作"坐隐"、"仙逸"、"手谈"的纯精神消遣，转向了重胜负、较棋艺的现实方向。这种转变，是对魏晋玄学围棋的一种否定，也是对"品棋"制的一种变态继承，围棋越来越贴近于现实、贴近于百姓，这是宋代形成围棋活动发展高峰的根本原因。

　　棋会的细节已不可考，但刘仲甫在杭州"日就棋会"却是事实，赌棋时"数土豪集善棋者，会城北紫霄宫，且出银如数"，说明棋会活动很可能有士绅的资助。棋会的活动常在闹市或寺观，如北宋士大夫中棋艺最高的祝不疑，在汴京时就常"为里人拉至寺庭观国手棋集"。①

　　除大都会外，乡间也有棋社的记录：南宋楼钥《蒋德尚棋会展日次适斋韵》诗云："棋社经年能几回，身闲深幸屡参陪。"《次适斋韵·棋会》："归来乡曲大家闲，同社何欣取友端……琴弈相寻诗间作，笑谈终日有余欢。"② 棋社发展至"乡曲"，可见宋代棋会甚多，凡风雅之处、爱好者集中之地都可能有棋会、棋社。棋社的功能是多方面的，除棋外，琴、书、诗、画无所不能，同时也是士人退隐寄托之地，"吏尘只可黄粱梦，棋社聊寻白鹭盟"。③ 官场是一梦，棋社才能寻到友谊慰藉。

　　棋会的专业棋手称"棋工"。棋工中第一者或打败所有棋工者，一般也称国手。如南宋陆象山，"少年时，常坐临安市肆观棋……棋工连负二局，乃起而谢曰：某为临安第一手棋，凡来著者皆饶一先，今官人之棋，反饶得某一先，天下无敌矣。"④ 看来棋工是专门陪棋客下棋的，分有不同等级，以"手"区别。当时临安乃国都，国都第一，自然当为国手。棋工与翰林待诏虽同是陪人下棋，但后者需要"应试"，专门侍奉宫廷。棋工则附属于各地棋社，面对的是棋客，所以，棋艺的高低，他们非常在乎，经常刻苦钻研，互相较量，这极大地促进了宋代棋艺理论的发展。

　　宋代不少高手都有理论著作传世。如刘仲甫有《忘忧集》3卷、《棋诀

① （宋）何薳撰《春渚纪闻》卷二《祝不疑弈胜刘仲甫》，文渊阁四库本。
② （宋）楼钥撰《玫瑰集》卷十二《蒋德尚棋会展日次适斋韵》，文渊阁四库本。
③ （宋）陈造撰《江湖长翁集》卷十四《次韵胡元善》，文渊阁四库本。
④ （宋）罗大经撰《鹤林玉露》卷一《陆象山》，文渊阁四库本。

四篇》传世，北宋张拟作有围棋经典《棋经十三篇》，棋待诏李逸民有《忘忧清乐集》传世，北宋宋白有《棋经序》，尹洙有《棋势》2卷，黄庭坚有《棋经诀》1卷，唐绩有《棋图》5卷、《金谷园九局谱》1卷，《事林广记》又有宋代无名氏的《十诀》。这些围棋理论或棋谱著作，在前人研究的基础上，发明颇深。特别是《棋经十三篇》、《棋诀四篇》、《十诀》、《棋经序》等都是以后围棋的主要经典，对宋以后围棋的发展起了关键作用。由于以后要专章讨论，此不赘述。

宋代围棋史上另一关键人物是宋初徐铉（公元916～991年），文字学家，曾校订《说文解字》。他对围棋有两大贡献：第一，改古棋图之法；第二，诠释围棋专业名词。

《格致镜原》引《珍珠船》曰：

> 古棋图之法，以平上去入为四隅，交杂难辨（见图67）。铉改为十九字，一天，二地，三寸（当为才），四时，五行，六宫，七斗，八方，九州，十日，十一冬，十二月，十三闰，十四雉，十五望，十六相，十七星，十八松，十九容。甚为简便。[1]

古棋图法载于宋李逸民的《忘忧清乐集》，如图67。它把一盘19×19道按古声调拆为平、上、去、入四部分，再分别用一至十构成平面坐标以表示某道，实在麻烦。如上一一表示上隅顶角一点，写作"一一"，上隅势子用"上四四"表示等。徐铉把四部分合之，横线19道用"字"表示，竖线19道用数字表示，一望即知，简单易行，省掉了"顺行逆数"的不少麻烦，是记谱方式的一大革新，为围棋的普及与发展奠定了技术基础。

徐铉又著《围棋义例诠释》[2]，对"立"、"尖"、"飞"、"断"、"征"等32个专业术语概念进行了定义、诠释，如"飞"定义作："走也，隔一路而斜走曰飞，有似禽鸟斜飞之义也。"言简义明，使围棋术语有了统一的含义，避免了很多混淆，为围棋棋艺的进一步发展作出了重大贡献。有些术语一直延续至今，成为经典之释。同时也为我们理解研究古谱提供了语言文字工具，意义深远。《棋经十三篇·名数篇》曰："围棋之名，三十有二"，与

---

① （清）陈元龙撰《格致镜原》卷五十九《围棋》引《珍珠船》，文渊阁四库本。
② 《古今图书集成》七九八卷《弈棋部》引徐铉《围棋义例诠释》。

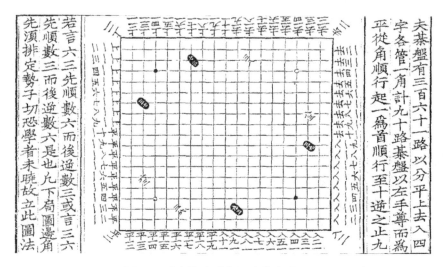

图 67　《忘忧清乐集》中的古棋图法

铉《义例》同，又有元人注和近人补注，二者互相发明，可资参考。

宋代围棋国手，除官封的翰林棋待诏外，还有不少"愚下小人"，构成宋代围棋史的一大特色。如《归田录》云："自太宗时，贾元以棋号国手，迩来数十年，未有继者。近时有李憨子者，颇为人所称，云举世无双。然其人状貌浑浊，垢秽不可近，盖里巷庸人也，不足置之樽俎间。故明旦尝语人曰：以棋为易解，则如旦聪明尚或不能；以为难解，则愚下小人往往造于精纯。信如其言也。"① 李憨子，名李重恩，宋仁宗（1023～1063 年）时人，因其"弈棋之外一无所晓"，故称"李憨"。宋祝穆《古今事文类聚前集》说"善品棋者以为重恩在王积薪之上，贾元之下"。并以《人迟己速》为题为李憨作了传记。②

封建士大夫总以为他们知书达理，比"小人"、"庸人"聪明，但围棋这种纯赖智力的活动不是有顶士绅、大夫帽就可下好的，真正聪明的人在民间里巷之中，垢秽不堪的李憨子，棋艺居然"举世无双"，就是明证。重要的是，围棋这种纯智力形式，为里巷庸人提供了一展才华的机会，棋友之间，只有棋艺高低，没有等级贵贱，这是大众喜欢围棋的重要原因，也是围棋能够历经两千余年而不衰的重要原因。

① （宋）欧阳修撰《归田录》卷下，文渊阁四库本。
② （宋）祝穆辑《古今事文类聚》前集卷四十二《人迟己速》，文渊阁四库本。

重得失而不重"玄思",是宋代围棋的又一重要特征。刘仲甫称霸棋坛时,有个民间棋手叫王憨子,与仲甫弈棋而输数子,结果愤郁于胸,心病而死。竟把得失输赢看得如此重要!无独有偶,连刘仲甫也累于输赢,以命奠棋!原来政和间有个来自河东的国手晋士明,与仲甫初次较量就"出其右",再次较量,又高其"两道犹有余";仲甫不服,又多次邀请,结果"士明再四连败之",刘仲甫"怅不悦",耿耿于怀,月余就怏然逝去。晋士明因此"即日富贵"。此段弈棋逸事,被好事者演绎为王憨子托生晋士明复输子之仇的故事。① 故事虽是人编,但王、刘耿耿于棋之输赢而病死,应是事实,可见把得失看得何等重要。究其原因,恐怕是当时围棋沾染了"富贵"的结果,弈棋的忘忧清乐、凝练心智在此时已不是目的,追求或保持棋待诏、国手的富贵成了不少棋手的目标。如此下棋,怎能不斤斤计较、徘徊于得失之间呢?这种重得失的棋风,虽然在一定程度上促进了棋艺的提高,但与围棋所追求的"空明"境界相悖,如果为了几斤铜臭而丧失应有的追求,不如去经商发财,不必故弄风雅。

5. 弈林棋派——元明围棋

元代围棋处于低迷阶段,唐宋以来的棋待诏制度已废,宫廷和民间虽偶尔也有围棋记载,与唐宋不能相比。值得一提的是严德甫、晏天章合辑的《玄玄棋经》及虞集的《序》。《玄玄棋经》以礼乐射御书数六字分6卷,礼卷为第一卷,收张拟《棋经十三篇》、皮日休《原弈》、班固《弈旨》、柳宗元《序棋》、马融《围棋赋》、吕公悟《棋歌》、徐宗彦《四仙子图序》、刘仲甫《棋诀》等,后5卷是二人收集家藏及时人的各种谱、图。虞集《序》及晏天章《自序》,对围棋都有一些独到见解。

元代围棋虽不盛,但从未停滞,在民间仍处于发展时期。关汉卿在《南吕一枝花·不伏老》的散曲中,就谈到"浪子班头"会围棋等等杂艺,杂剧《百花亭》中的王焕也是"围棋递相,打马投壶"等等无所不会。蒋正子《山房随笔》载:余德麟与聂碧聪俩人弈棋,余屡败北。他知道有一个卖地仙丹者,是当时国手,就诈称其是自己的仆人,与聂下棋。结果聂连败数局,大惑不解。余用纸片写了10个字"可怜道士碧,不识地仙丹",聂才恍然大悟,怪不得总是输。② 这样的高手,虽然连名字也未留下,但时

---

① (宋)蔡絛撰《铁围山丛谈》卷六,文渊阁四库本。
② (元)蒋正子撰《山房随笔》,文渊阁四库本。

人都服其艺，也足堪国手。至于宫廷围棋，《玄玄棋经》虞集序谈到了元文宗（1328～1331 年）"以万机之暇，游衍群艺，诏国师以名弈侍御左右，幸而奇之"。说明有些皇帝还是喜欢围棋，但显然常设的棋待诏已没有了，需要时才从民间召来"名弈"，以供侍御。

明初朱元璋在南京造"逍遥楼"，关押"游散"和"博弈"之人，限制了当地的围棋活动。但为时不久。因为宫廷内时常流行围棋，如已经"赐归"的刘基（刘伯温），夜观天象，发现"乾象有变"，半夜敲开宫门，太祖问他何事这么急，他说：睡不着，想和你下围棋。局刚摆开，有人急报太仓失火，太祖丢下棋子就要去指挥救火，被刘拦住，先派了个太监乘车前往，结果太监遭到暗刺。刘又救了朱元璋一命。① 天象云云，当为骗人，围棋深夜，可能属真。

朱元璋的儿子朱棣、朱权等都是棋迷。权著有《烂柯经》1 卷。棣经常和刘基的儿子刘璟下棋，但棋不如人，总要璟让他。璟正色说："可让处则让，不可让者不敢让也。"② 朱棣篡权在北京登基后，璟斥其篡权，不肯稍让，下狱后自杀而死。这么多王公大臣喜爱围棋，要想禁止，谈何容易。

明初最著名的棋手是相子和楼得达。相子的善弈在江南一带是出了名的，"国初……第一弈棋以江阴相子先为国手"③，其"自谓天下无敌手"，被太祖召至南京，命他与楼较艺，并准备赐胜者冠带诰命，但相子轻视楼，一不经心而败北。再下，又北。快快回到故乡华亭，在门上挂了个大匾，上书"天下棋师"，谁知上天不佑，一个毫不知名的"野僧"在众目睽睽之下把他杀得连连大败，只好摘下那块匾额。④ 如此点背，大概是太自命不凡的缘故。

楼得达是宁波人，性闲雅而棋艺高，博得冠带后依然谦雅君子，对浙东一带的棋风大盛影响颇大。⑤ 其后经"吴中第一"的唐理，有四绝之称的国手范洪，形成了明代三大棋派之一的"永嘉棋派"。

永嘉棋派形成于隆庆、万历年间（公元 1567～1619 年），以范洪、鲍

① （明）王世贞撰《弇山堂别集》卷二十一（明）王文禄《名世学山》，文渊阁四库本。
② （清）张廷玉等修《明史》卷一百二十八《刘璟传》，文渊阁四库本。
③ （明）陆深撰《俨山外集》卷十一《玉堂漫笔》卷上，文渊阁四库本。
④ 见《松江府志》。又见明王世贞《弇州四部稿》卷一百七十一《说部·宛委余编》十六，文渊阁四库本。
⑤ 《浙江通志》卷一百九十六《方技传·楼得达》，文渊阁四库本。

一中、楼得达、李文正、扬文襄、李冲、周源、徐希圣等人为代表。鲍是永嘉派之首，虽未与前辈范洪交手，但受到范洪棋友杨一清的赏识，称其为"小友"，为之延誉。王世贞《四部稿》说："余少时睹鲍生一中弈，不能悉其妙，第见其批亢捣虚，无冲阵耳。"① 可见其棋风凌厉而灵活。李、周、徐等都较鲍晚出，"皆骎骎较鲍者也，此所谓永嘉派也"。②

其他的两派，一是徽州新安派，以程汝亮为首，有汪曙、程汝亮、方子谦等；一是京师派，以颜伦、李釜为代表。王世贞评曰："譬之用兵，鲍（一中）如淮阴侯有抟沙之巧；李（冲）则武安君横压卵之威；颜（伦）则孙吴挟必胜之算；程（汝亮）则诸葛修不破之法……余因作弈旨，手书一通贻时。养（李时养）谓与颜鲍而程四子者，不知古何如以当，明第一品无愧也。"③ 汪曙棋艺较鲍一中差一子，方子谦却后来居上。明代著名学者胡应麟《剩言》云"方子振，小时嗜弈，尝于月下见一老人示之，由此海内遂无敌者"，此也是一个国手。④

棋派的出现，是明代围棋繁荣的重要标志。棋派是一种松散的围棋团体，它以地域为主划分，反映了一个地区内长期形成的围棋传统及异于他地区的围棋风格，这种地方棋艺风格的传承，是由当地一代又一代棋手完成的。它的出现，形成了全国范围内高手辈出的战国局面。明冯元仲《弈旦评》在叙述了上述三大派外，又说："八闽有蔡学海，四明有岑小峰，及六合之王元所，广陵之方渭津，此其人俱入夜台矣。最后无为州则有雍皋如……新安则吕存吾、苏具瞻……宣州则李绍梅，永嘉僧郑野雪，三楚则李贤甫，及宗室朱玉亭，吴则范君甫……四海之内，不知几人称帝，几人称王。"这种处处高手、占山为王的局面，说明了明代围棋确实有大发展。

到了明晚期，出现了围棋史上的巨匠过百龄（1587～1657 年），名文年。据秦松龄《苍岘集·过文年传》，他是无锡名家子弟，自幼聪慧，"见人弈，则知虚实先后进退击守之法"，自学成才，与人弈总是胜。一次弈品居第二的大学士叶向高过无锡求可与敌者，众人共荐文年。叶见其为孩子，先奇之，及与弈，总是败。旁边人劝文年手下留情，百龄却坚决不愿"枉道媚人"，叶更奇之。不久就介绍他到京师游棋。

---

① 《御定渊鉴类函》卷三百二十九《围棋一》引王弇州《四部稿》，文渊阁四库本。
② （明）王世贞撰《弇州四部稿》卷一百七十一《说部·宛委余编》十六，文渊阁四库本。
③ （明）王世贞撰《弇州四部稿》卷一百七十一《说部·宛委余编》十六，文渊阁四库本。
④ （清）姚之骃撰《元明事类抄》卷十八引胡应麟《剩言》，文渊阁四库本。

当时京师的国手是林符卿，十分自傲，扬言：不但没人能胜我，连堪为敌手者也没有。见他年轻，更加轻视。一天在公卿家相遇，想教训他一番。百龄固辞不敢，林益强之，公卿也出一百贯钱作注，无奈，只好迎战。谁知下不到半局，林面红耳赤，难以应付；过则信手下子，信心百倍。结果直下三城，"棋品遂居第一"，取得了棋坛霸主地位。《无锡县志》说他："以善弈游京师，名籍甚。于是天下高手，筑垒而攻之者，无远不致。百龄开关延敌，莫敢仰视者，群遂奉为国手。自至数十年，天下言弈者，以无锡过百龄为宗。"[1] 过百龄不仅棋艺高，棋德也高，不为利所动，不为权所曲。他说过："人生贵适志，区区逐利者何为！"过百龄著有《官子谱》、《三子谱》、《四子谱》，又校订了明陆元宇辑的《仙机武库》，在围棋战术上改变了对局起手惯用的镇神头、金井栏、大铁网、小铁网等套路，而对倚盖定式作了开创性的探索，由此引起了一代棋风的改革，对围棋棋艺的发展作出了突出贡献。

较过百龄稍晚的周嘉锡，是堪与匹敌的又一国手。周是浙江嘉兴人，字览予，又讹为懒予。五六岁时就在大伯周慕松的影响下知棋应变之法，十几岁时能边看小说边下围棋，中盘就能指出胜负结果，显示了非凡的围棋才能。后来与过对阵，"观者如堵墙"，连下 10 局，"懒予较胜焉"。[2] 周年纪虽轻，但与过同是倚盖起手的创始人，为围棋战术的提高作出了重要贡献。

明代围棋的另一重大进步是棋手个人修养都有所提高，他们依然重视胜负输赢，但从围棋实践中，懂得了"棋道"修养的关键作用。"躁而不沉者败，懦而无断者败，愎而自用者败"（董中行《仙机武库序》），就是这种实战经验的精辟总结。由此进一步认为"棋道"在先，"棋技"在后，所谓"道而进乎技也"。新安派的方子振首创这种棋理原则。憨山在他的《弈微》后序中说：

> 子振之为弈，以道而进乎技也。……弈，争道也。凡争者以名相轧，轧则气胜而实德渺。子振独不然，循循雅饬，不以长自多，临局若无意，遇敌若不知，敌虚而必告以实，处胜而若不争。意气闲闲，啸歌自适，胸次攸然。局若澄波，心如皓月，机先而预定，神动而天随，客

① （清）黄俊编撰《弈人传》卷十四引《无锡县志》，岳麓书社，1885。
② 《采山堂集·周懒予传》。

往而不追，敌来而顺应，因是而知其微乎微矣。说者以弈喻兵，余则谓弈可类禅，盖处乎不动而运乎动者也。①

这里提出了两个命题，第一，争与不争的辩证关系。弈棋本就是争道的游戏，所以要争；但实际临局时却不能以"争"为务，必须"若无意"、"若不知"，以心如皓月的精神境界来自然地指导棋子之动，才能夺取胜利，争与不争之间，体现了棋手的修养深度。第二，棋道与棋技的辩证关系。棋道是内在的修养境界，棋技是棋道外在的具体表现，"道"可"进乎技"，无"道"则技会失去内在动力，棋艺自然不能提高。因此，棋品棋德以及由此而生的"意气闲闲"、心胸坦荡等精神特质，决定了棋技的高低与发挥与否，完美的棋手是道、技合一的棋手。"以道进技"命题的明确提出，改变了自唐宋以来围棋实战中只注重输赢的偏差，提出了实战中怎样运用"棋道"的思想方法以制胜的策略，从而把围棋切实地变成了一门思维艺术，一门哲理玄妙的游戏方式。不仅对清代棋艺产生了巨大影响，而且对现代棋艺的提高也有很大的借鉴意义。比如，现在日本棋坛有所谓"流水不争先"的名言，讲的就是下棋要顺其自然，不能一味斗力逞巧。而此论首先出自明末的大哲学家王夫之之口，他非常喜爱围棋，在《与惟印书》中曰：

公以弈为游戏，与余品最劣，然终日欣然对局不倦，王积薪必无此乐也，一行和尚冷眼觑破，又止知着着求先，故不能出普寂圈缋中。古今人当推我与公为最上国手。辄复前韵，以一绝终之：看局如暝烟，下子如流水，著著不争先，枫林一片紫。②

弈棋不以胜负为虑，不着着求先，而能以其为乐，体其三昧，才当推为"最上国手"，故"流水不争先"方能赢得"枫林一片紫"。

6. 气势恢弘——清代围棋的鼎盛

清代围棋是围棋发展史上的鼎盛时代，围棋在此时作为一门艺术已趋于成熟，各朝国手辈出，高手众多，围棋理论研究和实战研究均达到前所未有

---

① 释憨山撰《梦游集·弈微后序》。

② （明末清初）王夫之：《与惟印书》。又见何云波《围棋与中国文化》，人民出版社，2001，第142页引。

的高峰。仅就国手而言，晚清邓元鏸《国朝弈家姓名录》就列了 169 人，闻名的名手、高手还均不在其中。

最先崛起者是有"棋圣"之称的黄霞（1651～1691 年），字龙士，一字月天。清朝初年，与明遗老盛大有溺战，连下 7 局，遂执棋坛牛耳，能让当时国手一先以上。他弈棋"用思缜密"，"妙极自然"，"如天仙化人，绝无尘想"，看来已深得"道"中三昧。因此，大经学家阎若璩竟把他列入"国初十四圣人"之一，与黄宗羲、顾炎武等大儒齐肩。一介技人有如此盛名，在围棋史上极少见。连现代围棋权威吴清源也认为，黄的棋艺，已达到了日本名人秀策的境界。黄霞著《弈括》一书，游艺居士《序》云：

> 近世谈弈之书，首推施定庵《弈理指归》、范西屏《桃花泉》……独怪施、范与程、梁并称四家，皆导源于黄子龙士。……龙士此编，涵浑淡泊，一切转斗功劫之道，引而不发；而神明变化，已莫逾此。[①]

显然其盛名来之有由。黄霞棋德也甚高，奖励后进，不遗余力。他 30 岁时，棋品已成第二的徐星友从其受学，黄龙士有意让他三子，大战 10 局，"其间各竭心思，新奇突兀，乃前古所未有"，实乃呕心沥血之局，后人称为"血泪篇"。经过 10 局的磨炼，徐星友遂成了驰名遐迩的国手。

徐远，字星友，浙江钱塘人。未遇黄霞前，已创自己棋风，"用虚不如用实，用巧不如用拙，制于有形不若制于无形，臻于有用之用，不若臻于无用之用"。下过"血泪"10 局后，足不下楼整 3 年，潜心追求更高的棋艺境界。黄龙士去世后，徐星友领袖棋坛 30 多年，游历了大半个中国，曾在京师连胜"棋无偶"的高丽国使者，声名颇振。撰有《兼山堂弈谱》、《绘声园受子谱》，前者取周易艮卦卦象为"止"之意，喻观此书可以止也。后者是指导谱。原来，康熙六十年（1721 年），徐遇见两个十二三岁的围棋天赋很高的小孩儿，"极倾爱之"，不仅竭力指导下棋，授三子以对，而且把自己多年撰成的《弈谱》相赠。两个孩子各自钻研了数年，棋艺骤进，遂成为清代最负盛名的国手，他们就是施襄夏与范西屏。所以，徐星友上承黄龙

---

① （清）黄霞：《弈括》，游艺居士《序》，弈潜斋刊本。

士，下启施、范，在围棋史上有重要地位。

施襄夏（1710～1770 年），名绍闇，号定庵；范西屏（1709～1776 年），名世勋；两人都是浙江海宁人，师出同门。20 岁后各自出外游学，都在围棋上干出了一番事业。施先游湖州，得梁魏今、程兰如等前辈受先指教，获益良多；在京师时遇西屏，对战 10 局；又同游当湖，弈 13 局。现存的 10 局，杀法锐利，气势恢弘，中残局特别引人入胜，充分体现了中国古围棋精湛的战术。以后游扬州数十年，教授弟子，撰成《弈理指归》，游苏州，又撰成《弈理指归续编》，此两书与范西屏的《桃花泉棋谱》成为清代棋手的圣典。清末民初的钱保塘《范施十局序》中说："《桃花泉谱》、《弈理指归》二书，至今言弈者，几乎家置一编，奉为法律。"可见其著功力至深，为棋友珍视程度。

范西屏出生于围棋世家，父亲弈虽不工，但以好弈破产。西屏两三岁就爬于棋局，吱哑指画。16 岁时就以第一手名闻天下。清代文学家袁枚为其撰墓志铭，说他资质颖悟，才思敏捷，下棋时对方长考半日，而他却应手而下，落子后居然打起瞌睡。有时处于被动，但总是会作出一个劫来，使全局都起死回生。袁枚叹道：呜呼，西屏之于弈，可谓圣矣！

西屏游历逸事甚多，稍选两例以飨读者。乾隆末年，至上海，在豫园观棋，见一人将负，就参谋了一着，谁知引起众怒，说此为博采棋，岂容多言！你要想下你就下。范说可以。出囊金数锭为采，并说我不禁人言，大家均可参谋。局未半，众都不知如何措手，赶快请来了上海第二手的富家禄，富被让三子竟输局，请再让，又负。于是请了第一手倪克让，倪到豫园一看是范西屏，赶忙推乱枰子对众人说，你们怎能是他的对手。少顷事传遍上海，富绅大豪争相筵请，并求他与倪对局。范让倪四子，才堪与敌。现传有《四子谱》。

又有一次到扬州，扬州盐商胡肇麟特别爱围棋，勇冠棋坛，人称"胡铁头"，是出了名的"野战军"。与人赌采辄大胜，遇上范西屏则总是大败，案头累累朱提拱手相送。一次，局面上又是惨不忍睹，铁头急中生智，伪称发病封了局，急派人求救于在东台县的施襄夏。学会了应付招数后，第三天胸有成竹地开了局。谁知才下几子，范就笑着说：定庵人没来，他的棋先来了吗？把铁头羞得无地自容，哪敢再言勇。这说明除施襄夏外，无人能与其匹敌。

与施、范齐名的国手，还有梁魏今与程兰如，合成"四大家"。然而后二人实为前辈，前二人则后来居上。范自己说过：幼时获交梁、程两先辈，受先数局，获益良多。梁魏今与施襄夏曾同游浙江长兴的岘山，见泉水湛湛，就开导施说：下棋要学这泉水，行于当行，止于当止，任其自然，没有争竞之心。如果一味斗力逞巧，就过犹不及了。这对施启发很大。说明清代的围棋高手，都是非常重视棋道的思想修养的。

四大家之后，堪与他们比名者是晚清的陈毓性与周小松。陈毓性，字子仙，与范、施同乡。父亲也因弈破家，他 13 岁时，见父与客弈而将负，就劝父落某子可扭转局势，父不听而客却说：郎君之言近是。结果子仙接战，反而胜之。再战，客再负，受四子乃可。由此扬名棋坛。先后与不少国手论枰，成绩斐然。与周小松所下 10 局，不在范、施之下，几乎是范西屏的再世。可惜年寿不永，而周小松遂成了棋坛上的霸主，享誉道光、咸丰、同治、光绪四朝。邓元穗评其棋艺为"金丹九转，炉火纯青"，他与当时国手 17 人对局频频，实战经验非常丰富。有人问他于本朝国手如何，他回答：如遇范、施不能敌，余皆抗行也。弈品也堪为人敬，曾多次盛称陈子仙弈棋之工。当安徽巡抚重金请他评解"当湖十局"时，它坦然承认自己棋力不如范、施，不敢妄加评论。撰《餐菊斋棋评》，颇具鉴赏与资料价值。

有清一代，名弈如林，绝非数百字可概括了的。就围棋活动特征而言，最突出的是专业棋手众多，并受到王公大人、邑之富豪的财力支持。明代时，此风已起，降及清代，此风更盛。这些人，一旦有了名气，就出游四方，以围棋为业，并可在短期之内成为暴富。其财富的来源主要是王公大人所下的"赌采"，如林符卿与过百龄下棋，"诸公卿争出注约百缗"，《无锡县志》载：百龄素贫，出游辄得数百金，辄尽之博塞，其戚党诃谯百龄，百龄曰："吾向者家徒四壁，今所得赀，俱以弈耳。得之弈，失之博，夫复何憾。且人生贵适志，区区逐利者何为？"① 对过百龄这样的围棋圣手，当然得金容易，故能散之博以适其志。而不成名的棋痴，虽也以棋为业，但破产败家者比比皆是，如范西屏、陈子仙的父辈都是如此，特别是陈之父亲，"家小康，以弈倾其赀，晚至栖身破庙中，而好弈如故。旧时同辈怜之，相约每赌采，胜者必十之一与之"。竟落到了无家可归、全靠赌采小利果腹的地步。范西屏出名以后，终于有了生财之道，在上海豫园先赌赢"艳金"，

---

① （清）黄俊编撰《弈人传》卷十四，引《无锡县志》，岳麓书社，1885。

后来与倪的让四子棋，又赢了"邑富室"的金资。毕沅在《秋堂对弈歌》序中称范游历江湖"所获金无算"并非夸张。因此明清的专业棋手都拼命地提高棋艺，争取出名，才能养家糊口。这一方面大大促进了围棋技艺的提高，但另一方面也使不少人倾家荡产。所以清代围棋虽然是围棋发展史上的巅峰时期，培养了众多高手和国手，但也是围棋"赌采"最盛行的时期，其赌的负面社会效应不可低估。

七 博大精深
——博弈文化的本质与博弈的异同

上边我们对各种博戏、象棋、围棋的起源、内涵及发展作了全面的介绍，在此基础上，很有必要从广义角度研究一下博弈的本质特性及其表现出来的差异，整理一下博与弈的共同点与不同点，探讨一下它们对中国文化的影响及功用。

（一）变中求衡、求胜——博弈的本质

博弈本身都是游戏，这是毫无疑问的。但博弈又不同于一般游戏。拿中国古代游戏来说，风筝需要旷野微风，秋千需要荡板立架，蹴鞠依赖于体力，射戏、丸戏依赖于臂力，而博弈则依赖于智力。因此博弈当是智力游戏的一种。古今中外的智力游戏多得数不清，有藏钩、酒令、灯谜、对联等等，但这些形式与博戏之豪赌、弈戏之玄思都不能比拟。所以，我们认为，博弈是带有强烈思维特征的一种游戏。这种思维游戏的本质于中国传统文化而论，是在不变中求变，在变中的不平衡中求衡，如达到平衡和谐的境地，就是完美和结局。于当代文化而论，博弈的本质当是在变中选择最优策略以求平衡，借以达到胜出的境地，就是完美结局。不变是博弈的前提条件；求变是胜的主要手段，胜是博弈的实际目标；衡是博弈追求的最高境界。

中国的传统博弈，无论博骰还是弈局中，都充满了变化的玄机，即使是天才或是绝顶聪明之人，也不可能全部把握其中变化，穷变通玄是博弈形质的集中体现。这种游戏形式向人类的思维能力一再提出挑战，古今中外多少文人骚客、帝王将相、街巷鄙俚都耽耽于其中，不能自拔；又有多少鸿儒名士、仙道逸人赖此为修养、悟道之本，试图达到"心与天游，神与物会"的神明境界。但对于博弈中的玄机还是未能全部把握。正如施定庵在《弈

理指归·序》中所称："弈之为道，数叶天垣，理参河洛。阴阳之体用，奇正之经权，无不寓焉。是以变化无穷，古今各异。非心与天游、神与物会者，未易臻其至也。"

这就给我们提出了一个重要问题：博弈为何有如此多的妙玄机变？

其实这个问题并不难回答：博弈中无尽的变化来源于其中的"象数思维"所导致的比拟性的棋子、棋局和规则设计。所谓象数思维，指以《周易》哲学为代表的传统的术数文化的基本思维方式，它包括太极整体论、阴阳辨证论、五行八卦的宇宙生成论等等；其根本特征是把事物之象、事务之数有机联系起来之后所进行的比拟性归类，如一为太极，是为本源；二为两仪，由一化生，分作阴阳。自此含有阳质的事物通归于阳，含有阴质的事物通归于阴。比拟归类后的阴阳事物，可以像日升月落一样相互感召；可以像四季变化一样相互转化，阴阳共存于一个统一体中，互相依存、相互对待，你中有我，我中有你。需要指出的是：中国的阴阳辨证论并不等于西方矛盾辩证法，首先，阴阳不是纯对立的，主要是互相对待的；其次，不是矛盾的一方战胜另外一方而引起质变，使事物上升而形成另一质的东西，而是阴阳对待的双方，互相感召、互相和谐、互相补充，达到阴阳协调的状态才是事物发展变化的理想境界；再次，事物的进步线性，不是螺旋式的直线上升，而是圆周式的循环往复，平衡与和谐是事物进步的显著标志或最佳状态。所以《周易》把阴阳辨证论概括为"一阴一阳之谓道"。

象数思维实质上是一种从具体形象或符号中把握事物抽象意义的一种思维活动。它把人类和自然界的一切事物都比拟成"象"和"数"，然后通过象数的演绎来把握和认识客观事物。明代的大哲学家王夫之认为："盈天下而皆象也，《诗》之比兴，《书》之政事，《春秋》之名分，《礼》之仪，《乐》之律，莫非象也，而《周易》统会其理。"这就是说，六经皆是象，都是因象明义的。而《周易》则是集中讲象数思维方法的。的确，《周易》中充满了象与数，八卦、六十四卦、三百八十四爻皆是对世界自然结构和人类社会结构的比拟，乾象天，坤象地……整个卦爻体系可以类拟万物，这种卦爻体系后来演变为各种图式——后天八卦图、先天八卦图、九宫八卦图、河图、洛书、太极图、六十四卦方位图、次序图等等，都是对宇宙时空结构和社会万事万物的象比拟式的概括。

数，是求卦象的基础，又赖象以显现：

叄伍以变，错综其数……极其数，而定天下之象。①

　　易学中的数有很多，天地数、大衍数、万物策数、生数成数、河图数、洛书数等等，都是对《周易》宇宙观、世界观、本体论、认识论、辩证法的数理表达，这种表达往往被视作一种规律，视作"运数"。

　　中国的博弈文化各个品种，不管是围棋也好、象棋也好、樗蒲也好、马吊也好，都在它们的棋子、棋局和规则的设计中，充分运用象数思维方式以及由术数文化建立的一些关键概念，设计出表面简单、内涵复杂多变、整体统一协调的博弈棋戏。如围棋的设计：

　　夫万物之数，从一而起，局之路三百六十有一，一者生数之主，据其极而运四方也。三百六十，以象周天之数；分而为四隅，以象四时；隅各九十路，以象其日；外周七十二路，以象其候。夫棋三百六十，黑白相半，以法阴阳。局之线道谓之枰，线道之间谓之罫。局方而静，棋圆而动。②

再如象戏的设计：

　　一曰天文，以观其象；天，日月星辰是也。二曰地理，以法其形；水火木金土是也。三曰阴阳，以顺其本；阳数为先本于天，阴数为先本于地是也。四曰（四）时，以正其序；东方之色青，其余三色例皆如之是也。五曰算数，以通其变；俯仰则为天地日月星，变通则为水火木金土是也。六曰律吕，以宣其气；在子取未，在午取丑是也。七曰八卦，以定其位；至震取兑，至离取坎是也。③

　　六博博戏的设计可说是象数思维的典范，"局平以正"以象地；外层12个钩识象十二地支（十二辰），并法地右旋；内层8个钩识表示八卦九宫，象征天，法天左转；子分黑白以象阴阳；棋有十二合于吕律之数；行棋时投

---

① （晋）韩康伯撰《周易注》卷七《系辞下》，文渊阁四库本。
② （宋）张拟撰《棋经十三篇·棋局篇第一》，载《正续小十三经·续小十三经》，中州古籍出版社，1990。
③ （唐）欧阳询编撰《艺文类聚》卷七四引王褒《象经序》，文渊阁四库本。

箸显数，以崇天帝安排之运数；吃子时，以天上岁星、地上太岁之冲为原则，散棋行于地，"在子取未，在午取卯"，枭棋行于天，"至震取兑，至离取坎"。① 正如汉边韶《塞赋》所说：

> 本其规模，制作有式。四道交正，时之则也；棋有十二，律吕极也；人操其半，六爻列也；赤白色者，分阴阳也；乍亡乍存，象日月也。行必正直，合道中也；趋隅方折，礼之容也；迭往迭来，刚柔通也；周则复始，乾行健也；局平以正，坤德顺也。然则塞之为义，盛矣！大矣！广矣！博矣！质象于天，阴阳在焉；取则于地，刚柔分焉；施之于人，仁义载焉；考之古今，王霸备焉；览其成败，为法式焉。②

可以看出，博戏的设计，充满了象数观念和象数逻辑思维方法。它希图把世界和人类社会的一切都归纳于小小一方博棋之中；把世间的神道王权、太岁冲犯、仁义道德、沙场争战及自然的阴阳变换、刚柔消息等都拉入游戏之中。大大提高了游戏的知识性、趣味性、娱乐性，是博棋能够流行近千年的根本原因。

博棋的这种设计传统，被以后的博戏种类所全部继承。如弹棋"（十二子）协日月之数，应律吕之期"，"或比之仁让，或喻以修身，或齐诸道德，良有旨也"。③ 至于双陆、骰戏、采选、骨牌、马吊、麻将诸种博戏，几乎也都是在象数的大背景下设计出来的，如双陆：

> 局方以象地，棋圆以象天，黑白分两仪，门梁限内外。方者，偶局之路，各有十二；圆者，奇棋之数，各有十五。设两关以象月，而表道以象星。道二十有四，以法节气。每行止于五，以法五行，始立马。参伍错综，效阴阳之杂毗。④

双陆棋象天，局象地，着法效仿阴阳五行，棋子数法九宫十五之数等

---

① （清）严可均校辑《全上古三代秦汉三国六朝文·全后周文》卷七《王褒〈象经序〉》，中华书局，1958。

② （唐）欧阳询编撰《艺文类聚》卷七十四引《塞赋》，文渊阁四库本。

③ （唐）欧阳询编撰《艺文类聚》卷七十四引南朝梁简文帝《弹棋论序》，文渊阁四库本。

④ 吴龙辉主编《中华杂经集成·长行经》，中国社会科学出版社，1994。

等，不一而足。再如骰戏，双六为天、双幺为地，双四为人，是对古代天人合一、三才等世界观、宇宙观的模拟。

事实上，在博戏中运用象数概念最多要数马吊，明黎遂球《运掌经》述及马吊象数时曰：

> 凡牌，未出皆覆，即出皆仰。覆者数玄（运气之数不显），以象天也；仰者形见，以象地也（古人以为凡物有形为地，无形为天，以无生有）。视仰之形，测覆之数，以施于乾运者，人也（精察有形与无形之牌，可改变持牌者运气，故人是天地之中能动因素）。四类（四门），以象四时也；极之以万为数，象万物也；终则有始，天行也（不论输赢，牌总要流传下去，象天运行的刚健，不能阻挡）；……四人，四方也；余者置中（指中营底牌），中央之象也；……右以旋左，天运然也，从日月之行度也。一曰：天左旋，凡二十四节之气皆左旋（天以左旋，顺时针方向）。善斗者，迎其机以回天，故右旋也（能与运气相争者为善斗，故打牌要掌握天运转的机运逆之而行，即按逆时针方向轮流发牌），生克（庄家、散家互相遏制），象五行也。曰牌何生？此克则彼生也，如上者克中，则下者生矣（遏制一家，则第三家得利）。八斗（牌打八圈结束），象八卦也。如三则九（三三为九），亦洛书之数九也（洛书数即九宫数，由一至九构成图式）。凡始斗，则互易而混之，太极也（太极是宇宙初始的浑沌态，故以混牌象之），剖而视之，两仪之初分也。吾粤人之斗，必去其二而不用者，衍也。著衍一，牌衍二，人也。智者不穷其物，多留余地以胜天也。①

广东人打马吊，8 张底牌中去两张，象征起卦的大衍之数方法。易卦起卦用 50 根蓍草，去一不用，象征太极的先天永恒，不参与变化。马吊去二是因为一象太极，三象万物，二象人。人处天地之中，进退自如，善握机运，自有"回天"、"胜天"的机会。

马吊牌的设计与古代象数一一相应，之所以分四门，是要象征四时；用万万至一文表示，是要象征万物。中央置"中营"，是中央土的象征，五行

---

① （明）黎遂球撰《运掌经》，（元）陶宗仪等编撰《说郛三种》，上海古籍出版社，1988，第 1843～1845 页。

土德厚，故中营 8 张底牌都是红利，"以纪最殿（后），定赏罚也"。逆时针转圈的规则，是为了与"运气"抗争而规定，牌即使不好，只要智巧也一样有机会。在这里，既有无端的附会（如 4 人象四方，3 人象六合之类），也有深刻的人生哲理和牌理，显示了中国传统博弈文化的广大包容性及其与传统思想、文化的密切关系。

元代虞集在《玄玄棋经序》中的一段话，可以代表古人对棋之设计的认识：

> 夫棋之制也，有天地方圆之象，有阴阳动静之理，有星辰分布之序，有风雷变化之机，有《春秋》生杀之权，有山河表里之势。世道之升降，人事之盛衰，莫不寓是。

不管是先秦的博棋、汉代的围棋、唐宋的八八象棋与中国象棋，在设计与后来的完善中，都无一例外地以不同形式精蕴了上述各种理念和象数，不仅巧妙地把这种理念和象数寓于棋局、棋子及着法规则之中，而且把《周易》中"一阴一阳之谓道"的易变思维成功地寓于行棋变化之中，使棋中充满了哲理、伦理，充满了辩证、变化。如宋张拟的《棋经十三篇》，有《得算》、《权舆》、《虚实》、《自知》、《度情》、《斜正》、《洞微》等，光看篇名，就知其中有不少哲理底蕴，再看其论述，更是如此：

> 局方而静，棋圆而动。自古至今，弈者无同局，《传》曰日日日新，故宜用意深而存虑精，以求其胜负之由，则至其所未知也。

这是说变化的棋在不变的局中有无尽的局面，这种设计导致了日日见新，变化无穷。《弈理指归序》也称："弈之为道，理参河洛"，"按五行而布局，循八卦以分门"，揭示了棋与易学象数之间的关系。所以，博弈这种思维游戏，又不同于一般的思维游戏，它是精蕴了许多古代辩证法及象数、伦理的思维游戏。正因为博弈有这样的本质特征，使它有非常丰富的文化内涵，游戏起来趣味无穷；也使它有丰富的外延，对中国文化产生了深刻的影响。

除运用象数概念设计之外，博弈中的诸多玄思妙变，更与它与时俱进，不失时宜地把各时代最先进的思想学术成果和科学技术成果寓于其中分不开。在历史发展中，主要博弈品种如围棋、象棋等兼取包容，越滚越大，以致使自然的"世道之升降"和社会的"人事之兴衰"莫不寓于其中。比如，先秦人发明了四分历、盖天说，掌握了天体运行及四季变化的一些规律，而这些所谓的"阴阳消息"都被以棋圆局方、棋子运行于十二辰、八卦九宫的简单形式寓于六博棋之中；秦汉的兵学理论发展，就被寓于围棋的楸枰之中："略观围棋，法于用兵，三尺之局，为战斗场，陈聚士卒，两敌相当，先据四道，守角依傍。"魏晋以后，玄学兴起，围棋于是被称为"坐隐"、"手谈"，又蕴涵了老庄的"玄道"、"顿悟"、"空明"等诸多棋道。至唐宋，阴阳五行学说和图书之学大盛，于是周武帝创象天则地法人伦的象戏，在不断的演变中，加进了《周易》六十四卦的阴阳变化，形成了唐代的八八象棋，以后传至域外，演化为国际象棋；至北宋，八八象棋中又加了河图洛书之说，演变为具有河界、九宫变化的中国象棋；而博棋、围棋、象棋中的伦理，依据儒家之说，在局子及行棋中比比皆是，历代学者论之颇详，毋庸一一列举。所以，博弈文化之所以有这么丰富的内涵和玄妙变化，其又一重要原因在于它总是不失时机地吸收各时代最先进的学术思想和科学成果，以寓象的方式来无限地扩充自己，虽然是"小道"，但在一枰之中，却涵盖了天地变化、万物生成、四季消息、世道升降、人事兴衰等多种寓意。

有论至此，可以作如下结论：中国博弈的本质是不变和变。是在不变中求变，在变中的不平衡中求衡，如达到平衡和谐的境地，就是完美和结局。不变是博弈的前提条件；求变是胜的主要手段，胜是博弈的实际目标；衡是博弈追求的最高境界。所以中国博弈虽有胜负之分，但并不刻意追求胜负之果，"以求其胜负之由，则至其所未知也"，就表达了这种思想。

此质源于以《周易》为首的术数文化。"易"的本义即为"变"，东汉郑玄认为，易有三变，"易简一也，变易二也，不易三也"。① 简易本指筮法的简明易变，引申为天地自然法则的简单平易。变易，指事物的变化永无休止。不易，指万物的变化规律本身是相对不变的。中国博弈充分运用了不易、变易思想，正如《兼山堂弈谱·序》所称："弈之为言，易也。小数之乎哉。弈者变易也，自一变至千万变。有其不变，以通于无所不变。变之尽

---

① （宋）王应麟编《周易郑康成注·易赞易论》，文渊阁四库本。

而通于神，神之至而成于化也。"以不变中求万变，在变中求和谐、平衡、中庸的"化"境，正是中国传统文化的精髓。

（二）同源异流——博弈的区别与联系

先秦开始，就把博弈连称，至汉代，博弈在人们的观念中大致还是共处的，如韦昭作《博弈论》，就把博弈看做同等事物。但从班固《弈旨》开始，人们已认识到博弈并不完全是一回事。唐代的《艺文类聚》、宋代的《太平御览》、清代的《古今图书集成》等大型类书、丛书都分列条目，把它们区别开来。这种历史演变说明博与弈是既有联系又有区别的游戏种类。

博弈之间的联系是显而易见的，也是我们把类似的游戏统称为"博弈文化"的根据，这些联系主要包括：

首先，二者同源，都源于中国古代的术数文化，在局、子、着法中有不少类似的设计思想。如棋局，边韶《塞赋》称博："局平以正，坤德顺也"、"四道交正，时之则也"；《棋经》称围棋："棋局方以类地"、"分而为四隅，以象四时"。围棋局中有"五岳"，博棋局中有四维和中宫。博弈棋子数目不同，但均法阴阳："棋有十二……赤白色者，分阴阳也。"《棋经》则曰："围棋三百六十，黑白各半，以法阴阳。"着法中，围棋以"围"为制胜原则，博棋也以散围枭为博胜原则。因此二者都是在先秦秦汉象数理论的基础上设计的棋戏，不少概念都完全一样，必然有共同的思想源头，那就是以《周易》易学为主的象数思想。这种思想概括来讲，就是楸枰之中有"象天则地"、"道法阴阳"之象。从实际发展来看，博棋首先盛行，围棋在汉代以后才盛行，围棋的发明很可能受到了博棋的影响。

其次，二者都以行棋艺术为制胜关键，思维能力的高下往往决定了胜负，因此他们都是思维游戏，都有局、子，可通称为"局戏"。

但是，博弈的区别也是十分明显的。班固的《弈旨》最先指出其间主要的区别："夫博悬于投，不专在行，优者有不遇，劣者有侥幸。"博具比弈具多出了"著"、"琼"或"骰"，投掷后按点数才能行棋，故曰不专在行。这种博具导致了博弈性质上的两大差异，第一，博骰是随机的，有侥幸因素存在，不全靠思维智力赢棋，而弈却全赖智力行棋布阵，最后赢棋。第二，博骰的存在，使博戏更加贴近于赌博和占卜，其神秘、侥幸的因素远远大于围棋；围棋虽然后来也有"赌采"，但较之直接进行赌博的诸种博戏，赌性要小得多。过百龄说他的金钱"得之弈，失之博"就反映了这种情况。

　　以上两大差异的存在，决定了博弈在汉以后的分流。在"博"的基础上衍生了樗蒲、五木、双陆、骰戏、采选、打马、马吊、骨牌、麻将等一系列博戏。在"弈"的基础上衍生了八八象棋、国际象棋与中国象棋。诸多博戏偏重于贪求物欲、幸胜取利的功利得失，诸种弈戏则偏重于锻炼思维、陶冶情操的设教于戏。二者在各自的发展中，趋向各异，高下立判，形成了两个层次的思维游戏。前者往往被斥为"牧猪奴"戏，后者则与古代的琴、棋、书等艺术并称，跻身于优雅的艺术殿堂之上，被视作文化修养的必习之艺。因此，弈棋是博弈文化的主流，博弈文化在传统文化中的地位，大部分是弈棋文化创建的。博戏在博弈文化中处于从属地位，与弈戏有高下、雅俗之分，但在非赌博的情况下，其自有怡情欢娱、陶冶情操的功用，况古人于博一再地进行"化俗为雅"的努力，如李清照的打马，骨牌中的诗令，骰戏中的雅句均是明证。所以，古人的这种化俗为雅的追求，也构成了中国博弈文化的重要特色。

八　理参河洛

——博弈与中国文化

（一）依乎天理——博弈与古代哲理

在古人眼中，博弈虽属"小道"，但其中蕴涵了关于天地、自然与人类的不少哲理。即使在现代人眼中，博弈也含有不少的辩证法与人生哲理。北宋欧阳修在《新五代史·周臣传》中就说：

> 治国譬之于弈，知其用而置得其处者胜，不知其用而置非其处者败。①

这是说棋中有"知人善用"的治国之理。南宋的陆九渊把围棋挂在墙上，聚精会神地观察了两天，忽然顿悟，说："此河图也。"这是说棋中有河洛象数之理。历代的不少高僧常常"因棋说法"，中峰禅师题《十八尊者围棋图》：

> 俗谛（相对真理）是黑子，真谛（绝对真理）是白子……终教看的眼睛穿，翻转棋盘都不是。

这是说棋中有戒免执著、破除迷障的"禅理"。明代陆树声《清暑笔谈》："推弈可以尽达生之旨。"这是说通过围棋的思维，可以明白做人的道理。清代的尤侗在《棋赋》中说得更宏大："试观一十九行，胜读二十一史。"这与班固《弈旨》所说"上有天地之象，次有帝王之治，中有五霸之

---

① （宋）欧阳修撰《新五代史》卷三十一《周臣传》，文渊阁四库本。

权，下有战国之事，览其得失，古今略备"，异曲同工，都认为棋中有无尽
的道理。其实上述古人的见解，有不少故弄玄虚的成分，不可尽信。但是博
弈文化思想与传统文化各个领域思想的相互贯通是显而易见的，棋理与哲理
在多方面的融合，说明了博弈文化内蕴的博大精深。

博弈文化蕴涵的哲理大致可分为两方面，一是在局、子、着法规则等形
式的设计中反映出的象数理论；二是在棋理中反映的辩证理论。

关于象数理论前边已述之甚详，这里仅就其共性稍作讨论。在博局和弈
局中都有太极、阴阳、四隅（四方、四季）、九宫、八卦、河图等术数概
念。如围棋局中的四隅和"棋罫"代表五岳；博局上的四正、四维、九宫，
弹棋上的"五岳而标奇"①（梁文帝《弹棋赋》）；双陆上的"每行止于五，
以法五行"（《长行经》）；马吊中的四门"象四时"、底牌"中央之象"；象
棋中的"河图九宫"等等都是设计中的术数之"象"。这些象虽然用的是象
征意义，有些玄虚，但实实在在地构成了各种枰局和着法，而且有文化上的
重要含义。拿"五岳"来讲，和"九宫"的八卦（四正、四维）、中宫
（太一所居）的术数意义基本相同，都代表着中央之极与四面八方。其中的
文化含义是：

> 夫万物之数，从一而起。局之路，三百六十一，一者，生数之主，
> 据其极而运四方也。三百六十，以象周天之数，分而为四隅，以象四
> 时。
>
> 棋有三百六十之数，皆主于一极。言棋以一居，犹皇建其有极也。
> 四方，四隅也，棋之据其极而运四方，犹人君建其极而治四方。②

这是说围棋棋局正中的"棋罫"（或称中岳、天元）是"一"，一也为
极，即是太极。太极学说是古代哲学的宇宙生成论和整体论，即《周易·
系辞》所谓"易有太极，是生两仪，两仪生四象，四象生八卦"，而八卦生
万物。《老子·四十二章》也说："道生一，一生二，二生三，三生万物。"
老子的"道"是一种虚无缥缈、恍惚幽深、不可捉摸的东西，代表"无"，
与太极有区别。而老子的"一"却是有，是实实在在的东西。故唐宋以后

---

① 《御定渊鉴类函》卷三百三十《巧艺部·弹棋》引梁简文帝《弹棋论序》，文渊阁四库本。
② （元）陶宗仪编撰《说郛》卷一百二引张拟《棋经》，文渊阁四库本。

的朴素唯物论者，都以"太极"或"一"为世界本源，所以《棋经》曰"万物之数始于一"、"一者，生数之主"。这种宇宙本体论把天、地、人及空间（四方）、时间（四时阴阳消息）生成变化看做是有序的整体，人与自然之间有着有机的必然联系，从而又是一种"天人合一"的系统化的有机整体论。这种理论，反映了古人对宇宙构成及天地自然、人类社会的总体认识，是古代哲学中具有唯物倾向的精华部分。博弈的设计把这种理论寓于棋局，第一是想要说明其玄妙无比，"弈之为道，理参河洛"，得其精髓者可以"神与天游，神与物会"。第二是表示博弈是一种较输赢的战斗，人君可建"皇极"而治四方，老百姓也可"据其极而运四方"，从而在一局之上、一时之间领略一下太极的玄奥和"皇极"的痛快。但这种象征性的理论或境界毕竟太玄虚，不是每一个棋手都能体会到的。大家真正感到和经常使用的还是棋理，还是棋理中实在蕴涵的辩证哲理。

博弈在不同程度上都要依赖智力制胜，特别是弈棋，来不得半点侥幸，全凭智慧思维。因此人们很早就在古代哲理的基础上，总结了与制胜赢棋、陶冶性情有关的棋理。

弈棋中最高的至理是"入神"，能懂得此理者视作第一品。《玄玄棋经》对此的解释是：

> "以神遇而不以目视，官知止而神欲行"，"变化不测而能先知，精义入神，不战而屈人之棋，无与之敌者，厥品上上。"

弈棋是一种高度集中的思维创造活动，其中充满了无穷的变化，局局新，日日新。故高手弈棋，不仅仅凭过去掌握的知识与感官的表面感觉，而是凭"神遇"、"神行"——即艺术的创造性思维感觉——去弈棋制胜。有了这种艺术感觉，无须与对方绞杀，就能使对方屈服，创造出至美的作品。这种艺术思维其实是老庄推崇的"坐忘"、"顿悟"境界，心静而物我两忘，唯余神游于局间，才能充分发挥顿悟的创造性。"神游"似流水一样，正如《弈理指归》所说："行乎当行，止乎当止，任其自然，而与物无竞，乃弈之道也。"

再进一步讲，"神游"或"入神"就是掌握事物客观变化的自然规律，掌握弈棋内在的变化规律。《周易·系辞》说："阴阳不测之谓神"，把握难以预测的变化，料棋如神，精义入神，以自然之道应付局中千变万化，以空明之不变应万变，也就达到了最高境界。这个境界并非虚幻的追求，而是所有艺术美学最重要的一种思维方法。循此以往，许多高尚的艺术作品都会被创造出来，许多经典的棋局也会被发明出来。这是传统文化的精髓之一，也是博弈文化最精彩的一部分。

弈棋中还有许多战略战术，大量地应用了古代哲学中的阴阳辨证理论。如南宋陈元靓《事林广记》所载围棋《十诀》：

> 一、不得贪胜。二、入界宜缓。三、攻彼顾我。四、弃子争先。五、舍小就大。六、逢危须弃。七、慎勿轻速。八、动宜相应。九、彼强自保。十、势孤取和。①

这《十诀》中包含了取舍、缓急、攻防、先后、动静、虚实、奇正、强弱等一系列棋理的辩证关系，这些辩证关系无疑都是中国古代哲学的光辉命题。如《周易》所讲的"一阴一阳之谓道"，以阴阳的矛盾对立统一作为事物变化的基本规律，宋代张载把它发挥为"两"与"一"的关系，两即对立，一即统一。他在《正蒙》中说：

> 两不立则一不可见，一不可见则两之用息。两体者，虚实也，动静也，聚散也，清浊也。其究一而已。②

弈思正是充分应用了这些辩证法，比如把虚实关系应用于弈棋，要求布局阶段要疏密适中，棋子既要能联络呼应，又不能过分接近而造成形势的委曲重复。"远不可太疏，疏则易断；近不可太促，促则势赢"，形象地揭示了虚实的辩证关系。《棋经十三篇》专有《虚实》一篇，又谈了中盘战斗中的虚实关系，曰：

> 投棋勿逼，逼则使彼实而我虚，虚则易攻，实则难破。临时变通，宜勿执一。《传》曰：见可而进，知难而退。③

① （元）陈元靓撰《事林广记》丁集卷四，《文艺门》，元泰定二年洛阳书肆刊本。
② （宋）张载《张子全书》卷二《正蒙》，文渊阁四库本。
③ （宋）张拟撰《棋经十三篇·虚实篇》第五，《正续小十三经》，中州古籍出版社，1990。

　　这是说每下子都要尽量使我实而敌虚，造成易守难攻的局势。但虚、实又是辩证的，虚虽然易遭攻击，但有向外发展的潜力，会在发展中变成实地。高明的棋手总是善于造虚，巧妙的缠绕对方，以柔克刚，化虚为实。所以棋理要求"虚实相成"，"临时变通，宜勿执一"，进退得当，虚实合宜。这是古代辩证法的精髓之一。

　　取舍在宋刘仲甫《棋诀》中被称为"棋之大计"。对孤棋一般情况下是"舍小就大"。但是有些孤棋"内足以预奇谋，外足以隆形势"，"虽少可取而保之"；有些孤棋"内无所图，外无所援"，棋子再多也毫不可惜。可见，取舍中也充满了古代的辩证思想。

　　"自知者明"是源于《老子》的一条古训，它揭示了主体如何战胜客体的深刻的辩证关系。用于战争是"知彼知己，百战不殆"；用于修养是"贵有自知之明"。《棋经十三篇》专列《自知篇》，强调了弈棋中自知之明：

　　　　夫智者见于未萌，愚者暗于成事。故知己之害而图彼之利者，胜。知可以战不可以战者，胜。识众寡之用者，胜。以虞待不虞者，胜。以逸待劳者，胜。不战而屈人之兵者，胜。老子曰：自知者明。①

　　这么多"胜"的关键，在于知己知彼。只有全面掌握彼此形势，才能以逸待劳，以虞待不虞，才能不战而屈人之兵。

　　弈棋从古代哲理中吸取的营养远不止这些，《棋经十三篇·合战篇》有"善胜者不争，善阵者不战，善战者不败，善败者不乱"；《审局篇》有"棋有不走之走，不下之下……《易》曰：穷则变，变则通，通则久"；《度情篇》有"持重而廉者，多得；轻易而贪者，多丧；不争而自保者，多胜；务杀而不顾者，多败"。这些珍贵的思维方法用之弈棋则胜，或用之其他事物，一样颇有裨益。从这一点来看，古人的"推弈可以尽达生之旨"、"胜读二十一史"的认识，并非虚妄之论。

　　最后值得强调的是古人特别重视"棋德"，追求不仅下好棋，还有做正人的弈棋作风。《棋经十三篇·斜正篇》指出那些"举无思虑，动则变诈，或用手以影其势，或发言以泄其机"的作风是弈之下品，皆不足取，而提倡"正而不谲"的棋德。唐代吕元膺同门客下棋，中途有事离开，门客乘

---

　　① （宋）张拟撰《棋经十三篇·自知篇》第六，《正续小十三经》，中州古籍出版社，1990。

机换了一处棋子，吕从此和他绝交，临终时还谆谆告诫子女们要防备那些"心迹可畏"之人，谨慎交友。① 五代后唐进士陈保极"每与人弈棋，败则以手乱其局"这种下棋不能输，输了就搅乱棋局赖账，被史书记下，落了个"时甚嗤之"的不齿之名。② 而明清棋手范洪、过百龄、江用卿、范西屏等，做人正派，棋风"不谲"，为世人敬重。无怪北宋潘慎修《棋说》把弈棋与五常相比：

> 仁则能全，义则能守，礼则能变，智则能廉，信则能克。君子知此五者，庶几可以言棋矣。③

道德和棋风也成了棋理中的重要内容，当然与封建社会的伦理纲常、儒家名教有直接关系。博弈作为一种文化形态，与中国传统文化哲理、伦理、美学、艺术及各时期的学术思想都密切关联，与往俱来，可以说是传统文化的一个缩影。

（二）棋局都数——博弈与古代科学

博弈虽是小道，但其中蕴涵了不少天文历数知识，如"天圆地方"的"盖天说"，本是古代天文学关于宇宙结构的最早学说，却被用来作为方局圆子的根据。古人发现了岁星"十二年一周天"（木星的会合周期），就分天周为十二次，用十二辰表示，而博局则用十二辰表示十二道，把这种知识融进了博戏。至于回归年长度、四时四季、二十四节气、七十二候等天文历法知识都可在博弈中找到。因此，至少可以说博弈在科学知识的普及方面，是起了很大作用的。

历史上不少科学家都喜欢弈棋，刘宋时的天文学家何承天（公元370~447年），创制《元嘉历》，第一次提出用"定朔"安排历谱，发明调日法，为我国天文学发展作出了巨大贡献。何承天"素好弈棋"，甚至耽误公事，南朝宋太祖知道他这个嗜好，非但没罚他，反而"赐以局子，承天奉表陈谢"。④ 弈棋对他的科学发明大概也起到了不少作用。唐代的僧一行（公元

① 参见（宋）李昉等编撰《太平广记》卷四百九十七《杂录·吕元膺》，文渊阁四库本。
② （宋）薛居正等撰《旧五代史》卷九十六《陈保极传》，文渊阁四库本。
③ （元）托克托等修《宋史》卷二百六十九《潘慎修传》，文渊阁四库本。
④ （南朝梁）沈约撰《宋书》卷六十四《何承天传》，文渊阁四库本。

683～727 年），是非常著名的科学家，其所创制的《大衍历》，较以前的任
何历法都精密，并由他主持进行了世界上第一次大地测量，得出了子午线一
度长 351 里 80 步的辉煌结论。一行本不会下棋，但观看了当时国手王积薪
的一局后，欣然操起棋子就和王杀了一局，并豁然领悟弈中妙谛："此但争
先术耳，若念贫道四句乘除语，则人人可为国手。"① 宋代的大科学家沈括，
也"甚好弈，终不能高"，但他和一行都对围棋局数变化作过一番深入的数
学计算，所著《梦溪笔谈·技艺》记载了详细算法：

> 唐僧一行，曾算棋局都数，凡若干局尽之。余常思之，此固易耳。
> 但数多，非世间名数可能言之。今略举大数：凡方两路，用四子，可变
> 八千十一局；方三路，用九子，可变一万九千六百八十三局；方四路，
> 用十六子，可变四千三百四万六千七百二十一局；方五路，用二十五
> 子，可变八千四百七十二亿八千八百六十万九千四百四十三局；方六
> 路，用三十六子，可变十五兆九十四万六千三百五十二亿八千二百三万
> 一千九百二十六局。方七路以上，数多无名可记。尽三百六十一路，大
> 约连书万字五十二，即是局之大数。
>
> 其法初一路可变三局，自后不以横直，但增一子，即三因之，凡三
> 百六十一增，皆三因之，即是都局数。又法：先计循边一行为法，凡加
> 一行，即以法累乘之，乘终十九行，亦得上数。又法：以自法相乘，下
> 位副置之，以下乘上，又以上乘下，置为上位，又副置之。以下乘上，
> 以下乘下，加一法，亦得上数。有数法可求，惟此法最捷径。千变万
> 化，不出此数，棋之局尽矣。②

围棋到底有多少种变化，下围棋者只能以"多"概言之。一行、沈括
虽非围棋高手，但事事讲求量化的准确性，算出了"连书万字五十二，而
尽棋局之变"。这在数学史上有一定意义，于博弈史意义更大。现代在计算
机上使用的围棋软件，也未能尽围棋之变，相信将来的某一天，能在古人研
究的基础上，开发出涵盖围棋全部变化的围棋软件，使围棋为人类的思维和
生活作出更大的贡献。

---

① （宋）朱胜非编《绀珠集》卷六《争先术》，文渊阁四库本。
② （宋）沈括：《梦溪笔谈》卷十八《技艺》，文渊阁四库本。

（三）烂柯传说——博弈中的仙境

博弈作为思维游戏，有千变万化、峰回路转之妙，嗜之者往往"用志不分"、神游其中，步入诗般的意境，幻想联翩。于是博弈与人们憧憬的神仙逸士很自然地被想象连在一起，形成了很多博弈神话和传说。

"颜超求寿"是最早也是最为人熟知的围棋传说，晋干宝《搜神记》载：

管辂至平原，见颜超貌主夭亡。颜父求辂延命。辂曰："子归，觅清酒一榼，鹿脯一斤，卯日，割麦地南大桑树下，有二人围棋次，但酌酒置脯，饮尽更酌，以尽为度。若问汝，汝但拜之，勿言。必合有人救汝。"颜依言而往，果见二人围棋。颜置脯斟酒于前。其人贪戏，但饮酒食脯，不顾。数巡，北边坐者忽见顾在，叱曰："何故在此？"颜唯拜之。南边坐者语曰："适来饮他酒脯，宁无情乎？"北坐者曰："文书已定。"南坐者曰："借文书看之。"见超寿止可十九岁。乃取笔挑上，语曰："救汝至九十年活。"颜拜而回。①

管辂是术数大家，曾戏治曹操的头风病，《魏志》有传。南向坐者据说是"南斗"（二十八宿之一），管人生；北向坐者是北斗，管人死。"文书"即生死簿。这个传说把相命的灵验、仙弈的坐忘、求寿的渴望交织在一起，十分生动有趣。为以后的不少弈棋仙话风靡开了先河。

"烂柯"传说是围棋传说中最脍炙人口而又最令人神驰的一则，南朝梁人任昉《述异记》载：

信安郡石室山，晋时樵者王质伐木入山，见二童子下棋。与质一物如枣核，食之不觉饥，以所持斧置坐而观。局未终，童子指谓之曰："汝斧烂柯矣！"质归故里，已及百岁，无复当时之人。②

信安郡即今浙江衢州市。石室山在城东南 25 里处，因烂柯传说又名

---

① （晋）干宝撰辑《搜神记》卷三，文渊阁四库本。
② （南朝梁）任昉撰辑《述异记》卷上，文渊阁四库本。

"烂柯山"。山中有洞穴,状类石室,可容千人,相传就是观棋烂柯的现场。观棋烂柯的故事更加生动地说明了弈棋深邃的哲理、坐隐忘我的境界,生灵的时间相对静止,自然的时间依然流失,"自是壶天日月长,却惊世上流年长"①,一局未终,斧把朽烂,人已百岁。非常形象而夸张地描述了弈棋的魅力,雄辩地表明了弈棋确能使人沉浸在无私无欲、物我两忘的境地。唐代著名诗人孟郊于烂柯山有一绝句,可证此论不诬:

　　　　双棋未变局,万物皆为空。樵客返归路,斧柯烂从风。②

　　自此以后,这类贪看仙弈而忘却世事的传说不胫而走,层出不穷,中华各地几乎都有了烂柯山、烂柯石、烂柯洞,如《搜神后记》说:

　　　　嵩高山(河南登封嵩山)北有大穴,莫测其深,百姓岁时游观。晋初,尝有一人误坠穴中……计可十余日,忽然见明,又有草屋,中有二人对坐围棋,局下有一白饮。坠者告以饥渴,棋者曰:"可饮此。"遂饮之,气力十倍。棋者曰:"汝欲停此否?"坠者不愿停……半年许乃出蜀中,归洛下。③

清修《江西通志·仙释》引《名胜志》载:

　　　　谢仙翁,瑞金人。后周时,后龙雾嶂采樵,偶于池侧见二女弈,从旁观之。女食桃遗核,因取食之,不饥。弈罢,恍失所在。谢骇而归,不知若干年矣。后翁入山,莫可踪迹。里人为立祠,名曰宝仙。呼池曰仙女。④

《黎州图经》载:

　　　　有人驾牛采樵,入蒙秦山,见二老人弈棋,其人系牛坐斧而观。局

---

① (明)倪谦:《倪文僖集》卷四《观弈烂柯图》,文渊阁四库本。
② 《玉芝堂谈荟》卷二十五《信安宝坂》引《孟郊诗》,文渊阁四库本。
③ (晋)陶潜撰《搜神后记》卷一,文渊阁四库本。
④ 《江西通志》卷一百五《仙释·五代·谢仙翁》引《名胜志》,文渊阁四库本。

未终，老人谓曰：非汝久留之所。樵起而斧柯已烂，牛已为枯矣。（黎州，今四川广元县）①

《蜀中广记》记四川大宁县深山中有王子洞，"相传昔有王子采樵，见二人围棋于此，局未终而斧柯已烂"。②

宋吴曾《能改斋漫录》载：

达州（今四川达县）烂柯亭，在州治之西四里。古有樵者，观仙弈棋不去，至斧柯烂于腰间，即此地也。乃知观棋烂柯，不止衢州。③

宋洪迈《夷坚志》载：

南剑尤溪县（今福建尤溪县）浮流村民林五十六樵于山，见二人对弈，倚担观之。旁有二鹤啄杨梅，堕二颗于地。弈者目林使拾之。俯取以食，遂失二人所在。

另外，在山西、安徽、广东等地也有烂柯仙迹，都与围棋的传说有关。这些传说也引起了诗人雅士的广泛兴趣。如许浑诗"世间甲子须臾事，逢着仙人莫看棋"，道出了棋中时间飞逝、恍如停止的实质。唐代著名诗人李深《游烂柯山四首》和薛戎《游烂柯山三首》更淋漓尽致地道出了仙弈三昧：现录二首供欣赏：

羽客无姓名，险棋但闻见。行看负薪客，坐使桑田变。怀古更怡然，前山早莺啭。

二仙行自适，日月徒迁徙。不语寄手谈，无心引樵子。蒙分一丸药，相偶穷千祀。④

有趣的是，烂柯传说不仅仅指围棋，连樗蒲博戏、弹琴而歌也往往附

---

① （明）曹学佺撰《蜀中广记》卷三十五《黎州》引《图经》，文渊阁四库本。
② （明）曹学佺撰《蜀中广记》卷二十三《名胜记·大宁县》，文渊阁四库本。
③ （宋）吴曾撰《能改斋漫录》卷九《烂柯亭》，文渊阁四库本。
④ 《浙江通志》卷二百七十一李深《游烂柯山四首》、薛戎《游烂柯山三首》，文渊阁四库本。

之，如北魏郦道元《水经注》卷十四引《东阳记》：

> 信安县有县石坂，晋中朝时有民王质伐木至石室中，见童子四人弹琴而歌，质因留倚柯听之。童子以一物如枣核与质，质含之便不复饥。俄顷童子曰："其归！"逐声而去，斧柯漼然烂尽。①

把围棋入神换作音乐入神，说明围棋有像音乐一样感人肺腑、畅心悦耳的魅力。唐宋以后琴棋书画并列为四大艺术，也说明了这一点。但樗蒲的"一掷百万"似乎俱为尘间俗务，却也和烂柯仙事连了起来，如南朝宋刘敬叔《异苑》：

> 昔有人乘马山行，遥望岫里有二老翁相对樗蒲。遂下马造焉。以策拄地而观之，自谓。俄顷，视其马鞭，摧然已烂，顾瞻其马，鞍骸枯朽。既还至家，无复亲属。②

围棋变作樗蒲，烂柯换作烂策，但情节一致，乃古人以弈棋比博戏之作。博戏虽无弈思的玄妙，但具备赌时的痛快，在幺雉喝卢之中，忘却一切也是常有之事，所以樗蒲有仙戏之称，拟之烂策不足为奇。

博弈的发明本身依赖于术数，先天中就带有不少神秘因素。汉人曾把博具作为祭祀西王母的巫术神具，并把博局铭于铜镜以厌胜驱邪，都是明证。所以古人对博弈有一种天然的神秘感，视其为"仙家覃思之具"，一点也不奇怪。由这种神秘感产生出的不少博弈神话、仙话、鬼话，更是意料中事。唐代以后，盛行再造的鬼神仙话，特别是八仙、吕祖的传说，脍炙人口，博弈自然也成了八仙神话传说的重要题材。

吕祖即唐吕岩，字洞宾，一名岩客，河中府永乐县（今山西芮城县西南永乐镇）人，咸通年间（公元860～873年）中举进士不第，在长安酒肆遇锺离权得道，不知所终。有诗四卷传世，《悟棋歌》叙述其因棋理而得道成仙：

> 因观黑白愕然悟，顿晓三百六十路。余有一路居恍惚，正是金液还

---

① （北魏）郦道元：《水经注》卷十四引《东阳记》，文渊阁四库本。
② （南朝宋）刘敬叔撰《异苑》卷五。

丹数。

一子行，一子挡，无为隐在战争乡。龙潜双关虎口争，黑白相击迸红光。

金土时热神归烈，婴儿又使入中央。水火劫，南北战，对面施工人不见。

秘密洞玄空造化，谁知局前生死变。人弃处，我须攻，始见阴阳返复中。

纵喜得道无争地，我与凡夫幸不同。真铅真汞藏龙窟，返命丹砂隐帝宫。

分明认取长生路，莫将南北配西东。①

吕岩从围棋中悟出了炼还液金丹的方法，"金土时热神归烈，婴儿又使入中央"。用棋子的黑白相迸，象征丹鼎中铅汞（或胸中内丹）的阴阳变化，在"阴阳反复中"炼成了大还丹。"真铅真汞藏龙窟，返命丹砂隐帝宫。分明认取长生路，莫将南北配西东。"说他返本归一，仙升而去。

吕岩因棋升仙后，有许多故事在民间传扬，但与棋还是结下了不解之缘。《海山仙迹》说：南宋太常王纶，秉性好道，围棋称国手，在岳州（今属湖南）时，有一道人造访，问其姓名，道人说不必问，但愿请教棋艺。纶屡下屡输，直到掌灯时未赢一盘。非常奇怪，又问其姓名，道士遂书一诗："仙籍班班有姓名，蓬莱倦客吕先生。"纶惊讶间，已失其所在。② 又《武昌府志》载：宋时的武昌太守与人在城南的仙枣亭弈棋，忽听得一人吹笛，到楼上一看，人忽不见，"唯见石镜题诗，末书吕字而去"。为此改仙枣亭为"吕仙亭"。

吕岩悟棋升仙的故事虽然纯属杜撰，但它从一个侧面反映了博弈与仙道思想的不解之缘，博弈作为"仙家覃思之具"，在造仙的民间文学中发挥了巨大作用。究其原因，实在是因棋理精微，难以尽晓；于是人们更容易地将弈棋同仙道联系在一起，二者在内容与意象上本就有许多共通之处。仙道追求的肉体成仙与围棋追求的"坐忘"、"入神"境界，都使人飘飘欲仙。但围棋的入神是暂时的精神享受，一旦返回食烟火的人间，毕竟是一无所得，

---

① （清）黄俊编撰《弈人传·吕岩》引《悟棋歌》，岳麓书社，1985。
② （清）黄俊编撰《弈人传·王纶》引《海山仙迹》，岳麓书社，1985。

只是蹉跎了光阴、朽烂了斧柄而已，失落、伤感、愁绪等等烦恼会随之而来。因此人们渴望一种长久的精神享受，幻想着那瞬间的感觉变作长久的感觉，于是就产生了种种悟棋升仙、烂柯朽策的美妙故事。历代文人对这些仙弈故事感慨万千，题咏不绝，也恰恰反映了他们的这种精神追求：

> 仙界一日内，人间千载穷。双棋未变局，万物皆为空。樵客返归路，斧柯烂从风。唯余石桥在，独自凌丹虹。[①]

> 闲看数着烂樵柯，涧草山花一刹那。五百年来棋一局，仙家岁月也无多。[②]

> 一局棋残烂斧柯，山中日月竟如何。归来记得神仙着，不必人间局面多。[③]

除文人题咏外，宋李逸民编的《忘忧清乐集》中，还真有所谓王质"遇神仙弈棋"的实战谱《烂柯图》，白先，共有290着，黑才胜一路。其间近战扭杀，贴身紧逼，虽弈思繁复，殚精竭虑，但仙弈也未免落俗，盖好事者附会之局也。

升仙的道士、弄墨的儒生从弈棋中体会了"坐隐"之道，而念禅的和尚也不甘落后。宋代浮山有一得道高僧名法远，善弈棋，经常因棋说法。欧阳修闻其名，上门求教。法远就棋技而论至棋理，说"休夸国手，漫说神仙，赢局输筹即不问，且道黑白未分时，一着落到什么处?"什么国手、仙弈，都执著于输赢，天地轮回之际、黑白未分之时，难道还有这种执著吗?结论是"从来十九路，迷悟多少人"。[④] 从这里可看出，佛教追求的四大皆空与围棋的"坐忘"、"空明"联系也非常紧密，禅定时的精神享受与"入神"时的暂时境界并无本质区别。因此，和尚中也有不少弈棋的传说：

> 秀州（今浙江嘉兴）兜率寺僧师豫，能医术，而酷好弈棋，与人

① （唐）孟郊撰《孟东野诗集》卷九《烂柯石》，文渊阁四库本。
② 《御定历代题画诗类》卷六十三引明徐渭《题王质烂柯图》，文渊阁四库本。
③ 《御定历代题画诗类》卷六十三引元张雨《烂柯图》，文渊阁四库本。
④ （清）黄俊编撰《弈人传·释法远》引《渔隐丛话》，岳麓书社，1985。

赌赛，品格甚低，然好之穷日夜不厌。乾道九年（1173 年）染疾疫，死而复生。言被迫至冥府……王者曰：误追汝。……遣一吏送还，过廊下，喜云此亦有观览处，宜相从一行，遂至一室，案上列棋局两套，贮黑白子，而大小极不等。吏曰：师能此乎？应之曰：甚爱之，正以太低为苦。吏曰：吾为汝作计，但吞一子，则进乎技矣。僧欲白而大，吏不可，探一黑而小者使吞焉。随即惊悟，明日病愈。常时对弈者来视之，索局较艺，果增数等。①

师豫棋艺甚低，但"好之穷日夜不厌"，可称得上佛门棋痴。被冥王误招而得一小黑子，吞入腹中，转回人间棋艺大进，也是佛徒追求禅定境界的美好幻想。佛教讲求生死轮回，在阴间寻得高超棋技，到阳间静修佛禅，也围棋传说中的一则趣谈。

（四）弈中巾帼——博弈和妇女

中国妇女长期受封建礼教束缚，讲求"三从四德"。封建统治阶级从来把她们都视作掌上玩物，以"贤妻良母"的金字招牌禁锢她们一生，"女子无才便是德"的歪训统治了妇女数千年，而文化、教育、娱乐、出游等等似乎都成了男子的专利。唯一的例外，大概就是博弈。李清照《打马图戏》就说："采选打马，特为闺房雅戏。"《闲情偶记》也说："闺秀自命者，书画琴棋四艺，均不可少。"看来，艺术界的事允许妇女参与。

妇女弈林中，可称道者首先是南北朝的娄逞，《南史·崔惠景传》曰：

东阳（今山东武城县东北）女子娄逞，变服诈为丈夫，粗知围棋，解文义，遍游公卿，仕至扬州议曹从事。事发，明帝驱令还东，逞作妇人服而去。叹曰："如此伎，还之为老姬，岂不惜哉！"此人妖也。②

娄逞不愧为女中丈夫，为争取和男人一样的各种权力，居然换上男装，以实际行动主动向旧习俗和礼制发出了挑战，比之被迫代父出征的花木兰，

① （清）黄俊编撰《弈人传·释师豫》，引《夷坚志》，岳麓书社，1985。
② （唐）李延寿撰《南史》卷四十五《崔惠景传》，文渊阁四库本。

精神境界又高一筹。而且其"解文义"、会围棋,"遍游公卿"之间,说明其口才与见识都非同一般。就这点讲,更要高出花氏许多筹。果然,功夫不负有心人,以她真实的才华做到了"扬州议曹从事"的谏议官职。事发后被解职归田,封建文人骂她是"人妖",真是信口雌黄、人妖不辨。事实上,这样的以性别取仕、取人,不知道埋没了多少有才华的妇女。正如娄逞自称:我这样的才华伎艺,不让施展,而要我成为一个老不死的婆婆,岂不惜哉!

最早下棋的妇女是刘邦宫中的戚夫人,《西京杂记》说她经常与汉高祖"出雕房北户,竹下围棋"。从此"竹下围棋"被传为佳话。重要的是,如果先秦的"弈"、"弈秋"不是围棋的话,那么戚夫人就是中国妇女第一个围棋者,也是有明确记载的下围棋的第一人。①

无独有偶,五代时又出了个与娄逞类似的才女黄崇嘏,临邛(今四川邛崃县)人,她"善琴棋,妙书画",样样精通,特别是还作得一手好诗。一次乡中选人才,她投了诗稿,竟中了"乡进士"。当时的临邛太守周庠见她对答如流,反应敏捷,且又献了一首长诗,非常惊奇,爱其才华,第二天就让她做了司户参军。她的下属见她办事干练,堆积了许久的案宗数日处理一空,都很敬服。过了一年多,太守也"美其风采",想把女儿嫁给她,谁知却得到一首诗:

> 一辞拾翠碧江涯,贫守蓬茅但赋诗。自服蓝衫居郡掾,水抛鸾镜画蛾眉。立身卓矣青松操,挺志坚然白璧质。幕府若容为坦腹,愿天速变作男儿。

太守得诗后,大惊,待召问之,才知是黄使君之女。"乞罢归临邛,不知所终"。② 黄女的才华较娄逞更好,但经婚姻一逼,也只是得了个"不知所终"的结局,谢叠山《碧湖杂记》称:"未从人,惟老妪同居,惜乎!"观黄女之诗,不仅才华横溢,而且蕴涵了一种天大的无奈与血泪的控诉:"幕府若容为坦腹,愿天速变作男儿",是发自封建社会妇女有志不能酬、有才不能施的倩倩巾帼的心声!

---

① (汉)刘歆撰,(晋)葛洪辑《西京杂记》卷三载《笔记小说大观》第 1 册,江苏广陵古籍刻印社,1983。
② (清)黄俊编撰《弈人传·黄崇嘏》,引《玉溪编事》及谢叠山《碧湖杂记》,岳麓书社,1985。

另一值得一书的是南宋孝宗时的沈姑姑,她的详细事迹虽不见经传,但在《武林旧事》与《太平清话》等宋人著作中都见著录,可见在当时是很出名的。前者称她是"棋待诏",名后加一"象"字,看来是专工象棋。后者称她是棋中的"一时之选",两书所载加一起才十数字,但使我们知道她是中国第一位象棋中的"女国手",在封建社会中能如此的脱颖而出,成为象棋的"一时之选",当是我国古代伟大的棋艺女天才。

南宋以后,琴棋书画成了大家闺房必修之课,精晓弈棋的妇女越来越多。《弈人传》中收罗了十数名,但不包括象棋和博戏。其实,唐宋以来,博弈已开始在妇女界普及,除官宦大家外,多集中于宫女和青楼之中,对她们而言,弈棋既是精神的寄托,又是延誉谋生的需要,她们的辛酸泪滴满了楸枰之上。《艳荟》中记载了这样一个故事:清代名妓濮艳妹,酷爱围棋,遇上雅客,常对局不倦。浙中文士沈静常很同情她,就在棋盘上题了一首诗:"残棋一局费思量,小劫频惊未散场。困到垓心一回首,满枰花影已斜阳。"① 艳妹感到诗中劝其爱惜青春、早想退步的隐意,不禁泣下。但青楼之中哪有妇女真正的青春年华呢!虽怀绝技,身处污泥,没有社会的救助,怎能自拔!

弈棋作为一种社交工具,也常常在妇女选择意中人中发挥作用。元代永嘉县的吴氏女,生于书香名门,琴棋书画无所不通。但父亲早逝,与同郡郑生为诗棋友。后郑生赠《木兰花慢》一阕,交媒人达女,女亦和词一首,心颇许之。但同邑大财主周氏子"挟财以媚吴母",吴母竟把她许于周家。吴女"发愤成疾卒"②,造成了一场鸳鸯悲剧。

不过,也有喜剧。清黄铭功《棋国阳秋》记载:在京城的八旗贵人,所事有三,一演剧,二饲雀,三弈棋。八棋女子也都梳着高髻,穿着木屐像男人一样社交,没有一点避忌。有一位叫芙卿的姑娘,长得漂亮,棋艺高强,很多人提亲,她都不许,公开以棋艺招亲,谁能胜她就嫁给谁。一天,来了三人,一个是侍郎齐召南的公子,一个是围棋"十八国手"之一的还俗和尚秋航,再一个是姓金的秀才。三人先与其父弈,都顺利通过第一关。第二天与芙卿弈,和尚、齐公子均胜,金秀才战平。当此难以选择之际,芙卿姑娘巧妙地作了一首诗:"齐大非吾偶,禅心本自空。金兰如有契,白首

---

① (清)黄俊编撰《弈人传·濮艳妹》引《艳荟》,岳麓书社,1985。
② (清)黄俊编撰《弈人传·吴氏女》引《春梦录》,岳麓书社,1985。

一枰同。"最终选择了"一枰同"的金秀才,结成了良缘。婚后,"琴瑟甚笃,尝一枰相对,其乐有甚于画眉者"。① 这个"以弈自择同心之好"的故事,不仅是女子围棋的一段佳话,也是封建社会妇女挣脱礼教禁锢的一个范例。

(五)治国方略——博弈中的君王政治

如果说博弈是"仙人覃思之具",那么在现实生活中,它经常是帝王、政客们利用的政治工具,甚或会因博弈"争道"为导火线,引起战争或政变,影响历史发展的进程。

传说尧的儿子丹朱"嚚讼游而朋淫"、兄弟不和,"帝悲之,为制弈棋,以闲其情"。② 尧教丹朱围棋的目的,是使其通情达理。商王"帝武乙无道,为偶人,与之博,令人为行,天神不胜,乃僇辱之,为革囊盛血,仰而射之,命曰射天"。③ 这里武乙制作了个木人谓之天神,与之博戏,天神一输,就侮辱他,其实是利用博戏抬高自己的地位,以巩固他的统治。入周后,周穆王"与井公博,三日而决"。秦昭王则别有用心地用松柏制成了长8尺的博箸、直径8寸的棋子,刻上"昭王"名字,然后与天神博于华山,同样都是运用博的神性与天沟通,维护自己在民众中的"天子"地位。以上事例虽均为传说,但透露了博戏在上古政治生活的"治国"、"教化"功用。

历史上不少重大的政治事件与博弈直接有关,最早的一个例子发生在春秋宋国:

> 十一年秋,湣公与南宫万猎,因博争行,湣公怒,辱之曰:"始吾敬若,今若,鲁虏也。"万有力,病此言,遂以局杀湣公于蒙泽。大夫仇牧闻之,以兵造公门,万搏牧,牧齿著门阖死。因杀太宰华督,乃更立公子游为君。诸公子奔萧,公子御说奔亳。万弟南宫牛将兵围亳。冬,萧及宋之诸公子共击杀南宫牛,弑宋新君而立湣公弟御说,是为桓公。④

---

① (清)黄俊编撰《弈人传·芙卿》引《棋国阳秋》,岳麓书社,1985。
② (宋)罗泌撰《路史》卷二十《后纪十一·陶唐氏》,文渊阁四库本。
③ (汉)司马迁撰《史记》卷三《殷本纪》,文渊阁四库本。
④ (汉)司马迁撰《史记》卷三十八《宋微子世家》,文渊阁四库本。

南宫万做过鲁国的俘虏，常常引以为耻。这次与湣公下六博棋因争道而翻脸，湣公又揭其疮疤，一怒之下，拿起木博局砸死了对方，结果酿成了一次偶然的政变，造成了新旧两君王被弑，宰辅、大夫被杀，诸公子外逃的悲剧。后来南宫万逃到陈国，陈国不敢收留，把他灌醉了又送回，被宋人剁成了肉酱。这次政变持续了将近一年，给宋国贵族和人民都带来了深重的灾难。

汉初的另一次"因博争行"而酿成的"七国之乱"，则造成了更大的惨祸：

> 孝文时，吴太子入见，得侍皇太子饮博。吴太子师傅皆楚人，轻悍，又素骄。博争道，不恭，皇太子引博局提吴太子，杀之。于是遣其丧归葬。至吴，吴王愠，曰："天下同宗，死长安既葬长安，何必来葬焉！"复遣丧至长安葬。吴王由此稍失藩臣之礼，称病不朝。①

吴太子因博戏被杀，引起了吴王的严重不满，种下了吴王反叛的祸根。从此，吴王处处和中央政府对着干，或称病不朝，或私铸盐铁铜钱扩张经济实力，或在国内免赋以收人心，或擅自扩充军队。至景帝三年（公元前154年），为给儿子报仇，打着诛伐建议削藩的晁错"以清君侧"的旗号，联合赵、楚、胶西、胶东、济南、淄川六王国，发动叛乱。旋即占领了东南半个中国，自称"东帝"，给西汉政权造成了严重的统治危机。最后丞相周亚夫率兵平叛，才算结束了这场危机。但"七国之乱"，造成了全国性的大动荡，双方百十万的军队在大江南北、黄河内外厮杀了数月，人民流离失所，经济遭到破坏，影响了历史发展进程。但究其原因，祸根竟在小小的"博以争道"，的确发人深省。看来如果把博弈的娱乐性发展到忘乎所以、动辄打杀的地步，会乐极生悲，走向其反面，博弈就会变成了一种制造祸端的工具。

历史上由博弈引起的社会动乱大概只此两例，在大多数情况下，它是帝王、政客们利用的政治工具。善用者，能助人巧思，成就其事；不善用者，却耽于其中，经常误事。《五代史·周臣传》论治国云：

> 呜呼！作器者无良材而有良匠，治国者无能臣而有能君，盖材待匠

---

① （汉）司马迁撰《史记》卷一百六《吴王濞列传》，文渊阁四库本。

而成；臣待君而用。故曰治国譬之于弈，知其用而置得其处者，胜；不知其用而置非其处者，败。败者临棋注目，终日而劳心。使善弈者视焉，为之易置其处则胜矣。胜者所用，败者之棋也。①

治国之理犹棋理，知人善用和善于落子一样，是治理国家的重要举措。不知人或不善用人的君王，也像棋子"置非其处"一样，是不能治理好国家的。

唐太宗李世民就是这种"善用"之君。《旧唐书·裴寂传》载：隋朝末年，李世民想举兵反隋，但又害怕任隋朝太原留守的父亲李渊不同意，他得知父亲经常和好友裴寂"蒲酒通昼夜"时，就出"私钱数百万"，让龙山令高斌廉故意与裴寂樗蒲而输于他，裴寂"得进多，大喜，日滋昵于太宗"，于是与李渊博戏时乘间"以情告之"，终于征得了同意，开始了反对隋朝残暴统治的义举。②

隋代灭亡后，各路义军大都蜕变为军阀，各据一方。如何结束割据，实现统一，成了李世民考虑的主要问题。唐张说《虬髯客传》又记载了他利用围棋慑服一路军阀的故事：当时江湖上最厉害的是所谓"风尘三侠"李靖、红拂与虬髯客，虬髯客自命不凡，纠集了不少人马，有帝王之志。听望气的术士说太原有"王气"，就约同李靖、红拂同入城中寻访。李靖认为应验在世民身上，就通过好友刘文静求见。虬髯客一见李世民，果然自愧不如，但还不死心，又请望气的道士来做判断。约会的一天，望气道士与刘文静摆出围棋，邀世民观战。道士看世民"精采惊人，神气清朗，满座风生，顾盼炜如"，神容凄然地把棋局一推说："这局全输了。"③ 根据这个记载，后人又附会了虬髯客与李世民的对局，说是虬髯客此时不愿走，就手执黑子，抢先在棋盘四角的四·四位置连下四子，要和李世民决战，说："老虬四子占四方！"李世民不慌不忙地把一白子轻轻放于中央"天元"，说："小生一着定天下！"天元乃"极"、"一"之位，在古人观念中是君王"君临天下"、"据其极而运四方"的皇建位置，虬髯客虽据四方，但失极位，震慑于世民的威严，只好放弃皇帝梦，推棋全盘认输，再不在中原称雄了。这

---

① （宋）欧阳修撰《新五代史》卷三十一《周臣传》，文渊阁四库本。
② （后晋）刘煦撰《旧唐书》卷五十七《裴寂传》，文渊阁四库本。
③ 参见（元）陶宗仪编撰《说郛》卷一百十二上引（唐）张说《虬髯客传》，文渊阁四库本。

段故事在棋界流传极广，多人信以为真，其实不过是基于围棋文化的一种传说罢了。以后世民父子果然得了天下，虬髯客却流亡海外，在扶余国（今朝鲜半岛）建立了王业。这个故事又一次显示了李世民善于用博弈工具达到政治目的的聪明做法。

但如果遍查正史，并没有李世民弈棋的记载，而在小说、传奇中却有不少。如《西游记》第九、十回描写了太宗与魏徵围棋，"一递一招，摆开阵势"。唐太宗以魏徵为"人镜"，虚心纳谏，这在人们心目中他们君臣相得、心通神会，围棋是最好的说明，因此吴承恩才有这样的写法。近人从日本抄回影唐卷子本《翰林学士集》，意外发现了署名"太宗文皇帝"的两首棋诗，填补了大陆史籍记载的空白，二诗云：

> 手谈标昔美，坐隐逸前良。参差分两势，玄素引双行。舍生非假命，带死不关伤。方知仙岭侧，烂斧几寒芳。
> 治兵期制胜，裂地不邀勋。半死围中断，全生节外分。雁行非假翼，阵气本无云，玩此孙吴意，怡神静俗氛。①

此诗证明唐太宗不仅会下围棋，而且对棋理有着深刻的理解和体会。他从政治角度认为弈棋兼有"治兵"、"治国"与"怡神"、"静俗"之理，概括了弈棋的社会文化功能，颇具慧眼卓识。无怪乎他能在险恶的政治风云中不失时宜地利用弈棋工具，达到自己的政治目标。

再一个善于用博弈影响政治的突出人物是唐名相狄仁杰。武则天中年当政，将亲生儿子中宗李显废为庐陵王，自己建立"大周"朝，做了多年女皇。到了晚年，却迟迟不立东宫太子，朝臣们都看出她属意于侄子武三思，但武三思性情暴馁，无论如何不是当皇帝的料，大臣们纷纷上书劝争，却毫无结果。这事牵涉政治稳定的大局，急坏了丞相狄仁杰。刚巧，武则天特别喜欢打双陆，连做梦也是双陆之事。一天，对狄仁杰说："昨夜我梦见与人双陆，总是不胜，你说这是什么缘故？"狄仁杰乘机上言道："双陆不胜，是因为宫中无子，这是上天的警告啊！"武则天这才有所感悟，复立李显为太子，把皇位又归还了李氏，避免了一场政治动乱。②"宫"在这里是巧妙

---

① 史良昭：《枰声局影》，上海古籍出版社，1991，第176页。
② 参见（唐）李肇《唐国史补》卷下，文渊阁四库本。

的双关语，双陆的后梁称为宫，所有的 15 枚棋子都要在后梁聚集，然后出"门"为胜，宫中无子当然无胜。狄仁杰巧妙地运用了博弈形式，一语双关，使武后终于归政李氏，安定了天下，是古代政坛上令人们津津乐道的一桩美事。

而有的政治家，耽于弈棋，空劳心智，甚至败军辱国。如五代后梁的庞师古，屡立战功，被朱温任命为徐州节度使。乾宁四年（公元 897 年）八月，庞师古统大军渡淮伐杨行密，下寨于地势低卑的清口，就赶忙与人围棋军中。军师告诫他营寨地势太低，请迁移，他棋兴正浓，根本不听。不大一会儿，探子报告上游有人决堤，大水将至，他不仅不听，反而怒其惑众而杀之，继续围棋。结果须臾之间，大军被淹，一败涂地，庞师古也被乱军所杀。[①] 如此因弈误军，足为千古之鉴。

在大多数情况下，弈棋是清乐忘忧的轻松游戏，但在有的政治场合，却充满了危机和惊险。南明末代皇帝桂王朱由榔，逃入缅甸后被当地人捉住献给了吴三桂。他为了东山再起，就使出了韬晦之计，天天同吴三桂的部下下棋，常常大输，并装出十分计较胜负的样子，来说明胸无大志，与常人无异。但传说吴三桂最终还是趁他下棋失去防备的机会把他杀了。[②] 清康熙时，鳌拜用事，权力倾主。传说康熙到他家探病，侍卫见鳌拜脸色有异，揭开床席，就发现藏着利刃。康熙机智地笑着说："我们满人的习俗，本是刀不离身，何足为奇。"说着赶快离开了险境。想剪除他，但鳌拜宫内外耳目众多，连找贴己大臣商量的机会都没有，最后只好以下围棋为借口，招来索额图商谋，才算组织八旗子弟在宫中处死了鳌拜，巩固了自己的统治。康熙也算一个善于用围棋进行政治斗争的人。[③]

总之，博弈作为一种具有思维方法、穷变通玄、忘忧静俗等优势的游戏，在中国历代的政治生活中，都因人而异地扮演着不同的角色。对以上凌下的淫威者而言，它常常是祸乱争斗的祸根；对治国贤臣而言，他又是谏言的恰当形式；对耽于其中的权臣而言，往往是因棋误事误国；对有所作为的君主而言，又是其施展政治才华的得力工具。历代君主名相，好为博弈者不少，善用博弈者不多，在他们眼中，博弈不过是取乐的小技，历史上没有一

---

① （宋）袁枢：《通鉴纪事本末》卷三十七下《杨行密据淮南·大顺四年二月》条，文渊阁四库本。
② 史良昭：《枰声局影》，上海古籍出版社，1991，第 178 页。
③ 史良昭：《枰声局影》，上海古籍出版社，1991，第 179 页。

个君主采取过在民间开展博弈活动的措施，在这一点上还没有日本统治阶级的见识高。日本围棋的大发展总共只有四百年的历史，应仁之乱以后，日本封建君主鉴于弈棋的攻防战略、棋道与当时武士的精神一致，采取了鼓励弈棋发展的政策，建立"棋所"作为全国围棋管理机构。扶植围棋世家，幕府将军每年亲临"御城棋"的选拔考试，优胜者给予丰厚的俸禄和崇高的荣誉。明治维新后，围棋遂成为日本的"国棋"，在政治文化领域内发挥了很大作用。

可喜的是，新中国成立以后，古老的博弈文化焕发了青春。围棋、象棋、麻将等主要博弈形式在政策的鼓励下，作为体育运动的一个组成部分，都获得了长足的发展。各种专业期刊不下数十种，每年大型的由国家和地方政府组织的比赛接连不断，与日本、韩国、东南亚以及西方各国间的交流、比赛更是频频举行。博弈文化已成了对外文化交流、对内促进民族团结、增强国际人际友谊的一种重要手段，也成了中国人民强身健体、增强智力、陶冶情操的重要形式。它在今天的政治、经济及日常生活中都在发挥着其他形式所不能起到的启迪作用，使今天的中国人在古代博弈文化的熏陶下，更加具有创造力、想象力和自强的精神，古人给我们留下的这份珍贵文化遗产，将被中国人长久地珍视、发扬光大。

但也毋庸讳言，传统博弈文化的消极因素也同样带进了新时代。如博赌、棋采、棋痴等等，这些因素虽然不是博弈文化的主流，但也要引起足够的重视，历史前鉴拙著已大量叙述，堪惊后来之人。其实任何好的东西都要善于使用，不然好的也会变成坏的。小小棋弈也不例外，比如棋痴本来也并非坏事，但走向极端，耽误工作、学习，甚而闹得朋友翻脸、家庭不和也大不可取。至于博徒采棋赖此取利，与棋痴已是性质不同，该由公安部门对其绳之以法，社会舆论当以其为耻，教育部门应注意加强道德教育。拙著在这里只能提供历史之鉴、古人之训、今人之论，其他则非我们敢言。

九　大众博彩

——现代博弈的发展与博彩业

博弈文化发展到近现代，出现了根本性的分化。以弈为代表的靠思维水平论输赢的游戏朝着培养智力、有益于社会的全民体育方向发展，其载体为象棋、围棋、国际象棋等等。并以其思维方法、思维模式、博弈策略等与经济学结合，创造了现代博弈论，解决主体行为发生直接作用时的决策问题以及决策的均衡问题，寻找竞争活动中制胜对方的最优策略。

以博为代表的靠运气论输赢的游戏朝着现代型的赌博——娱乐博彩业发展，并形成一种畸形经济性的文化产业。其载体除了传统的麻将、牌九、骰宝之外，与现代科技电子光学等技术结合，创出轮盘、老虎机、富贵三公、二十一点、百家乐等西式电子机械赌具和项目。

从文化角度讲，博与弈的分化，是它们文化层次、品位发展的必然结果。但在现代社会的经济大潮中，它们同时都深刻地影响了经济理论和市场经济的实践，它们不再是游戏中的"小术"，而是在现代社会经济理论中起重大作用的对策论的思想基础和现代社会经济发展中不可忽视的娱乐博彩行业。

（一）从赌博到公开博彩——澳门博彩的历程

公开赌博是中国乃至世界绝大多数国家都禁止的。但澳门娱乐赌博的历史却相当悠久。中英鸦片战争前，历代皇帝均明文禁赌，有时颇有成效，有时成效甚微，但无论如何，法律层面上从未公开允许赌博。但鸦片战争庞大的开支与赔款，一度迫使清政府放松赌禁，允许在两广等地公开招标开赌，由赌商承办，向政府交纳一定的赌税。这样澳门的赌博业就应运而生，一些非正规经营的大小赌馆就遍布大街小巷，赌档随处可见。1847 年，葡澳当局公开招商开赌,不仅使赌博合法化,而且使当局财政收入激增,除自给外还上缴葡国政府。但另一面是:赌档经营混乱,赌法杂乱繁多,黑社会幕后操纵,流氓打斗不断。特别是其他产业经济和国际贸易、转口贸易衰退,更加促进以赌博为中心的特种行业的畸形发展。

1875年清政府的弛赌政策取消,在广东又行禁赌;香港当局则在1872年禁赌;1896年葡萄牙则在本土禁赌,但葡属澳门当局则放任自流。一时间世界各地赌徒、广东赌徒、香港赌徒等都云集澳门,造成了澳门赌博的肆虐,赌博业发展更加迅速,成为澳门社会的独特的风景线。赌博产业对澳门经济独特的作用开始彰显,举世罕见。

1912年葡澳政府开始实行赌博与彩票专营,但专营权换手频繁。直到1937年,傅德荫(又名傅老榕)、高可宁(外号"押业大王")合组的泰兴娱乐总公司成功夺得赌牌,被政府获准专营赌场。这使得澳门赌博业逐步走向正常轨道,初步完成规模经营,赌场税收成为澳门政府财政收入的主要来源。

1961年是澳门赌博业内涵发展的关键一年。此年当局根据葡国的指示颁布《承投赌博娱乐章程》、《承投山铺票条例》等法令,公开招标竞投赌博业经营权,并以"博彩旅游"替代贬义的"赌博"字眼。经过竞投后,香港何鸿燊、叶汉的"澳门旅游娱乐有限公司"替代"泰兴娱乐总公司",开创了澳门"娱乐博彩业"兴旺发达的新时期。

"澳门旅游娱乐有限公司"取得经营权后,以全新手法锐意改革,首先利用香港禁赌和华人多嗜赌的特点,将香港赌客吸引到澳门(占总赌客的80%),同时引进先进的成功管理经验,特别是引进了美国拉斯维加斯以博彩和旅游融为一体的经营模式,促成博彩业蓬勃发展。从此澳门博彩业进入第二个繁荣发展阶段,与美国的拉斯维加斯、摩洛哥的蒙特卡洛一起并称世界三大赌城之一。

1999年12月20日,澳门正式回到祖国怀抱。由于博彩业在澳门社会地位的极端重要性,在回归前,中央政府就十分重视、十分审慎地对待它。1986年10月6日,邓小平就提出"澳人治澳",澳门"赌博业仍然可以继续办下去,这是尊重历史、尊重现实的做法"。[1] 1993年3月全国人大通过的《中华人民共和国澳门特别行政区基本法》规定:在澳门"保持原有的

---

① 徐彬:《话说澳门》,吉林摄影出版社、澳门国际名家出版社,1998,第299页。

资本主义制度和生活方式 50 年不变"的前提下，"澳门特别行政区根据本地整体利益自行制定旅游娱乐的政策"。① 故特区政府一成立，特首何厚铧即发表声明："澳门博彩业要多元化，要开放发展。"② 根据这一思路，2001年 8 月，澳门特区立法会通过了《娱乐场幸运博彩经营法律制度》，简称《博彩法》。同年 10 月，正式公布赌牌为三个，并欢迎世界各地公司竞标。至 2002 年 2 月 8 日，竞标委员会宣布：将娱乐场幸运博彩临时判予澳门博彩股份有限公司（原澳门旅游娱乐公司）、永利度假村（澳门）股份有限公司、银河娱乐场股份有限公司。至此，澳门博彩业又发展至一个崭新时期，形成了一个多元化的具有竞争的博彩工业系统。

综上所述，澳门的赌博业经过几近二百年的三次大发展，走向了成熟的娱乐博彩业的道路。其间原因是多方面的，但独处海岛、相对稳固；没有农业、产业结构极不平衡；工业基础相当薄弱；历史上从未正式禁赌等是其博彩业兴盛的主要原因。1990 年代中期以来，博彩业占澳门 GDP 的 42% 以上；税收占澳门政府财政收入的 60% 左右，博彩业就业人口有 7 万人，占总就业人口的 30% 以上。可以说，博彩业是澳门经济社会的"擎天一柱"。

（二）幸运博彩——现代博彩业的内涵及形式

所谓的"娱乐博彩业"概念，是指依照娱乐博彩法律规范进行赌博、押注或抽彩及其他娱乐活动的专营和特许行业。他与原先的街头赌档或赌博业既有联系也有区别。联系是：传统的赌博方式如麻将、牌九等依然存在，"博悬于投"的表面公平竞争、表面诚信也无不同。最大区别是：现代博彩业具有法律保护，从被人不齿的"牧猪奴戏"走向了光明堂皇的高雅殿堂。同时，它作为现代产业经济中的一种特殊产业，内部具有规范化的管理，外部负有向政府交纳高额的签约金以及义务承担文化、教育、慈善、科技发展项目和城市建设项目的责任。因此，博彩业的内涵已不再是简单的赌博、争胜，它已经渗入社会的经济、政治、文化的各个方面，成为居民的生产生活中的一种具有活力的经济因素；形成了一种富有张力的社会文化。这种新生的博弈文化，在用自己对经济、社会的影响，逐步改变着人们对赌博的看

① 《中华人民共和国澳门特别行政区基本法》第一章第五条、第一百一十八条。
② 陈坚：《澳门赌权开放的前因后果》，《福建商业高等专科学校学报》2003 年第 2 期，第 15 页。

法，改变着人们的价值观念。

　　现代的娱乐博彩业在受到法律保护的同时，也受到法律的制约，有一系列法定规范和管理要求。如澳门的《幸运博彩法》有 5 章 30 条，其中就详细规定了对博彩的监督和处罚。以后又以"训令"方式规范各种博彩的运作方式。如 1990 年 10 月 22 日的《金银宝／廿一点即发彩票规则》训令的规定方面有：金银宝游戏方法，"廿一点"的玩法，彩金结构，登记、稽查、监管、公布、通知、领取彩票、派发彩金、申驳、廿一点游戏彩金、双重中奖、遗漏等内容。

　　目前，澳门的博彩形式多种多样，大致可分三种形式。

　　（1）幸运博彩。指"结果不可预料且纯粹依靠运气的博彩"。其花样繁多，1982 年的《博彩法》规定的有 19 种项目：百家乐、双门无限庄百家乐、法式庄博彩、廿一点、廿五门、花旗骰、骰宝、十二号码、法式纸牌博彩、番摊、花旗摊、金露、自动机械角子机、牌九、轮盘、十二支或十二张牌博彩、三十与四十。[①] 至现在发展至 20 余种，如掷牛博彩、台湾牌九等系新增项目。每个项目的玩法、彩金、监督、处罚等都有规范和管理规定。这种幸运博彩是最受赌民欢迎的，其收入多年来占澳门博彩总数的九成以上。现在澳门具有 11 家赌场，每天 24 小时经营，其中葡京娱乐场规模最大、花样最齐全、知名度最高。

　　（2）相互博彩。指参与者共同以一场赛事的赛果为根据的赌博。传统意义上的这种博弈为斗鸡、斗蟋蟀、斗鸽等等。现代主要有赛马、跑狗、回力球、足球以及各类体育项目等等。赛马历史悠久，1884 年香港就有了"御准马会"。到 1960～1970 年代，港澳当局都鼓励赛马，市民对此如痴如狂。澳门每年马季都要安排 70 多场比赛，香港则多至数百场。赛马的花样很多，如香港有独赢、位置、连赢、孖宝、孖 Q、孖 T、三宝、三 T、三重彩、六环彩等等。一到赛马日，跑马场人山人海，纷纷下注为乐，在家者可边看电视边下注。赌注最小者 10 元，称"刀仔锯大树"，大户却一掷万金，或几十万元。据"英皇御准香港赛马会"统计，1995～1996 年度马季中，500 多场赛事总投注额达 804 亿港元。[②] 可见港人赌马的痴迷程度和博彩在旅游经济中的重要地位。

---

①　《澳门法律汇编》，中国社会科学出版社，1996，第 1260 页。

②　闻思：《香港的"博彩"和"炒卖"》，《百科知识》1997 年第 7 期。

相互博彩发展到如今的网上高速信息公路时代，更适宜于进行网上博彩。"1995 年以来，大约有 1800 个网上博彩网站成立。在 2003 年网上博彩的收入可以达到 50 个亿"，"2001 年，中国赌场博彩业的收入（主要在澳门）超过 20 亿美元，当年网上博彩的收入急剧增长，达到了 12 亿美元。2003 年 10 月 1 ~ 2 日在新加坡举行的亚太娱乐博彩业会议上，上百家为英语顾客服务的网上博彩公司明确表示要进入中国这个利润巨大的市场"①。博彩业是一个特殊的行业，而网上博彩又是无国界的，一场世界杯足球赛、一场 NBA 篮球赛都可使亿万人在世界各个角落进行相互博彩的赌博。事实上，内地也有不少非法博彩网站在从事着这方面的博彩活动。是坚决查禁还是允许其存在而严厉监管，特别是通过国际的信息和资源共享建立某种形式的共同立法和监管，以引导网上博彩的正常健康发展，是摆在世界各国政府面前的亟须解决的问题。

（3）彩票。是一种由专业公司发售，博彩者购买彩票后凭中选号码取胜的博彩形式。彩票的种类也有很多，内地现有体育彩票、福利彩票等，香港 75 年开始有六合彩，澳门 1960 年代以来就有白鸽彩、即发彩票、泵泼那彩票等三种。

香港的六合彩是经"英皇御准"的合法赌博彩票。1975 年香港当局为打击"字花"赌博，由"奖券管理局"负责主办六合彩。六合彩是印有（初为 14 个号码，今为 47 个号码）号码的彩票，每注 10 元（后为 2 元，又改 5 元），买到后用笔画出自己选中的号码，有六等奖，头奖可至百万元以上，四、五、六等奖为 450、300、150 元。以星期为单位，每周二开彩。澳门的泵泼那与六合彩近似，用 90 个号码来选，开彩时，从标有 1 ~ 90 号的彩球中，摇出 5 个或 15 个号码，作为中将号码。所中号码多寡就可分到不同的彩金，一个号码不中则白赔赌金。

总的来讲，博彩的形式日益受到现代科技的影响，以现代的光电一体化、网络资源等高科技博彩手段取代传统的赌博手段已经成为必然趋势。博彩手段、博彩工具、博彩项目的创新，使博彩具有了高科技性和更大的神秘性，同时也在更大程度上抑制了博彩中的欺诈老千行为，似乎显得更加公平、公开、公正。例如，传统的扑克形式已被先进的 smart cardproduct 所代

---

① 邹小山：《国际博彩业发展的新趋势及其监管》，《国际贸易探索》2004 年第 3 期，第 43 ~ 46 页。

替。大部分的博彩公司都已经使用视窗操作系统，对博彩的全过程进行电子监控。同时，电子商务也被运用到博彩的支付手段上来，如美国博彩公司就普遍采用全球支付系统（Global Payment Technologies，GPT）对博彩金额实行无现金统一支付。博彩业的专业化、技术化发展，使其成为高门槛的投资对象和高回报的文化产业，娱乐博彩公司一般都会成为当地的支柱企业。

（三）博彩的价值——颇具争议的博弈价值观

　　传统博弈文化中的"赌性"不但为历来有识者鞭打，也被历代政府严禁。现代的"博彩"，同样如此。可是无论是古代还是现代，赌博开始发明以来，从未真正消失过。有统计显示，穷人对赌博的兴趣比富人高，原因是穷人拥有的财富少，一旦中彩，满意感和实际效用都比富人大，所以博彩的动机就会更强。换句话说，穷人横竖都是穷，赌一把说不定能使人生瞬间发生突变。这显然是一种投机的心理在起作用。1990年代的中国，少部分人开始富起来，里巷却流传着"十亿人，九亿赌，还有一亿去跳舞"的俗语，虽然夸大，但也反映了那时的穷人迫切期望富裕而整天耽于"方城大战"的投机心理。还有统计表明：发达国家和地区博彩业的收入明显比中国高，也就是说，发达国家和地区的人们在博彩方面花的钱比中国多得多。在那里，五花八门的公开博彩以及与博彩相关的娱乐旅游博彩业对拉动当地经济增长作出了很大贡献。如拉斯维加斯的游客每年数千万，其中1/3的收入来源于亚洲人，除赌博外，展览与会议比比皆是，成为美国发展最快的地区之一。上两项统计表明，不管是富人、穷人；不管是学者还是家庭妇女，面对博彩不为所动者少。可说是"博彩之心，人皆有之"。看来，历史悠久的赌博活动不但没有因为人类文明的进步而消亡，却在新的全球经济环境下以"娱乐博彩行业"的名义越来越焕发生机。

　　谁人都知赌博是个别人暂时发财，长远看必然是一种赔本买卖。但这种赔本买卖居然能长盛不衰，必定有其深刻的内在原因和外在原因。我们认为，外在的主要原因是各国的社会管理者，在面对博彩业的丰厚利润和带来的社会道德沦丧、流氓横行等进行利益权衡时，天平渐渐倾向博彩，使赌博在某些特殊地区合法化；内在原因是：人们的价值观从原来一元化向更实际的多元化发展，把博彩或作为投资、或作为投机、或作为娱乐、或作为自我需求、或作为自我实现的一种文化行为，个体价值选择往往取代了社会整体价值选择的结果。

博彩业的合法化是赌博发达的重要原因。前文已述，澳门的赌博发达，是因澳门当局从占领澳门起，为发展城市经济，就放任赌博，至 1912 年就通过实行"赌博与彩票专营"公开承认赌博的合法性；至 2001 年 8 月，又通过了《博彩法》，引入了博彩业中的竞争机制。香港的博彩也比较发达，是因为 1884 年便有了"御准马会"，一百多年后的 1996 年，赛马总投注额达 804 亿港元；1975 年奖券管理局主办的六合彩公开用彩票赌博，1995 年的投注额也达 39.9 亿港元。如果说到世界，这个原来被称为"罪恶的行业"，得到迅猛的发展，"博彩业所带来的丰厚利润被广泛接受，一些国家也放弃了原有的宗教抵制，博彩业逐渐在一些国家变得合法化……1988 年博彩业合法化的国家有 77 个，到了 2001 年，这个数目增加到了 109 个，世界上 83% 的岛屿存在不同形式的博彩"。[①] 以美国为例，1970 年只有 1 个州承认并允许博彩业发展，至 1999 年，上升到了 27 个；博彩业的收入也从 5.75 亿美元增加到了 300 亿美元。而且博彩公司国际化的程度迅速加强，由 1970 年的 7 个猛增到 1999 年的 421 个，其全球化经营的比例已高达 78%。发展中国家的博彩业发展更加迅猛，如南非的约翰内斯堡、土属北塞浦路斯以及东南亚的泰国、马来西亚、越南等都是其中的代表。因此，博彩业在全球大面积的合法化，不仅造成赌博风气的有增无减，还大大改变了世人对这种"罪恶行业"的看法和价值观念，在相当的文化区域内被社会认可。如香港"买六合彩的人会说，若是不买，那就一点希望都没有；买了不中，反正花钱不多，当纳税、当做善事，当买一场好梦，无伤大雅，似乎还不至于害了心智"。[②]

法律承认固然是赌博存在的法律基础，也只对其发展提供了外部环境。更重要的是赌博是否能得到社会的认可和支持。"当纳税、当作善事"，"不至于害了心智"应是大多数博彩参与者的普遍心理反应。其间的关键是博彩业收入的相当部分被用于公益事业和区域经济发展，才能使民众改变对"罪恶"博彩业的认识和态度。拿澳门特区政府来说，在批准《博彩法》的同时，也承诺了博彩改革要达到的三个目标，即"一是发展一个具有竞争

---

① 邹小山：《国际博彩业发展的新趋势及其监管》，《国际贸易探索》2004 年第 3 期，第 43 ~ 46 页。
② 闻思：《香港的"博彩"和"炒卖"》，《百科知识》1997 年第 7 期。

力的博彩工业，并采纳一些现代博彩营运及顾客服务管理模式；二是为澳门居民创造更多的就业机会，并在经济发展及社会稳定得到提升的同时获得各自利益；三是透过不断提高博彩行业的公平、诚信及不受犯罪活动影响之声誉，进一步巩固澳门作为区域内的博彩娱乐中心"。[1] 这显然是一个在公开承认博彩业合法化的前提下，如何规范博彩业的纲领性文件，首先打破专营垄断，纳入竞争机制，强调博彩业的服务功能与内部的规范化管理；其次强调博彩业在区域社会经济和社会稳定中的责任和义务，强调纳税人全体都应在博彩业发展中获利；最后是强调赌博原有的公平性、诚信性，打击犯罪集团参与博彩。果真如此，博彩业的负面作用将大大降低，像其他行业一样步入市场化的正常发展轨道。但实现上述目标谈何容易！

事实上，澳门政府在博彩专营时期就已经采取行动规范博彩业，但收效不大。倒是在博彩公司应建设澳门、提高市民公共利益等方面取得了很大的成功；表现在：对娱乐博彩业课以高额税率，可达 50% 以上；课以高额的签约金，如 1962～1964 年为 316.7 万澳元，1997～2001 年上升为 15 亿澳元。让博彩公司承担各种城市建设和公共事业的责任，如：承担外港填海区的都市化计划投资；向政府提供 450 套住宅单位；设立 4 亿澳元的澳门文化、教育、科学、慈善发展基金，并每年从纯利中抽出 1000 万元保护澳门文化、1500 万元资助政府行政费用；参与投资建设第二座跨海大桥、飞机场与直升机场等。[2] 这种状况，在传统赌博业中是不可能实现的，它是博彩业得到社会认可的主要原因，也正在改变着人们对赌博、彩票的看法和价值观念，特别是澳门社会的价值观。

现代对赌博的看法是多方面、多层次的，不同社会文化背景的人在博彩盛行程度不同的区域对其都有不同的看法。中国内地博彩不发达，只有福彩、体彩、残彩等少数博彩项目，且都局限于国内而没有国际化，历代直到现在，公开的赌博都被严厉禁止。在这种情况下，中国内地的纳税人几乎尝不到一点博彩业发达后带来的社会经济和社会公共福利的效果，因此国内的舆论几乎一致地反对博彩。称其为"秽行"、"瘟疫"、"罪恶"者比比皆是。一般认为赌博"会让人在心理上产生无法抗拒的赌瘾"，"赌博是以不

---

① 陈坚：《澳门赌权开放的前因后果》，《福建商业高等专科学校学报》2003 年第 2 期，第 15 页。

② 黄伟文：《研究社会，服务澳门》，《澳门社会科学学报》总第 14 期，第 20 页。

正当的手段借骗术骗取他人财物的不劳而获的行为"。① 赌博所产生的恶果例子也比比皆是，其中大到市长（如沈阳副市长马向东，在澳门赌博输掉4000多万元）、小到村夫（卢福兴，湖南汨罗市长乐镇下市街人，买600元六合彩全输光后服毒自杀，临死遗言儿子"如果下期买码，必押鸡10"②），博彩之恶果，令人发指。如此下去，"社会法度岂不乱了章法，国家和人民将永无宁日"。③

但经济学界不这么看，他们把博彩当做一种投资。"所谓博彩，是指一种投资活动：每次活动的结果可能赚也可能亏，预先可以知道有哪些可能的结果，但出现哪一种结果是随机的。在一个确定的博彩过程中，策略和技巧不起主要作用"。④ 这就是说，没有投资的（如单位联欢会的抽奖）、需要策略和技巧的（如炒股、棋艺赌博）输赢中奖活动都不是博彩，博彩就是凭运气的投资活动。有人认为，博彩并非投资，而是一种投机，因为"投资是指根据详尽的分析，使本金安全和满意回报更有保证的操作，不符合这一标准的操作都是投机"⑤。博彩具有很大的冒险性，无法保证资金安全，故是一种投机。重要的是，从经济角度出发而得的道德层面来讲，只要是合法的，不论是投资还是投机，都是可以接受的，没有好坏之分。博彩仅仅是一种投机或投资行为，没有所谓的"罪恶行当"、"秽行"等问题。当然，仅从经济利益的观点来解释人类的博彩行为显然是不完整的。

把博彩当做一种娱乐或身心放松来消磨时间，是在心理学界、旅游学界较普遍坚持的一种观点。赌徒必定参与博彩，但参与博彩的绝非都是赌徒。事实上，像湖南汨罗市长乐镇卢福兴式的赌徒是极少数，现代博彩的参与者大多不是赌徒，而是各种各样的为猎奇、为寻乐、为增加知识、为放松身心、为消磨时间的旅游者，他们不是为了纯粹赢钱才参赌，小小赌注只是为了买个高兴而已，正如掏钱买旅游一样，任何物质商品未带回，只余美好的记忆。他们的参与博彩，显然是一种精神式的高消费活动。如果说这种活动污染了他们纯洁的心灵，染上了博彩"罪恶"的"瘟疫"，也必遭这些人的申辩和谴责。一元化价值观的赌博"秽行"观念，在这种人群中已消失殆

① 杨东文：《赌博与博彩》，《中国穆斯林》2005年第3期，第28～30页。
② 杨小武等：《"买码"博彩瘟疫在湘北流行》，《金融经济》2003年第2期，第44～45页。
③ 杨小武等：《"买码"博彩瘟疫在湘北流行》，《金融经济》2003年第2期，第44～45页。
④ 温忠林：《博彩的公平度》，《统计研究》1999年第3期，第42页。
⑤ 汤光华：《在博彩与投资之间》（上）引，《中国统计》2003年第6期，第36页。

尽，取而代之的是多元化的以个性为主题的价值体系，想赌的可以赌，想娱乐的可以娱乐，想投资的可以投资，想投机的可以投机，各取所需、各得其所，互不妨碍。如果妨碍就要上法庭说个明白。

但在这里必须有个基本估计，就世界博彩业发展的整体而言，越是发达的国家和地区，越是能够比较最大限度地限制赌博的负面影响，而诱发其对社会经济、社会稳定、社会福利方面的正面影响，从而改变传统的价值理念，让博彩得到社会的认可。这种现实，使我们总结出一条道理：在文明比较进步的发达社会中，赌博（博彩）的赌性正在被逐步淡化，或者说边缘化；而赌博的娱乐性却凸显出来，成为博彩的主体或主流。如香港地区，对博彩的"秽行"观念已经变得甚为平淡，"（六合彩）若是不买，那就一点希望都没有；买了不中，反正花钱不多，当纳税、当做善事，当买一场好梦，无伤大雅，似乎还不至于害了心智"，而内地同样是买六合彩，却屡屡闹出人命。其间关键不在六合彩本身，而在于百姓的富裕程度和与之紧密相连的文化教育背景及价值观念。

在澳门地区也是一样，博彩已司空见惯，澳门的穷人虽然收入不高，但时常心痒难挠，要到赌场小试一番，称作"小赌怡情"。1982年澳督高达斯在接受葡国《消息日报》记者采访时对澳门博彩有个评价，他说："我个人和政府都认为博彩业在澳门的存在，并不比世界任何一个地方更坏，它带来的利益大大补偿了社会观念下所引起的不适当之处。"所谓"不适当之处"，是指博彩业的合法化、公开化衍生了卖淫嫖娼、吸毒贩毒等社会公害；公害的泛滥又给黑社会犯罪、高利贷团伙犯罪、贪污诈骗活动等提供了温床，直接影响社会安定。的确，博彩就是一把双刃剑，他既带来社会利益，又带来社会公害，用前者补偿后者，不断完善法制、加强规范管理、大力举办慈善事业、提高居民收入和科技文化教育水平，当是一条适合澳门社会发展的一条可行之路。这条路及其相伴的"补偿"理念，已被越来越多的人认同。

因此，在当今社会里，尽管有107个以上的国家承认了博彩业的合法性，但从中得到的和失去的却大有不同，美国每年可以有数百亿美元的收入而把赌博的负面控制到一定的范围；而发展中国家可能未有多少收入而使社会严重不安定。所以，当政府欲把博彩业作为财政收入的重要来源时而承认其合法性时，必须考虑本国国民的文明文化现状、富裕程度、传统观念、现实价值观念等诸多因素，选择在不同地区、不同时机开放博彩。把博彩的巨额收入用于社会发展和经济发展，充分利用博彩的经济功能，抑制其负面功能，加强管理和监督，博彩业当是一个有发展前途的行业。

在当今社会里，人们已希望冒险和开始适应竞争中的冒险，赌徒的投资或者说投机在价值取向上的又一重要特征是冒险。博彩业的兴旺发达需要的正是这种冒险。其实，资本主义的发展在一定程度上也是冒险的结果，法国年鉴学派历史学家布罗代尔说："资本主义的发展中，一个重要的因素乃是愿意冒险，愿意投机。"① 现代的探险旅游，把冒险作为自我实现的重要尺度。如果人人都不愿意为未来的不确定性承担风险，那整个社会将失去斗志。从这种意义来讲，博彩与博彩中的投资、投机的作用不容小看。

---

① 汤光华：《在博彩与投资之间》（中）引，《中国统计》2003 年第 7 期，第 40 页。

十 百家争鸣

——中国博弈研究现状概说

中国博弈文化，不仅历史悠久，因时而变，而且内涵丰富、影响深远。有些品种消失了，如六博、樗蒲、双陆等；另一些品种又兴起来，如围棋、象棋、马吊、麻将等。因此，对博弈品种和博弈文化的研究，也开始得很早。最早的可追溯到《左传》、《论语》、《韩非子》、《战国策》等先秦古籍。但都是只言片语的发微而已，没有系统的考述。较系统的研究当始于西汉许博昌的《大博经》。至东汉三国，论者始多，班固的《弈旨》、边韶《塞赋》、马融的《围棋赋》、韦昭的《博弈论》、鲍宏的《博经》等等都开启了对博塞、弈棋文化的研究和记录之风。

汉以后关于博弈品种和博弈文化的记录史不绝书，几乎每个品种都有专论专著，论述最多者是围棋和象棋，如围棋有《敦煌棋经》、宋李逸民的《忘忧清乐集》、张拟（一说张靖）的《棋经十三篇》、元严德甫等的《玄玄棋经》等，都是传至今日而影响甚大的围棋专著。象棋有南宋陈元靓《事林广记》中的《棋诀》、洪迈的《棋经论》等等，被象棋界奉为圭臬。这些研究专著，不仅为现代的研究提供了宝贵资料，而且展示了古人对弈棋文化的诸多卓识，对今天的研究启发颇大。

至于其他博弈小品种，古人的论述不多，传至今天的更少。弹棋有晋徐广的《弹棋经》，收于《说郛》；樗蒲除汉马融的《樗蒲赋》外，最有价值者是唐李翱的《五木经》和宋程大昌《樗蒲经略》。双陆的论著首尊宋人洪遵的《谱双》，次有清人孔继涵的《长行经》，再有日本的《双陆锦囊抄》等等。骰子的论著主要是宋朱河的《除红谱》和唐李郃撰的《骰子选格》。采选在北宋比较发达，赵明远有《皇宋进士采选》，尹洙等有《宋朝文武采选》，宋保国有《元丰采选》，刘邠有《汉官仪》采选等等。打马博戏主要见于宋代著名女词人李清照流传下来的一部《打马图经》。骨牌材料是明初人瞿佑的《宣和牌谱》和冯梦龙的《牌经十三篇》。马吊叶子的集中研究是明人潘之恒的《叶子谱》。民国以来，杜亚泉先生作《博史》，对麻将等博戏源流有精辟的考证。

古人对博弈的论述，或简或繁、或详或略，整体系统性较差。大体以围棋、象棋等今传品种详；于六博、塞戏、双陆、钱戏、马吊等已失传的品种略，这就造成了今天对许多博弈品种的起源、发展、演化、棋制、玩法等诸多学术问题难以道明说清。但是，随着中国现代考古学的迅猛发展，一大批前人未见到的博弈实物资料的出土，对各博弈品种的研究及其文化研究，也进一步快速地向深层次发展，取得了丰硕的成果。现以六博、各种博戏、象棋、围棋等四大方面简述这些成果，给读者一个较为清晰的博弈文化发展、演变的整体概念。

（一）博局占和六博口诀揭秘——六博研究综述

现已出土的六博实物材料不下数十种，而六博自战国流行以来至魏晋南北朝逐渐消亡，唐宋古人对其已不甚了了。因此，学界对其复原和文化意蕴的研究论著颇多，大体上可从以下几个方面展示。

1. 关于六博的起源形成年代

较早探讨者是傅举有，其据《史记·殷本纪》："帝武乙无道，为偶人，谓之天神，与之博"，认为"博的出现，最迟不会晚于商代"。[①] 此说被多数学者接受，如许蓉生认为"这样的传说至少可以得出这样一个结论，即西汉或战国时的人都认为六博的产生早于春秋时代"。[②] 但这种观点仅据传说史料证明六博起源年代，显然证据不足。有的学者根据考古发现的诸多博局来考证六博的来源，大致有两种观点：日本人梅原末治根据出土的占星盘上有与博局"T"、"L"、"V"纹相同的纹饰，较早提出"T"、"L"、"V"纹来源于占星盘之说。[③] 李零先生原从上说，后在对历算类仪具——日晷的研究中提出"局的设计虽与式图有相通之处，但它更可能是一种式图与历术相结合的图式，所以才会既用于日晷，也用于博局。甚至我们可以说，六博就是一种模仿历术的游戏"的观点。[④] 拙著结合文献和平山中山王战国墓实

---

① 傅举有：《论秦汉时期的博具、博戏兼及博局纹镜》，《考古学报》1986 年第 1 期。
② 许蓉生：《浅议六博的产生、演变及其影响》，《四川文物》2005 年第 6 期。
③ 转引自程志娟《汉代规矩镜与六博》，《东南文化》1997 年第 4 期，总第 118 期。
④ 李零：《跋中山王墓出土的六博棋局》，《中国历史文物》2002 年第 1 期。

物资料认为：博局来源于式盘，其出现的下限不晚于战国，其上限不会早于完整式盘出现的年代，即公元前 7 世纪左右。①

2. 关于六博棋制十二道的研究

傅举有先生根据较多出土资料对六博棋制的研究最具代表性和开创性，认为："局、棋、箸或荌，是博的基本组成部分，缺一不可，其余的如博席、博囊、博合、削刀、刮刀等，则是可有可无的辅助用品"②，并对每种博具的名称、式样、用法、含义都进行了详细论述，对博棋棋制的研究具有奠基意义。曾在一段时间内，无人对其观点提出异议。

随着 1993 年尹湾汉墓《博局占》的出土，使我们对博棋棋制、棋位、行棋法则有了一个飞跃的认识。与棋制有关的主要是对博局"十二曲道"的理解。傅文认为，博局上四边各有一个的"T"、"V"、"L"线段，即宋洪兴祖在《楚辞·招魂》注引《古博经》中的"局分十二道"，并被学界普遍接受。我们认为：博局上所有的线段都是供博棋行棋用的，博局上除"T"、"V"、"L"线段外，"中央还有一个方框，在靠近方框四角处，一般有四个圆点或四个花、鸟等其它图案"③，再加上外围还有一个大方框，这诸多线段都被排除在傅文的"十二道"之外，显然造成局中冗余线段无意义、无法正常行棋的现象，也不符合《古博经》"局分十二道"的解释。如果根据《博局占》所显示的干支棋位和行棋路线，则可基本断定十二道是指"高玄（V 线段）、屈究（L 线段）、张道（T 线段）、揭（四维方向的斜线、圆点、花、鸟等）、畔（内方四边线段两侧）等八道，再加上内方中的北方、西方、南方、东方等四道（内方四边线段中心）而组成的"十二道"。它是六博行棋的棋位和路线的综合表达。外方则是摆放十二棋的十二地支棋位（参见拙著第一章第五节）。如此，则博局上所有的线段都无冗余，并且与《博局占》提供的干支棋位、行棋线路都毫无矛盾。因此"T"、"V"、"L"规矩纹实际上只代表局中六道，不能代表十二道。

3. 关于六博行棋规则的研究

早在 1952 年，杨联陞先生首先援引《西京杂记·六博术》口诀和出土博具，来探讨博局十二道及其游戏规则。他认为只有方、张、屈三者是棋

① 宋会群：《论象棋之象——象棋的起源演变与术数文化的关系》，《体育文史》1993 年第 1、2 期。
② 傅举有：《论秦汉时期的博具、博戏兼及博局纹镜》，《考古学报》1986 年第 1 期。
③ 傅举有：《论秦汉时期的博具、博戏兼及博局纹镜》，《考古学报》1986 年第 1 期。

位，分别对应"V"、"T"、"L"线段，其余皆为说明棋子在这三位间移动的动词或形容词。他推断出棋在"L"的开口处，若进入四角封闭的"V"区，靠特定的掷采进入中心区域。[1] 1964年，劳榦先生在杨联陞先生研究的基础上，提出方、张、玄、高应代表博局的四区，认为口诀的第一句表示方张二区有路相通；第二句指示由张区（或高区）出发，经由玄区可达高区（张区）。[2] 杨先生的"特定掷采进入中心区"、劳榦先生的"各区可互通"的论断，现在看来还是颇具启发性，但二者关于十二道的定位错误（《博局占》的"方"在中心不在角），其结论难以令人信服。

尹湾汉墓《博局占》为揭开博局的棋制、行棋规则等秘密提供了钥匙。[3]《博局占》位于9号木牍的背面，上段是博局图，图上方标南方，图中心方框标"方"，除开外方框线段外，在68个干支棋位上标有61个干支（每个横线或竖线上2个，内方中共4个），其中重复干支4个，缺省干支3个。下段有占文5栏9行，行首标有方、廉、楬、道、张、曲、诎、长、高等9占语。如进入博局中的廉位，占卜嫁娶则有"妇有疾，不终生"占词。

对《博局占》的研究已取得了不少成果，首先是《尹湾汉墓简牍·前言》和李学勤先生的《博局占与规矩纹》，为破解《博局占》奠定了良好的基础[4]，刘乐贤先生在进行仔细的研究后，发现了"相似位置上相邻干支之间相隔的数字是一样的"干支排列规律，从而校正了干支排列顺序；[5] 与此同时，曾蓝莹先生在《尹湾汉墓〈博局占〉木牍试解》中也破译了《博局占》的图形、文字以及许博昌口诀三者的内涵和相互关系，认为《博局占》"本身包含干支和棋位两种索引系统"，六十干支在《博局占》9种不同名称位置上依次排列时，具有循环往复的规律。其对干支的校正结果与刘乐贤殊途同归，对棋位依次的方、廉、楬、道、张、曲、诎、长、高顺序考证和图形说明，也与刘氏同，为学界所公认。[6] 但他们的校正遗漏了辛未"8"

[1] Lien-sheng Yang，"An Additional Note on the Ancient Game Liu-bo"，*Harvard Journal of Asiatic Studies* 15，No.1/2（1952）：124－139.
[2] 劳榦：《六博及博局的演变》，台北，《中央研究院历史语言研究所集刊》35，1964，第15~30页。
[3] 连云港市博物馆、东海县博物馆、中国社会科学院简帛研究中心、中国文物研究所编《尹湾汉墓简牍》，中华书局，1997。
[4] 李学勤：《博局占与规矩纹》，《文物》1997年第1期。
[5] 刘乐贤：《尹湾汉墓出土数术文献初探》，《尹湾汉墓简牍综论》，科学出版社，1999，第175~186页。
[6] 曾蓝莹：《尹湾汉墓〈博局占〉木牍试解》，《文物》1999年第8期。

的正确位置，由李解民先生《尹湾汉墓〈博局占〉木牍试解》订补完成了干支与9个棋位对应关系的全部考订。①

但是，12个博棋在博局上究竟按何顺序行棋，行棋中怎样吃子、争道、获筹并输赢规则等，都是学界在探讨的问题。首先，曾蓝莹认为"博局走棋的顺位是否和占图干支排列顺序相同，则无法肯定"，这主要因为占图以九位一单元，许博昌口诀则是以五位一单元。② 李学勤指出："口诀顺序为方、廉、楬、道、张、曲、诎、长、高，很可能就是《博局占》九个位置的另外说法"③，李解民进一步指出"口诀的回文规律与《博局占》干支排列规律是一致的"。④ 我们认为，口诀讲的是棋位，占图干支讲的是占位，二者在博局上的位置和顺序都有严格的对应关系，因此走棋的顺位是和占图干支排列顺序相同的。关键问题是对口诀的订正与释读。李解民把口诀第一首第二句"张畔揭道方"改作"张道揭畔方"，甚对。李零先生把占图的六十甲子和棋位的九位循环进行检验，得出"棋位循环，其实只有四种"的结论，即：（1）张道揭畔方；（2）方畔揭道张；（3）张究屈玄高；（4）高玄屈究张。并认为，这"才是真正的行棋顺序"。⑤ 其实上述四句即口诀的第二首四句。这种看法，颇有见地。但他认为口诀的第一首四句不是行期顺序，"只是为了便于背诵"而加以否定，有轻率之嫌。

拙著根据博局源于式盘的认识⑥，认为博局中的内方及与相连的道揭二位都属于天的部分，其他属于地的部分；又据文献记载的掷五白散棋可成枭、只有成枭的散棋才能入中方食鱼获筹的规则认为：成枭之棋可行于天地，散棋一般只行于地。这样8句口诀可以解释得很清楚：第一首头两句在方、道、方回旋运行，针对的是枭棋可在天的范围环行；第一首后两句在张、高、张回旋运行，是针对散棋可在某方内行棋；第二首从某方张道运行

---

① 李解民：《尹湾汉墓〈博局占〉木牍试解订补》，《文物》2000年第8期。

② 曾蓝莹：《尹湾汉墓〈博局占〉木牍试解》，《文物》1999年第8期。

③ 李学勤：《博局占与规矩纹》，《文物》1997年第1期。

④ 李解民：《尹湾汉墓〈博局占〉木牍试解订补》，《文物》2000年第8期。

⑤ 李零：《跋中山王墓出土的六博棋局》，《中国历史文物》2002年第1期。

⑥ 宋会群：《论象棋之象——象棋的起源演变与术数文化的关系》，《体育文史》1993年1、2期。李零：《跋中山王墓出土的六博棋局》也认为：式盘"图案寓含四方八位、九宫十二位和四维钩绳一类设计，也显然是模仿式图"。又说："日晷也是历算类的仪具，它上面的博局图跟博局本身的图案更一致。特别是从上述发现考虑，博局的设计虽与式图有相通之处，但它更可能是一种式图与历术相结合的图式，所以才会既用于日晷，也用于博局。"见上注⑤。

至另一方张,再从张经该方高回旋运行至张,针对的是成枭散棋,可在四方所有棋位行棋并杀对方散棋。这样《西京杂记·六博术》的 8 句口诀都有了实际意义,各得其所了。

(二)樗蒲双陆扑掩马吊——其他博戏研究

除六博外,两千多年来产生的博戏众多,但遗留到现代的主要是麻将和西洋的扑克牌等等。因此,研究诸种博戏的材料有限,多是根据文献记载的只言片语所作的推测。尽管如此,学界关于博戏的研究还是取得不少成果,现分述如下。

1. 樗蒲

对于樗蒲的性质,沈从文先生说:"樗蒲在唐人只是形容赌具,事实当为骰子、为琼。"[1] 此说影响甚大,常见的古文注本、中学课本等都从其说,连冯其庸主编的《历代文选》也将"樗蒲"解作"骰子"。程瑞君撰文批评此说,认为是博戏。[2] 又有陈新提出质疑。[3] 实际上,说樗蒲中的五木是骰子无误,但说樗蒲是骰子,却失之片面,因为它是包括五木、杯、马、矢、枰的一种博戏。

学界关于樗蒲形成年代有不同看法,李洪岩的《樗蒲考略》以《楚辞·招魂》"箟蔽象棋,有六簿些。……成枭而牟,呼五白些"为据……认为此处象棋不指六博,而指樗蒲,断言"樗蒲至少成于战国之前"[4],虽有新意,但仅据樗蒲有"五白"枭采而论,难以成立。史良昭先生《枰声局影·樗蒲》否定了晋张华《博物志》、马融《樗蒲赋》的老子作樗蒲的说法,认为:"樗蒲戏原是六博的变种,起始于汉末魏初"[5],很有见地,其根据是汉末繁钦《威仪谶》有"文局樗蒲"之句。我们认为,《西京杂记》卷四记宣帝时古生"学樗蒲之术",当是最早的可信记录,因此樗蒲形成于西汉晚期。

对于樗蒲内涵和游戏规则的研究最系统的要数史良昭先生《枰声局影·樗蒲》,他对樗蒲的掷具五木、掷采用的"杯"、棋子用的"马"、行棋

① 沈从文:《谈樗蒲》,《沈从文文物与艺术研究文集》,外文出版社,1994。
② 程瑞君:《"白若樗蒲"喻体索解》,《修辞学习》2000 年第 3 期。
③ 陈新:《"白若樗蒲"喻体索解质疑》,《修辞学习》2001 年第 3 期。
④ 李洪岩:《樗蒲考略》,《体育文化导刊》1989 年第 4 期。
⑤ 史良昭:《枰声局影·樗蒲》,上海古籍出版社,1991。

用的"柸"、柸中放的"矢卒"等都进行了初步考证，特别是关于五木齿采的研究深切到位，指出被学界普遍认同的宋程大昌《演繁露》中所设想的樗蒲体制，"一共只有六种齿采出现"的错误，提出"五木并不是全体相同的，它们的两面诚然以黑白区别，却只有其中的两枚才在黑面画犊、同时在白色的背面绘雉"的论断（此论在唐李肇《唐国史补》卷下"其骰五枚，分上为黑、下为白。黑者刻二为犊，白者刻二为雉"早有记载，但史氏未标出）。解决了五木齿采多年的诸多争论问题。拙著在详细系统考证了樗蒲所有博具之后，首先提出早期樗蒲（三阵 120 矢）的一系列行棋规则，它们是：①马闯过三矢阵、二关、四坑后为局胜。可获压局的赌物。②马获若干矢可换算成若干筹码，获按所约筹码所代表的一定赌物。③马陷坑要随时输掉所约赌物。④马荚数为奇数而导致马入坑者，要输掉临时所约的赌物等等，基本恢复了樗蒲的玩法。对唐及其以后的樗蒲（三阵 360 矢）和佛教徒中流行的占卜五木子也进行了一些考证，展示了樗蒲发展、变化消亡的历史轨迹。

2. 弹棋

弹棋不悬于投，不游乎纷竞诋欺之间，故被目为"雅戏"。有人因此认为，"弹棋不用投子，故也不是博戏"，应将其列入一般游戏类，与投壶诸项并列。[1] 不用投子就不是博戏的论断未免牵强，塞戏是六博的变体，但不用投子，今古人对其博戏性质从未有异议；再者，历代类书也都将弹棋归入博戏类，说明它就是博戏的一种。

弹棋的起源文献上记有西汉武帝时东方朔、西汉平帝时刘向和三国魏宫廷中等三说，刘秉果先生较早对此研究，认为第一说源自晋徐广的《弹棋经序》，把弹棋、道教扯在一起，有明显的附会痕迹。第三说又不符合东汉梁冀已经能弹棋的记载，故从第二说。[2] 拙著又增加了有助于第二说的两条材料，第二说当成为学界的一般共识。

关于弹棋的形制由于记载简略，又没有实物以资对照，是至今未解决的难题。王赛时先生曾据各种《弹棋赋》复原了弹棋棋局[3]，并对刘秉果先生弹棋"以攻门为胜"的"附会"之说提出批评。汪玲玲、俞信芳对王赛时

① 曾洪林：《弹棋探析》，《体育文化导刊》2008 年第 4 期。
② 刘秉果：《我国古代的弹棋》，《体育文化导刊》1988 年第 5 期。
③ 王赛时：《汉唐之间的弹棋》，《体育文化导刊》1991 年第 4 期。

的弹棋复原盘进行了补充。认为弹棋盘"中部隆起,形如覆盂,'覆盂'底边与盘面弧线过渡后平展,四边矩形四方,缘边有高起的边沿,起阻隔棋子外逸的作用"。[1] 许辉则认为,弹棋棋盘"双方各有一圆洞,棋子分黑白,两人对局,黑白相对,以手或其他物品弹起己方棋子尽入洞中者为胜"。[2]

上述弹棋局的复原与现藏于日本正仓院的两副木质弹棋盘及东大寺的一副唐代紫檀象牙弹棋盘明显不一,后者平面作长方形,立面像两面坡屋脊,两直檐各有 12 格置棋子,共 24 子。[3] 这也与中国唐宋古籍所载的弹棋形制不一。看来,还要靠更多的资料出土方能解决弹棋形制问题。

关于弹棋的着法和技法,上引刘文、王文、曾文、汪文及王俊奇《盛唐的弹棋》均有一些发现和推测,但均难成为定论。此不赘述。

3. 双陆及握槊、长行、波罗塞戏

双陆是中国失传博戏中影响最大、流行最广的一种博戏,直到现在在 Windows XP 自带的网络游戏中,还有"西洋双陆棋",是欧美国家"一种古老的游戏"。[4] 学界对双陆棋的研究也较深入。最早研究双陆的是民国时期钱稻孙先生的《日本双陆谈》,其据日本菊冈沾京撰《本朝世事谈绮》"双六,梁武帝天监年中渡日本",断定"梁陈魏齐隋唐之间,固我双陆盛时也"。该文把日本双陆的棋盘、子、游戏规则等考证精详,并配有图片。[5]

新中国成立后,较早的研究者是罗时铭先生,他据宋人洪遵的说法,认为双陆又名握槊、长行、波罗塞戏,四者乃一种棋戏。"是从天竺传入我国的"。并较早使用辽宁法库县叶茂台 7 号辽墓出土双陆棋具,结合文献记录把双陆棋制、游戏规则分为布阵、走棋和结束三个部分,推测复原了双陆的大致玩法。[6] 王赛时先生撰《古代的握槊与双陆》认为握槊与双陆,"实为两种博戏之法","不应混为一谈",而长行则是握槊在唐代的别名,当为一种博戏。[7] 杜朝晖撰《双陆考》,认为"与双陆相关的名称不少,波罗塞戏即握槊,它们是音译和意译的不同。双陆吸收了波罗塞戏的一些特点,源于

---

① 汪玲玲、俞信芳:《对弹棋文献的考证研究》,《宁波大学学报》(人文科学版)2006 年第 4 期。

② 许辉:《六朝文化概论》,南京出版社,2003。

③ 张超英:《唐代弹棋形制的新发现》,《棋艺》2000 年第 12 期。

④ 杜朝晖:《双陆考》,《中国典籍与文化》2006 年第 2 期。

⑤ 钱稻孙:《日本双陆谈》,《清华大学学报》(自然科学版)1935 年第 2 期。

⑥ 罗时铭:《古代棋戏——双陆》,《体育文化导刊》1986 年第 5 期。

⑦ 王赛时:《古代的握槊与双陆》,《体育文化导刊》1991 年第 5 期。

波罗塞戏而有所发展。双陆与长行则是一类博戏，只是'小在同异之间'"。马建春的《大食双陆棋弈的传入及其影响》探讨了6世纪以来双陆从阿拉伯传来的线路和种类，认为："双陆就是六世纪前后由阿拉伯传入的博戏法。至七世纪……始产生广泛的影响，并风行于中土大地"。① 宋德金先生在《双陆与民族文化的交流和融合》一文中，对以上四种博戏进行较详尽的研究，认为，双陆从印度传入，"传入之初，按音译称波罗塞戏。此戏在流播过程中，略有变化，或称握槊，或称双陆。握槊，是就棋子而言……双陆是就棋盘或骰子而言……大约到唐玄宗、肃宗朝又有所谓长行，是从握槊双陆演变而来的"。②

　　以上诸种看法各有所据，可分为四者同一说和四者不同说。我们认为，自后秦时（公元384～417年）传入中国的波罗塞戏，特征是"翻象斗马"，有"二十小玉"，无投骰、无黄黑各15枚制作一致的30枚双陆子，与双陆根本不是一回事。据其有象有马等已经分类的棋子，可能与象棋起源有关。又认为，据双陆和樗蒲局上都有两关，都掷骰子行棋，都是"视投进退"的一种行马之戏等较多棋制相同或相似，认为双陆源于樗蒲，是由东汉魏晋时（一说曹植）改博戏多面体茕为六面体的骰子而发展起来的一种博戏，它是由中国独立发明的，5世纪后期左右，与传来的握槊结合（两者大同小异），至唐变为长行。故双陆、握槊、长行可以互训，属一类博戏。波罗塞戏当为另类棋戏。

4. 打马

　　学界很少人对打马博戏进行深入研究。究其深蕴者，数史良昭先生。其在《枰声局影·打马》中根据李清照的《打马图经》及樗蒲、采选、双陆的知识，大致恢复了打马的游戏方法，有开创之功。同时认为打马"可能是宋代民间的发明"。③ 宋亦箫先生《李清照打马文及历代打马钱》虽认为"难以恢复当年的打马情状"而未研究打马之法，但他肯定了现在遗存的历代打马钱币是打马戏的"用具"，即棋子，并对打马钱进行了系统的分类研究，认为"有将马钱可分五种版式"，"无将马钱根据不同版式可分为六种"，这些打马钱的年代根据钱上的年号，"上起唐高宗乾封年间（公元

---

① 马建春：《大食双陆棋弈的传入及其影响》，《回族研究》2001年第4期。
② 宋德金：《双陆与民族文化的交流和融合》，《历史研究》2003年第2期。
③ 史良昭：《枰声局影·打马》，上海古籍出版社，1991。

666~668年)，下至清中期”，打马钱“兴起于唐，流行于宋，元明清时渐趋衰微”。[①] 这个研究为我们探讨打马的起源、流行、消亡年代提供了有力依据。拙著认为，打马博戏起源于晚唐时期，主要接受了当时的叶子、采选、樗蒲等博戏的影响而创立的。同时，在史良昭先生研究的基础上，综合整理了各种相关文献之后，基本上恢复了打马博戏的玩法。

5. 扑掩和各类钱戏

钱戏即钱的博戏，省去了其他一切博局、博具，而只用金属铸币作博具进行赌博或游戏的一种博戏形式。钱戏名称众多，有掩、博掩、意钱、诡意、射意、射数、摊钱、扑、扑戏、扑掩、撷钱、跌钱、跌成、骰钱、掷钱、打钱、白打钱、簸钱等等。这些钱戏的内涵古人多无解释，有解释的也争论不休。钱戏是博戏中至为重要的一部分，自汉代流行以来，至今未泯灭，但学界对钱戏的研究却甚是寥寥。专论者仅见南京大学姚永铭先生的《扑掩考》，涉及者有戈春源的《赌博史》、张燕波《唐代的博戏》。戈春源对摊钱研究后认为：“摊钱有各种玩法，但总的原则是，任意抓起一把铜钱，用物掩盖，叫人猜它的数目，或直接颠钱，看钱的正反面决定胜负。”[②]

姚认为，“扑掩又称意钱、摊钱，意有猜测义，意钱既可指猜测钱之正背面，也可指猜测钱的数目。因此可兼指扑掩两者”。这里，姚先生把扑掩、意钱（包括诡意、射意、射数等）、摊钱都看做是一种钱戏。同时，他也把扑、掩区分开来，“扑”指掷钱猜钱的正反面，有撷钱、跌钱、跌成、扑卖等名称；“掩”指覆钱猜钱的数目。[③]

拙著系统研究后认为，中国古代以钱币为赌具的博戏可分三类，一类是意钱，也称作掩、博掩、意钱、诡意、射意、射数等，其共同特征是掩钱猜数；以钱数准确与否定输赢。因此，把意钱称作扑掩、摊钱都是不合适的。第二类是摊钱，有两种，一种是在意钱基础上的进化，虽然也掩钱用意忖度钱数，但被掩之钱要“每以四文为一列”，而且要“以四数之”，方“谓之摊”。这种摊钱可称作“摊铺”、“摊蒱”、“摴蒱”。此戏胜负，首先用《周易》大衍筮法四四堆数，后用余数1、2、3、4判输赢。另一种摊钱盛行于清代，它不是“四文一摊”，而是“以钱摊拨于地”，称为“跌博”、“跌

① 宋亦箫：《李清照打马文及历代打马钱》，《中国钱币》2004年第3期。

② 戈春源：《赌博史》，上海文艺出版社，1995，第40页。

③ 姚永铭：《扑掩考》，《辞书研究》2000年第1期，第151~152页。

钱"等，其特征是围坐一摊"用钱文跌博，木刻押宝，并有另制筹马折算银数"，视钱字幕以决胜负。是一种聚众为一摊的大型摊钱钱戏。第三类是骰钱，宋代称为"扑"或"关扑"，以后民间又称"跌头钱"、"蹲兰幕"、"捏狗腰"、"鹑钱"、"猜幕"等。其突出特征是以多枚钱币代替"骰子"，视字幕的多种组合来决定输赢。

6. 麻将

麻将是中国博戏流传至今且家喻户晓的博戏品种，其基本打法和规则，自不待学界深究。学界研究的主要问题是麻将如何起源、形成的问题。但自1990 年代以来，宣传界屡屡有麻将源于护粮仓、源于郑和下西洋、源于孔子、源于韩信、源于明朝万秉迢无根无据的说法。一些始作俑者也自认是附会。[1] 造成了麻将学术问题的混乱。

较早研究麻将者当是杜亚泉先生的《博史》（民国二十年，1931年），他认为："天启马吊牌虽在清乾隆时尚行，但在明末时已受宣和牌及碰和牌（二者均为骨牌）之影响，变为默和牌。默和牌又受花将之影响，加东西南北四将，即成为马将牌"，即麻将牌源于明代马吊牌。对"马将牌"创于何时，杜先生给予了一个范围，清光绪初年以前和五口通商以后。他说："相传谓马将牌先流行于闽粤濒海各地及海舶间，清光绪初年，由宁波、江厦延及津、沪商埠。""清乾隆年间，尚流行默和牌，乾隆以后，花和牌盛行，亦无人顾问。五口通商以后……演习马将者逐日众。此时已改制骨牌，且加梅兰竹菊琴棋书画等花样，称为花马将，逐渐流行。"[2] 他的研究成果，奠定了麻将起源、形成研究的基础，后来学者只是有所订补，大致不出其基调。

现代的系统研究者首先是史良昭先生，他认为明代马吊中的斗虎（30张）在清康熙年间变为 60 张分万贯、索子、文钱三门的默和牌，由默和牌翻一翻，即成"碰和牌"，二者统称"游湖"。"由于用于游湖的纸牌数量一多，在组合进数时十分不便，于是向骨牌的'碰和'看齐，渐而改成骨制，这就产生了麻将，所以麻将是马吊与骨牌的混合产物"，"麻将始于咸丰以后是可信的"。[3] 史先生从牌的形制、规则入手，对由马吊到默和、碰和骨

---

① 谷新：《源起万、筒、索》，《华夏人文地理》2004 年第 2 期。

② 杜亚泉：《博史》，开明书店，1933。

③ 史良昭：《枰声局影·麻将》，上海古籍出版社，1991。

牌，再到麻将的演变的详细考证，颇为中肯。

周海雄、王雁玲撰《麻将的起源与演变》一文认为，"今天的麻将，其形式是参照牌九而来的"。"麻将是宁波人陈鱼门根据叶子格及马吊的基本花色和牌九的基本形式新创的一种骨牌博弈方式"。"与此同时，陈鱼门还新创了'杠'、'吃'和用骰子定位的方法"。① 此观点根据主要是"今天陈氏的裔孙直言'麻将是我的前辈发明'"的传说，但与麻将发明的时期大致相合，不容忽视。

巴卡在 2007 年的《中日麻将文化杂谈》中有另外一种观点，认为，"麻将和牌九的产生都与骰子有关，而麻将的雏形在宋朝已经出现"，这是一种大胆的想法，但仅凭六面骰子的出现而断定麻将的雏形出现，很难为人接受。关于麻将的形成，其认为，"正宗的麻将牌应该是从明末清初开始，可以说是综合了马吊牌、骨牌和宋代宣和纸牌的特点而形成的"②，这种观点也有商榷的余地，因为清初的默和牌和碰和骨牌与麻将差异还是较大，碰和有红万、枝花、空堂，而麻将有红中、发财、白皮，又多出东西南北四风和春夏秋冬（或琴棋书画）、梅兰竹菊八花。很难说碰和就是麻将。

拙著认为，麻将在起源过程中经历了一个相当复杂的过程，其主要来源有三，一是骰子，二是骨牌，三是马吊纸牌。清初时的默和、碰和骨牌是其直系祖先。正规麻将的发明，不是某人一时的创造，而是在道光以后光绪以前（1821～1875 年）的约 50 年间，由闽、浙、粤等长江流域贸易繁盛地区的民间发明的，与当时的太平天国赌风也有关系。主要活动在清咸丰、同治年间的宁波人陈政钥（字鱼门），很可能综合整理了麻将的玩法，使成型麻将"起自宁波沿海一带，后渐染于各省"。③

（三）从博戏到象棋——象棋起源发展研究

象棋在中国起源早，形成过程中的变化多，且与外域的四角棋、沙特朗兹等都有影响或融合关系。因此，尽管象棋的棋制、法则等学术问题都

---

① 周海雄、王雁玲：《麻将的起源与演变》，《宁波大学学报》（人文科学版）2002 年第 4 期。
② 巴卡：《中日麻将文化杂谈》，《体育文化导刊》2007 年第 12 期。
③ 胡思敬：《国闻备乘》卷三《叉麻雀》。

很清楚，但围绕着中国象棋和国际象棋的起源、形成、变体、社会文化影响等诸多问题还没有达成共识。同时，象棋的研究比其他众多博戏要深入系统，专著已出现不少，其中重要的有民国三十二年（1943 年）出版的周家森的《象棋与棋话》，收集了中外象棋研究的论文、报道和观点，为系统研究打下了基础，有开创之功。① 新中国成立后，李松福的《象棋史话》，是象棋发展史的首部著作，该著从初稿到出版历经 18 年（1963～1981 年），是呕心沥血之作，其中一些观点虽不无可商之处，但总体框架和较丰富的考古资料和文献资料却为后来者继承、发挥，有启迪肇始之功。② 1991 年出版的史良昭先生的《枰声局影》，虽是一部文化普及性的博弈专著，但其于博则频发高论，于弈则论证精详。③ 张如安先生 1991 年 11 月出版的《中国象棋史》，是一部全面系统研究中国象棋发展变化的专著，首次将中国象棋史划分为萌芽（初唐以前）、雏形（唐至宋初）、发展（至哲宗）、现制象棋（北宋末以后）等四期，对各期的象棋形制、内涵、棋谱、社会文化影响等都作了细致论证，并附有中国象棋年表。显然，这是一部集大成的创新之作。④

现把学界的研究成果以及有争论的问题综述如下。

1. 象棋起源地之争

国内外学界一般认为中国象棋和国际象棋非常相近，有着共同的祖源，围绕这一问题，古今中外，聚讼不已。有希腊起源说。日本人涩江保在《泰西事物起源》中说："象棋系希腊七贤中名希腊者所造。"⑤ 有埃及起源说。1930 年从埃及开罗发出一条消息："有七千年历史的古代象棋盘，在一个名叫乔沙欧克的大祭师的坟墓内发现。""由此可见，象棋游戏，至少在耶稣降生前五千年左右即为埃及发明，并不是由波斯人或中国人发明的。"⑥ 另外还有巴比伦说、波斯说、阿拉伯说等，这些说法都缺乏有力证据，并不流行。流行的观点是印度起源说和中国起源说。

持印度起源说者主要是英国人威廉·琼斯，他以"中国古代不产象，

---

① 周家森：《象棋与棋话》，世界书局，1943。
② 李松福：《象棋史话》，人民体育出版社，1981。
③ 史良昭：《枰声局影·象棋》，上海古籍出版社，1991。
④ 张如安：《中国象棋史》，团结出版社，1991 年 11 月。
⑤ 周家森：《象棋与棋话》，世界书局，1943，第 4 页。
⑥ 见 *GAME OF CHESS*（《国际象棋手册》），英国伦敦版。

印度则是产象国，中国既名象棋，且棋中有象"为据，认为象棋"是由印度传入"。① 法国、苏联学者也认定印度象棋"在公元 570 年左右传入我国"②，国内较早持此论者是胡适先生，他认为，"中国与印度交通已近千年，也许这种游戏从印度、波斯传进来已久，到牛僧儒才把它改作一种中国的象棋戏"。③

较早持中国起源论者是孟心史先生，他认为："古之象棋即博棋，今之象棋行于唐代以前，由古递变而来"，"象棋之名，已远溯周时而递变至此，棋之有象，由来甚早"。④ 象棋是由中国古代博棋递变而来的结论确有见地。1950 年代以后的中国学界，如李松福先生的《象棋史话》、史良昭先生的《枰声局影》、张如安先生的《中国象棋史》等都主张此说，但在具体演变形式和内容方面还有待进一步论证。

2. 象棋起源演变形式之争

有人认为，"《易经》的六爻影响到六博棋子，黑白以六为数，博著也以六为数，发展成后来的骰子以六为大，继续影响后来的象棋子种类也以六为数。有理由认为六博就是最古老的象棋原型"。⑤ 显然，这里把 6 个相同的子与 6 种不同功能的子相混淆了，其实这是博戏与象棋形制上的本质差别，把差别误为同一，其六博是"象棋原型"的立论显然不能成立。张如安先生认为，"照国际象棋的推论原则，六博棋也完全有资格充任中国象棋的远祖"，但"'远祖'应当具有血缘意义上的祖承关系……实在难以看出两者有什么直接的血缘关系……将六博的起源视为象棋的起源，还是过于勉强的。但……博棋中的捉对厮杀、依格行棋、杀枭为胜之类，显然可以看出象棋萌芽诸因子的存在"。⑥ 我体会张先生的意思是：博棋作为有间接血缘关系的象棋远祖是可以的，作为无直接血缘关系近祖是不行的。此论谨慎而有见地，但他既然承认博棋中有"象棋萌芽诸因子的存在"，而所论证的博戏、塞戏、弹棋、双陆、波罗塞戏等"都可以看出与中国象棋的战法明显不同"⑦，拿不

---

① 见周家森《象棋与棋话》，世界书局，1943，第 5 页。
② 〔法〕布阿什：《国际棋话》，《国际展望》1956 年第 10 号。苏联学者的观点引自李松福《象棋史话》，人民体育出版社，1981，第 5 页。
③ 《中国体育史参考资料·我国象棋溯源》第 3 集，第 60 页。
④ 孟心史：《象棋以欧州为近古说》，《东方杂志》第 25 卷第 17 期。
⑤ 刘文哲：《象棋的起源和本质》，《体育文化导刊》1986 年第 4 期。
⑥ 张如安：《中国象棋史》，团结出版社，1991，第 6 页。
⑦ 张如安：《中国象棋史》，团结出版社，1991，第 15 页。

出博棋逐渐嬗变为象棋的证据。

对北周象戏和唐代宝应象棋和八八象棋的认识，是博棋是否逐渐嬗变为象棋的关键点。李松福先生认为，象戏是以两汉时流行的塞戏为依据的，如果参照唐代的八八象棋盘，北周象戏的棋局与唐代是无疑的。[①] 这里指出了北周象戏上接博棋下联唐代象棋的关系，是重要论断。张如安先生则认为，北周象戏"十分接近于早期的各种博戏，属于完全不同于今之车、马、炮的另一种棋戏"。[②] 他还推测：马来象棋、泰国象棋、缅甸象棋（都为八八格象棋）都是受唐代象棋（宝应象棋）的影响发展而来。透露出其所言的唐代象棋也为八八象棋。李浭先生对象戏进行过长期的研究，认为象戏局中已存在定型象棋的九宫，庾信《象戏经赋》中的"坎"和"离"都是九宫中的位次名称。辞赋中"当甲而取未"，当指棋局中位置之字体编号，用以记录和表明某棋子之行棋着法的。定型象棋在北周时已粗具规模。[③] 同时认为，武帝宇文邕是最早的棋局作者。[④]

史良昭先生对北周象戏的形制进行了推测："象棋棋盘以纵横各八的方格道组成，呈正方形，分内外两层，外层……分八个区域，与八卦对应；内层格道纵横各四，环列一周正好十二格，代表月份。棋子有金木水火土，合称马；日月星，合称龙。"[⑤] 其中龙棋不能杀马棋，龙、马棋可互升降。这个据唐代八八象棋棋局和象戏经、赋的推测很有意义。拙著也进行了复原，外层除八卦外，还应有象征六吕六律的十二支棋位，由各种子进行"六曰律吕，以宣其气；在子取未，在午取丑"的实际战法。象戏子源于四维戏和儒棋（20子），共有22个棋子，分四类：符棋6枚，象六甲，为兵；策棋6枚，象六丁，为卒；龙棋5枚，标有天地日月星；马棋5枚，标有水火木金土，分别按方色摆放在六十四卦局的第二周。

以上研究，找出了由博棋向象棋转变的两种棋戏，一是北周象棋，棋盘以纵横各八的方格道组成，具有唐代八八象棋的特征，而子却是掷点行棋，具有博戏特征，当是由博棋向象棋转变的一种过渡类型。二是

① 李松福：《象棋史话》，人民体育出版社，1981，第32~33页。
② 张如安：《中国象棋史》，团结出版社，1991，第29页。
③ 李浭：《太极八卦与象棋九宫》，《体育文化导刊》1987年第2期。
④ 李浭：《宇文邕是最早的棋局作者》，《棋艺》（象棋版）1982年第11期。
⑤ 史良昭：《枰声局影·象棋上》，上海古籍出版社，1991。

唐代的八八象棋，与国际象棋盘一模一样，"是目前世界上发现的最古象棋遗存"①，对它的认识，学界仅停留在为研究古代的象棋制度或提供了探讨中国象棋与国际象棋关系的形象史料的基点上，无人深究。我们认为，原始的象棋局当为唐代的八八阴阳局，此局的源头是西汉汉京房的"八宫卦"，即用八卦统领其余五十六卦的八八图。用于博戏，最早出现在源于六博的晋代四维戏局中。以后北魏游肇创制的儒棋也是"四维之道，通数而棋"，至北周象戏，依然用八八方格棋局，并逐渐演变为唐代八八阴阳局。唐代的宝应象棋、开成象棋等的象棋子已有将、马、车、卒、士、象、砲等，其中象当来源于波罗塞戏，砲、马、车在《敦煌棋经》中已作为行棋术语出现，将士本是中华传统，因此，唐代八八阴阳棋是上承博戏中的四维戏、儒棋、北周象戏发展而来，并接受了印度波罗塞戏的影响而形成的一种棋戏。同时，它又为中国象棋、国际象棋的发明开了先河，是它们共同的直系祖先，因此唐代八八阴阳象棋是中国博弈史上非常重要的由博棋向现代象棋转变的过渡型棋戏，是雏形期的象棋无疑。

3. 雏形象棋的发展演变和象棋的定型

学界一般认为，宝应象棋是象棋雏形时的典型代表，其中至少已有将、车、马、卒 4 个兵种。其布阵和走法"基本上与今之国际象棋相似"。② 李涟先生从"矢石乱交"推测，矢与士同音，是以后士的前身；石即可用砲车发的飞石，可称作机石、机发石，当是今天炮的前身。③ 此说很有创新，可备一说。

雏形象棋的发展被张如安定为象棋的发展期，指北宋初至定型象棋（北宋末）以前的象棋。主要包括大象戏、北宋通行象棋和七国象棋等等。大象戏见于李清照《打马图序》，也是日本将棋祖型，"日本将棋的确切史料，康治元年（1142 年）从中国传去的大象戏，才是最可靠的"。④ 朱南铣认为，"这种二人对局的大象戏，系指北宋晁补之的广象戏，棋子越多，棋盘越大，原仅个人的创制，最多行于中、上阶层"⑤。其实，据现存的日本将棋可以大概知道大象棋的棋制，遵照朱南铣先生的论证，其局纵横各 10

---

① 张如安：《中国象棋史》，团结出版社，1991，第 48 页。
② 李松福：《象棋史话》，人民体育出版社，1981，第 43 ~ 44 页。
③ 李涟：《玄怪录里的象棋》，《体育文化导刊》1986 年第 2 期。
④ 日本将棋联盟编《将棋入门·将棋的历史》，昭和 54 年版，第 36 页。
⑤ 朱南铣：《中国象棋史丛考》，中华书局，1987，第 42 页。

条直线，共81个方格，棋行格内；棋子共36枚，分6个兵种：玉将、香车、桂马、步兵，分别相当于唐代宝应象棋的王、车、马、卒；金将、银将是北宋"通行象棋"的"偏将"、"裨将"。[①] 朱先生的考证精详，论而有据。但这种大象戏与晁补之的广象戏（局纵横路十九、棋九十八）绝非一种棋戏。拙著认为，作为日本将棋祖型的中国"大象戏"，明显是受唐代八八象棋影响、在北宋时加进河洛之学概念之后的一种象棋类型。

北宋通行象棋指晁补之《广象戏图序》所称其儿时（当在1060～1070年之间，其7～17岁）所见的一种"局纵横十一，棋三十四"的民间通行的象棋。古今学界结合当时人梅尧臣（1002～1060年）、程颢（1032～1085）的《象戏》诗及司马光的《七国象戏》等资料，对其局子、着法进行了深入研究。大多认为通行象棋已有九宫、河界、7个兵种、34子。清人姚元之（1773～1825年）《竹叶亭杂记》卷七和俞正燮（1775～1840年）《癸巳存稿》卷十一《象棋》探索最早，是复原研究的基础。他们把"局纵横十一"理解为方格中行棋，炮在底线最边。杜亚泉先生理解为在交叉点行棋，棋子摆法同上。[②] 朱南铣先生详细分析考证，以34子为准，每方加为6卒，双士参照"七国象棋"定为偏裨，炮则向内移一位，上方无卒遮挡。[③] 他的复原更接近北宋实际象棋。最属卓见，为学界所接受。也有人认为，纵横十一路"只是晁补之的一种粗疏的省文说法，实疑当作'纵路十一横路十'"。[④] 这种推测使之与今日象棋一样，但缺乏证据。总之，一般认为，北宋通行象棋是与今天象棋血缘关系最近的过渡型象棋。

定型象棋一般认为是北宋末出现的，但也有不同观点。就考古资料所提供的证据看，目前已发现北宋晚期的棋子共7批，其中4批正式发表：一是开封出土的阳刻形象铜子，是宋徽宗时期（1101～1122年）的遗物。[⑤] 二是江西安义县出土的阳刻形象铜子，随出土有崇宁通宝铜钱一枚。[⑥] 三是洛阳文物工作队挖掘一座北宋小型墓出土的一副黑、白瓷质棋子，字体上描金。

---

① 朱南铣：《中国象棋史丛考》，中华书局，1987，第79页。
② 杜亚泉：《博史》，开明书店，1933；周家森：《象棋与棋话》，世界书局，1943。
③ 朱南铣：《中国象棋史丛考》，中华书局，1987，第75页。
④ 史良昭：《枰声局影·象棋下》，上海古籍出版社，1991。
⑤ 李松福：《象棋史话》，人民体育出版社，1981，第61页。
⑥ 胡奕实：《从安义县出土的铜质古象棋谈起》，《南方文物》1983年第4期，第68～70页。

共 32 颗, 随出最晚的铜钱是崇宁钱。① 四是四川江油市出土的两副铜棋子, 随出有大观、崇宁铜钱。② 上述资料反映的棋子方面的棋制与今完全相同, 时代都在崇宁、大观 (1102～1110 年) 之间。但由于没有发现棋盘, 学界并未据这些资料确定中国定型象棋出现的时间。最早的中国象棋盘出现在李清照的《打马图》(1134 年作) 上, 但河界较今局宽出一倍, 且晚于考古资料几十年。李松福先生较早使用韦妃卜棋 (靖康二年, 1127 年) 资料以证定型时间, 谓 "宋人萧照画《中兴瑞应图》, 其中象棋局大而明显, 且与今日象棋局无异。图中画有五男一女, 借掷象棋子以卜国运"。③ 张云川先生提出不少证据证明李所见《中兴瑞应图》是以后的赝品, 不足为据。并认为: "如果考虑行子规则的话, 那末中国象棋很可能至元初才定型, 如果只考虑棋子和棋盘的话, 则当定型于南宋中后期"。④ 此论新颖, 可成一说。朱南铣先生考证韦妃卜棋事甚详, 结论是, "宋徽宗夫妇所下的象棋, 形制已经同于今日"。⑤ 谷世权、林伯原《中国体育史》也认为 "象棋革新至北宋末才逐渐定型为今日中国的象棋"。⑥ 张如安先生也据韦妃卜棋史料认为 "民间的流行一定早于宋徽宗在位时期", "保守一点的估计是: 中国象棋的定型不迟于十一世纪末"。⑦ 我们认为, 象棋占卜所示的棋制是: 子中有将, 将居局上九宫, 棋子有 32 枚。但未明局中有河界, 河界是占一路还是占两路, 至南宋初《打马图》, 河界还是占二路, 和现行象棋还是有差别。如结合南宋刘克庄 (1187～1269 年) 的《象弈》诗已有和现在一样的河界, 我们认为, 中国象棋的定型应当在南宋中后期。

4. 国际象棋与中国象棋的关系及其起源

学界普遍的观点是国际象棋与中国象棋非常相似, "相似的走法, 相似的规则, 相似的战略思想, 相似的战术手段"。⑧ 因此二者也应有共同的祖源。国外学者一般认为, 国际象棋的祖先是古印度的四角棋, 其局是 64 格

① 黄吉博:《洛阳出土北宋象棋一副》, 1998 年 9 月 20 日《中国文物报》第 1 版, 第 74 期。
② 曾昌林:《宋代铜质中国象棋浅析》,《四川文物》1995 年第 6 期。
③ 李松福:《象棋史话》, 人民体育出版社, 1981, 第 64 页。
④ 张云川:《中国象棋定型考》,《体育文化导刊》1996 年第 3 期。
⑤ 朱南铣:《中国象棋史丛考》, 中华书局, 1987, 第 9 页。
⑥ 谷世权、林伯原:《中国体育史》上册, 北京体育学院出版社, 1989, 第 300 页。
⑦ 张如安:《中国象棋史》, 团结出版社, 1991, 第 109 页。
⑧ 刘适兰:《从国际象棋与中国象棋的异同看中西方文化的差异》,《武汉体育学院学报》2003 年第 5 期。

方局，无阴阳，4 人下，每方王、象、马、船各 1 枚，兵 4 枚，掷点行棋，步法与国际象棋相近。① 其年代据传说已有两千年的历史，也有人认为，"最早在八世纪中叶"。② 同时印度也出土了 1 枚 8 世纪的立体象棋子。③ 一些国内学者赞同这种观点，如小飞的《国际象棋溯源》④、刘适兰的《从国际象棋与中国象棋的异同看中西方文化的差异》等。⑤ 唐代八八阴阳象棋盘的发现使更多的学者认为，中国象棋当源于唐代象棋，而非印度；同时，国际象棋从唐代象棋演变而来"也是合理的推测"。如张如安先生据回鹘人哈吉甫《福乐智慧》（1069 年完成）的象棋材料，证明了唐代象棋在"唐时"已传入回鹘。并推测，"唐代象棋的种子撒向了中亚各国和阿拉伯地区，最终演变成国际象棋"。⑥ 我们在对中国博弈品种进行了系统研究的基础上，详细论证了由博棋向八八阴阳象棋，再向中国象棋、国际象棋转化的轨迹。认为，印度四角棋靠掷点行棋，是博而非弈；虽是 46 格局但无阴阳；子中无后（士）等与国际象棋差别很大，而唐代八八阴阳象棋不仅棋局和国际象棋一模一样，且不掷点而靠智力行棋，与国际象棋更接近，特别是局的阴阳设计，起源于易学文化，经四维戏、北周象戏发展而来，线索清楚，必然是中国博弈特征，因此，现代的国际象棋使用阴阳 64 格局，当源于中国而非印度。唐代八八象棋是国际象棋和中国象棋的共同祖源，唐晚期以后经丝绸之路逐渐传入中亚、阿拉伯和欧洲，经演变成为国际象棋。⑦

定型象棋出现以后，学界的研究主要集中在棋谱、实战技术和社会文化关系的研究。杜亚泉的《博史》，周家森的《象棋与棋话》为这些研究奠定了基础；李松福的《象棋史话》、史良昭的《枰声局影·象棋》较早地进行整体的研究；特别是朱南铣先生的《宋元明清棋谱概况和有关史料》对宋以后的棋史考证甚详，其中不少结论为学界公认。⑧ 张如安先生的《中国象棋史》对以上学术问题也有不少新论，令人大受启发；李渭先生治象棋史

① 1956 年全国象棋锦标赛大会印《中国象棋历史参考资料》，第 10 页。
② 周家森：《象棋与棋话》，世界书局，1943，第 5 页。
③ 常任侠：《东方艺术丛谈·从游戏上看中印古代文化的关系》，新文艺出版社，1956。
④ 小飞：《国际象棋溯源》，《中国体育》2003 年第 11 期。
⑤ 刘适兰：《从国际象棋与中国象棋的异同看中西方文化的差异》，《武汉体育学院学报》2003 年第 5 期。
⑥ 张如安：《中国象棋史》，团结出版社，1991，第 59~60 页。
⑦ 宋会群：《论象棋之象——象棋的起源演变与术数文化的关系》，《体育文史》1993 年第 2 期。
⑧ 朱南铣：《中国象棋史丛考·宋元明清棋谱概况和有关史料》，中华书局，1987。

尤其是棋谱史甚勤，先后发表关于各代的棋谱研究、棋史研究论文十数篇，其中不少发微很有见地。限于篇幅，不详细阐述。

（四）坐隐忘忧——围棋的溯源与演变研究

关于围棋的研究已出现多部专著，较早的是刘善承主编的《中国围棋》。① 随后李松福在 1990 年出版了《围棋史话》②，张如安在 1998 年出版了《中国围棋史》③，蔡中民、赵之云在 1999 年也出版了《中国围棋史》④，何云波则在 2001 出版了《围棋与中国文化》⑤。以上专著，比较系统地研究了围棋起源、发展、演变及其文化社会影响，集中反映了中国学界对围棋的研究成果。

围棋的学术研究，主要集中在起源与形成、棋局形制与着法规则的演变方面。现分述如下。

1. 围棋的起源与形成

这一问题众说纷纭，至今未有定论。国际上比较权威的《大英百科全书·围棋》认为"在公元前 2356 年左右起源于中国"；《美国百科全书·围棋》则认为"于公元前 2300 年由中国发明"，绝对年代说得如此确切，其根据大约是《世本·作篇》的"尧造围棋"。马诤先生认为围棋是远古军事生活的反映，棋子不分黑白似乎带有原始民主精神，并以甘肃永昌鸳鸯池出土彩陶罐的纵横各 10～13 道的棋盘纹为实物根据，认为围棋很可能产生于原始社会末期。⑥ 李松福先生在《围棋史话》一书中推测："在已经出现部落战争的尧舜时代，在研究作战的会议上，可能有人就有画图，用石子代替士兵，部署兵力。这种形象地表达个人意见的做法，后来被一些人模仿，创新为一种游戏，这就是最原始的围棋活动。"⑦ 又有人认为，围棋来源于尧时期的田猎活动。"一旦田猎逐步具备生存求活、围歼野兽，开垦田地，军事活动和游乐多种意义，并浓缩于一种游戏之中。围猎式的简单着法，井田

---

① 刘善承主编《中国围棋》，四川科学技术出版社、蜀蓉棋艺出版社，1985。
② 李松福：《围棋史话》，人民体育出版社，1990。
③ 张如安：《中国围棋史》，团结出版社，1998。
④ 蔡中民、赵之云等主编《中国围棋史》，中国统计出版社，1999。
⑤ 何云波：《围棋与中国文化》，人民出版社，2001。
⑥ 马诤：《围棋溯源》，《文史知识》1984 年第 8 期。
⑦ 李松福：《围棋史话》，人民体育出版社，1990。

式的方格棋盘，敌我双方（棋子）的布阵对垒，娱乐性的游戏活动，围棋终于产生了。围棋的发明，尧舜时期是关键。"① 有人认为最早的围棋是 11×11 道，是按"天一生水，地六成之"设计的。每边的中心是"六"数，周为地，心为"人一水"。这意味着"土围水"，就是"围棋"的本来含义。并据推想围棋发明的时间上限应在大禹治水时，下限是在夏朝。② 以上观点共同认为围棋起源于原始社会或夏代，但有许多臆测成分，所据文献都属传说性的；所据实物"棋盘纹"，考古界只称作方格纹和网纹。未必能确认是围棋游戏的反映，至于围棋源于拟田猎、兵战等说，本无错误，只是自原始社会以来的历朝历代，都有此类活动，与判别围棋起源时代并无多大裨益。

刘善承从社会物质条件和定居生活等因素考虑，认为围棋产生在原始社会，找不到确凿的证据，推断，"如果产生于殷商奴隶社会，那么'盘庚迁殷'以后的可能性更大"。③ 袁曦认为，围棋与周易有密切关系，原为占卜工具，其产生应在公元前 7 世纪前后。④ 杨晓国先生对围棋起源的探索具有系统性，认为八卦九宫理论是围棋文化的核心理论，由"其"字和"其卜"显示的图形是所谓的"九宫原始占方"，这种占方至今仍有流传，呈九宫格形，称为"九宫四路占方"，是商末周初围棋之始的原始形态，其后经历了西周的九宫七路占方、东汉以前的九宫十三路弈棋、战国至西汉的无宫十五路弈棋、无宫十七路弈棋后，成为"东汉九宫十九路围棋"。围棋的奠基者是商末周初的箕子。起源地是山西陵川箕子山。⑤ 这种具有创新的明确确定，不乏有价值的考证，但也有不少推测成分。可自成一说，但未能公认。

章必功认定"弈"字必指围棋，遂根据《左传》等文献认为围棋大约产生于春秋初年至中叶的二百年间。围棋的发明者是个学识渊博、绝顶聪明的"太史者流"。⑥

张如安先生的《中国围棋史》对起源和形成问题论述得中肯而慎重，其罗列了学界的部分观点后，指出"考查先秦围棋的历史状况，必须以这

---

① 王健：《略论围棋的起源》，《南京高师学报》1996 年第 3 期；王健、唐永干：《论围棋的起源与发展》，《南京体育学院学报》1996 年第 3 期。
② 王锋：《论围棋的起源、演变与中国传统文化的关系》，《西安体育学院学报》第 16 卷第 2 期，1999 年 4 月。
③ 刘善承：《中国围棋》，四川科学技术出版社、蜀蓉棋艺出版社，1985。
④ 袁曦：《略谈围棋的起源、发展与定型》，《体育文史》1989 年第 1 期。
⑤ 杨晓国：《围棋溯源》，山西经济出版社，2007，第 3~59 页。
⑥ 章必功：《围棋的哲学内涵》，《围棋天地》2000 年第 5、6 期。

些资料（先秦围棋史料）为依据，且莫认'棋'为弈，横生枝节"，同时经详细论证认为"先秦围棋起源、独盛于黄河中下游地区，并产生了最早的棋迷和国手，形成了初步的棋艺理论。我们有较充分的理由认为中国的围棋文化源于黄河文明"。① 此说未言起源时间，但字里行间反映出至少是春秋或以前。

我们认为，考证围棋起源的证据有三：一是文献记录；二是考古实物证据；三是资料证据必须和围棋棋制的内涵相关。就文献记录而言，全部先秦文献出现的"弈"、"弈棋"、"博弈"共四条，计《左传》、《孟子·告子上》各一条，谈到的"弈棋"和"弈"都为动词，指下棋义，不指围棋；《论语·阳货》、《孟子·离娄下》各一条，都为博弈连称，当泛指博戏一类的游戏，起码不能确定是指围棋，因为博棋也可称弈。围棋一词最早出现在西汉时期，史载最早的下围棋者是汉高祖的竹下围棋。就考古资料而言，最早的围棋实物见于西安汉景帝（公元前154～前141年）阳陵南阙门用铺地砖做的围棋盘残盘。因此根据现有材料，严格意义上的围棋应产生于西汉。

2. 两汉魏晋的围棋形制

围棋发展成今制经历了怎样的过程，是重大的学术问题。首先是局制，发现的汉景帝（公元前154～前141年）阳陵围棋残盘，发掘者据他砖33厘米见方推测是17道盘。② 我们认为，若"陶砖边长33厘米"不误，则应是15道。其四·四处有小叉，当是预置势子之位。秦都咸阳西汉中晚期的甲M6墓葬出土的铁足石棋盘也是15道，无星位表示。③ 显然西汉围棋处在围棋的发明、形成阶段，棋制还很不固定，通行的是15道棋局，四角星位可能预置势子。东汉出土两件围棋盘实物（河北望都县一号墓和安徽亳县曹腾墓）都是17道，张如安先生结合文献认为"十七道棋盘应是东汉围棋通行的样式"。④ 17道棋局流行了很长时间，西晋刘宝墓出土了289枚围棋子。⑤ 新疆吐鲁番阿斯塔娜唐墓《围棋仕女图》中的棋局是17道⑥，现在的

① 张如安：《中国围棋史》，团结出版社，1998，第22页。
② 陈鸣华：《围棋规则演变史》，上海文化出版社，2007，第25～26页。
③ 咸阳市博物馆等：《秦都咸阳汉墓清理简报》，《考古与文物》1986年第6期。
④ 张如安：《中国围棋史》，团结出版社，1998，第41页。
⑤ 王天惠等：《邹县刘宝墓出土围棋小考》，《围棋天地》1989年第8期。
⑥ 何云波：《围棋与中国文化》，人民出版社，2001，第168页。

藏棋、锡金围棋还流行 17 道。

学界讨论的焦点集中在 19 道围棋何时出现上。有人根据东汉马融《围棋赋》的"棋雅",认为只有 19 道线、361 路的棋盘才可能形成棋雅,断言 19 道棋盘是东汉时间问世的。① 国内不少论者根据宋李逸民《忘忧清乐集》收有《孙策诏吕范弈棋局面》,是在 19 道棋盘上展开的,从而认定三国时期 17 道、19 道围棋都在流行,前者流行北方,后者流行吴宫中。② 张如安先生认为汉魏时 19 道盘已问世的说法证据不足,认为"棋雅"虽有棋心天元之意,但未必有势子之意,因而与围棋早期程式化布局无关,更不能援为 19 道棋枰问世于东汉的证据;《孙策诏吕范弈棋局面》的真伪后人多有怀疑,假冒的可能性很大;蔡洪《围棋赋》"位将军于五岳"绝非指五岳势子布局,五岳只有 19 道棋局特有的观点也就失去了依托。他进一步认为,《孙子算经》记载有"局方一十九道"其成书年代在"东晋以后,北魏之前,以成于东晋较为合理,以此为据,十九道棋局的问世大致在东晋时代"。③

学界一般主张 19 道盘在南北朝时期开始出现,如王又庸《围棋史话》④,日人池田亮一《围棋漫谈》⑤,都主此说。小川琢治《围棋在中国的起源和发达》又主张梁武帝时(公元 502～549 年)开始用 19 道棋局,其根据是《隋书·经籍志》所收梁谱。⑥ 我们认为,目前所见最早的 19 道棋盘是隋代张盛墓(不晚于隋开皇十五年,公元 595 年)出土,其中有明显的五岳势子棋位。文献记载较早的是北周《敦煌棋经》的仿周天之度数的"三百一十六道"(当作"三百六十一道"),即为 19 道棋盘。另一问题是《孙子算经》的成书时代,刘善承主编的《中国围棋》对其有较详考证:认为是北周人甄鸾作、唐李淳风注,是很有见地的说法。⑦ 因此,19 道围棋盘的问世至少应在北周及其以前。

---

① 见张如安《中国围棋史》,引《中国围棋史话》之《十九条线棋盘问世》,团结出版社,1998,第 141 页。
② 蔡中民、赵之云等:《中国围棋史》,中国统计出版社,1999,第 19 页。
③ 张如安:《中国围棋史》,团结出版社,1998,第 142～143 页。
④ 王又庸:《围棋史话》,1961 年 9 月 11 日《人民日报》。
⑤ 〔日〕池田亮一:《围棋漫谈》,《世界知识》1962 年第 12 期。
⑥ 〔日〕小川琢治:《围棋在中国的起源和发达》,《支那学》1932 年 6 卷 3 号、1933 年 7 卷 1 号。
⑦ 刘善承主编《中国围棋》,蜀蓉棋艺出版社,1995,第 300 页。

与棋局相联系的是五岳座子制。一般认为自汉至隋唐，可能流行过此制。根据是马融《围棋赋》"棋雅"的宋章樵注："雅，音义与岳同，棋心并四角各有一子，谓之五岳，言不能动摇也"和东晋蔡洪《围棋赋》"位将军于五岳"。如朱铭源《中国围棋趣话·汉代棋话》"汉代下棋，盘上先放五颗子"。① 成恩元先生推断"中心着子可能是白的权力"。② 最早的隋代围棋盘上在星位和棋心清楚地标明了五岳。但张如安认为：棋雅未必指势子，"位将军于五岳"写的是"尚在棋盘的制作阶段而非布局阶段"。因此中国弈史上从未流行过五岳座子制。③ 何云波先生则认为在没有更多的证据时，只好存疑了。④ 我们注意到二位先生论证时均未提到隋代围棋盘上明显的五岳势子棋位的存在。

史良昭先生对于"棋雅"有新见解，认为"雅"字的构造与"岳"风马牛不相及，改释为"鵁"，《说文》："鵁，欺老也。"故他认为，棋雅，本意当是最"老"的棋，也就是最先下的一颗棋。原始阶段的围棋，是"围绕着欺凌第一子而展开的"，是以"杀棋雅决输赢"，并断言，"棋雅始终安排在中央，这就是棋局道路呈奇数的缘故"，"随着棋盘道数的界定，人们渐以杀棋雅决输赢过渡到以取地域定胜负……为了避免各据一方的简单化，于是产生了预置势子的需要。中国围棋的势子各占对角，正支持了这一推论"。⑤ 这种推论很有创新意义，汉景帝墓砖上的围棋盘已有四星位势子，支持了这一推断。

我们认为，围棋棋局自发明以来，布局阶段都以"棋雅"、星位为中心，魏晋时称为"五岳"，隋唐宋时称作"一极"、"四隅"，现在称作"天元"、"星位"，这是棋局中数千年不变的东西，是围棋的灵魂。正因为棋局上有这样五个点，所有棋局的纵横道数必须是奇数，是偶数的话则无以表示"极"、"天元"。在这个前提下，出现纵横13、15、17、19的棋局格式都是不足为奇的。然而，这四种格式中，最合理、最科学的还是19路棋盘。

① 见张如安《中国围棋史》，引朱铭源《中国围棋趣话·汉代棋话》，团结出版社，1998，第44页。
② （汉）马融：《围棋赋》，成恩元注，见张如安《中国围棋史》，引《中国围棋》第二编，团结出版社，1998，第44页。
③ 张如安：《中国围棋史》，团结出版社，1998，第44页。
④ 何云波：《围棋与中国文化》，人民出版社，2001，第213页。
⑤ 史良昭：《枰声局影·围棋》，上海古籍出版社，1991，第78~81页。

3. 围棋九品制的形成和影响

围棋九品制何时出现，在棋史界是一个争论问题，《围棋辞典·棋品》认为"南朝梁武帝时，命柳恽评列棋艺水平较高能登格者273人，分若干品，称《棋品》三卷，为等级制度之始"。明代王士贞提出"棋之有品，启自刘宋（公元420～422年），盛于泰始（公元465～471年）"。张如安先生认为，曹魏时邯郸淳的《艺经·棋道》中的"围棋之品有九"是其本人所作，当时的严子卿、马绥明有棋圣之称，据此说棋品在"吴末晋初已经诞生了"，东晋范汪的《棋品》标志着大规模的衡等级、严流品风气的形成。[①]我们基本同意上述观点，品棋当在三国时就出现了，但作为全国性的棋品制度形成，可能到了刘宋以后。

学界普遍认为，围棋九品制对日本围棋产生了重大影响，为日本围棋九段制的产生奠定了基础。

---

① 张如安：《中国围棋史》，团结出版社，1998，第134～137页。

主要参考文献

刘善承主编《中国围棋》，四川科学技术出版社、蜀蓉棋艺出版社，1985。

蔡中民、赵之云主编《中国围棋史》，中国统计出版社，1999。

何云波：《围棋与中国文化》，人民出版社，2001。

张如安：《中国围棋史》，团结出版社，1998。

李耀东：《中国围棋史·前编》，1940。

李松福编著《围棋史话》，人民体育出版社，1990。

朱铭源：《中国围棋史趣话》，蜀蓉棋艺出版社，1990。

马诤编著《话说围棋》，农村读物出版社，2000。

杨晓国：《围棋溯源》，山西经济出版社，2007。

陈鸣华：《围棋规则演变史》，上海文化出版社，2007。

史良昭：《枰声局影——中国博弈文化》，上海古籍出版社，1991。

崔乐泉：《忘忧清乐——古代游艺文化》，江苏古籍出版社，2002。

麻国钧：《中华传统游戏大全》，农村读物出版社，1990。

徐厚广：《博弈》，重庆出版社，2006。

宋会群：《中国术数文化史》，河南大学出版社，1999。

崔乐泉总主编《中国体育通史》第2卷，人民体育出版社，2008。

崔乐泉：《体育史话》，中国大百科全书出版社，1998。

杜亚泉：《博史》，开明书店，1933。

周家森：《象棋与棋话》，世界书局，1943。

王连海：《中国玩具艺术史》，湖南美术出版社，2006。

刘吉主编《中国国际象棋史》，武汉出版社，1997。

朱南铣：《中国象棋史丛考》，中华书局，2003。

李零：《入山与出塞》，文物出版社，2004。

张如安：《中国象棋史》，团结出版社，1998。

李松福：《象棋史话》，人民体育出版社，1981。

陈贤玲编著《象棋方程》，中国社会出版社，2009。

张超英：《古代中国象棋棋具》，百家出版社，2003。

吴龙辉主编《中华杂经集成》，中国社会科学出版社，1994。

（宋）李逸民：《忘忧清乐集》，上海书店，1988。

湖北省文物考古研究所编写小组编《湖北文物大观》，湖北人民出版社，1993。

王端编《古锦图案集》，四联出版社，1955。

阎丽川编著《中国美术史略》，人民美术出版社，1980。

徐家亮：《中国古代棋艺》，商务印书馆，1997。

郭双林：《中华赌博史》，中国社会科学出版社，1995。

戈春源：《赌博史》，上海文艺出版社，1995。

杨荫深：《事物掌故丛谈》，上海书店，1986。

许蓉生：《中国古代赌博习俗》，陕西人民出版社，2002。

张占斌：《博彩业与政府选择》，中国商业出版社，2001。

程惕洁：《博彩社会学概论》，社会科学文献出版社，2009。

《澳门法律汇编》，中国社会科学出版社，1996。

（明）潘之恒撰《六博谱》，上海古籍出版社，1996。

许辉：《六朝文化概论》，南京出版社，2003。

常任侠：《东方艺术丛谈·从游戏上看中印古代文化的关系》，新文艺出版社，1956。

连云港市博物馆、东海县博物馆、中国社会科学院简帛研究中心、中国文物研所编《尹湾汉墓简牍》，中华书局，1997。

（清）黄俊编撰《弈人传》，岳麓书社，1985。

（宋）张拟：《棋经十三篇》，《正续小十三经》，中州古籍出版社，1990。

傅举有：《论秦汉时期的博具、博戏兼及博局纹镜》，《考古学报》1986年第1期。

许蓉生：《浅议六博的产生、演变及其影响》，《四川文物》2005年第6期。

程志娟：《汉代规矩镜与六博》，《东南文化》1997 年第 4 期。

李零：《跋中山王墓出土的六博棋局》，《中国历史文物》2002 年第 1 期。

宋会群：《论象棋之象——象棋的起源演变与术数文化的关系》，《体育文史》1993 年第 1、2 期。

Lien-sheng Yang, " An Additional Note on the Ancient Game Liu-bo," *Harvard Journal of Asiatic Studies* 15，No. 1/2（1952）：124 –139.

孟心史：《象棋以欧制为近古说》，《东方杂志》第 25 卷第 17 期。

劳榦：《六博及博局的演变》，台北，《中央研究院历史语言研究所集刊》35 集，1964。

刘文哲：《象棋的起源和本质》，《体育文化导刊》1986 年第 4 期。

李渼：《太极八卦与象棋九宫》，《体育文化导刊》1987 年第 2 期。

李渼：《宇文邕是最早的棋局作者》，《棋艺》（象棋版）1982 年第 11 期。

李渼：《玄怪录里的象棋》，《体育文化导刊》1986 年第 2 期。

〔日〕濑尾寿男著，闵大洪译《日中围棋史》，《围棋春秋》1986 年第 4 期。

曾洪林：《弹棋探析》，《体育文化导刊》2008 年第 4 期。

黄水云：《论历代博弈赋及其时代内蕴》，《东方丛刊》2009 年第 1 期。

日本将棋联盟编《将棋入门·将棋的历史》第 36 页，昭和 54 年版。

胡奕实：《从安义县出土的铜质古象棋谈起》，《南方文物》1983 年第 4 期。

黄吉博：《洛阳出土北宋象棋一副》，1998 年 9 月 20 日《中国文物报》第 1 版，第 74 期。

曾昌林：《宋代铜质中国象棋浅析》，《四川文物》1995 年第 6 期。

张云川：《中国象棋定型考》，《体育文化导刊》1996 年 3 期。

刘适兰：《从国际象棋与中国象棋的异同看中西方文化的差异》，《武汉体育学院学报》2003 年第 5 期。

小飞：《国际象棋溯源》，《中国体育》2003 年第 11 期。

李学勤：《博局占与规矩纹》，《文物》1997 年第 1 期。

刘乐贤：《尹湾汉墓出土数术文献初探》，《尹湾汉墓简牍综论》，科学出版社，1999。

曾蓝莹：《尹湾汉墓〈博局占〉木牍试解》，《文物》1999年第8期。

李解民：《尹湾汉墓〈博局占〉木牍试解订补》，《文物》2000年第8期。

沈从文：《谈樗蒲》，《沈从文文物与艺术研究文集》，外文出版社，1994。

程瑞君：《"白若樗蒲"喻体索解》，《修辞学习》2000年第3期。

陈新：《〈"白若樗蒲"喻体索解〉质疑》，《修辞学习》2001年第3期。

李洪岩：《樗蒲考略》，《体育文化导刊》1989年第4期。

曾洪林：《弹棋探析》，《体育文化导刊》2008年第4期。

刘秉果：《我国古代的弹棋》，《体育文化导刊》1988年第5期。

王赛时：《汉唐之间的弹棋》，《体育文化导刊》1991年第4期。

汪玲玲、俞信芳：《对弹棋文献的考证研究》，《宁波大学学报》（人文科学版）2006年第4期。

张超英：《唐代弹棋形制的新发现》，《棋艺》2000年第12期。

杜朝晖：《双陆考》，《中国典籍与文化》2006年第2期。

钱稻孙：《日本双陆谈》，《清华大学学报》（自然科学版）1935年第2期。

罗时铭：《古代棋戏——双陆》，《体育文化导刊》1986年第5期。

王赛时：《古代的握槊与双陆》，《体育文化导刊》1991年第5期。

马建春：《大食双陆棋弈的传入及其影响》，《回族研究》2001年第4期。

宋德金：《双陆与民族文化的交流和融合》，《历史研究》2003年第2期。

宋亦箫：《李清照打马文及历代打马钱》，《中国钱币》2004年第3期。

姚永铭：《扑掩考》，《辞书研究》2000年第1期。

宋会群：《扑掩和摊钱——古代用钱币作赌具的博戏研究》，《韶关学院学报》2008年第2期。

谷新：《源起万、筒、索》，《华夏人文地理》2004年第2期。

周海雄、王雁玲：《麻将的起源与演变》，《宁波大学学报》（人文科学版）2002年第4期

巴卡：《中日麻将文化杂谈》，《体育文化导刊》2007年第12期。

宋会群：《围棋起源于西汉说》，《体育文化导刊》2003 年第 1 期。

马诤：《围棋溯源》，《文史知识》1984 年第 8 期。

王健、唐永干：《论围棋的起源与发展》，《南京体育学院学报》1996 年第 3 期。

王锋：《论围棋的起源、演变与中国传统文化的关系》，《西安体育学院学报》1999 年第 2 期。

袁曦：《略谈围棋的起源、发展与定型》，《体育文史》1989 年第 1 期。

章必功：《围棋的哲学内涵》，《围棋天地》2000 年第 5、6 期。

〔日〕日池田亮一：《围棋漫谈》，《世界知识》1962 年第 12 期。

〔日〕小川琢治：《围棋在中国的起源和发达》，《支那学》1932 年 6 卷 3 号、1933 年 7 卷 1 号。

崔乐泉：《中国古代六博研究（下）》，《体育文化导刊》2006 年第 6 期。

邹小山：《国际博彩业发展的新趋势及其监管》，《国际贸易探索》2004 年第 3 期。

汤光华：《在博彩与投资之间》，《中国统计》2003 年第 7 期。

图书在版编目（CIP）数据

中国博弈文化史/宋会群，苗雪兰著. —北京：社会科学文献
出版社，2010.8（2017.9 重印）
（国家社科基金后期资助项目）
ISBN 978 - 7 - 5097 - 1685 - 4

Ⅰ. ①中⋯ Ⅱ. ①宋⋯ ②苗⋯ Ⅲ. ①游戏 - 文化史 - 研究 -
中国 Ⅳ. ①G898

中国版本图书馆 CIP 数据核字（2010）第 155907 号

· 国家社科基金后期资助项目 ·

中国博弈文化史

著　　者／宋会群　　苗雪兰

出　版　人／谢寿光
项目统筹／宋月华
责任编辑／范明礼

出　　　版／社会科学文献出版社 · 人文分社（010）59367215
　　　　　　地址：北京市北三环中路甲 29 号院华龙大厦　邮编：100029
　　　　　　网址：www. ssap. com. cn
发　　　行／市场营销中心（010）59367081　59367018
印　　　装／北京京华虎彩印刷有限公司

规　　　格／开　本：787mm × 1092mm　1/16
　　　　　　印　张：23　字　数：396 千字
版　　　次／2010 年 8 月第 1 版　2017 年 9 月第 2 次印刷
书　　　号／ISBN 978 - 7 - 5097 - 1685 - 4
定　　　价／59. 00 元

本书如有印装质量问题，请与读者服务中心（010 - 59367028）联系